张国刚 著

资治通鉴启示录

上册

中华书局

图书在版编目(CIP)数据

资治通鉴启示录/张国刚著. —北京:中华书局,2019.8
(2024.6 重印)
ISBN 978-7-101-13912-9

Ⅰ.资… Ⅱ.张… Ⅲ.①中国历史-古代史-编年体②《资
治通鉴》-研究 Ⅳ.K204.3

中国版本图书馆 CIP 数据核字(2019)第 109198 号

书　　名	资治通鉴启示录(全二册)	
著　　者	张国刚	
责任编辑	吴麒麟	
责任印制	陈丽娜	
出版发行	中华书局	
	(北京市丰台区太平桥西里 38 号　100073)	
	http://www.zhbc.com.cn	
	E-mail:zhbc@zhbc.com.cn	
印　　刷	大厂回族自治县彩虹印刷有限公司	
版　　次	2019 年 8 月第 1 版	
	2024 年 6 月第 7 次印刷	
规　　格	开本/920×1250 毫米　1/32	
	印张 19⅜　插页 4　字数 350 千字	
印　　数	56001-60000 册	
国际书号	ISBN 978-7-101-13912-9	
定　　价	68.00 元	

目 录

汉纪

（《资治通鉴》卷九至卷六八）

魏纪·晋纪

（《资治通鉴》卷六九至卷一一八）

唐纪

（《资治通鉴》卷一八五至卷二六五）

后梁纪·后唐纪·后晋纪·后汉纪·后周纪

（《资治通鉴》卷二六六至卷二九四）

导 言

观历代兴衰，识人事臧否

——《资治通鉴》的地位和价值

毛泽东曾说："中国有两部大书，一曰《史记》，一曰《资治通鉴》，都是有才气的人在政治上不得志的境遇中编写的。"（《毛泽东评点古今诗书文章》，红旗出版社）唯其有才，故能写出好书，值得阅读；唯其不得志，故能写出深刻的书，值得参悟。

司马迁纵横恣肆，直抒胸臆。《货殖列传》，阅尽人间百态；《刺客列传》，沉郁凄美，荡气回肠。《史记》一书，不虚美，不掩恶，尽显真精神。

司马光厚德载物，忧国忧民。《资治通鉴》事关国家兴衰、情系生民休戚，力求"善可为法，恶可为戒"，赤子之心表露无疑。

如果说《史记》展现了道家的自由与洒脱，那么《资治通鉴》则体现了儒家的使命感和责任感。

相较于《史记》，《资治通鉴》以294卷（不包含《目录》和《考异》）的篇幅，记载了战国时期至赵宋建立前共1362年的历史（若加上倒叙则超过1400年），涵盖了"二十四史"中十九部正史的内容。其内容之深厚、史实之繁复，是《史记》不能比的。

一、《资治通鉴》的价值认定

《四库全书总目提要》用了八个字评价《资治通鉴》："网罗宏富,体大思精。"一般来说,史书的价值有二:一是作为史料,一是作为史著。作为史料,《资治通鉴》的隋唐五代部分,具有不可替代的史源、史料价值;作为史著,《资治通鉴》具有不可替代的阅读和鉴赏价值。

宋元之际著名学者胡三省曾为《资治通鉴》作注,他说:"为人君而不知《通鉴》,则欲治而不知自治之源,恶乱而不知防乱之术;为人臣而不知《通鉴》,则上无以事君,下无以治民;为人子而不知《通鉴》,则谋身必至于辱先,作事不足以垂后。"(胡三省《新注资治通鉴序》)康熙帝、乾隆帝都曾"御批《资治通鉴》"。清代史家王鸣盛的《十七史商榷》则褒扬《资治通鉴》"此天地间必不可无之书,亦学者必不可不读之书也"(〔清〕王鸣盛:《十七史商榷》卷一〇〇《资治通鉴上续左传》)。曾国藩在《与罗少村》中告诉这位年轻人该读些什么书时说:"窃以为先哲经世之书,莫善于司马文正公《资治通鉴》。其论古皆折衷至当,开拓心胸。……能穷物之理,执圣之权。又好叙兵事所以得失之由,脉络分明;又好详名公巨卿所以兴家败家之故,使士大夫怵然知戒,实'六经'以外不刊之典也。阁下若能熟读此书,……将来出而任事,自有所持循而不致失队。"(《曾文正公书札》卷六)

1954年,毛泽东在与历史学家吴晗谈话时说:"《资治通鉴》这部书写得好,尽管立场观点是封建统治阶级的,但叙事有法,历代兴衰治乱本末毕具,我们可以批判地读这部书,借以熟悉历史事件，从中吸取经验教训。"（冯东升、马京波：《毛泽东的读书之道》，人民出版社）两年后，在国务院总理周恩来的亲自过问与安排下，顾颉刚、齐思和、聂崇岐、容肇祖等十二位著名学者点校的《资治通鉴》标点本正式出版，成为中华人民共和国成立后第一批整理点校的史学名著。

二、《资治通鉴》为何会受到肯定和重视

为什么政治家、学者都会肯定和重视《资治通鉴》呢？这要从该书主编司马光（1019—1086）的编写宗旨讲起。司马光在给宋神宗的信中说：自司马迁《史记》、班固《汉书》以来，史书文字繁多，布衣之士都无法遍读，何况人主，日理万机，何暇周览！因此，他计划编纂的这部书，"删削冗长，举撮机要，专取关国家盛衰，系生民休戚，善可为法，恶可为戒者，为编年一书，使先后有伦，精粗不杂"（司马光《进资治通鉴表》）。显然，司马光的初衷是为日理万机的领导者量身打造一部便于阅览的简明扼要的编年体通史。其内容关乎国家兴衰、生民休戚，其目的是借鉴历史上治国理政的经验得失。宋神宗慨然为该书作序，并称其"鉴于往事，有资于治道"，乃赐书名曰《资治通鉴》。陈寅恪《唐代政治史述论稿》自序云："夫吾国旧史多属于政治史类，而《资治通鉴》一书，尤为空前杰作。"梁启超在《新史学》中甚至说迄今无有超越者："司马温公（司马光封温国公）《通鉴》，亦天地一大文也。其结构之宏伟，其取材之丰赡，使后世有欲著通史者，势不能不据为蓝本，而至今卒未有能逾之者焉。温公亦伟人哉！"

《资治通鉴》大体接续《左传》(《左传》的实际记载时间截止于鲁悼公十四年,即前454年),记载了从公元前403年(倒叙至前453年)到公元959年长达1362年的兴亡史。由于《资治通鉴》的巨大影响,在中国史学书库中,产生了一个"《通鉴》学"的"大家族"。包括按照事件而改编的《通鉴纪事本末》,接续司马光而编纂的《续资治通鉴》以及相应的"纪事本末",还有朱熹编纂的《资治通鉴纲目》及其续编。这样,前后相续,就形成了一个用编年体方式记录中国古代历史的完整系列。

三、《资治通鉴》的指导思想

《资治通鉴》的指导思想在于"资治"二字。司马光希望通过对历史兴衰的记述,总结历代治国安邦的经验教训,以便为包括皇帝在内的"读者"服务。其中最突出的有两点:第一,特别强调领导者的历史责任感和使命感,以及君主的才能、素质和品行对于国家兴衰的重大影响。第二,反复强调治国之道的关键在于用人,并提出了一系列选拔人才、用好人才的思想。

先说第一个方面。我们常说"天下兴亡,匹夫有责!"这一点固然没错,但司马光更强调君主要对家国兴亡负主要历史责任。那么,君主如何担负起治国安邦的重任呢?司马光认为关键是要"修心"。所谓"修心",包括三方面的内容,即"一曰仁,二曰明,三曰武"。领导者"三者兼备,则国治强。阙一焉则衰,阙二焉则危,三者无一焉则亡。"(〔清〕黄以周:《续资治通鉴长编拾补》卷一,英宗治平四年)

司马光在其《稽古录》中把君主分成五种:一为创业之君,

智勇冠群；二为守成之君，中等才能，但能够自我修为；三为陵夷之君，中等才能，但不能自修；四为中兴之君，才能过人且善自强；五为乱亡之君，下愚而不可改移。简单来说，司马光认为历史上的君主，可以划分为创业者、守成者和乱亡者；而介于守成者与乱亡者之间的还有两种人，即中衰者（陵夷之君）和中兴者。《资治通鉴》中描写了这五种不同帝王的众生相。

那么，治国之要又是什么呢？司马光说："治国之要亦有三，一曰官人，二曰信赏，三曰必罚。"（〔清〕黄以周：《续资治通鉴长编拾补》卷一，英宗治平四年）如果说，仁、明、武是领导者的内在品质，那么，官人、信赏、必罚则是领导者的治理手段。这些手段的一个共同交集就是"用人"。司马光特别强调用人对国家和社会治理的重要性，认为用好人是领导者治国的唯一办法。他说："昔周得微子而革商命，秦得由余而霸西戎，吴得伍员而克强楚，汉得陈平而诛项籍，魏得许攸而破袁绍。"（《资治通鉴》卷一〇二，晋海西公太和五年"臣光曰"）可见人才决定着国家的兴衰！

而用人首先要知人，司马光把选拔人才放在突出的位置上。他说："为治之要，莫先于用人，而知人之道，圣贤所难也。"圣贤选拔人才也很困难。比如，如果根据毁誉名声来选拔人才，就会出现竞相博取声名而善恶混淆的状况；如果根据考核档案上的政绩来选拔干部，则会巧诈横生而真伪相冒。说到底，最根本的解决办法在于领导者"至公至明而已矣"。领导者只有出于公心，明察是非优劣，不以亲疏贵贱或个人喜怒好恶来判断，才能选拔到合适的人才。"欲知治经之士，则视其记览博洽，讲论精通，斯为善治经矣；欲知治狱之士，则视其曲尽情伪，无所冤抑，斯为善治狱矣；欲知治财之士，则视其仓库盈实，百姓富给，斯为善治财矣；欲知治兵之士，则视其战胜攻取，敌人畏服，斯为善治兵矣。至于百官，莫不皆然。"（《资治通鉴》卷七三，魏明帝景初元年"臣光曰"）司马光的人才选拔观对于今天仍有启发意义。

《资治通鉴》记载了刘邦总结自己能够打败项羽的原因，不是因为比项羽更强大，而是手下有一大批人才；项羽有一个范增却不能用，所以导致了失败。为什么强盛的秦朝和隋朝都短命而亡？《资治通鉴》的记载突出了这两个朝代的统治者在用人上所犯的严重错误。秦二世偏信赵高，"天下溃叛，不得闻也"；隋炀帝偏信虞世基，"而诸贼攻城剽邑，亦不得知也"。此外，司马光还强调用人要赏罚分明："夫有功不赏，有罪不诛，虽尧、舜不能为治，况他人乎！"（《资治通鉴》卷一〇四，晋孝武帝太元五年"臣光曰"）又说用人的前提是要充分信任："疑则勿任，任则勿疑。"（《资治通鉴》卷一一八，晋安帝义熙十三年"臣光曰"）

四、我们为何要品读《资治通鉴》

胡三省就《资治通鉴》中的"经""史"关系作过一段评论："世之论者率曰：'经以载道，史以记事，史与经不可同日语也。'夫道无不在，散于事为之间，因事之得失成败，可以知道之万世亡弊，史可少欤！……乃如用兵行师，创法立制，而不知迹古人之所以得，鉴古人之所以失，则求胜而败，图利而害，此必然者也。"（胡三省《新注资治通鉴序》）

　　胡三省的这段话，不仅仅是辩白经史之轻重，而且意在阐明"道"（道理、原则）与"术"（操作技巧）之间的关系。曾国藩说，《资治通鉴》不仅能够"穷物之理"，而且还能"执圣之权"，这是有实际政治经验之人的心得。诸如改革中的刚性与柔性，人生职场上的进与退，军事斗争中的奇与正，权力平衡中的轻与重，驾驭部属时的宽与严，政治生涯中的方与圆，都不是"纸上谈兵"可以领悟的。在史以载道的同时，不乏权变与谋略，也是《资治通鉴》值得细品的原因所在。比如，刘秀之兄刘缤意欲效法高祖刘邦豁然大度"不事家人生产作业"，最终却东施效颦，遭人暗算，就是因为他不通权变的缘故。

　　总之，《资治通鉴》是中华传统文化领域的一朵奇葩，蕴含着古人治国理政的得失和丰富的社会人生经验。秦汉、隋唐这两段大一统的辉煌，战国、魏晋南北朝和五代十国这三段分裂混乱的曲折，司马光悉数记述，井井有条，以致我们今天要研究战国至五代这段时期的历史，仍找不到可以取代《资治通鉴》的著作。大学者王夫之著有一部《读通鉴论》，该书卷末说：观历代兴衰，识人事臧否，"可以自淑，可以诲人，可以知道而乐"。提升自己（自淑）、与人分享（诲人），因为与圣贤对话、与经典对话，体悟了其中的智慧与思想而感到十分愉悦（知道而乐），这就是我们品读《资治通鉴》的目的！

周纪

（《资治通鉴》卷一至卷五）

战国时期秦国杜虎符，现藏于陕西历史博物馆。

第一节　三家分晋：智伯的覆亡

周威烈王二十三年，即公元前403年，周天子正式任命晋国大夫魏斯、赵籍、韩虔为诸侯。

这是《资治通鉴》记载的第一件事。司马光为此发了一通长达千字的评论——"臣光曰"。评论说，此事表明周天子自己坏了规矩，导致政事日非。如果周天子屈服于压力，自己抛弃了礼仪名分，那天下的倾颓就是必然的了。

周朝政治秩序的崩溃，意味着这个时代的结束，司马光于是把它作为自己叙述历史故事的起点。为了交代事情的原委，司马光把镜头拉到了七十多年前，即春秋末战国初。当时，晋国的六卿是赵氏、魏氏、韩氏、智氏、范氏、中行氏六大家族。其后，范氏、中行氏两大家族被消灭，掌控晋国大权的是智氏、魏氏、韩氏、赵氏四大家族。其中尤以智氏家族权势最煊赫。到了公元前453年，即魏、赵、韩三家卿大夫晋升为诸侯之前五十年，却发生了三家联合消灭智氏家族的事情。

> **启示1** 智瑶（即智伯）虽有"五贤"，却有一个最大的弱点"不仁"，即缺乏仁德之心。统治者如果不能施政以仁，便不能获得人们心悦诚服的拥戴。

一、强霸的智伯

"初，智宣子将以瑶为后。"《资治通鉴》习惯用"初"这个字开头，交代一段历史背景。智氏家族说一不二的大家长智宣子，决定选嫡子智瑶为嗣卿。族人智果反对说，智瑶虽有"五贤"：美鬓长大、射御兼通、才艺超群、善辩能文、强毅果敢，却有一个最大的弱点"不仁"，即缺乏仁德之心。为人刻薄寡恩，损人利己，不懂得笼络人心。智果认为，如果不能施政以仁，而自恃"五贤"强势治国，是不可能获得心悦诚服的拥戴的。智宣子根本听不进智果的劝告。

与此同时，赵氏家族也在考虑嗣卿人选。赵简子的两个儿子，长曰伯鲁，幼曰无恤（《史记·赵世家》中，赵简子不止两个儿子）。究竟立谁为后？父亲打算考考他们。赵简子把两支写着"训戒之辞"（教导青年修身自勉之类的警句）的竹简，分别交到两个儿子手上，叮嘱他们要牢记在心并保管好竹简。三年之后，赵简子问他们，还记得竹简上的话吗？大儿子伯鲁忘得精光，竹简也找不到了。小儿子无恤却背得滚瓜烂熟，竹简也藏在随身的衣袖里。"于是简子以无恤为贤，立以为后。"显然，赵无恤的谨慎、谦卑、细心，让父亲决定立他为接班人。此人就是赵襄子。

智宣子去世后，智瑶继位，世称智襄子或智伯。智伯主持国政，处事强霸。在一次酒宴上，智伯轻侮韩康子及其辅臣段规。别人怀恨在心，他却不以为意。

不久，智伯又以筹措军费的名义，要韩氏家族献出一座城邑。韩康子当然不同意。辅臣段规却建议答应智伯的要求，把祸水外引，他说倘若智伯得寸进尺，再把矛头指向他人，我们可以静观其变啊。韩康子觉得有道理，就给了智伯一座万户的城邑。

智伯果然胃口大开，又向魏桓子索地。开始魏桓子觉得智伯欺人太甚，要予以拒绝。可他的辅臣任章却建议采用"将欲败之，必姑辅之；将欲取之，必姑与之"的骄兵之策，麻痹智伯，并暗中结交利害攸关的盟友，共同对付智伯。何必让我们自己单独成为智伯的打击目标呢？老谋深算的魏桓子明白了任章的意思，也痛痛快快地给智伯送了一座万户之邑。

当志得意满的智伯进而"又求蔡、皋狼之地于赵襄子"的时候，却遭到了赵氏的坚决抵制：先祖留下的基业，怎么能随便割让给他人？智伯于是带上韩、魏军队一起攻打赵氏。

面对气势汹汹的智伯联军，赵襄子有三个战略要地可以避难：长子、邯郸、晋阳。长子城高池深，邯郸粮草丰足，赵襄子都不去，而是选择去晋阳！他说城高池深，说明老百姓的徭役繁重；粮草丰足，说明老百姓的赋税沉重，有什么可依恃的？先父在世时，命尹铎治理晋阳，轻徭薄赋，晋阳人心最可依赖！于是，赵襄子选择晋阳作为自己抗击联军的根据地。

果然，当赵襄子逃奔晋阳之后，智伯率领三家联军把晋阳城围得水泄不通，甚至决汾水以灌城。围城近两年，晋阳军民同仇敌忾，毫不动摇，"沈（同"沉"）灶产蛙，民无叛意！"

> **启示2** 关键时刻, 智伯犯了两个致命的错误: 一是刚愎自用, 霸气逼人; 二是一意孤行, 轻视对手。

二、智伯的两个致命错误

在这个时候, 智伯犯了两个致命的错误。第一, 刚愎自用, 霸气逼人; 第二, 一意孤行, 轻视对手。

智瑶乘车巡视。他坐在最尊贵的左侧位置; 魏桓子"御", 在中间驾车; 韩康子"骖乘", 在右侧持兵器护卫。三位卿大夫都是主君, 关系却不平等! 威风十足的智伯不无轻佻地说: "哎呀, 我今日才知大水足以亡人国啊!"霸气的外露引起了两个盟友的忧虑, 因为他们担心"汾水可以灌安邑(魏都), 绛水可以灌平阳(韩都)也!"(有学者考证魏、韩的都邑与汾水、绛水的地理关系并非如此)

魏、韩二子的忧虑很快被智伯身边的谋士絺疵察觉。他提醒主公, 魏、韩必反! 智伯问, 先生怎么知道呢? 絺疵回答, 从人情事理即可推知。晋阳城破在即, 二子非但没有喜色, 反而忧心忡忡, 不就是担心唇亡齿寒, 赵氏亡, 难必及于韩、魏吗?

次日, 智伯以此质问魏桓子和韩康子。二子矢口否认, 说一定是有人充当赵氏的说客, 想让您怀疑我们而放松了对赵氏的攻击。我们都盼望早日分享赵氏的田土呢, 怎么会去做危险的傻事冒犯您呢? 智伯相信了二子的辩解。

事后, 絺疵质问智伯, 主公怎么把我的话告诉二子了? 智伯说, 先生怎么知道呢? 絺疵说, 刚才他们出去的时候, 迎面狠狠地瞪了我一眼，就匆匆离去了。我猜一定是他们发现我读懂他们的心思了。智伯完全不理会绨疵的分析。

被围困在晋阳城的赵襄子决定反击。他秘密派人出城，游说韩、魏两家，告以唇亡齿寒，赵亡，难必及于韩、魏的道理。于是三家一拍即合，约定日期，采取联合行动，反攻智氏。

公元前453年的一天夜里，赵襄子突然对岸上的军队发动袭击，并掘开水坝，倒灌智氏驻军营地。智伯的军队大乱。韩、魏两军趁机从侧翼进攻，赵军从正面猛攻，大败智氏军队。智伯被杀，智氏家族灭亡，三家尽分其田土。五十年后，就有了本节开头周天子正式封魏、赵、韩三家为诸侯的事。

三、智伯覆亡的历史教训

智伯的覆亡，告诉我们什么道理呢？

> **启示3** 从今天的角度看，与领导者个人的道德修养相比，制度对权力的约束更为根本。而在制度约束的前提下，选择领导者时，其道德品质是关键。

司马光结合智伯之死，对领导者的德和才问题发了一通议论。他认为领导者的德比才重要，甚至认为宁可用无德无才的愚人，也不能用有才无德的小人。这里不无激愤之词。人究竟是性本善还是性本恶，孟子与荀子等儒家巨擘都争论不清。从今日角度言之，与领导者个人的道德修养相比，制度对权力的约束则更为根本。但是，在制度约束的前提下，选择什么人当领导者或接班人, 其道德品质是关键。

司马光对于领导者的修炼有过很系统的论述。他曾上书提到"人君修心治国之要", 排在第一位的就是"仁"。仁就是要讲政治, 并且善于把政治理想化为社会共识; 同时, 还得发展生产, 重视民生, 这样才能得到百姓的真心拥戴。智伯利令智昏, 贪得无厌, 不仁之名, 当之无愧! 但是, 如果进一步追问, 是否魏、赵、韩三家就不贪婪, 就比智伯更"仁德"? 恐怕也不尽然。可是, 赵襄子懂得, 与城池、物资等相比, 人心才是最可靠的保障, 这说明赵襄子比智伯更懂政治。

智伯的问题, 其实在他被选为接班人之时, 就暴露出来了。智伯的"五贤"即五大优点, 在古人看来并不是人君最重要的看家本事。《荀子·王霸》说:"人主者, 以官人为能者也; 匹夫者, 以自能为能者也。"智伯的本事属于"自能"。唐人赵蕤的《长短经》在引用荀子这段话时, 将其提升到人君"大体"的高度。智伯的五大优势, 是"匹夫之能"。领导者关键的本事在于识大体(懂政治)、善用人("以官人为能")。智伯狂妄霸道, 误判形势, 轻视对手; 决策上不明是非, 不听谋士正确的谏言, 这都是领导者的大忌。与智伯的粗疏相反, 赵襄子在被父亲选为接班人的时候, 就表现出过人的精明和细致。此外, 智伯在外交上也犯了错误。他言语不谨慎, 行为太张扬, 引起了盟友韩、魏两家的疑忌, 临时的"统一战线"霎时解体, 己方三对一的优势, 变成了与敌方一比三的劣势, 焉能不败!

(参见《资治通鉴》卷一)

第二节 改革与用人：魏文侯的治国之道

魏国是战国时期第一个崛起的大国，它崛起的原因是多方面的。就天时而言，当时的秦国还在沉睡，齐国国君大权旁落，楚国内乱不止，魏国四周无强敌。就地利而言，魏国横跨黄河南北，主要领地包括今天的山西南部、河南北部，以及河北和陕西的部分地区，都是当时经济文化很发达的区域。但最重要的还是"人和"因素，魏文侯、魏武侯父子两代国君，在开国之后数十年，积极有为，励精图治，使魏国成为强盛一时的大国。下面我们就来讨论一下"人和"的问题。

一、营造和平的环境

先说外部的"人和"，主要表现在外交政策上。魏文侯致力于三晋结盟，营造和平的环境。韩国曾来借师伐赵，赵国也曾想借师伐韩，魏文侯采取"和事佬"的态度。"韩借师于魏以伐赵。文侯曰：'寡人与赵，兄弟也，不敢闻命。'赵借师于魏以伐韩，文侯应之亦然。二国皆怒而去。"开始韩、赵两国都不满于魏国。后来，他们知道魏文侯是想二家和平友好，于是"皆朝于魏"。魏国促成了三晋的结盟，自己成为盟主，"诸侯莫能与之争"。

> **启示4** 魏文侯执政的最大特点是用改革促发展，用人不拘一格，治国强调儒法并用，善于协调各方面的利益关系。

二、改革与用人

在内部的"人和"上，首先是通过改革化解矛盾。魏文侯魏斯（前472—前396）是魏国的第一位封君，在公元前403年正式被周天子批准为诸侯之前，就执掌魏氏的政柄达四十二年（魏文侯于前445年即位）。魏文侯执政的最大特点是用改革促发展，同时用人不拘一格，治国强调儒法并用，善于协调各方面的利益关系。

战国时期的改革始自三晋，而三晋之中，魏文侯首用李克（一般认为李克即李悝）变法。李克（前455—前395）的思想务实，总体上属于儒法兼修的杂家范畴。他变法的宗旨是富国强兵，实行"尽地力之教"，就是国家鼓励垦田、激励农耕。他颁布的《法经》，"以为王者之政，莫急于盗贼"，即要有效保障百姓的生命权和财产权。《法经》曾被商鞅带到秦国，是商鞅变法的起点。

《史记》和《资治通鉴》都津津乐道于李克的一则故事。有一天，魏文侯向李克请教国相的人选："先生总是告诉寡人，家贫思良妻，国乱思良相。魏成与翟璜这两位大臣，先生看哪一位更适合担任国相呢？"李克没有说具体人选，只谈了自己对识人的看法："居视其所亲，富视其所与，达视其所举，穷视其所不为，贫视其所不取。"也就是说，要细致地观察他的行为：居常时看他亲近谁，富贵时看他结交谁，显赫时看他保举谁，困顿时看他何事不为，贫穷时看他何利不取。李克接着说，凭这五条您就足以确定国相的人选了，何必征求我的意见呢？魏文侯听后大喜，说先生回去吧，我知道选谁做国相了。李克这一套识人术的核心思想，一是行胜于言，二是人以群分。

李克刚出门，就碰到了翟璜。翟璜问，听说今天国君就选相一事征求您的意见，结果是谁啊？李克说，我猜国君会选择魏成。翟璜唰地变了脸，愤愤不平地说：我哪一点比不上魏成？

魏成、翟璜的差别究竟在哪里呢？魏成把自己的绝大部分俸禄都用来搜罗人才，他向国君推荐了卜子夏、段干木、田子方。这三个人都是大名鼎鼎的儒门高手。卜子夏是孔子的学生，他在魏国讲学授业，创立了"西河学派"，其中不乏经世英才。李克崇尚法治，兼习儒术，大约就受到子夏等人的影响。汉武帝之前，儒家思想不曾被统治者真正奉行过。有之，则从魏文侯始。魏文侯师从子夏学习经艺，向隐居不仕的段干木请教治国之道，聘著名儒商子贡（即孔子的爱徒端木赐）的入室弟子田子方为客卿，引起了当时各国诸侯的震动，"文侯由此得誉于诸侯"。《史记·魏世家》记载说，秦王曾欲伐魏，有人就提醒说："魏君贤人是礼，国人称仁，上下和合，未可图也。"

翟璜也向国君推荐了许多优秀干才。比如，西河郡守名将吴起、治理邺地的能臣西门豹、攻下中山国的大将乐羊，包括担任中山守将的李克，乃至太子的师傅屈侯鲋等。这些人都是杰出的文臣武将，各有所长。于是，我们就发现，魏文侯治国用了两种不同类型的人才。卜子夏、段干木、田子方有道德上的优势——儒家自律比较严，同时还有战略上的开阔视野，追求修身、齐家、治国、平天下。他们是帝王之师，"坐而论道者也"。而李克、吴起、西门豹在不同岗位上各司其职，是"分而任事者也"。根据李克的说法，魏成推荐的人，国君以之为师；翟璜推荐的人，国君以之为臣。你翟璜识人的眼界，还是比魏成差一截。翟璜认同了李克的说法，为先前的失态向李克道歉。

三、田子方的教诲

治国理政，需要各种人才。"五常异禀，百行殊轨，能有兼偏，知有短长。"（《全唐文》卷二七四，刘子玄《自叙》）李克认为国君不仅需要各行各业的干才，更需要能够助其提升境界和格局的指导者。下面两则故事可以说明这一点。有一次，魏文侯与田子方一边欣赏音乐，一边吃饭。魏文侯突然说：钟声不对称啊，左边的声音好像略高。田子方只是笑笑，没有吱声。魏文侯迷惑地问：你笑什么？难道不是这样吗？田子方说："臣听说，为君者致力于辨官，不着意辨音。如今主公着意辨音，臣担心会忽略对官员的辨识啊。"田子方的意思是说，为君之道，无非用人任事，国君关注的重点应在用人当否，不宜对臣下的具体工作做即兴式的品头论足。田子方不愧是子贡的高足，深谙领导艺术。

还有一次，魏文侯的嗣子魏击（？—前370）路遇田子方，下车伏谒施礼，田子方却没有还礼。魏击很不高兴，冲着田子方大声嚷道："富贵者骄人乎？贫贱者骄人乎？"是富贵者可以骄傲呢，还是贫贱者可以骄傲呢？田子方平静地回应道，当然是贫贱者可以，富贵者不能。诸侯傲慢失其国，大夫傲慢失其家（封邑）。失去国家和封邑了，要想重新获得就没有那么容易了。我乃贫贱之人，言不听、计不从，拔腿就走，到哪里去不是贫贱呢？魏击，后来的魏武侯，犹如被当头棒喝，赶紧向田子方谢罪。

> **启示5** 领导者首先要学会管理自己，说话、处事、为人，要比一般人更加严格要求自己，才能在更高的平台上，管理更宏大的事业。

田子方教导魏击的道理发人深省。有担当、有事业、对未来有期待的领导者，应该比他人更自律和克己。司马光《稽古录·历年图序》，相当于《资治通鉴》的一个大纲。他在文中论及五种不同的人君：创业之君、守成之君、陵夷（出现危机谓之陵夷）之君、中兴之君、乱亡之君。这些人君的差别不全是因为才能有高下，更取决于自我约束和自我管理能力的差异。司马光认为，同样是中等才能，能够自我约束，即可守住家业，是为守成之君；倘若不能自修，就会出现衰败的危机，是为陵夷之君。领导者首先要学会管理自己，说话、处事、为人，要比一般人更加严格要求自己，才能在更高的平台上，管理更宏大的事业。

总之，魏文侯的治国，不仅有成就，而且有经验。这些经验构成了明君治国的一个模本。

（参见《资治通鉴》卷一）

第三节　性格与命运：吴起的悲剧

战国名将吴起（约前440—前381），与《孙子兵法》的作者、春秋时代的孙武齐名。吴起出生于卫国，求仕于鲁、魏、楚。在卫国，他似乎是愤青；在鲁国，他被斥为残忍薄行的小人；在魏国，他被视为节廉实干的君子；在楚国，他又成了为国捐躯的改革家。吴起文武双全，功高盖世，却死于非命！

一、在鲁国的第一份工作

吴起的悲剧人生，始自他的青少年时代。吴起出身于卫国一个商民家庭，因游仕求官，耗尽家财，官没有做成，却遭人讥笑。他一怒之下，杀死了这些讥讽他的乡人，逃离卫国。临行与母亲诀别时，吴起发誓："不为卿相，誓不回卫国！"

吴起来到鲁国，师从曾子。不久，吴起母亲去世，他却没回国奔丧。曾子怒斥其不孝，与其断绝了师生关系。吴起转而学兵家，并在鲁国就业。

鲁元公十九年（前412），齐国进攻鲁国，鲁人很害怕，想起用吴起为帅，又担心吴起的妻子是齐国人。吴起知道后，亲自杀死了妻子，求得了将位，并率领鲁国的军队打败了强大的齐国。这时，有嫉妒者以卫道士的身份出来说话了。他们揭发说，吴起是缺德的小人，母死不奔丧，为圣贤所不齿；杀妻以求将，残忍至极啊。鲁国是小国，却有战胜大国的名声，其他诸侯都会把矛头对准我们的，这可不是好事情。鲁元公听信谗言，解除了吴起的职务。战功赫赫的吴起，黯然离去。

二、魏国带兵

吴起的第二份工作是在魏国。魏文侯用人不拘一格，听李克介绍说，吴起很有军事才能，不亚于春秋名将司马穰苴，就让吴起带兵。

司马穰苴大名鼎鼎，《史记》里记载了他最有名的两件事。一件是军法严明。齐景公任司马穰苴为将，抵御燕晋之师。临行前，他请求国君派一位信重的大臣为监军。国君选派了重臣庄贾。出师之日，庄贾与送行的亲朋饮酒，逾期不至。司马穰苴申以军法，将庄贾斩首，三军震慑！司马穰苴的另一事迹，是与士卒同甘共苦。他亲自过问士卒的生活和医疗状况；将军的资粮，也拿出来与兵士分享；对病弱的士兵给予特别照顾。司马穰苴的做法，感动了全体将士，"病者皆求行，争奋出为之赴战"（《史记》卷六四《司马穰苴列传》）。

> **启示6** 吴起带兵，对司马穰苴的经验活学
> 活用，与士卒同甘共苦，不仅讲政治，更讲
> 法制。

吴起在魏国带兵，对司马穰苴的经验活学活用："与士卒最下者同衣食。卧不设席，行不骑乘，亲裹赢粮，与士卒分劳苦。"有士卒患疮，吴起为之吮去脓血。士卒母亲听说后禁不住垂泪啜泣。邻人不解地问，将军如此关爱你的儿子，你怎么还难过呢? 这位母亲伤感地说：当年吴将军为我儿子的父亲吮疮，其父冲锋在前，战不旋踵，死在疆场。如今吴将军又为我儿子吮脓血，我担忧这个孩子也会为吴将军奋不顾身、战死疆场的。

吴起带兵，不仅讲政治，更讲法制。《尉缭子》记载，有一次吴起带兵出征，一个十分勇敢的士兵，在没有得到进攻命令的时候，就杀向敌阵，斩获两个首级。吴起为了严肃军纪，立即以违抗军令罪处死这名士兵。他选练的"特种兵"——武卒，有很严格的体能和技术要求，战斗力很强，五万武卒曾大败五十万秦军，取西河之地，名闻遐迩。

吴起在魏国工作很出色。公元前396年，魏文侯死，魏武侯继位，相位空缺。大家都看好文武双全的吴起，结果国君却任命了田文为相。吴起找到田文，连珠炮般地发问："带兵打仗，你能与我比吗? 治国安邦，你能与我比吗? 镇守一方，你能与我比吗? "田文平静地回答："这些我都比你差远了! "吴起质问道："既然如此，凭什么你的职位在我之上呢? "这个时候，田文反问吴起："如今主少国疑，大臣未附，百姓不信。在这种情势

下，是我出来合适呢，还是你出来合适呢？"吴起默然良久，承认应该由田文为相。

这个故事的可靠性姑且不论。因为魏武侯即位的时候，并不年少，何来"主少国疑"？事实是，魏武侯没有用吴起为相，吴起也自甘居于人下，却没有换来安全的生存环境。继田文之后的魏相公叔痤（？—前361），本为韩国的公族，娶了魏国公主，担心吴起会妨碍自己的相位，于是策划了一场挤走吴起的阴谋。

公叔痤首先向魏武侯建议，试探吴起是否愿意留在魏国。他说，吴起很厉害啊，咱魏国小，未必能留得住他。您不妨试探一下，把公主嫁给他。如果吴起不想留在魏国，一定会推辞。然后，公叔痤邀请吴起到家里做客，故意让身为公主的妻子像"母老虎"一般强势，自己像"妻管严"那样窝囊。吴起发现娶公主当妻子这么难受，就断然拒绝了魏武侯要嫁公主给他的好意。从此，魏武侯开始怀疑吴起的忠诚。功业卓著的吴起，在魏国待不下去了，噙着热泪选择了离开。他伤心地对身边人说，如果国君不听信谗言，我是能够成就魏国之霸业的。

三、在楚国实行变法

吴起辗转来到了楚国。楚悼王久闻其贤，热烈欢迎他的到来。吴起先做了一段时间的地方官——宛令，然后直接被提拔为令尹（国相）。吴起终于如愿以偿，决心干一番大事业。

吴起向楚悼王一针见血地指出了楚国的问题所在："大臣太重，封君太众。"贵族们享有太多的权利，占有太多的资源，导致国贫兵弱，"若此则上逼主，而下虐民，此贫国弱兵之道也"。吴起的改革方案是："不如使封君之子孙，三世而收爵禄，绝灭百吏之禄秩，损不急之枝官，以奉选练之士。"（《韩非子·和氏》）废除世袭特权，封君三世之后，自动取消其爵禄；降低禄秩待遇，裁减冗官冗员；把节省下来的经费，用来扩充军备。针对地广民稀的现状，吴起建议贵族和有钱人带头从繁华的城市移居到偏远的空虚之地，"令贵人往实广虚之地"（《吕氏春秋·贵卒》）。吴起的改革抓住了要害，也见到了成效，"于是南平百越，北却三晋，西伐秦"，重振了楚国的国威，一改被诸侯蚕食之弱势。但是，吴起却得罪了庞大的既得利益群体：削减公族待遇，贵族移民乡下，"皆甚苦之"，"楚之贵戚大臣多怨吴起者"。公元前381年，"楚悼王薨，贵戚大臣作乱，攻吴起"。吴起死于乱箭之下，楚国的改革事业夭折。

四、对吴起一生的反思

吴起的一生，引人深思。吴起的事迹，系统的记载见于《史记》卷六五《孙子吴起列传》，司马迁之前的现存零星记载则见于《韩非子》《尉缭子》《荀子》《吕氏春秋》等书。《资治通鉴》对此有所取舍。诸多记载中，有一个聚焦点，就是吴起非常有个性，司马迁的用词是"节廉而自喜名也"，司马光的用词是"刚劲自喜"。它包含两个特征：第一，有自己的坚守和原则，"节廉""刚劲"是也；第二，有时候不通人情，自视甚高，"自喜"是也。

《韩非子》记载了吴起的两件生活小事：有一次，吴起与故友久别重逢，相约一起吃饭。故友有事，答应马上就来。结果等到天黑，这人也没来，吴起就一直等着，"至暮不食而待之"。次日早晨，吴起请人去找，直到把故友找来，吴起"方与之食"。

还有一次，吴起让妻子织布，尺寸不合乎要求——失度。他让妻子重纺，结果还是"失度"。吴起居然把妻子给休了。吴起的领导来说情，都没有用。

> **启示7** 为人处世，应该刚柔兼济。"刚"的是意志坚定，威武不能屈，富贵不能淫。"柔"的是手段与方法，"与时迁移，应物变化，立俗施事，无所不宜"。

对生活上这两件事的处理方式，就是吴起"刚劲自喜"性格的最好注脚。吴起的人生目标是"誓为卿相"，性格的刚劲，加上目标成瘾的执拗，铸就了吴起人生的悲剧基础。我们经常说，为人处世，应该刚柔兼济。"刚"的是意志坚定，威武不能屈，富贵不能淫。"柔"的是手段与方法，"与时迁移，应物变化，立俗施事，无所不宜"（《史记》卷一三〇《太史公自序》）。世界上有许多事情，不是我们主观努力就能完全决定的。认清时世环境，因势利导，目标坚定，步履稳妥，是成就大事者应有的风度。

但是，决定命运的不仅仅是性格。木秀风摧，行高人非，这是比较普遍的社会现象。吴起为公叔痤所排挤，白起为范雎所忌惮。英雄时舛，谦卑是人生的护身符。《周易》中的"谦"卦，是唯一没有灾咎的卦："天道亏盈而益谦，地道变盈而流谦，鬼神害盈而福谦，人道恶盈而好谦。"谦者，尊而光，"君子之终也！"

但问题的复杂还在于，嫉妒英雄的并不就是脸谱化了的"坏人"。公叔痤后来曾极力向魏惠王推荐卫鞅（即商鞅）；范雎辅佐秦昭王，功业卓著。复杂的社会环境和人际关系，要求所有向往建功立业的人，在提升智商的同时，还要提升适应复杂环境和人际关系的情商。

换一个角度，即从用人的角度看。不能否认，吴起是一个天才的军事家，也是一个很有才干的政治家。曹操就说，吴起在魏，秦人不敢东向；在楚，三晋不敢南谋。谁手下有吴起这样的人才，都可以建功立业。能否爱护、保护和用好像吴起这样性格有缺陷、处事有不足，但确实有真本事的人，对于事业的成败至关重要，也是考验每一个领导干部识人用人能力的试金石。

（参见《资治通鉴》卷一）

第四节　和而不同：子思的忠告

　　卫国从来都不是强国，可是卫国的始封国君姬封的家世却十分"牛"！第一"牛"的是父母：他是周文王与太妃生的儿子。第二"牛"的是兄弟：武王姬发、周公姬旦都是其一奶同胞的兄长。姬封被称为康叔，周公平定"三监之乱"后，将其分封于此。到战国初年，卫国已经传了三十多代国君。

　　孔子的嫡孙、大名鼎鼎的儒学传人子思，名伋（前483—前402），曾经在卫国生活多年。彼时三晋强盛，卫国沦为魏国的附庸，国事日非，子思就治国理政问题，多次对卫侯提出忠告。

一、用人问题

　　就《资治通鉴》的记载，子思首先谈到的是用人问题。他向卫侯推荐说，苟变是一个优秀的将领，其才能足堪率领战车五百乘。春秋战国时的战车一乘，最多可以带兵七十余人。能够指挥五百辆战车、数万大军的，必然是大将。可是，卫侯连忙解释说，苟变诚然有军事才能，但是品行有瑕疵。他曾经在征收赋税的时候，白吃了人家两个鸡蛋，所以废而不用。子思对此大不以为然，说了一段很有名的话，大意是：优秀的领导用人，犹如巧匠处理手中的木材一样。用其所长，弃其所短。粗大的杞梓之树，几个人都无法环抱，哪个巧匠会因为树干上有几尺烂木，就废弃不用呢？如今我们处在战国乱争之世，要选拔带兵打仗的得力帮手，怎能因为两个鸡蛋的事而弃置优秀的将领不用呢？列国的诸侯会怎么看我们呢？

> **启示8** 选拔人才要取其长，容其短。特别是在非常时期，领导者更要有包容心。

子思的话道出了两点道理。第一，选拔人才要取其长，容其短。唐太宗就说过，人之行能（才能、品行），未必兼备。第二，现在是非常时期，大争之世，急需人才，更应该有包容心。苟变虽然曾吃了民家两个鸡蛋，但毕竟是不可多得的将才，应该用其长。季布曾经在项羽麾下，多次使刘邦难堪。刘邦称帝之后，却能赦免其罪，委任以官职。唐人赵蕤《长短经》里说："含垢藏疾，君之体也。""垢"和"疾"都是不好的东西，但是，君主应该能够包容，特别是在创业时期，急需人才之际，应该用"最大公约数"来团结所有可以团结的力量。没有"含垢藏疾"，一味求全责备，何来共图大业的"统一战线"？

卫侯似乎明白了子思的意思，说："谨受教矣！"客气地接受了子思的教诲。子思是社会名人，《中庸》即出自其手，卫侯不得不顾虑其社会影响，所以，能够听取其言论。可是卫国君臣之间的关系却不是这么回事。"卫侯言计非是，而群臣和者如出一口。"卫侯决策错误，可是其下属群臣却异口同声地附和称赞。子思对一个叫公丘懿子的人失望地说："以吾观卫，所谓'君不君，臣不臣'者也。"公丘懿子曰："何乃若是？"何以这么严重？子思接着谈了他对君臣关系的看法。

二、决策问题

子思认为，领导者在决策时自以为是，就听不到，也听不进群臣的意见。即使领导者的意见正确，也应该集思广益，何况决策失误呢？群臣竟然苟同取媚，任由错误发展。领导者不问是非，就喜欢别人顺着自己说话，这是多么昏暗。臣下不管对错，只是阿谀取容，这是多么谄媚。主上昏暗，臣下谄媚，又高居于百姓之上，民众能拥护么？长此下去，国家能不覆亡么？

子思的意思很清楚，君臣之间只有相互坦诚，才能众志成城，治理好国家。领导者搞一言堂，文过饰非，弄得大家都噤若寒蝉，不敢说真话，整天揣摩领导的心思，拍马屁，非亡国不可。于是，子思直截了当地言于卫侯曰："君之国事将日非矣！"卫侯问："何故？"对曰："有由然焉。"子思讲出了他的理由：国君有错误，却自以为是，卿大夫不敢指出来；卿大夫有错误，却自以为是，庶众不敢指出来。这就失去了纠错机制。上面感觉良好，自以为贤；下面的人同声附和，一片赞扬声。岂非自欺欺人？给领导戴高帽子的，就有好处；给领导提意见的，就遭祸害。这样下去，正确的决策从何而来？《诗经》曰："具曰予圣，谁知乌之雌雄？"意思是，君臣都说自己是圣人，就无法分辨是非，犹如谁都分不清乌鸦的雌雄一样。这话说的不就是你们君臣现在的样子么?

> **启示9** 领导力修炼的核心内容在于出主意（决策）、用干部（用人）。

三、和而不同

子思对卫侯的上述两条忠告，道出了领导力修炼的核心内容：出主意（决策）、用干部（用人）。近年出土的郭店楚简记鲁穆公问子思："何如而可谓忠臣？"（原文多假借字："可女而可胃忠臣？"）子思回答："恒称其君之亚（恶）者，可谓忠臣矣。"鲁公"不悦，揖而退之"。能够讲真话，指出国君过失的，就是忠臣。传承子思学说的孟子（约前372—前289），曾与齐宣王有过一段问答："王曰：'请问贵戚之卿。'曰：'君有大过则谏；反覆之而不听，则易位。'王勃然变乎色。"（《孟子·万章下》）敢于指出国君有重大过错，是贵戚重臣的本分。假如多次指正，国君仍不改正，就应该换掉他。这是何等大胆的言论！敢于向领导提意见，弥补其决策中的失误，这不是给领导拆台，而是补台，即所谓"和而不同"。

和而不同，进谏纳谏，是中国古代中央集权体制的一个重要内在环节。约略晚于孟子的荀子（约前313—前238）从操作层面，谈到进谏纳谏的现实意义。

《荀子·臣道》曰："从命而利君谓之顺，从命而不利君谓之谄；逆命而利君谓之忠，逆命而不利君谓之篡；不恤君之荣辱，不恤国之臧否，偷合苟容以持禄养交而已耳，谓之国贼。"这里首先给"臣"的角色做了一个定性的分析：从君之命而有利于君叫顺从，从君之命而不利于君叫谄媚；违君之令而有利于君叫忠诚，抗君之令而不利于君叫篡夺。不顾及君主之荣辱，不顾及国家之得失，只是苟合取容，以保禄位，豢养结交党羽，这种人就是国贼。这首先是从国君的根本利益上，而不是从表面的依违态度上，定性国君与臣属的关系。

荀子进而又说："君有过谋过事，将危国家殒社稷之惧也；大臣父兄，有能进言于君，用则可，不用则去，谓之谏；有能进言于君，用则可，不用则死，谓之争；有能比知同力，率群臣百吏而相与强君矫君，君虽不安，不能不听，遂以解国之大患，除国之大害，成于尊君安国，谓之辅；有能抗君之命，窃君之重，反君之事，以安国之危，除君之辱，功伐足以成国之大利，谓之拂。故谏争辅拂之人，社稷之臣也，国君之宝也，明君之所尊厚也，而暗主惑君以为己贼也。"

这段话的大意是，君主决策行事错误，将危及国家政权。大臣们能向君主提出不同意见，被采纳则罢，不被采纳则走人，这是劝谏；意见被采纳就罢，不被采纳不惜以身相殉，这是死诤；若能联合众人，率领群臣强制性纠正君主之错，君主虽然不情愿，却不能不听从，从而消除了国之大患，清除了国之大害，使君主尊贵、国家安定，这叫辅弼；如果大臣能拒绝执行君主错误的命令，借用君之重权，纠正君之错事，使国家转危为安，除去君主蒙受的耻辱，成就国家的重大利益，这叫匡正。因此，能劝谏、死诤、辅弼、匡正之人，是社稷之臣，国君之宝。英明的君主会尊敬优待他们，但愚昧糊涂的君主却视之为寇仇。

启示10 和而不同,进谏纳谏,本质上是要求执政者在重大决策问题上,要与自己的管理团队进行有效的沟通和协商,一把手权责第一,但是不要搞一言堂。

荀子的这番"臣道",把臣属在纠正君主错误方面的职责讲得淋漓尽致,有助于我们理解子思对卫侯的忠告。与西方的权力制约不同,中国古代强调权力协商。和而不同,进谏纳谏,本质上是要求执政者在重大决策问题上,要与自己的管理团队进行有效的沟通和协商,一把手权责第一,但是不要搞一言堂。尽管道理言之凿凿,可是,在现实政治操作层面,由于缺乏制度化、机制化的约束,全凭领导者的道德自觉,势必出现人存政存、人去政息的现象。像唐太宗与魏徵那样的合作,在历史上不过是凤毛麟角!这也是我们今天要认识到的。

(参见《资治通鉴》卷一)

第五节　察察为明：卫嗣君的权术

卫嗣君（？—前283）是卫国的第四十一任国君。公元前335年，卫嗣君即位的时候，卫国已经衰落了。

一、孔子钟情于卫国

春秋早期，以好鹤而闻名的卫懿公（前668—前660年在位），荒淫误国，被入侵的狄人所杀，导致国家覆亡。《史记》中说"懿公即位，好鹤，淫乐奢侈"，指的就是这件事。后来，五千难民在齐桓公的救援下，才重新复国。从此，卫国元气大伤。即便如此，卫国依然是孔子最钟意的国家。孔子周游列国十四年，有十年时间是在卫国度过的，包括子路在内的许多学生，都来自卫国。

春秋末年，卫国父子相争，内乱频仍，不可避免地走向衰落。但是，卫灵公似乎有所作为。有一次，鲁哀公问孔子："当今之君，孰为最贤？"孔子回答说："丘未之见也，抑有卫灵公乎？"

孔子离开鲁国后，总想在卫国谋一职位，他曾感叹地说，如果卫国任用自己，一年就会有起色，三年可以大成。但是，卫灵公终究没有用孔子，即使孔子走了灵公夫人南子的门路，也未得用。故而孔子说"卫灵公无道"。

二、用一座城换一个逃犯

卫嗣君执政的时候，卫国已经很虚弱了。在他继位前三十多年，卫国就从公国自贬一等为侯国；卫嗣君执政五年后，又改称君了。卫国只有濮阳一块地盘，实际上是魏国的附庸。

卫嗣君很想有所作为。《资治通鉴》卷二记载了他登基后的第一件事，就是千方百计地抓捕一个逃犯。事情是这样的：卫国的一个受刑罚较轻的罪犯逃跑了。这个犯人颇懂医术，逃到魏国为王后治病，竟然出了名。这件事让卫嗣君很难堪。他派人向魏国提出交涉，要引渡这名逃犯，条件是补偿魏国五十金。魏王不答应。后来又交涉了五次，也没有谈成。卫嗣君一咬牙，提出以左氏城（在今山东定陶东）换回逃犯。这让卫国的官员们很吃惊，拿一座城池去换回一个逃犯值得吗？卫嗣君斩钉截铁地说：你们不明白这件事的严重性。治理国家不放过小事，就不会有大乱子。如果国家的法制不行，该杀的不杀，即使有十个左氏城，又有什么用呢？法制健全，赏罚必行，即使失去十个左氏城，也不会有大害。魏王听说卫嗣君如此执着地要得到逃犯，就让人把逃犯送回了卫国，也没有让卫嗣君付出任何代价。

这个故事很对申韩法家的口味。为《资治通鉴》作注的胡三省在此处评论说，这是学习申韩之术者的说法。《韩非子》中确实比较早地提到过这个故事，司马光的记载其实就出自《韩非子》，司马迁的《史记》对此事反而没有记载。

《资治通鉴》卷四中还记载了几件关于卫嗣君的事。

比如，某位县令在整理被褥的时候，露出了破旧的床垫。这件事被卫嗣君知道了，就下令赏赐这位县令一床崭新的被褥，县令受宠若惊。这究竟是卫嗣君为了显示自己的聪明，还是为了奖励臣下的廉洁？那就要看你从哪个角度去思考了。

又如，卫嗣君派人经过关市时，塞给管理人员一大把金钱，大概因为有偷税走私的嫌疑或者是带了违禁品出入。不几日，卫嗣君又派人告诉这位官员，说某日某人经过关市的时候给你送钱，你要赶紧退回这笔贿金。这位官员吓得浑身打颤。这到底是"钓鱼执法"，还是暗中监视？历史没有详细记载。

再如，卫嗣君喜爱宠妃泄姬，重用大臣如耳，可是又怕他们壅蔽自己。于是又刻意提高魏妃的地位，以防止泄姬骄恣；故意提升另一大臣薄疑的职位，以牵制如耳的权力。这究竟是为了兼听则明，还是搞互相平衡、互相制约的小把戏？也许两种用意都有。

三、对卫嗣君的盖棺论定

公元前283年，卫嗣君去世了。

临终前，有一个叫富术的人前来拜会卫国大臣殷顺且，对他说，您如果按照我教您的话去跟国君说，您一定可以得到重用。国君生前贪恋美色，宠信奸臣。朝臣们不敢揭他的短，一定不会谈论这些事情。您要勇敢地对国君说实话，告诉国君他以前的所作所为很荒唐，宠信的缪错把持国政，又有犀薄为虎作伙，这样下去，他的子孙将不能祭祀祖先了（意思是亡国）。富术是看透了卫嗣君的：想当明君，却心有余而力不足。

殷顺且来到卫嗣君的病榻前，说了上面这番话。卫嗣君听后十分震惊，颔首称善，当即把相印交到殷顺且手里，并恳切地说：我死之后，你一定要担任国相辅政。

卫嗣君死后，殷顺且按照先君遗命接任相位，辅佐太子公期继位，是为卫怀君，奸臣缧错、挈薄家族全部被驱逐出境。

在历史上，卫嗣君不能算是一位杰出的君主，他所做的这几件事也值得分析。

> **启示11** 治国理政，轻重缓急，关键在一个"时"字。卫国当前最急需解决的是人才问题。

以城池换逃犯，更像是在作秀。如果它不是战国策士游说时信口拈来的案例（此事见于《战国策》），或者韩非为佐证自己的观点而编造的故事（韩非经常这么做），那么，这种做法是相当不靠谱的。说是要加强法制，这没有错；要用典型事件来表明态度——国君支持什么，反对什么，这也没有错。但是，治国理政，轻重缓急，关键在一个"时"字。卫国当前最紧迫的问题是什么？春秋末期著名贤人吴国的延陵季子曾说："卫多君子，未有患已。"其实，卫国不仅有许多像遽伯玉这样被孔子赞赏的君子，而且还有大批务实的干才，如李克、商鞅、吴起、吕不韦，但他们都流落在他国，这才是卫国要着力解决的问题。你的疆域就剩下一个濮阳了，却要拿珍贵的左氏城去换一个逃犯，至于这样做吗？这不是作秀是什么？

对于卫嗣君搞的"钓鱼执法"之类的小把戏，司马光直截了当地说，"嗣君好察微隐"。古人的政治伦理中，"察察为明"是对君主很负面的评价。荀子评价卫嗣君是"聚敛计数之君也"（《荀子·王制》）。搜刮聚敛百姓的赋税，玩弄法术驾驭臣下，这就叫"聚敛、计数"，是不会有好结果的，荀子直接说，"聚敛者亡"。

因此，对于卫嗣君临终前的反省，我们只能说是为时已晚。殷顺且没有办法力挽狂澜，太子公期即卫怀君，在位三十余年，几乎完全听命于强邻魏国。公元前252年，他前往魏国见魏君，魏人执而杀之，更立其弟卫元君。元君是魏国的女婿，只是傀儡而已，不待秦始皇的铁骑，卫国实际上已经灭亡了。

（参见《资治通鉴》卷二至卷四）

第六节 商鞅变法:"百代都行秦政法"

战国时期,政治风云变幻莫测,变法始终是最强音。魏国李克(李悝)、楚国吴起、韩国申不害、秦国商鞅,都在国君的支持下力行变法。但其中只有商鞅变法,影响深远。它不但奠定了秦国统一的根基,而且对两千多年中华政治文化产生了深远影响。谭嗣同有言"两千年政治,秦政也",毛泽东亦在七律《读〈封建论〉呈郭老》中指出"百代都行秦政法"。"秦政"者,商鞅变法后之新政也。

一、公孙鞅入秦

商鞅本名卫鞅,出自卫国公室庶裔,故又名公孙鞅。最初在魏相公叔痤门下任中庶子(大约是侍从官之类),颇得赏识。公叔痤就是当初挤走吴起的那个人。魏惠王八年(前362),公叔痤率领魏军大败韩赵联军,魏惠王亲自郊迎。公叔痤谦逊地说,我军取得胜利,不是我的功劳,全赖吴起当年培养的"武卒"勇猛善战。这句迟到的公道话,当即给吴起的后人带来20万亩田地的赏赐。可是对于吴起本人来说，已经太晚了。次年，公叔痤就病重去世了。真可谓人之将死，其言也善啊！

商鞅有才华，"（公叔）痤知其贤，未及进"，临终之前，才向魏惠王极力推荐。由于此前缺乏铺垫，他的意见没有被魏惠王采纳。公叔痤发狠话说，不用之，即杀之，为了魏国的安全，不能让商鞅到其他诸侯国去。魏惠王理都懒得理。公叔痤死后，商鞅没有了工作，恰好此时新即位的秦孝公（前381年出生，前361—前338年在位）发布"求贤令"，广招人才。商鞅于是来到秦国。

二、商鞅的两次变法

秦孝公的父亲秦献公曾经在魏国流亡二十九年，矢志学习魏国的变法。他临死前，将未竟之业托付给儿子孝公。孝公张榜招贤，商鞅的变法主张与秦孝公不谋而合。二人促膝长谈了好几天，商鞅深得国君之心。于是秦孝公安排他与国内的保守派官员辩论变法利弊。辩论持续了好几天，虽没有说服保守派，却进一步坚定了秦孝公变法的决心。

公元前359年，商鞅公布了第一套改革令。首先，建立起一套基层什伍组织和治安联保制度。"令民为什伍而相收司、连坐，告奸者与斩敌首同赏，不告奸者与降敌同罚。"这其实是对秦献公（孝公之父）社会管控方面的基层体制的进一步完善。

其次，建立奖励耕战的制度：为国征战，立功受奖；戮力耕桑，免除徭役；若因经商或懒惰而致贫者，官府没收为奴。商鞅的激励机制，不仅打通了平民通向贵族的通道，而且有明显的经济与产业导向:"有军功者,各以率受上爵。为私斗者,各以轻重被刑大小。僇力本业,耕织致粟帛多者,复其身。事末利及怠而贫者,举以为收孥。"为此,就必须限制宗室贵族的特权:"宗室非有军功论,不得为属籍。明尊卑爵秩等级,各以差次名田宅、臣妾、衣服。有功者显荣,无功者虽富无所芬华。"宗室若无军功,不得列为贵族;普通民众可以凭军功得到荣华富贵。

十年之后,即公元前350年,商鞅推出新一轮改革措施。秦国都城从雍城迁到咸阳,改革集中在行政管理和经济社会层面:"令民父子、兄弟同室内息者为禁。并诸小乡聚,集为一县,县置令、丞,凡三十一县。废井田,开阡陌,平斗、桶、权、衡、丈、尺。"它包括社会、行政、经济等方面内容:

一是强制民众分家析户,建立一个小型化个体家庭组成的社会。二是进一步推广县制(县直属中央政府,与属于封君的封邑不同),把小乡合并成县,共31个县,设置县令、县丞。三是废除井田制,井田制是一种封主占有土地,庶民为其耕种,但是产权不得转让的土地制度;商鞅废除井田制,民得以买卖土地,产权可以转移,激发了劳动者和生产者的积极性。《史记·商君列传》说,商鞅的土地改革,"开阡陌封疆,而赋税平"。四是颁布统一的度量衡标准。商鞅之流的法家重农抑商,这些措施却有利于促进商品交换。

商鞅的改革是两手抓,一手抓军事,能打仗、打胜仗;另一是抓种粮,发展农业生产。"利出于地","名出于战",把一切社会资源都驱使到促进农耕和有利于战争的方面去。"治国能抟民力壹民务者强。"(《商君书·壹言》)"利禄官爵抟出于兵,无有异施也。"(《商君书·赏刑》)这个体制坚持了130多年,一直到秦王嬴政"奋六世之余烈",统一全国。

三、商鞅变法的特点

商鞅变法首先从建立法令的信誉入手。徙木立信是其突出例子。商鞅立木于都城集市的南门,张榜募人搬运到北门,赏十金。当时,十金相当于一个普通人家的全部财产。以如此高额的赏金募人完成如此简单的工作,秦民议论纷纷,不肯相信。商鞅于是把赏金加到五十金。秦民激动万分,有人兴冲冲来尝试,官府当场兑现奖赏,全国哗然。政府法令是可信的! 这一观念得到强化后,商鞅才开始颁布一条条改革法令。

> **启示12** 要维护政府信誉,必须做到信赏必罚。高官违法,同样处置;庶民有功,兑现奖赏。法律有尊严,改革才能成功。

法令既颁,严明赏罚以维护法律的权威就是成败的关键。太子驷在贵族们的鼓动下犯法,商鞅认为,太子身为嗣君,不可施之以刑,但是,太子的师、傅要为其行为负责。于是,对公子虔、公孙贾分别处以割掉鼻子、在脸上刺字的刑罚,震慑了整个贵族阶层。至于普通士兵、百姓立功,立即予以爵赏。要维护政府信誉,必须做到信赏必罚。高官违法,同样处置;庶民有功,兑现奖赏。法律有尊严,改革才能成功。

商鞅改革的政治路线图是"尊君""平民"。"尊君",是以君主为至高无上的权威,绝对遵从,构建一个不容挑战的社会秩序。"权者,君之所独制也,人主失守则危。"(《商君书·修权》)"平民",就是推行平民化的社会结构,王权之外的一切政治权力、经济利益、社会荣誉,对所有的民众开放,这是对尊君的辅助。只要有军功,有才能,都可以获得政府职位。法律面前人人平等,商鞅称之为"壹刑"。"所谓壹刑者,刑无等级,自卿相、将军以至大夫、庶人,有不从王令、犯国禁、乱上制者,罪死不赦。"(《商君书·赏刑》)"一断于法"的原则,否定了贵族的特权,也要求君主"以法治国"(此为韩非语):"明主慎法制。言不中法者,不听也;行不中法者,不高也;事不中法者,不为也。……此治之至也。"(《商君书·君臣》)平民主义、法治主义,与君主独尊相辅相成,对于秦汉以后中央集权制度的发展与强化,有着重大影响。

商鞅变法,不仅有原则规定,还有着十分详尽的实施细则,有很强的操作性。

比如,以奖励农耕而论,仅田间管理方面,从播种工作开始,对于下种的数量,法律就有详尽的规定。据《睡虎地秦墓竹简》记载,种稻,每亩用种子二又三分之二斗,麦子每亩一斗,黍米每亩三分之二斗,叔(菽,即大豆)每亩半斗。政府用法律来指导农民种田,保障先进农业技术得到推广,对于农田作业管理精细到如此程度,令人叹为观止。法律还规定,地方政府有义务向中央以书面形式定期详细汇报农作物生长情况,包括受雨情况、抽穗的田亩数、已开垦而未耕种的田亩数、水旱之灾、病虫害及其他灾害损伤稼禾的田亩面积、受损成分等。

牛是农耕之本,秦国每季(分别是四、七、十、正月)举行一次耕牛健康评比会，优胜者有赏：田啬夫赏酒一壶、干肉十条，饲牛者免除更役一次，牛长赏赐资劳三十日。低劣者有罚：申斥田啬夫，罚饲牛者资劳两个月。如果耕牛的腰围瘦了，每减一寸，主事者鞭笞十。乡里层面的耕牛考核，优胜者赏赐里典资劳十天，低劣者鞭笞三十。每年对各县驾车用牛也有考核。畜牛十头以上，一年间死亡三分之一，畜牛不满十头及领用牛一年间死亡三头以上，主管牛的官吏有罪，养牛的人有罪，县令、县丞也有罪。如果饲养十头母牛，其中六头不生小牛，负责养牛的人有罪，其他有关人员也要受到不同程度的惩罚。

又如，商鞅建立的军功授爵制度，爵位直接与战争业绩挂钩，十分具体细致。士兵斩首一级，就获得爵位一级，田宅一区，仆从数人。斩获两个首级，父母妻子都可以免罪。落实在军队生活中，有更具体的规定。大体说来，三级爵位的士兵，伙食标准每天有精米一斗，酱半升，菜、羹各一盘。两级爵位的士兵只能吃粗米。没有爵位的大约仅能吃饱肚子。正如《睡虎地秦墓竹简》法律文书规定："御史卒人使者，食粺米半斗，酱驷（四）分升一，采（菜）羹，给之韭葱。其有爵者，自官士大夫以上，爵食之。"爵位不同，士兵的伙食标准也不一样。与普通士兵仅能以粗粮果腹不同，有爵位的上等兵士，伙食的数量和质量都享受更高的标准。

秦国军功爵制还规定，根据爵位高低，可享受不同标准的"传食"待遇。秦代官吏出差，都要住在官办的传舍（招待所）里。传舍对于住宿的各级官吏及其随员，根据有爵无爵和爵位的高低，供应不同标准的伙食。这个规定当时叫做"传食律"。

总之, 商鞅变法的措施, 具有系统性; 内容细致周密, 具有可操作性; 商鞅身亡后, 措施仍然能推行下去, 说明它符合秦国的社会实际, 具有持久性。既然如此, 为何商鞅却被施以车裂的酷刑, 死于非命呢?

四、商鞅之死

《史记·商君列传》记载"公子虔之徒告商君欲反, 发吏捕商君"的情况, 比《资治通鉴》多了一些细节。秦孝公死后, 惠文王(又称惠王)继位, 曾经被商鞅割掉鼻子的公子虔举报商鞅谋反。惠文王发出逮捕令, 商鞅携家人逃亡至关下, 欲匿名投宿客舍。客舍的伙计以无证件为由, 拒绝为他办理入住, 曰:"商君之法, 舍人无验者坐之。"意思是店客若无证件住宿, 客舍犯连坐之罪。商鞅长叹一声道:"嗟乎, 为法之敝, 一至此哉!"后来, 商鞅走投无路, 复入秦, 被秦兵攻杀, 车裂以徇, 秦惠文王"遂灭商君之家"。

在商鞅罹难之前的五个月, 有个叫赵良的人来看望他。两人曾有一番关于商鞅功绩评价的对话。商鞅自认为有大功于秦国, 功劳和待遇都应该超过秦之贤相百里奚:当初, 秦国习俗, 同于戎翟, 父子无别, 男女老少同室而居。今我更制其教化, 而为其制男女之别, 大筑宫室城阙, 把秦国营建得壮观如鲁、卫这样的文明国家。"子观我治秦也, 孰与五羖大夫贤?"

赵良说:请恕我直言。你与"五羖大夫"百里奚根本不能比! 出身和觐见君王的门路不能比, 功劳不能比, 得到百姓的拥戴更不能比。百里奚是楚国乡下人, 穿着粗布短衣给人家喂牛,秦穆公选拔于牛口之下，加位于万人之上，秦国人人拥戴他。百里奚为秦相六七年，不仅在他国建功立业，而且在国内施行德化。他出任秦相，劳不坐乘，暑不张盖，足迹遍于国中，无需随从，无需武装防卫，功垂史册，德泽后世。五羖大夫死时，秦国男女老少无不举哀怀念。

您商君来到秦国，走的是秦王宠臣景监的门路。执掌秦国相印，不造福百姓却大建宫阙。上加黥刑于太子师傅，下施酷法于黎民百姓，招致举国怨恨。所以，您出门必须有人护卫，有军队扈从，您的处境危若朝露啊！

我劝您交还商於十五邑封地，退避荒野，浇园自耕；劝秦王任用山林遗贤，养老抚孤，施行德政，也许还可保您自己的平安。假如您还要贪图商於的富有，享受独揽秦国政教的尊贵荣宠，积聚百姓怨恨，秦王一旦捐弃宾客而不能当朝，秦国想要收拾您的仇人能少吗？

商鞅没有听从赵良的劝告，五个月后果然被残酷杀害。对于商鞅的死，有两个问题值得讨论。

第一，商鞅能否逃脱被追杀的命运？商鞅的命运与吴起在楚国的情况类似：靠山一走人，立即被处死。

商鞅变法的成就，应该是无可怀疑的。没有人能否定，秦国的统一大业发轫于商鞅变法。但是，要改革就会得罪一些既得利益者。商鞅损害了贵族的利益，反对者未必是普通民众。根据《史记·商君列传》的说法："行之十年，秦民大说（同"悦"），道不拾遗，山无盗贼，家给人足。民勇于公战，怯于私斗，乡邑大治。"《史记·李斯列传》也说："孝公用商鞅之法，移风易俗,民以殷盛,国以富强,百姓乐用,诸侯亲服,获楚、魏之师,举地千里,至今治强。"无论是"秦民大说""乡邑大治",还是"家给人足""民以殷盛",都是说商鞅变法符合民心,有很好的社会效果和经济效果。

但改革的社会和经济效果好,改革者本人的命运,未必一定会好。与沉默的大多数相比,被损害了的既得利益者,具有更强烈的反对改革动力,和直接针对改革者本人的反扑力量。赵良所说的情况,就证明了这一点。

当然,商鞅本人行事,也有霸道和诡谲的瑕疵。法令推行之后,"秦民初言令不便者,有来言令便"。当初对新法不理解有抵触情绪,现在改变了态度,赞扬新法,这本来是好事,要加以鼓励。可是,商鞅说:"此皆乱法之民也!"把这些议论新法的人,尽数发配到远方去戍边,"其后民莫敢议令"。这种钳制舆论的做法,自然不得民心。

齐魏马陵之战后,魏太子申被俘,庞涓丧命,魏国损失了十万大军。商鞅趁机建议秦王收复河西之地。他欺骗昔日同在公叔痤门下的旧交公子卬,致使秦国不战而胜。这种不择手段的行为,也会对商鞅的形象与声誉造成损害。但是,最后商鞅却以谋反之罪被捕杀,真是欲加之罪,何患无辞!因此,商鞅罹难,并不是他工作失职,改革失败;也不全是因为他个性张扬,处事强霸。商鞅作为客卿,侵犯了既得利益者之后,陷于孤立,从而才会有这样的命运和归宿。

第二个问题,为什么处死商鞅的秦惠文王,并没有废除商鞅所制定的法律呢?简单地说,有三点原因,首先是这些法令适应了秦国的社会发展,有利于富国强兵。其次,许多变法内容,比如县制的推广,基层保甲组织的建设,秦献公时期已经实行。在墨家的影响下,"尚贤""尚同"(即与上保持一致,强调社会控制)、重视农耕、重视军事防御装备(墨家主张"非攻",但却重视军事防御技巧)等思想已经为秦统治者所熟悉和接受。在秦人看来,秦孝公才是变法的主动者。《商君书·更法》说:"孝公平画,公孙鞅、甘龙、杜挚三大夫御于君。虑世事之变,讨正法之本,求使民之道。君曰:'代立不忘社稷,君之道也;错法务明主长,臣之行也。今吾欲变法以治,更礼以教百姓,恐天下之议我也。'"可见,是秦孝公主动谋划改革,召集商鞅、甘龙、杜挚三位大夫,讨论变法事宜。秦孝公说:国君继位,要不忘社稷之重;大臣辅佐,要实施变法以张君威。"变法以治,更礼以教百姓",是秦孝公非常自觉的主动行为。商鞅只是孝公意志的坚定的、具有创造精神的执行者。因此,商鞅被处死,不会影响新法的继续实行,也就是自然而然的事情了。

五、比较的视角

如果比较一下古代希腊城邦改革,我们就能进一步认清商鞅变法的实质。雅典城邦从梭伦(约前640—约前558)到伯利克里(约前495—前429)的改革,基本方向是注重权力制衡,鼓励工商业发展。商鞅变法则是注重提升政府的社会管控能力、战争动员能力,促进农业发展。

同样是打破贵族特权,梭伦改革突出的是按照财富划分社会等级,商鞅的二十等爵则是按照军功划分政治社会地位。

前者承认并鼓励私人创造财富，后者引导国民埋首农田或扑向战场。

梭伦改革中，与财产定等级原则相配合的，是各等级公民政治权利的差异。例如，第一等级可任执政官、司库及其他公职[1]。第二等级可以担任司库以外的所有公职，说明管财税的司库官有更高的个人财产要求[2]。与第三等级不可做高级职位，尚可担任一般公职不同，第四等级一般不担任公职，最多充当陪审员[3]。

商鞅变法之后，由外来普通移民而跻身卿相的客卿，如张仪、范雎、蔡泽、吕不韦、李斯，不知凡几，平民通向政治的道路，似乎秦国比雅典更彻底。但非贵族化和平民化的政治，导致没有任何势力可以挑战君主的权力，反而强化了中央君主的权威，社会的过度平面化，又使得只有不断地强化君主权威，才能阻遏混乱，维护社会统治秩序。相反，公民政治中的等级制度，反而使秩序规则的维护和统治权力的制约，具有现实的操作基础。

如何看待这种东西方早期改革中的差异呢？

一是产业的差别。地处关陇的秦国是纯粹以农业为主兼及畜牧业的国家，而雅典等希腊城邦则是面向海洋，工商立国。它们各自对于产业的发展思路不同，激励重点也不同。

---

[1] 第一等级叫"五百麦斗级"，年收入500麦斗（含谷物、油、酒等）以上。

[2] 第二等级叫"骑士级"，年收入300麦斗以上。

[3] 第三等级叫"牛轭级"，年收入200麦斗以上，大约属于有牛耕田的农民。第四等级叫"日佣级"，年收入不及200麦斗，靠出卖佣工为生，故称"日佣"。

二是民众与人口的差别。内陆秦国的百姓，父祖相传，安土重迁；而雅典的居民，则多是伯罗奔尼撒半岛上的多利亚移民。公元前500年，雅典人口中成年男性公民仅三万多人，秦国人口大约有四五百万之多①。诚如孟德斯鸠所言，小城邦容易实行民主制，人口众多则多实行君主制。②

文艺复兴，将古希腊的传统接续为西方的政治制度。"百代都行秦政法"——商鞅变法为此后两千多年的王朝统治奠定了基调。

（参见《资治通鉴》卷二）

---

① 商鞅重视人口统计工作，包括"壮男壮女之数，老弱之数，官士（士卒）之数，以言说取食者之数，利民（工商业者）之数"（《商君书·去强》），进行分类统计。但秦国的人口，仍缺乏具体数字记载。司马迁估计秦国的军队达到一百万（张仪也这么说），王翦带去灭楚的军队就有六十万。估计秦国的人口在商鞅时代应该为四五百万之众。

② 孟德斯鸠《论法的精神》还认为，希腊罗马的市民奴隶，与亚洲的政治奴隶（即庶民）不同，从而影响其政治制度。这也具有一定启发性。比如，雅典公民作为独立的社会群体，既是政治主体，又是政治客体；公民之外，有百分之九十的奴隶，只是工具性奴隶，排除在政治过程之外。少数公民之间的民主政治有现实操作性。秦国虽然只有贵族官僚才是政治的主体，但是，庶民依然是政治的客体，参与了政治的过程。君主反而凌驾于所有社会群体之上。

第七节　与时俱进：秦国的对外发展战略

商鞅变法奠定了秦国发展的制度基础，包括法律制度、行政管理制度（郡县制、基层乡里制度）、军功爵制度（激励机制）、经济制度（废井田，民间可以买卖土地的土地制度；农田管理制度）等。但是，如果没有高超的外交技巧、切实可行的发展战略，要以西北一隅之地、单打独斗之力，吞并唇齿相依、命运相济的东方六国，也不是易事。六国合纵抗秦，对崛起中的秦国也构成了巨大威胁。

为了解除国家发展中的威胁，秦国采用了"连横"的外交策略。如派遣张仪出使楚国，破坏齐楚的结盟。但是，连横只能破坏对方的结盟，六国的威胁并不会因此而消失。对六国进行打击是必然的选择，但打击的重点、次序和策略，是秦国外交战略中的重大问题。随着秦统一大业的逐步推进，秦国与六国关系也与时俱进、且行且变，因此，秦国对外策略有三次大的阶段性调整：

第一个阶段：秦惠文王时期。惠文王采取避重就轻、攻灭巴蜀之策略。

第二个阶段：秦昭襄王时期。昭襄王实行远交近攻、蚕食诸侯之策略。

第三个阶段：秦王嬴政时期。嬴政采用收买、离间等手段来破坏六国人才之策略。

一、避其锋芒　避重就轻

公元前338年，秦孝公死，19岁的太子驷继位，是为秦惠文王。惠文王用魏人张仪为相，司马错（司马迁的八世祖）等为将。惠文王连续攻打魏国，取阴晋、上郡、陕，又攻打韩国，取鄢陵。秦国的咄咄逼人，引起了六国的恐慌。于是，韩、魏、赵、燕、楚五国合纵伐秦。

后来，"巴、蜀相攻击，俱告急于秦"（巴、蜀两国相互攻击，都来向秦国告急求救）。究竟是向东进攻中原，还是乘机吞并互相攻伐的巴蜀？这让秦惠文王犯了难。"司马错请伐蜀。张仪曰：'不如伐韩。'"张仪与司马错发生了争执。秦王请他们各自陈述自己的理由。

张仪认为："亲魏，善楚，下兵三川，攻新城、宜阳，以临二周之郊，据九鼎，按图籍，挟天子以令于天下，天下莫敢不听，此王业也。"三川指韩国的三川郡（得名于韩国境内河、洛、伊三水）。张仪的意思是，外交上与魏、楚连横，军事上进攻韩国的心脏地带，政治上威胁周王室（周王室就在洛邑，为韩国国土所围），挟天子以号令天下，"此王业也"。他还认为，"争名者于朝，争利者于市"。韩国的心脏地带三川、周室，就是天下之"朝""市"，秦王不去争"朝""市",却去争戎狄之地巴蜀,"去王业远矣"。

司马错坚决反对张仪的主张:"不然。臣闻欲富国者务广其地,欲强兵者务富其民,欲王者务博其德,三资者备而王随之矣。今王地小民贫,故臣愿先从事于易。"他认为秦国力尚弱,不应该过于高调地争"朝"及"市"。要富国就要扩张土地,要强兵就要富裕百姓,要统治天下就要广播恩德。国富兵强而广播恩德,自然而然就是"王"了。

司马错指出,蜀虽然僻处一隅,却是戎狄之长,君昏政乱,"以秦攻之,譬如使豺狼逐群羊。得其地足以广国,取其财足以富民,缮兵不伤众而彼已服焉。拔一国而天下不以为暴,利尽西海而天下不以为贪,是我一举而名实附也,而又有禁暴止乱之名"。相反,"今攻韩,劫天子","有不义之名,而攻天下所不欲",这样做,恶名昭著,实际利益全无,实在是危险至极。况且,"周,天下之宗室也;齐,韩之与国也。周自知失九鼎,韩自知亡三川",他们将"并力合谋,以因乎齐、赵而求解乎楚、魏"。这样一来,秦国事实上促成了东方诸国的合纵,"此臣之所谓危也"。

当然,张仪与司马错的两种方案,各有特点,各有裨益。但根据秦国当时的实力,"王从错计,起兵伐蜀。十月取之。……蜀既属秦,秦以益强,富厚,轻诸侯"。攻取巴蜀,巩固了战略后方,充实了秦的国力,拓展了秦的疆土,使秦的国势更上一个台阶。

二、远交近攻 各个击破

公元前306年,秦昭襄王即位,母后宣太后主政,宣太后异父同母弟穰侯魏冉辅政。在魏冉辅政期间,他推荐并重用名将白起，东征六国，屡建功勋。此时的秦国国运亨通、国势昌盛。史学家吕思勉认为，"秦之灭六国，盖始基于魏冉"[1]。公元前271年，魏冉主持秦国国政已经长达36年，又逢范雎入秦献远交近攻之策。

范雎原本是魏国大夫须贾的客卿，曾随须贾出使齐国，为齐襄王所器重。须贾怀疑范雎出卖情报求荣，伙同魏国国相魏齐迫害范雎，几乎将其殴打致死。范雎装死逃过此劫，化名张禄，随着秦国使臣来到咸阳。

其时，穰侯正筹划派秦兵攻打齐国的刚（今属山东泰安宁阳县）、寿（今属山东聊城阳谷县寿张镇），以扩大其封地陶邑（今属山东菏泽定陶区）。逃到秦国的范雎设计向秦昭襄王上书求见。他在途中遇到秦王的车队，故意不回避，吵嚷声惊动了秦王。范雎大声喊叫，秦国只有穰侯、太后，哪有什么秦王！这话正中了昭襄王的心病。于是，范雎被召入宫。

范雎对秦昭襄王说："夫穰侯越韩、魏而攻齐刚、寿，非计也。"范雎认为越过临近的韩国和魏国去攻打遥远的齐国刚、寿地区，这是一个馊主意。当年齐湣王南攻楚，破军杀将，辟地千里，齐国得不到尺寸之地，却肥了韩、魏。为什么呢？因为相隔太远，鞭长莫及。"今王不如远交而近攻，得寸则王之寸也，得尺亦王之尺也。"

范雎提出，若想称霸天下，必须控制天下之枢机。而占据韩、

---

[1] 吕思勉：《先秦史》，上海古籍出版社2005年，第213页。类似表述早就见于《史记》卷七二《穰侯列传》："秦所以东益地，弱诸侯，尝称帝于天下，天下皆西乡（同"向"）稽首者，穰侯之功也。"

魏中原地区，才是制胜天下的关键。楚国、赵国如果依附秦国，则齐国自然惧怕，这样齐国也会归附秦国，这种情况下消灭韩、魏，易如反掌。秦王点头称善，乃以范雎为客卿，"与谋兵事"。

实际上，魏冉主政时，秦国的东扩并不是全无章法。范雎的见解与魏冉的计划，也并无重大差异，只是范雎远交近攻的思路更加明确。其实，范雎是利用了秦昭襄王对魏冉专权的疑忌，把魏冉拉下了马。据《史记·穰侯列传》记载，魏冉因"一夫开说，身折势夺而以忧死"，司马迁对穰侯寄予了无限之同情。

此后，范雎交替运用刚柔手段，制服临近的韩、魏和相对偏远的燕、赵、齐、楚。第一步，蚕食鲸吞三晋之地，控制魏、韩，不仅壮大了秦国的声势，还解决了秦国东进的后顾之忧，为秦国进一步威胁赵、楚提供了条件。第二步，以韩、魏为基地，北击赵、燕，统一北方；南向攻楚，控制南方，秦、齐之间广袤地区全入秦国囊中。第三步，制服齐国，进一步巩固了对邻国魏、韩及楚、赵的蚕食结果，乃至最后完成了统一天下的大业。

范雎远交近攻的策略，准确地说是交替运用"打"和"拉"两手，各个击破。这一策略，到秦王嬴政时代，由于李斯的辅佐，又有了新的发展和创造。

三、收买离间　破坏人才

秦王嬴政即位初期，吕不韦执政。嬴政亲政后，清除嫪毐和吕不韦之党羽作乱，随后又下逐客令。

所谓逐客，就是把六国的客卿从秦国驱逐出去。起因不仅是吕不韦作乱，还因为韩国水工郑国的间谍案。韩国不断被秦国侵削，韩王派水利工程师郑国前往游说秦国修建水渠，想用大型水利工程消耗秦国的大量人力物力，拖住秦国东进的脚步，此所谓"疲秦计"。事发后，秦国朝野上下一片哗然。加上吕不韦事件进一步发酵，秦王大怒，下令逐客，解除一切在秦国任职的六国客卿的职务，将他们驱逐出境。楚国人李斯也在被逐之列，回国之际，难掩悲痛的李斯愤而写就《谏逐客书》。

李斯的《谏逐客书》历数秦穆公以来秦国重用客卿的成就，特别是秦孝公以来，商鞅、张仪、范雎等辅佐秦君变法图强的历史经验，认为"不问可否，不论曲直，非秦者去，为客者逐"，无异于"弃黔首以资敌国，却宾客以业诸侯"，逐客就是把人才送到秦国的竞争对手那里，亦等于"藉寇兵而赍盗粮"（授敌以兵器，资盗以粮秣）。

启示13 秦王嬴政毕竟是千古帝王，能审时度势，虚心纳谏。他知错就改，收回成命，重用李斯，呈现了伟大领导者之风范。

秦王深知李斯所言决不是想象之词。曾与李斯同在吕不韦门下任职的司空马，出走赵国，积极谋划联合六国对付秦国之计，就是现成的例子。嬴政于是收回成命，召回李斯。当时，六国客卿在秦建功立业，引起秦国贵族大臣对他们的不满。随着秦国国势日益强盛，秦人更自我膨胀，认为客卿不足恃，无客卿也可以治国。秦王嬴政毕竟是千古帝王，能审时度势，虚心纳谏。他知错就改，收回成命，重用李斯，呈现了伟大领导者之风范。

李斯一方面力谏秦王挽留六国人才，另一方面在辅佐秦王兼并六国时，重点打击对方的人才。他"阴遣谋士赍持金玉以游说诸侯。诸侯名士可下以财者，厚遗结之；不肯者，利剑刺之。离其君臣之计，秦王乃使其良将随其后"。首先是重金收买，收买不成，就派刺客暗杀，用离间计破坏敌国的君臣关系。等敌国人才消失殆尽，就派军队去攻打敌国的城池。

秦王政十八年（前229），秦将"王翦将上地兵下井陉，端和将河内兵共伐赵。赵李牧、司马尚御之"。李牧是战国时期赵国优秀的将领，嬖臣（受宠幸的近臣）郭开在赵国掌权，"秦人多与赵王嬖臣郭开金，使毁牧及尚，言其欲反"。赵王派人取代李牧，"李牧不受命，赵人捕而杀之；废司马尚"（《资治通鉴》卷六，秦始皇帝十八年）。秦国先用收买和离间的办法破坏敌国的人才，再用军队灭亡敌国，这就是一个经典案例。

齐襄王的遗孀君王后去世，弟后胜辅政，辅佐齐王建。秦国贿赂后胜，并收买了后胜身边的门客。秦国不仅力劝齐王放弃强军备战，还诱惑齐国在秦国吞并五国的战争中要隔岸观火。"客皆为反间，劝王朝秦，不修攻战之备，不助五国攻秦，秦以故得灭五国。"（《资治通鉴》卷七，秦始皇帝二十五年）待到五国先后灭亡，齐国孤立无援，仓促调集军队到西边抵抗秦军，则为时已晚。

破坏对方人才，不仅仅是李斯的主意，实际上也是秦国长期采用的策略。秦昭襄王时的范雎就曾经使用离间计。在长平之战中，范雎成功地让赵国撤掉了老将廉颇，换了纸上谈兵的赵括。赵国遭遇长平之战的惨败，元气大伤。秦庄襄王时期，曾用重金收买魏将晋鄙的门客，离间魏王对于信陵君的信任。如果说嬴政以前的离间计还只是互相拆台、偶一为之的话，到李斯辅佐时，用收买、离间等手段搞垮敌国领导团队，已经是嬴政对外战争中的重要国策。

当然，六国人才凋敝，能人下、庸人上的现象，不仅是秦国的战略成功所为，也是六国国君本身的昏庸所致。吕不韦门客司空马逃到赵国，积极献策来帮助赵国抵御秦国。赵王却不能用。赵国灭亡后，赵人感慨地说："赵去司空马而国亡。国亡者，非无贤人，不能用也。"（《战国策》卷七《秦策五》）

综上所述，秦国统一天下、成就霸业的策略概括有三：第一，把握时机，选择打击目标；第二，分化瓦解，远交近攻；第三，在吸纳六国人才谋求自身发展的同时，致力于瓦解六国的执政团队。

最后消灭对手，派兵已经不是最重要的，只需要找个借口就行了。[①] 诚如李白《古风》所述：秦王扫六合，虎视何雄哉！挥剑决浮云，诸侯尽西来。

（参见《资治通鉴》卷二至卷七）

[①] 秦王嬴政完成统一之后，提出消灭六国的借口是：当初韩王说好的交出土地和印玺，请为藩臣，"已而倍约"（背弃承诺），与赵、魏合纵对付秦国，故出兵灭其国，虏其王。赵王派其相李牧前来约盟，我送归其质子，"已而倍盟"（背弃盟约），攻我太原，故兴兵诛之，活捉其王。赵公子嘉竟然自立为代王，故举兵灭之。魏王约定归附，入我大秦，"已而与韩、赵谋袭秦"，背信弃义，故发大军征讨，灭之。楚王说好献青阳（今湖南长沙）以西国土，"已而畔约"（背弃承诺），侵我南郡，故发兵诛讨，俘虏其国王。燕王昏乱，太子丹令荆轲行刺，故发兵灭其国。齐王听从其执政大臣后胜之计，断绝秦使，想作乱，被我大军平定，虏获其王，平定其国。"寡人以眇眇之身，兴兵诛暴乱，赖宗庙之灵，六王咸伏其辜，天下大定。"（《史记》卷六《秦始皇本纪》）

秦纪

（《资治通鉴》卷六至卷八）

位于陕西西安临潼区秦始皇陵以东1.5公里处的秦始皇兵马俑坑内景

第一节 嬴政：弃儿·秦王·始皇帝

秦始皇嬴政（前259—前210），一个被无数脏水泼过，也被激烈之词赞赏过的帝王，功过是分明的，得失也是清楚的。那么，我们今天该如何评说呢？

嬴政经历了一个惊恐和不幸的少年时代。他父亲与母亲的婚姻就很奇特，他出生后很长时间只是遗落异国他乡的一个弃儿，10岁才回到祖国，之后为太子，为秦王，为皇帝。

嬴政有三个"父亲"：生父，异人（后名子楚）；仲父，吕不韦；假父，嫪毐。

一、嬴政的三个"父亲"

嬴政的生父异人，是被商人吕不韦发掘出来的"潜力股"。

吕不韦（前292—前235）出生于卫国濮阳，在韩国阳翟经商，因"贩贱卖贵"而"家累千金"。他在赵国邯郸经商时，异人在赵国为人质已经多年。秦、赵关系不好，异人不被礼遇，很不如意。一个偶然的机遇，吕不韦结识了这位秦国宗室，认为"奇货可居",决定帮助异人返回秦国。

异人的父亲安国君(前302—前250)是秦昭襄王嬴稷(前325—前251)的次子,因其长兄悼太子两年前夭逝,安国君于公元前265年被立为太子。安国君有许多女人,生育了二十多个儿子,异人排行居中,母亲夏姬也是普通女人。安国君最宠爱的是楚国姑娘华阳夫人,可是华阳夫人却没有生育。

吕不韦从商人的眼光看出,这里有"投资"的机会。既然嫡母华阳夫人有能力立嫡嗣,那么立谁对华阳夫人最有利呢?吕不韦认为,第一,应是诸子中最没有希望被立为嗣的人。如此,这个儿子对华阳夫人的感激才深,华阳夫人的收益才最大。第二,应是贤孝之人。贤是能力,堪承大业;孝是品行,能孝敬华阳夫人。

吕不韦把这中间的奥妙与异人一讲,异人也拍手称好。于是,吕不韦一方面用钱为异人结交宾客,扩大社会声望;另一方面则亲自出马,到咸阳为异人游说。

吕不韦通过华阳夫人的姐姐打通关节,其姐劝说华阳夫人:"夫以色事人者,色衰则爱弛。今夫人爱而无子,不以繁华时蚤自结于诸子中贤孝者,举以为适,即色衰爱弛,虽欲开一言,尚可得乎!今子异人贤,而自知中子不得为适,夫人诚以此时拔之,是子异人无国而有国,夫人无子而有子也,则终身有宠于秦矣。"(《资治通鉴》卷五,周赧王五十八年)华阳夫人认为很有道理,乘机与夫君提及此事,安国君很听老婆的话,夫妻刻玉符为誓。于是,华阳夫人收异人为子,立为嗣,时在秦昭襄王四十八年(前259)。这一年嬴政出生,异人双喜临门。

关于嬴政的出生，有一段离奇的记载：

吕不韦有一次约请异人在家吃饭，这应该是在吕不韦去咸阳游说之前。有邯郸美女赵姬与吕不韦同居，不仅美貌无双，而且能歌善舞。席间，酒酣耳热，眉目传情，异人深深为美人所迷倒，竟然要吕不韦把赵姬送给他。吕不韦开始假装不悦，后来就顺水推舟。据说当时赵姬已经有孕在身，送给异人后，"孕期年"（至少12个月），生下了嬴政。说嬴政是一个"杂种"，是很多被灭亡的六国遗老遗少的愿望，说起来就解气，就快慰。但是，这件事未必能当真。第一，怀孕的时间过长。第二，吕不韦有在异人身边安插亲信的愿望，但是，大可不必冒这个风险。[1]

大约在昭襄王五十年（前257），秦军攻邯郸，异人与吕不韦逃出赵国，留下了年仅3岁的嬴政与他的母亲，在异国相依为命。

公元前251年，秦昭襄王驾崩，安国君继位，是为秦孝文王，异人（现在的名字是子楚）被立为太子。嬴政与父亲阔别六年之后，才与母亲一起来到秦都咸阳。秦孝文王即位仅几天就病逝了，子楚继位，是为庄襄王，吕不韦辅政。三年后，庄襄王病逝，"太子政立，生十三年矣，国事皆委于文信侯（即吕不韦），号称仲父"（《资治通鉴》卷六，秦庄襄王三年）。仲父，就是"次父"（参见《史记》卷八五《吕不韦列传》"正义"），大约相当于今天所谓的"义父"。

---

① 把怀孕的赵姬送给异人，对吕不韦没有任何好处，只会有极大的风险。因为赵姬生下一个不足月的儿子，很可能不会被封为夫人。这与具有宗室身份的春申君送李园之妹给楚考烈王大不一样（尽管此事学者有异议）。

嬴政的父母与吕不韦关系很不一般，让孩子称吕不韦为"仲父"，大约是大人们的主意；但把嫪毐叫"假父"，则是外人的看法①。假父嫪毐来到赵太后身边，是因为嫠居的赵太后年仅30岁左右，还经常找仲父吕不韦。

《资治通鉴》卷六记载说："初，王即位，年少，太后时时与文信侯私通。王益壮，文信侯恐事觉，祸及己，乃诈以舍人嫪毐为宦者，进于太后。太后幸之，生二子，封毐为长信侯，以太原为毐国，政事皆决于毐；客求为毐舍人者甚众。"

嫪毐是吕不韦为自己找的替身——一是年龄大了，国务繁忙，身体不支；二是嬴政长大了，怕两人苟且之事被他发觉。吕不韦为了脱身，就巧妙地把嫪毐伪装成宦官，推荐入宫。太后大为宠幸，甚至与嫪毐生了两个儿子，为嬴政新添了两个同母异父的弟弟。假父就是代理父亲，今人谓之"继父"是也。

嬴政的三个"父亲"，折射的是他人生的坎坷，是他非同一般的童年和少年经历。这样的经历对他日后的治国风格，是否会有影响呢？

二、嬴政作为秦王的成功

秦王嬴政亲政之前，秦国中央最高权力分裂为三：母后临朝听政；"仲父"执掌朝政；"假父"窃宠，弄权自恣。嬴政到了20岁的年龄也没有行冠礼，因为举行冠礼，就意味着亲政，就

---

① 后来，秦王嬴政处死嫪毐和他的两个孩子，齐客茅焦当面指责嬴政，"车裂假父，囊扑二弟"。详后。

意味着权力的改组。

　　嬴政22岁那年（前238）终于要举行冠礼。这很可能与华阳太后的支持有关。这意味着赵太后要交出权力，依附在太后宠幸之上的嫪毐的权力也受到了威胁。

　　嬴政首先从抓捕嫪毐入手。嫪毐得到消息，企图反抗，嬴政派相国昌平君、昌文君集合军队击败叛乱的嫪毐。不仅将其车裂，而且扑杀了他与赵太后生的两个孩子，将其宾客发配到蜀地。

　　吕不韦是否参与了平叛之事，历史记载不太清楚。嬴政的背后应该有华阳太后的支持。华阳太后是昌平君的舅母[1]。吕不韦同时与几位太后周旋（华阳太后、夏太后、赵太后）[2]。华阳太后的势力帮助嬴政翦除赵太后的势力，吕不韦处在尴尬的位置。嬴政至少争取到了吕不韦不支持嫪毐。可是，嫪毐出事，吕不韦脱不了干系，因此，嬴政立即让吕不韦退休，回到河南的封地；赵太后被迁往雍地软禁。两年后，吕不韦被逼自杀。嬴政把权力牢牢地抓在自己的手中。可以肯定，嬴政在这场权力斗争中，充分运用了各种纵横捭阖的手腕，在两位太后（祖母华阳太后、母赵太后）势力之间，假父与仲父矛盾之间，找到了平衡点和着力点。

　　事变过后，有27位谏士先后对嬴政提出忠告，说他如此处置母后，有失人子之道。这些谏净之士都被嬴政戮于宫阙之下。

---

[1]　关于昌平君的事迹，可以参考李开元《末代楚王史迹钩沉——补〈史记〉昌平君列传》，载《史学集刊》2010年第1期，第120—127页。
[2]　夏太后在公元前240年已经去世。

有齐客茅焦冒死求见。他向嬴政提出的谏言中，强调说："陛下有狂悖之行，不自知邪？车裂假父，囊扑二弟，迁母于雍，残戮谏士，桀、纣之行不至于是矣。令天下闻之，尽瓦解，无向秦者，臣窃为陛下危之！臣言已矣！"嬴政当即扶起茅焦，任为上卿。茅焦为什么能打动嬴政？绝对不是所谓的"狂悖之行"，而是这种行为带来的严重后果："令天下闻之，尽瓦解，无向秦者，臣窃为陛下危之！"天下人再也不向往秦国了！你的统一大业如何完成？可见，嬴政虽然痛恨嫪毐和母后的所为，但更顾全大局，把国家的利益放在第一位。他不仅亲自把母后接回到咸阳，"王自驾，虚左方，往迎太后，归于咸阳，复为母子如初"，而且随后把发配到蜀地的嫪毐的四千门客及其家属，悉数迁回内地，以减少政治斗争带来的动荡。

掌握了大权的嬴政，采纳李斯的谏言，收回逐客令；虚心听从顿弱的指点，出重金让他出使东方六国，收买和离间敌国人才；启用客卿姚贾说退燕、赵、吴、楚四国联兵；启用尉缭治理秦国军队。总之，嬴政巧妙地利用各派政治势力，并且具有改过迁善、采纳谏言的胸襟气度，这说明了他具有担当大任，带领秦国统一天下的领导能力。此外，还有一个案例说明这种情况。

公元前226年，秦将王贲伐楚，取十余城。秦王询问将军李信："我欲攻取荆楚，对李将军来说，你看需要多少兵力就够了？"李信回答："不过用兵二十万。"秦王再以同样的问题问王翦，王翦将军说："非六十万人不可。"秦王笑道："王将军老矣，为何如此胆怯呀！"遂使李信、蒙恬领兵二十万伐楚。王翦干脆称病，回到了老家频阳。

次年，李信、蒙恬征楚，先胜而后败，秦王大怒。但是，他压住了怒火，亲自到频阳请王老将军出山。嬴政诚恳地说："寡人不用将军谋，李信果辱秦军。将军虽病，独忍弃寡人乎！"王翦说自己因病不能为将。王曰："已矣，勿复言！"王翦曰："必不得已用臣，非六十万人不可！"王曰："为听将军计耳。"于是王翦率六十万人伐楚。

公元前224年，王翦率大军击破楚军，杀楚大将项燕。次年，灭亡了楚国。

> **启示14** 在走向统一的过程中，能放下身段，知人用人；能听取正确意见，择善而从。这说明嬴政是一个优秀的领导者。

从以上几件事的处理看，掌握了权力的嬴政，在走向统一的过程中，能放下身段，知人用人；能听取正确意见，择善而从。这说明他是一个优秀的领导者。

三、嬴政作为始皇帝的失败

秦朝二世而亡，嬴政本人难辞其咎。过去的说法主要是焚书坑儒、暴政酷刑。这些大家都谈的原因，此处就不谈了，我想谈谈另外两个原因：一是新制度的适应期，没有对症下药地改进统治手段；二是统一六国之后，治国更加繁难复杂，秦始皇领导艺术未能进一步提升。

首先，以郡县制为骨架、以乡亭里保制为基础的中央集权体制，是中国历史上，也是人类历史上的首创。秦始皇创建了新制度,但是新制度的推行需要时间磨合与消化。大一统王朝的建立,需要有大一统的意识形态与之配合。人"闻令下,则各以其学议之,入则心非,出则巷议,夸主以为名,异趣以为高",大家对于朝廷的法令提出批评,有不同看法,说明朝廷有必要加强"教化",用新的意识形态引导大家。

秦始皇统一天下之后,有十一年的时间可以开展巩固统一的工作。但他重视硬实力建设,轻视软实力建设。比如,削除六国的武装力量,铸造金人十二,以示国内无战事。可是,人心的向背才是最重要的统治基础。张良在博浪沙暗杀秦始皇,充满了国仇家恨,反映了六国贵族对于亡国的失望。秦国曾经使黔首自实田,但是,被贫穷和徭役所困的"陈胜们",还是十分失望,因为无田可种,有田也由于徭役繁重而没时间耕种。

无地农民陈胜说:"王侯将相宁有种乎!"面对秦始皇的威风,亭长刘邦说:"大丈夫当如此也。"贵族子弟项羽说:"彼可取而代也!"都反映了不同阶层对于未来幸福生活的渴望。他们不一定都没有饭吃,只是不安于现实的平庸。

商鞅改革了政治权力分配制度,废除贵族制,推行军功爵制,这样一种鼓励大家不安于现状的激励制度,给战争结束之后统治者的社会管理能力,提出了极为严峻的挑战。马上打天下,谁有本事破坏旧秩序谁就上。马下治天下,则不是如此。治天下要求维护现有秩序,而不是挑战现有秩序。要求安于本分,安于现状,而不是破坏现状。因此,就需要重建新的社会价值观、新的社会意识形态。贾谊《过秦论》说:"仁义不施,攻守之势异也。"虽然包含了这层意思,却没有完全参透这层意思。

秦王嬴政即位后，进行了二十六年的统一战争，一切以战争为中心，激励大家去建功立业，奖励军功。可是，统一天下之后呢？人们的出路在哪里？秦始皇也曾"悉召文学方术士甚众，欲以兴太平"（《史记》卷六《秦始皇本纪》）。可是他的做法却背道而驰。他求神仙，炼丹药，修长城，修骊山墓，修驰道，就是没有把民生放在心上。后世的刘邦，采取两种办法：一种是，对于打天下的人，分配胜利果实；另一种是，让没有打天下的人，放心去发财，致力于农业和工商业。

嬴政做秦王时，改过迁善，已如前述。但是，作为秦始皇的嬴政，却刚愎自用，不闻己过，喜好阿谀奉承之人。"博士虽七十人，特备员弗用。"说明他在决策上独断专行。

秦朝曾经用破坏敌国人才来取得成功。统一天下之后，秦始皇大权独揽，不愿放权。"天下之事无小大皆决于上。"他多次到全国巡察，同时，大包大揽，"上至以衡石量书，日夜有呈（程），不中呈，不得休息"（《史记》卷六《秦始皇本纪》）。规定每天白天要处理多少公文，晚上要处理多少事情，有定量标准，不处理完不休息。而如何领导这个大一统的天下，他在领导艺术上缺乏进一步的提升。

总之，秦始皇不仅不懂得治天下与打天下的不同，而且不明白统一天下的皇帝与一国之君的秦王之间角色的不同。这是他的失误之处。这些教训被后来者刘邦所吸取。

（参见《资治通鉴》卷六、卷七）

第二节　内部的溃败：亡秦者，赵高也

"亡秦者，胡也。"这句话曾让秦始皇极度紧张，大肆征调军队防备当时的胡人——匈奴。

"楚虽三户，亡秦必楚。"楚南公的这句预言竟被后来的事实验证了，陈胜、刘邦、项羽等楚国人造反，"一夫作难而七庙隳"，灭亡了秦。

可是，我要说，秦朝的灭亡，从形式到内容，都是赵高的"贡献"，是赵高灭亡了秦朝。

秦始皇驾崩于始皇帝三十七年（前210）七月。秦国的农业生产力和农田管理水平本来就高。秦始皇"使黔首自实田"[①]，试图解决土地与劳动力更好结合的问题，使国家干预下的土地私有化有了进一步的发展。这个时候，尽管有繁重的徭役，秦朝尚属太平世界，朗朗乾坤。秦朝的军事力量，空前强大，像张良

---

① 这条史料《史记·秦始皇本纪》正文不载，仅裴骃《集解》引徐广曰："使黔首自实田也。"《资治通鉴》在正文记载，可见司马光对此事很重视。

这样的没落贵族，怀着国恨家仇雇凶暗杀秦始皇的行动，也掀不起大浪。

蹊跷的是，为什么秦始皇死后一年，也是一个七月，陈胜、吴广在大泽乡起义，就引发了一场全国范围的反秦浪潮呢？刘邦似乎是兵不血刃就能打到咸阳呢？

这里面的原因，虽然不能排除秦始皇暴政的累积效应，但是也不能不考察秦始皇死后的政治生态及其演变。当时是赵高掌控着秦朝，秦朝的灭亡，赵高脱不了干系。

一、逼死扶苏，改立胡亥

赵高亡秦的第一个"贡献"，就是破坏了秦朝最高权力的顺利交接。

赵高是赵国人，"生而隐宫"，很可能是一个宦官。因为具有律法方面的专业知识，为嬴政所器重。曾经因为犯罪，被蒙恬之弟蒙毅判处死刑，秦始皇网开一面，赦免了他。从此赵高对蒙氏兄弟怀恨在心。赵高的职务不高，只是掌管皇帝车马的中车府令，但是，侍从皇帝身边，掌握皇帝的符玺印信。

公元前210年，秦始皇在出巡途中病重，死于沙丘（今河北广宗），临终遗诏，让大儿子扶苏速归咸阳，准备继位。赵高担心新君继位后，蒙恬兄弟掌权，于是阴谋改换遗诏，由嬴政的小儿子胡亥继位，还把丞相李斯拉了进来。

秦始皇死去的时候只有五十出头的年纪，没有立太子，这是他的一个错误。但是，临终之时，他却明确决定把皇位传给大儿子扶苏。是赵高最先起意，伙同胡亥、李斯发动了一场政变,篡改了秦始皇的遗诏,改变了皇位继承人,逼扶苏自杀。

> **启示15** 秦始皇治国的重大错误之一,就是没有及时转变政策,经营好思想与文化。

扶苏与胡亥有何区别?虽然史料的记载不多,但还是可以看出二人境界、格局的重大差异。秦始皇焚书坑儒,扶苏持反对态度。嬴政治国的重大错误之一,就是没有及时转变政策,经营好思想与文化。扶苏却看出了这一点的重要性。扶苏是儒家的拥趸①,胡亥是学习法律出身②。这位赵高的得意门生即位为"二世皇帝"之后,都做了一些什么呢?秦二世元年(前209)四月,也就是即位之后大半年,二世巡游全国一趟后,回到咸阳,对赵高说:人生在世,如白驹过隙啊!既然我已经君临天下,富有四海,我很想"悉耳目之所好,穷心志之所乐",快快活活地过一辈子,你说可以吗?

就二世这副德行,秦朝怎么好得了?秦始皇是有雄才大略的帝王,秦二世却是一个十足的败家子。

二、诛杀大臣,取代李斯

那么,赵高怎么回应秦二世以享乐"终吾年寿"的问题呢?

赵高故作高深地说:贤明的君主,想要潇洒的生活,当然没

---

① 《资治通鉴》卷七记载:扶苏接到伪造的诏书,令其自杀,蒙恬表示怀疑,建议他与父皇申辩(不知道秦始皇已死)。扶苏却很儒家地说:"父赐子死,尚安复请!"随即自杀。

② 胡亥学的只是法律知识,丝毫未得法家要旨。否则,大权就不会旁落于赵高之手了。

有问题；可是昏庸的君主却决不能如此。尽管陛下是明君，还是不能这么做。为什么呢？请允许臣给陛下分析：沙丘之谋，陛下取代长兄扶苏登基，"诸公子及大臣皆疑焉"。诸公子都是陛下的兄长，大臣又都是先帝所用之老臣。陛下即位不久，这些人心怀叵测，并不服气啊。因为担心他们为变，臣战战栗栗，不敢掉以轻心，唯恐不得善终，"陛下安得为此乐乎！"于是，在赵高的建议下，秦二世严刑峻法，继诛杀蒙恬、蒙毅兄弟之后，又大开杀戒，胡亥的兄弟十二人、公主十人以及很多朝廷大臣，都被诬陷致死，"相连逮者不可胜数"。

严刑峻法的同时，"复作阿房宫"。种种横征暴敛，都是为了满足秦二世的穷奢极欲，"尽征材士五万人为屯卫咸阳，令教射。狗马禽兽当食者多，度不足，下调郡县，转输菽粟、刍稿"。这些运送粮食的丁夫，"皆令自赍粮食"，同时，"咸阳三百里内不得食其谷"。

接下来，《资治通鉴》就记载了大泽乡起义："秋，七月，阳城人陈胜、阳夏人吴广起兵于蕲。"两个月后，刘邦、项梁（项羽叔父）等各地义兵蜂拥而起，"伐无道、诛暴秦"的大火燃烧起来了。

这个时候，秦朝在丞相李斯等的主持下，派少府章邯率领骊山刑徒和奴产子等组成的二十万大军东征，以消灭起义军，而赵高却在谋划着要取代过去的同盟者李斯为丞相。

赵高垄断了秦二世与外界信息沟通的渠道，他先是挑拨离间，破坏李斯与二世之间的信任，又诬告李斯的儿子李由与楚地起义军暗通往来，把楚人李斯与楚地的反秦武装挂联起来。

李斯获悉后立即反击，说赵高"擅利擅害，与陛下无异"，有篡位之异志。可是，秦二世坚定地站在赵高一边。

随着楚怀王被拥立，东方六国反秦起义如火如荼，秦二世却指责李斯等人内不能完成父皇留下来的大业（修阿房宫等），外不能平定各地民众起义。要追究其失职之责！右丞相冯去疾和将军冯劫畏惧自杀。只有被逮捕下狱的李斯据理力争。审查李斯的工作交给了赵高。赵高用严刑拷打的办法，逼李斯就范。秦二世二年（前208）八月，二世以反叛罪判处李斯死刑。这时距沙丘之变中李斯伙同赵高篡改秦始皇遗诏，不过两年光景。赵高终于取代李斯成为了秦朝的丞相。

赵高得手之后，指鹿为马，完全垄断了朝廷权力，二世不过是傀儡而已。

三、逼降章邯，终结秦朝

如果说赵高亡秦事业的第二个"贡献"是诛杀朝廷文臣，那么他亡秦的再一个"贡献"就是逼降前线领兵统帅章邯。

章邯本是秦少府，这是主管皇家事务的九卿之一。陈胜等起兵，朝廷商量对策。章邯提出，现在从全国各地调兵已经来不及了，不如赦免骊山刑徒及奴产子，组成军队，前往镇压。秦二世元年（前209）九月，在李斯主政下，章邯被任命为上将军，开赴前线。他击败陈胜部下大将周市，又在荥阳陆续攻破田臧，逼迫在陈称王的陈胜遁走，导致陈胜被车夫庄贾所杀。然后，章邯移师渡河攻赵。秦军屡战屡胜，使秦廷得以苟延残喘，组织反扑。特别是攻杀反秦武装魏咎、田儋之后，秦二世二年（前

208）九月，章邯在定陶击败楚军主力部队，楚国实际领导者武信君项梁战死，诸侯丧胆。

　　章邯一路高歌猛进，却在钜鹿之战前，采取了观望徘徊的态度。[①]朝廷责让章邯的军事行为。章邯慌忙让部将司马欣前往朝廷解释。"章邯等战数却，二世使人让邯，邯恐，使长史欣请事。"（《史记》卷六《秦始皇本纪》）这距离李斯被处死、赵高担任丞相仅两三个月。可见朝廷的政治变局干扰了前线统帅章邯的军事行为。他派司马欣去朝廷，既是为了说明前线军情，也是想了解朝廷政情。

　　执掌朝廷大权的丞相赵高理应立即接见使者，但他却采取了避而不见的态度。"赵高不见，有不信之心。长史欣恐，还走其军，不敢出故道。赵高果使人追之，不及。"司马欣如果不是换了一条逃归路线，就差点被抓回，死于非命了。司马欣捡回一条命，向章邯哭诉："赵高用事于中，下无可为者。今战能胜，高必疾妒吾功，不能胜，不免于死。愿将军孰计之！"（《史记》作"将军有功亦诛，无功亦诛"）司马欣与另外一名秦将董翳都劝章邯投降。

　　赵国上将陈馀也写信给章邯劝降，信中举了白起、蒙恬为秦将而不得善终的例子，并说：将军屡立战功，功高不赏，招人嫉恨；若有败绩，必"因以法诛之"[②]。"今将军为秦将三岁矣，

---

① 章邯没有积极参与钜鹿之战，只是消极避战。参见郭霞《钜鹿之战中章邯消极避战及其原因分析》，载《军事历史研究》2014年第1期，第145—151页。
② 例如，在钜鹿之战后，章邯降楚之前，秦二世曾派使者斩了与刘邦作战不力的秦将杨熊等。

所亡失以十万数，而诸侯并起滋益多。"罪过大矣。此其一。

"彼赵高素谀日久，今事急，亦恐二世诛之，故欲以法诛将军以塞责，使人更代将军以脱其祸。"赵高会以法惩治章邯来为自己主政不力脱罪。"夫将军居外久，多内隙，有功亦诛，无功亦诛。"此其二。

"且天之亡秦，无愚智皆知之。今将军内不能直谏，外为亡国将，孤特独立而欲常存，岂不哀哉！"识时务者为俊杰，将军再有本事也不能挽救秦亡的趋势。此其三。

陈馀说，为将军自身前途计，"何不还兵与诸侯为从，约共攻秦，分王其地，南面称孤；此孰与身伏铁质，妻子为僇乎？"（《史记》卷七《项羽本纪》）一席话说得章邯犹豫不决。①

章邯暗中派人去与项羽沟通约降条件，"约未成"。项羽再次击败秦军。这种局部小仗，胜负实属兵家之常。但是，一想到赵高阴暗的嘴脸，一想到秦二世的昏庸冥顽，一想到"有功亦诛，无功亦诛"的前途，章邯就不寒而栗。于是，他再次"使人见项羽，欲约"。楚军粮少，也不想硬拼。秦军主力尚有二十万呐！"项羽乃与期洹水南殷虚上。"②

受降仪式结束后，章邯泪流满面地拜见项羽，谈的全是赵高的事。章邯的哭泣，有多少辛酸，多少不甘，多少无奈！两千

---

① 陈馀在钜鹿之战后，就与张耳分道扬镳，那么这个劝降信，很可能是钜鹿之战前发出的，从而影响了章邯在钜鹿之战前的军事部署。

② 直至秦二世三年七月，坐拥二十万大军的章邯仍有左右中国历史命运的能力和机会，对比后世的曹操、李渊，章邯约盟的选择充分证明了其政治上的短视。史料显示，章邯投降项羽的同一个月，南阳郡守吕齮归降刘邦。秦在关外一南一北连受重挫，自此，秦朝的灭亡只是时间早晚的问题。

多年后，以同情之心，体会这位曾叱咤疆场的末代秦将心中的苦楚，真令人不胜嘘唏！也许李斯的死去，朝廷里再也没有人支持和理解章邯了。也许曾经是皇家内府事务主管的章邯，曾与阴险的"大内高手"赵高有过矛盾和冲突。史书没有给我们明确的答案。项羽虽猛，钜鹿之战并没有有效消灭秦军主力，但是，章邯这个沙场杀敌、战功显赫的统帅，慑于丞相赵高的淫威，却无奈地率领二十万秦军投降了自己的敌人。

章邯的投降，给了危机四伏的秦朝致命一击。接下来，赵高杀掉了两年前扶起来的秦二世，印证了李斯先前的指控。赵高所立的子婴，虽是秦始皇的孙辈，却并不叫秦三世。子婴称秦王，一下子就倒退回嬴政统一六国之前。至此，秦朝实际上已经终结，不待刘邦、项羽入咸阳。所以，我们说，亡秦者，赵高也！

> **启示16**　赵高亡秦让我们重温了一句古训：堡垒首先是从内部攻破的，亡国首先是从内部溃败的。

　　赵高亡秦让我们重温了一句古训：堡垒首先是从内部攻破的，亡国首先是从内部溃败的。赵高从内部击垮了秦朝，他破坏了秦始皇的权力交接安排，除掉了诸如蒙恬、李斯等重要人才，逼走了前线领军统帅章邯。陈胜的揭竿而起，刘邦进入咸阳"约法三章"，项羽杀害子婴火烧宫室，都只是从外部顺势把这个腐朽的王朝推倒而已。

（参见《资治通鉴》卷七、卷八）

第三节　楚汉之争：刘邦的领导艺术

刘邦说话比较幽默，司马迁的妙笔又力求传神。因此，一个嬉皮笑脸的刘邦便跃然纸上。司马光的《资治通鉴》虽说比较严肃，却也保留了这种风格特征："刘邦，字季，为人隆准、龙颜，左股有七十二黑子。爱人喜施，意豁如也。常有大度，不事家人生产作业。"（《资治通鉴》卷七，秦二世元年）

草莽出身的刘邦，没有专门学习过领导力之类的管理课程，他的领导风格既自出机杼，又中规中矩，不离大道。

一、刘邦的成功之道

公元前202年，刘邦定都洛阳（两年后迁都长安），群臣宴会，酒酣耳热之际，一向行事不拘的刘邦，竟然一本正经地总结起成功经验来。他询问群臣："吾所以有天下者何？项氏之所以失天下者何？"而且预先声明要讲真话，"毋敢隐朕，皆言其情"。群臣恭维说，陛下与大家一同分享胜利的成果，项羽却不能。刘邦说，你们只知其一，不知其二。于是他自己娓娓道来：

"夫运筹帷幄之中，决胜千里之外，吾不如子房（张良字子房）；填国家，抚百姓，给饷馈，不绝粮道，吾不如萧何；连百万之众，战必胜，攻必取，吾不如韩信。三者皆人杰，吾能用之，此吾所以取天下者也。项羽有一范增而不能用，此所以为我禽也。"

（《资治通鉴》卷一一，汉高帝五年）

大家都很佩服刘邦的结论。

刘邦把成功归于张良、萧何、韩信，说他们才是人中豪杰。说明他不仅有自知之明，而且有知人之智。假如做进一步的分析，刘邦用萧何是可以理解的，萧何与他是从小一起长大的。刘邦用张良也是可以理解的，张良出身高贵（韩国相门之后），秦二世元年（前209）刘邦起事不久，与张良相遇于留，二人就有合作关系。张良的智谋是久经沙场考验的。

最体现刘邦识人用人魄力的是用韩信。

韩信的家乡淮阴（今属江苏淮安），离刘邦的故乡沛县（今属江苏徐州）、项羽的故乡下相（今属江苏宿迁）并不远。项羽大将龙且瞧不起韩信，因为韩信年轻时胆小怕事，忍受"胯下之辱"。大约这也是韩信在项梁、项羽叔侄手下，一再献计却不得重用的原因之一。

韩信少年时代的平庸，项家军知道，刘家军一定也知道。刘邦以汉王之尊，入主汉中，韩信只身来投，不得重用，便可想而知。但是，经过一系列事情，在夏侯婴、萧何的力荐下，特别是在萧何月下追韩信之后，刘邦一改先前的轻视态度，拜韩信为大将，这就不能不佩服刘邦的气度了。

第一，刘邦的大将周勃、灌婴、曹参、王陵、樊哙，都是从沛县起兵的"老人",论年纪、资历、军功,都在韩信之上。任命年仅28岁的韩信为大将军,地位在诸将之上,刘邦不仅要说服自己,还要说服军中高层。看后来陈平来投之时,刘邦用以监督诸将,招来周勃等一片反对之声,不难想象,重用韩信时的阻力,一定更大。事实证明,诸将都能服从韩信,刘邦能把自己的意志贯彻下去,体现了其非凡的领导力。

第二,韩信拜将之后,提出的"汉中对",分析刘、项双方的战略态势,提出明修栈道、暗度陈仓的策略,刘邦相见恨晚,立即付诸实施,表现出高度的判断和决断能力。彭城之败后,刘邦又采纳韩信建议,开辟北方战场,授以数万之众,令其独当一面。并且故意南下出兵宛、叶,把项羽引向南阳方向,配合韩信在北边开展的军事行动。

第三,如何驾驭韩信这样的军事天才,也考验着刘邦的领导智慧。首先是"用人不疑,疑人不用"。刘邦重用韩信,言听计从(汉中对、北方战场的开辟等已如前述)。韩信破齐,龙且救齐被杀,项羽感到了危机,派武涉去游说韩信,策反韩信背汉。韩信谢绝说:"臣事项王,官不过郎中,位不过执戟;言不听,画不用,故倍楚而归汉。汉王授我上将军印,予我数万众,解衣衣我,推食食我,言听计用,故吾得以至于此。夫人深亲信我,我倍之不祥;虽死不易!幸为信谢项王!"可见,刘邦的恩德感召了韩信。其次是"用人要疑,虽疑要用"。刘邦驾驭韩信,并不仅仅停留在恩宠笼络上,而是有制约措施。韩信的监军张耳,是刘邦的儿女亲家。韩信手下的大将周勃、樊哙等,都是刘邦的铁杆心腹,韩信的军队保持着对于刘邦的忠诚,破赵之后、灭楚之后，刘邦轻易就把韩信的军队收回了。因此，韩信要想背叛刘邦，并不那么容易。

> **启示17** 能识人，能用人，能驾驭，在用韩信问题上，刘邦的领袖风范表现得淋漓尽致。

能识人，能用人，能驾驭，在用韩信问题上，刘邦的领袖风范表现得淋漓尽致。

二、对手项羽的弱点：匹夫之勇

晋朝人阮籍在游历荥阳广武古战场时，对于楚汉之争，发出感慨："时无英雄，使竖子成名。"阮籍的这番感慨很是寒酸，因为与他相比，刘邦是英雄无疑。但是，这句话里也透露出他对项羽的不屑。意谓项羽的无能，才成就了刘邦。

项羽最大的特点是"刚猛"。秦二世元年九月，起兵于会稽郡，击杀郡守殷通。攻克襄城，屠杀生灵。北上救赵，击杀卿子冠军宋义，夺得上将军之位。钜鹿之战前，破釜沉舟，豪气万丈，击破秦军，诸侯军不敢仰视，膝行而前。章邯投降，坑秦降卒二十万于新安，毫不手软。进咸阳后，屠城焚宫室，杀降王子婴。正如韩信所指出，项羽的这些刚猛行为，有些只是"匹夫之勇"，更多的则是残暴不仁。

与项羽的任性妄为不同，刘邦很爱惜"羽毛"。年轻的时候，他就有大度之名，"仁而爱人，喜施，意豁如也"。之所以派刘邦西进关中，是因为楚怀王君臣认为，沛公平素是"宽大长者"。一路上受降入关，激烈的战争并不多。入关之后，约法三章，秋毫无犯。他断然拒绝诛杀已经投降的秦王子婴，说："始怀王遣我，固以能宽容。且人已降，杀之不祥。"（《资治通鉴》卷九，汉高帝元年）刘邦很注意经营自己的声誉。

垓下之战，败局已定。项羽黯然神伤地对部下说："吾起兵至今，八岁矣；身七十余战，未尝败北，遂霸有天下。然今卒困于此，此天之亡我，非战之罪也。今日固决死，愿为诸君快战，必溃围，斩将，刈旗，三胜之，令诸君知天亡我，非战之罪也。"（《资治通鉴》卷一一，汉高帝五年）项羽认为自己的失败是天意，不是因为不会打仗，这就大错特错了。从司马迁到司马光，无不加以批驳。统帅的作战能力当然重要，但是并不是决定性因素。吴起曾说，世人选将，常观于勇。勇者之于将军，乃数分之一耳！统帅最重要的能力不是挺矛弄枪，而是运筹帷幄，知人、用人。韩信、陈平这样级别的帅才、智囊都离开项羽而投奔刘邦，范增也负气而走，发疽而死。人才没了，项羽焉能不败！

从公元前206年到公元前202年，楚汉之争延续了四五年时间。彭城之败后，刘邦屡战屡败，屡败屡战，不屈不挠。刘邦是在下一盘大棋，除主战场上的相持之外，还在北方战场、敌后地区采取互相策应、包抄的战略，破坏敌方粮道的战术安排，构成一个整体的部署。项羽则被牵着鼻子走，虽然局部战争都赢了，但整个战场却输了。

项羽把失败的原因归结于天意，不仅是推卸责任，也是为了挽回面子。项羽做出"溃围，斩将，刈旗，三胜之"的豪举，给自己留足了面子，宁死也不认输。或者说，明明输了，但不是我项羽不行，而是天不佑我。

被汉兵追杀到江边，项羽很镇定。江边有船夫劝他过江，卷土重来。项羽是笑着回答船夫的："天之亡我，我何渡为！且籍与江东子弟八千人渡江而西，今无一人还；纵江东父兄怜而王我，我何面目见之！纵彼不言，籍独不愧于心乎！"（《资治通鉴》卷一一，汉高帝五年）你看，在生命的最后时刻，除了"天命"的托辞之外，还是面子。无颜见江东父老，"面子"上不好看，是压垮项羽的最后一根稻草。

> **启示18** 刘邦的最大特点是务实和理性，并能够处理好根本利益与次要利益之间的关系。

三、刘邦最大的特点：务实与理性

与项羽爱面子不同，刘邦的最大特点是务实。他能够把握住根本利益与次要利益之间的关系，把面子之类的事情看轻。

刘邦西进的第一站是陈留。郦食其来见刘邦，大约所托之人只是一个骑卒，身份不高，介绍的又是一个儒生，刘邦不太重视。郦食其被引见时，刘邦正让两个女子给他洗脚。这是很失礼的事。但是，当郦食其显露出不同凡响的气度后，刘邦马上整衣冠，以礼见。听郦食其高谈合纵连横的谋略后，刘邦马上请他吃饭，问"计将安出"。这中间前倨后恭的态度变化，毫无过渡。

务实需要理性，要审时度势。刘邦入咸阳，住进了阿房宫，很是享受秦宫的金宝美人、狗马之物。先是樊哙、后是张良提醒他，是要做富家翁呢，还是要成就天下业？刘邦猛然警醒，立即搬出阿房宫，还军霸上，以待项羽所率诸侯大军，表现得很理智。

遭到项羽猜忌后，刘邦放下身段，以主动请罪的方式去项羽军营释嫌。鸿门宴上更是准备厚礼，卑躬屈膝。刘邦忍气吞声，放下身段，躲过了一劫。项羽分封十八路诸侯，最先入关中灭秦的刘邦，被安排到汉中为王，因为项羽、范增忌惮刘邦在关中会如鱼得水。此时的刘邦，真想与西楚霸王拼命。但经萧何、周勃等人一劝，刘邦很快就放弃了鲁莽的想法，乖乖去了汉中。有一个地盘，总比与项羽拼命找死强。

理性的结果难免冷酷。彭城失败，刘邦回老家接家眷。孩子们与大人们走散了。刘邦接了儿子女儿上车。后面项羽的追兵逼得紧，刘邦几次推儿女下车，要独自逃跑，是随从夏侯婴一次次把孩子们抱上车。刘邦甚至用剑逼夏侯婴，让他不要管孩子。这件事让刘邦背了黑锅，面子丢大了。其实，也许刘邦意识到孩子们跟着军队一起逃命很危险，放下孩子，楚军未必会加害他们，否则在乱军中反而会遭遇不测。事实上，刘邦的其他家属被抓，并没有被害，只是成了人质。

退一步说，刘邦即便是为了逃命而放弃孩子，这也需要深入讨论。"为天下者不顾家"（项伯语），大约是古人的普遍认识。正因为刘邦活着，刘邦的家人才有人质价值，才都保住了性命，后来由于双方和解，都被释放了。设想一下，假如刘邦被俘，刘邦的孩子是否能保住性命呢？这就不好说了。在广武山楚汉对峙之时，项羽威胁要烹了刘邦的父亲。刘邦笑嘻嘻地说：我爸即你爸，你要烹了我爸，别独自吃了，记得分我一杯羹！残忍的项羽还是忍住了没有动手。这不仅是因为项伯在旁劝说"为天下者不顾家"，而且也因为刘、项之争不是私怨，而是争夺天下的大事！

刘邦理性务实，处理家国问题态度冷酷，而在处理功臣问题上，更是如此。韩信功高盖世，刘邦之所以有天下，军事上大抵皆韩信之功。可是韩信在楚王的位置上也就一年左右，刘邦就以莫须有的罪名，把他降为淮阴侯。从此韩信因为"失职快快"，满肚子牢骚，五年之后，因为涉嫌谋反被吕后杀掉。刘邦是现实主义者，兵不如楚军，将不如楚王，韩信的楚国成为大汉江山的安全隐患，卧榻之侧，岂容他人鼾睡？把韩信主政的藩国撤掉，改封为侯，刘邦心里才踏实。司马光认为，高祖确实有负于韩信，但是，韩信也是咎由自取。

理性务实地处理功臣的恩怨，在雍齿和季布兄弟身上看得更清楚。

雍齿曾经随刘邦起兵，为刘邦留守丰邑（今江苏丰县），却投降了魏国的周市，刘邦攻打不下，搞得很难堪。后来雍齿又辗转归附了刘邦，由于立功很多，刘邦虽一直怀恨在心，却没有动手。张良告诉刘邦，陛下依靠这些将领得天下，诸将人人争功，却担心不仅得不到分封，反而会因为往日的过失遭到清算。张良建议，要想稳住各位有功将领的心，就要封一个你最恨的人为侯，这样大家才放心。于是，刘邦选择了雍齿，择日举行宴会，封雍齿为什方侯，食邑二千五百户，果然稳定了人心。

季布的情况也是这样。季布是项羽手下著名的猛将，多次追击汉军，窘困汉王。刘邦称帝后，悬赏千金缉拿季布。季布隐姓埋名，髡发毁容，藏匿民间为奴。有人告诉刘邦，说季布是能人啊，逼急了南走越，北走胡，岂不是为渊驱鱼、为丛驱雀吗？不错，季布是项羽的大将，但楚汉相争，为项王出力的人还少吗？能够抓捕杀净吗？应该赦免季布。刘邦采纳了这个意见，请出季布，任命为郎中。汉文帝时，季布官至河东郡守。

　　季布的同母弟丁公[1]，本名丁固，也是项羽的部将，但命运却与季布迥异。公元前205年的彭城之败，丁公追击刘邦，形势危急。刘邦说，两贤狭路相逢，何必逼迫太甚。丁公乃放了刘邦一马。及至刘邦登基，丁公想来邀赏。刘邦却说，丁公为项羽将，不忠，有私心，项王之所以失天下，就是有丁公这种人。刘邦把丁公捆绑在军中作为反面教材巡回批判，最后把他杀了。司马光作"臣光曰"，对此大加赞赏，不仅不说刘邦刻薄寡恩，反而称赞他能"断以大义"，"其虑事岂不深且远哉！"（《资治通鉴》卷一一，汉高帝五年）这是从巩固政权的高度看问题，不为儿女恩怨所左右。

　　总之，与项羽的"沽名钓誉"相比，刘邦既注意维护自己宽大长者的"仁者"形象，又务实、理性地处理当下利益和长远利益的关系，作为一个开国的统治者，刘邦确实高人一筹，项羽不是他的对手。至于嬉皮笑脸的形象，那不过是体现刘氏领导艺术的外衣而已。

（参见《资治通鉴》卷七至卷一二）

---

[1] 司马贞认为丁公是季布的舅舅，当是对"母弟"一词的误读。

汉纪

（《资治通鉴》卷九至卷六八）

河北满城中山靖王刘胜妻窦绾墓出土的西汉长信宫灯，
现藏于河北博物院。

第一节　礼法合治：汉初治国方针的确立

汉宣帝刘询（病已）在教育太子刘奭时说：汉家自有制度，本以霸王道杂之。以此批评儿子刘奭"宜用儒生"的主张会乱了规矩。

刘询是汉武帝的曾孙，出生才数月，遭逢巫蛊之祸，几乎丧失了所有的亲人。后来在民间长大，深知闾里奸邪、民间疾苦。对于汉家建国以来"霸王道杂之"的统治技巧，不仅有理论的认知，而且有深切的体验。

霸道，用法家刑名之术；王道，行儒家礼法之学。霸王道杂之，用另外一句话说，就是礼法合治。

一、叔孙通：制定礼仪

回顾汉朝初年，经历了秦末乱政与楚汉之争，经济凋敝，民不聊生，"自天子不能具钧驷，而将相或乘牛车，齐民无藏盖"。汉初统治者认识到问题的严重性，采取了轻徭薄赋、与民休息的国策。这个时候摆在统治者面前的有两个问题：一是皇朝权威的建立，一是社会价值观的重建。

先说朝廷礼仪问题。草莽英雄，缺少教养，皇帝之尊，如何体现？皇帝的尊严不仅是面子问题，也是政治秩序问题。《资治通鉴》有这样一段记载："群臣饮酒争功，醉，或妄呼，拔剑击柱，帝益厌之。叔孙通说上曰：'夫儒者难与进取，可与守成。臣愿征鲁诸生，与臣弟子共起朝仪。'帝曰：'得无难乎？'叔孙通曰：'五帝异乐，三王不同礼，礼者，因时世、人情为之节文者也。臣愿颇采古礼，与秦仪杂就之。'上曰：'可试为之，令易知，度吾所能行者为之。'"

于是，叔孙通征调鲁地诸生三十余人，以及学者、弟子百余人，演习了一个多月，刘邦亲自试了试，高兴地说："吾能为此。"于是，"令群臣习肄"。

汉高帝七年（前200）十月，刘邦迁都长安，在新建成的长乐宫中，举行了第一次朝廷大典。"诸侯群臣皆朝贺。"

"先平明，谒者治礼，以次引入殿门，陈东、西乡（同"向"）。卫官侠陛及罗立廷中，皆执兵，张旗帜。于是皇帝传警，辇出房；引诸侯王以下至吏六百石以次奉贺，莫不振恐肃敬。至礼毕，复置法酒。诸侍坐殿上，皆伏，抑首；以尊卑次起上寿。觞九行，谒者言'罢酒'，御史执法举不如仪者，辄引去。竟朝置酒，无敢谨哗失礼者。于是帝曰：'吾乃今日知为皇帝之贵也！'乃拜叔孙通为太常，赐金五百斤。"

重建朝廷礼仪，自然十分重要，但是，更重要的是治国路线问题。东汉史学家班固在《汉书·高帝纪》中把叔孙通"礼仪"与萧何"律令"、韩信"军法"、张苍"章程"（法律类）、陆贾《新语》，当作汉初建国定天下的五大支柱。这充分说明，刘邦、萧何时代，君相治国，霸王道杂之，确实不虚。

二、陆贾：著《新语》

楚汉战争结束后不久，陆贾提出马上打天下、不能马上治天下的问题。他的《新语》一书，引起了对此本不经意的刘邦的重视。

陆贾（约前240—前170）是追随刘邦的老部下，在西汉建国和统一过程中颇有功绩。陆贾时常向新皇帝谈及诗书礼乐对于治国的重要性。刘邦当时的反应很粗暴，破口大骂道：我马上得天下，要什么《诗》《书》（即《诗经》《尚书》）！陆贾从容反驳道：陛下马上打天下，能够马上治天下吗？逆取而顺守之。智伯、秦始皇都是穷兵黩武而亡，向使秦始皇施行仁义，天下怎么会是你的呢？刘邦这回的反应很可爱："帝有惭色。"他请陆贾写文章谈谈秦何以亡，汉何以兴，以及古来成败之事。陆贾一篇篇写来，帝未尝不称善，左右高呼万岁。在陆贾的影响下，汉高祖推行了与民休息的政策，而且"行仁义，法先圣"，礼法结合，无为而治。

《诗》《书》是儒家的著作，孔子是儒家的圣人。由于统一天下之后，刘邦在位的七年多时间里，依然在马上打天下——忙着铲除异姓诸侯王，虽然他曾经去曲阜祭拜孔子，但汉初政治形势决定了刘邦的主要精力只能放在巩固国家统一的军事斗争方面：黜韩信，征陈豨，擒彭越，攻英布，翦灭异姓诸侯王。对外方面，他也不省心。由于秦朝蒙恬被杀，北部边疆空虚，匈奴势力南下侵扰，刘邦曾亲率大军出征，反被围困在白登山。刘邦的成就是建立了统一的汉王朝，治国理论的重建，则留给了后人。

刘邦的接班人惠帝刘盈生性懦弱，母后吕雉实际掌控着朝政大权。二十世纪八十年代在荆州张家山汉墓出土的《二年律令》，记载了汉高帝五年（前202）到吕后二年（前186）的律令制度，其中就有实行授田制度的文件。官府主持统一的土地分配工作，使耕者有其田。宰相萧何主持政府日常工作，大大简化了秦朝的律令。"萧规曹随"，是说曹参继任萧何为相之后，不轻易改变既有政策，实行无为而治。

接下来的"文景之治"，比较切实地实行了陆贾的"仁义为本、无为为用"思想。

> **启示19** 陆贾认为："治以道德为上，行以仁义为本。"天下大治的关键，是把"仁义为本"的德治和"无为为用"结合起来。

陆贾认为："治以道德为上，行以仁义为本。"天下大治的关键，是把"仁义为本"的德治和"无为为用"结合起来。

什么是"仁义为本"？就是减轻刑罚，以德治而不是以刑杀来治国理民。什么叫"无为为用"？就是在政策实践上，国家尽量减少大型劳民的工程建设，减少对于民间经济活动的干预。朝廷允许民间自行采矿、炼铁、煮盐。对于商业活动也不强行管制，只是对于商人的奢华消费予以限制。所以明朝学者钱福（1461—1504）称赞陆贾《新语》一书"似亦有启文、景、萧、曹之治者"（钱福《新刊新语序》）。

三、贾谊：上《治安策》

汉文帝时期最重要的思想家是贾谊（前200—前168）。贾谊作《过秦论》，探讨了秦亡的历史教训："一夫作难而七庙隳，身死人手，为天下笑者，何也？仁义不施，而攻守之势异也。"把秦亡的原因归结为"仁义不施"，攻（打天下）守（治天下）之势不同！这种看法，与陆贾是一脉相承的。

贾谊还作了一篇《治安策》，被认为是西汉最重要的政论文之一。这篇文章尖锐地指出了当时存在的社会问题。他把问题的起源追溯到商鞅变法后"遗礼义，弃仁恩，并心于进取"的政策导向上。他认为"并心于进取"（恶性竞争）的政策，导致的结果是"行之二岁，秦俗日败"。比如，秦人之家，有钱的，儿子长大后就与父母分家；贫穷的，儿子长大后就出赘。儿子借农具给父亲，好像施恩的样子；母亲借簸箕扫地，竟然遭到责骂。儿媳怀抱着婴儿喂奶，竟与公爹并排而坐；媳妇与婆婆关系不好，就公开争吵。如此只知爱怜其子、贪求财利，这与禽兽已经没什么差别了。

接着，贾谊话锋一转，说直到现在，秦人的这种残余风俗还未改变，抛弃礼义、不顾廉耻的风气，日益严重，可以说是每月都在发展，每年都有不同。

贾谊进而强调了如下几点：第一，人之智力，容易见到已然之事，不能洞察未然之事。礼的作用在于制止于未然，法律不过是惩罚于已然。所以法律的作用易见，而礼的作用难知。第二，奖善罚恶，是不可改变的铁律，怎能舍弃不用呢？然而，之所以强调"礼"的作用，关键在于杜绝罪恶于尚未形成之前，推行教化于细微之处，从而使天下百姓不知不觉地趋向善良、远离罪恶。总之，有人说，治理国家，礼义不如法令，教化不如刑罚，是很没有见识的。贾谊还引《管子》之言曰："礼义廉耻，是谓四维；四维不张，国乃灭亡。"

贾谊的呼吁振聋发聩，可惜的是他命运多舛，30多岁就去世了。比他年长21岁的董仲舒（前179—前104）在贾谊去世二十多年后，提出了自己的儒学主张，受到年轻皇帝汉武帝的青睐。汉代"礼法合治"的理论与实践，进入了一个新的时代。

（参见《资治通鉴》卷一一至卷一六）

第二节 "郡国并行"背后：
汉初政治生态分析

汉朝建国时期的制度设计中，有一项基本的政治安排——"郡国并行"，即封国与郡县并行。

这种政治生态在几十年后，汉景帝即位初年，引起了一场大祸。以吴国与楚国为首的诸侯王发动叛乱，提出"清君侧、诛晁错"的口号。一时间气势汹汹。晁错是景帝做太子时的侍读老师、藩邸旧臣，力主削藩。反叛者以诛灭晁错为借口，实质是指向朝廷。汉景帝竟然为了息事宁人，想通过杀晁错以满足叛军的要求。结果自是枉然，叛军直逼京师，史称"吴楚七国之乱"。汉初"郡国并行"的方针，受到了最大的挑战。

如何评价汉初"郡国并行"及其引发的动荡？为此，我们必须从汉初的政治生态谈起。

一、刘邦为何实行"郡国并行"

战国七雄并立，各国内部大多实行郡县与封邑并行的体制。即使在秦国，商鞅变法之后，也有封邑存在，比如商鞅的商於、魏冉的陶邑等。公元前221年，秦始皇统一六国，采纳李斯的建议，海内皆郡县，废除了封邑制度。赵高诬告李斯的一个罪名，就是想获得分封。项羽称霸期间，完全恢复了分封制度，分封了十八个诸侯王，他自称西楚霸王。义帝被害之后，连一个名义上的共主也没有了，天下又成了分裂的局面（霸王毕竟不是天子）。

至少在刘邦任汉中王的封国内，依然是郡县制。汉高帝二年（前205）彭城大败之后，刘邦问张良，我可以把函谷关以东"等弃之（分封出去），谁可与共功者？"（《资治通鉴》卷九，汉高帝二年）张良推荐了英布、彭越、韩信。为了团结同盟者，刘邦承诺将他们封为异姓王。

汉高帝五年（前202）十月，汉王追击项羽到固陵（今河南太康南），约定韩信、彭越夹击之，韩、彭不至，汉军再次被楚军击败。刘邦迷惑地问张良："诸侯不从（从即合纵，指不联合出兵），奈何？"张良道出了实情："楚兵且破，二人未有分地，其不至固宜。君王能与共天下，可立致也。"（《资治通鉴》卷一一，汉高帝五年）刘邦于是重申承诺，最终韩信出马，指挥了著名的垓下之战，消灭了楚军。

可见，刘邦在打天下过程中，有两类帮手：一类是"职业经理人"，比如萧何、张良，此类人战后论功行赏，最高就是封侯拜相，出任各种职务；第二类是大小"股东"，他们分割汉王朝的"股权"，被分封为诸侯王。从形式来说，刘邦只是这些诸侯王推举的"董事长":"(汉高帝五年)正月①,更立齐王信为楚王,王淮北,都下邳;封魏相国建城侯彭越为梁王,王魏故地,都定陶。……诸侯王皆上疏请尊汉王为皇帝。二月甲午,(汉)王即皇帝位于汜水之阳。更王后曰皇后,太子曰皇太子。"(《资治通鉴》卷一一,汉高帝五年)皇帝随即下诏:封吴芮为长沙王,无诸为闽粤王。

细读这一段文字,可知,名义上刘邦这个皇帝是大家推举出来的。实际上,刘邦在打天下的过程中,就可以分封(包括许诺)王、任命相,如分封张耳为赵王,任命韩信为赵相。以汉王来分封赵王,任命国相,多少有些僭越。韩信后来自任"假齐王"(代理齐王),也谋求刘邦的认可,尽管刘邦当时并不是皇帝。

然而,形式上由韩信带头推举刘邦为皇帝,这确实是中国历史上唯一的一次。这种看似形式主义的东西,背后体现的是时人对于政治体制的认识和当时的政治生态。公认的道理是,一起打天下,就应该"分封",由共同打天下的英雄瓜分利益是合法、合情、合理的。或者说,刘邦赢了天下,分封异姓王,这是必须的。

但是,刘邦打心眼里认同的是秦始皇的海内皆郡县,分封异姓王只是权宜之计。刘邦做皇帝之初的七年半时间,主要工作就是取缔异姓王,从楚王韩信开始,到梁王彭越、淮南王英

---

① 秦朝以十月为岁首,九月为岁末,汉武帝之前沿用。汉高帝五年正月为第四个月(十月、十一月、十二月、正月)。

布、燕王臧荼等，先后以各种理由将其消灭。同时，刘邦又用同姓王取代之，结果就有了同姓王联合造反的"吴楚七国之乱"。

为什么要分封同姓王？是为了屏藩中央。刘邦的兄弟并不多，能力也不强。他的八个儿子中，除了结婚前的外室子刘肥、与吕后生的嫡子刘盈（继位为帝）外，与其他妃嫔生的儿子，当时年纪都比较小。刘邦甚至把一些同族远亲如琅琊王刘泽都分封了，以为帮衬。这种屏藩作用，在吕后去世、文帝即位的政局博弈中就体现出来了。吕禄、吕产等"吕家帮"掌控朝廷大权时，最先起兵发难的就是齐王刘襄（刘邦的长孙），琅琊王刘泽也始终站在维护中央皇权的立场上。远在代国的中尉宋昌剖析政变后的时局，认为长安主政的元老，只能拥立刘家人为帝，所列举的几条理由中，除刘家统治得人心等"软实力"之外，属于"硬实力"的就是同姓王的威慑力："高帝封王子弟，地犬牙相制，此所谓磐石之宗也，天下服其强"，"外畏吴、楚、淮阳、琅邪、齐、代之强！"（《资治通鉴》卷一三，汉高皇后八年）

> **启示20** 刘邦实行"郡国并行"制，也是"应时"之举，顺势而为，在巩固汉初政权中发挥了重要作用。

总之，后来的政治实践说明，刘邦的同姓分封，与当初的异姓王安排一样，是有现实收益的举措。如果说，周朝分封制是王道，秦朝郡县制是霸道，刘邦的霸王道杂之——"郡国并行"，也是"应时"之举，顺势而为，在巩固汉初政权中发挥了重要作用。

二、弊端: 尾大不掉之患

任何正确的制度、理论,只有与一定的历史时空条件结合起来,才有意义。汉初的同姓分封也是这样。

同姓分封在文景时代已经显露出弊端。这就是尾大不掉,中央不能掌控地方。各个诸侯国内部并不是贵族式封邑制,而是集权式郡县制。这与西方"我的臣民的臣民不是我的臣民"的封建制(Feudal System)完全不同,不可能发展为地方自治的联邦制。因此,汉代封国的发展,其结果不是中央制服地方,就是地方作乱取代中央。

汉文帝(前203—前157)即位不久,贾谊的《治安策》就敏锐地观察到中央与地方关系的不正常:"天下之势方病大瘇,一胫之大几如要,一指之大几如股。"尖锐地提出解决诸侯王坐大的问题,已刻不容缓。贾谊写这篇文章之前,已经发生了文帝之亲弟淮南王刘长称东帝,文帝之侄济北王刘兴居举兵为乱的事件。文帝的太子刘启(后来的景帝)失手打死吴王太子,吴王刘濞(前216—前154)怨恨,颇有丑言,拒绝朝觐。晁错从中敏感地察觉到,诸侯有谋反之心。

思想家通常比政治家先知先觉,政治家的反应谨慎,有操作层面的可行性考量。汉文帝并没有对吴王刘濞失藩臣之礼的行为作出过激反应。他先是几次扣住吴国的使节,加深了积怨。后来就原谅了这位年长的堂兄,并赐以几、杖,许其不用入长安朝见。汉文帝的怀柔手段,暂时缓解了剑拔弩张的局面,他大约有意把问题留给自己的儿子解决。这从他重视晁错的上书中可见一斑。

晁错官为太子家令,是太子宫中事务总管,号称"智囊"。文帝前十五年(前165),晁错在上书中,提出了两个建议,一是加强武备,二是发展农业生产。解决了兵和粮的问题,也就有了解决诸侯王割据问题的物质条件。文帝对于晁错的建议持褒奖态度,并且立即下诏施行。"错又上言宜削诸侯及法令可更定者,书凡三十篇。上虽不尽听,然奇其材。"(《资治通鉴》卷一五,汉文帝前十五年)

文帝后六年(前158),文帝在检阅军队时,发现了周亚夫的军事才能,擢升为中尉。临终前,汉文帝又意味深长地叮嘱儿子,一旦有变,周亚夫足堪大用。可以这样说,汉文帝推行休养生息、无为而治政策的同时,一直在积极地为解决诸侯王问题创造条件。

汉景帝(前188—前141)即位不久,晁错被擢升为御史大夫,加紧了削弱诸侯王的行为,以各种罪名削减诸王封地。景帝前三年(前154),削去楚王刘戊的东海郡。"及前年,赵王有罪,削其常山郡;胶西王卬以卖爵事有奸,削其六县。"晁错还建议削去吴王刘濞的会稽郡、豫章郡,说"今削之亦反,不削亦反。削之,其反亟,祸小;不削,反迟,祸大"(《资治通鉴》卷一六,汉景帝前三年)。正是在这种情况下,才激起了"吴楚七国之乱"。

三、回归: 海内皆郡县

"吴楚七国之乱"很快就被周亚夫率领的朝廷军队所平定,历时不过三个月。吴王刘濞自杀,楚王刘戊、赵王刘遂、济南王刘辟光、淄川王刘贤、胶西王刘卬、胶东王刘雄渠，或被杀或自杀。七国中六国被废。①

汉景帝进一步加强中央权力，削弱诸侯王的势力。关键措施之一是采取"稀释"策略，扩充封国数量，缩小单个封国的面积。汉景帝十四个儿子中，十三个被封为诸侯王，相当于落实了贾谊在《治安策》中提出的削藩主张："欲天下之治安，莫若众建诸侯而少其力。力少则易使以义，国小则亡邪心。"措施之二是削弱诸侯王治国的行政权力，国相以下的官吏，均由朝廷派遣，诸侯王只是获得封国的赋税收入，军政事务均由朝廷派遣的官员掌管。

汉武帝进一步采取削藩措施，主要有二策：一策是采纳主父偃的建议，施行"推恩令"，给"稀释"政策披上仁孝的外衣，而且更加制度化，便于操作：诸侯王嫡长子继承王位之外，其余兄弟亦当推恩，均沾先王之福荫，即嗣王需让出一半的疆土和人民，分给其余兄弟。这样数代之后，王国不断变小，自然趋于国将不国，直至被迫取消。另一策是用酷吏严惩违法乱纪的诸侯王，治其罪而废其国。例如，淮南王、齐王、燕王都是因为过失而被取消封国的。这样到西汉灭亡时，即使还有一些很小的国王，也不复诸侯王的本来样子，只是一些衣食租税的贵族罢了。秦始皇时代的海内皆郡县，经过一百年左右的沧桑，在汉武帝时代以更成熟的制度重新巩固下来。

---

① 七国中，仅保留了楚国国名，改封刘邦胞弟刘交之子刘礼为楚王，封地被进一步缩小。至汉宣帝时，楚王刘延寿谋反，国除。

西汉以后的王朝，是行郡县制还是分封制，仍然有所反复。理论探讨的不算（柳宗元），有议论没有实现的不算（唐太宗），切实实行的是晋武帝司马炎。当初曹丕鉴于东汉亡国于外戚专权、州牧割据，严防太后临朝，取缔了王子分封，致使司马家族篡位时，曹氏孤立无援。于是，司马炎分封诸侯王，出镇一方，为的就是吸取曹魏亡国的教训。可是，"八王之乱"却葬送了西晋王朝。明初朱元璋的分封，也给燕王朱棣起兵"靖难"、篡夺皇位提供了条件。因此，中国历史反复证明，中央集权下的郡县制，是适合古代中国国情的行政体制。

重温汉初那一段历史，"郡国并行"的制度为"海内皆郡县"的中央集权体制的最终建立，提供了必要的过渡。

（参见《资治通鉴》卷一一至卷二二）

第三节　时势与权变：
　　　评汉武帝的"独尊儒术"

东汉史学家、《汉书》的作者班固评价汉武帝"雄材大略"。汉武帝当朝大臣汲黯却当面批评自己的"老板"："内多欲而外施仁义！"搞得汉武帝十分尴尬，默然良久。退朝后，他对身边的近臣说，汲黯这家伙太刚直了！

今天对于汉武帝的评价何尝不是如此？这里，我们集中谈谈所谓"独尊儒术"的问题。

一、"独尊儒术"的提出

董仲舒（前179—前104）上"天人三策"，提出"《春秋》大一统者，天地之常经，古今之通谊也。今师异道，人异论，百家殊方，指意不同，是以上无以持一统，法制数变，下不知所守。臣愚以为诸不在'六艺'之科、孔子之术者，皆绝其道，勿使并进，邪辟之说灭息，然后统纪可一而法度可明，民知所从矣"（《资治通鉴》卷一七，汉武帝建元元年）。董仲舒的对策是否如《通鉴》所载，系于武帝初即位的建元元年（前140），胡三省依据司马光本人的《考异》已经提出了异议。目前学术界也有不同看法。

学术界的争议主要集中在如下两点。第一，汉武帝采纳董仲舒的对策，实行尊崇儒术，究竟是在即位初年，还是在大约十年之后、公孙弘第二次对策之时？第二，汉武帝是否真的如《汉书·武帝纪赞》总结的那样，"罢黜百家，表章'六经'"，还是尊儒的同时，依然"悉延百端之学？"[1]

第一个问题涉及提出政策的确切时间，属于技术性问题，可以不具论。[2] 第二个问题涉及汉武帝治国理政的方针和政策问题，不能不论。

二、汉武帝的政策转向

《史记·儒林列传》最早记载了汉武帝政策转向之事："及窦太后崩，武安侯田蚡为丞相，绌黄老、刑名百家之言，延文学儒者数百人，而公孙弘以《春秋》白衣为天子三公，封以平津侯。天下之学士靡然乡风矣。"汉武帝及其朝臣提倡儒学，董仲舒的"天人三策"也符合汉武帝巩固大一统王朝的需要，即符合当时时代的需要，这是可以肯定的。为此，汉武帝采取了一系列提升"六经"和儒学地位的政策。比如，设立五经博士，建立

---

[1]《史记·龟策列传》说汉武帝即位后，"博开艺能之路，悉延百端之学，通一伎之士，咸得自效"。

[2] 综合现有资料看，董仲舒上"天人三策"当在元光五年（前130）前后。参见宋人洪迈《容斋随笔·续笔》卷六《汉举贤良条》，及庄春波《汉武帝"罢黜百家，独尊儒术"说考辨》，刊《孔子研究》2000年第4期。

太学①，招收博士弟子员五十名。更重要的是，"经明行修"（熟悉"六经"，修养品行），射策选士，成为士人进入官场获得利禄的最重要途径。官府的引导作用，自然使天下的读书人"靡然乡风矣"。

启示21 汉武帝用人不拘一格。他所用之人基本都能在自己的本职工作上做出成绩，建立功业。很多官员虽然不是儒生出身，但是他们或者在道德品行上有上乘的表现，或者努力向学，向儒家价值观靠拢。

但是，正如班固所说，就汉武帝用人实践来看，绝对是不拘一格的："公孙弘、卜式、儿宽皆以鸿渐之翼困于燕爵②，远迹羊豕之间，非遇其时，焉能致此位乎？是时，汉兴六十余载，海内艾安，府库充实，而四夷未宾，制度多阙。上方欲用文武，求之如弗及，始以蒲轮迎枚生，见主父而叹息。群士慕向，异人并出。卜式拔于刍牧，弘羊擢于贾竖，卫青奋于奴仆，日磾出于降虏，斯亦曩时版筑饭牛之朋已。汉之得人，于兹为盛，儒雅则公孙弘、董仲舒、儿宽，笃行则石建、石庆，质直则汲黯、卜式，推贤则韩安国、郑当时，定令则赵禹、张汤，文章则司马迁、相如，滑稽则东方朔、枚皋，应对则严助、朱买臣，历数则唐都、洛下

---

① 有关太学设立时间及其教育内容的论述，参见毛礼锐《汉代太学考略》，《北京师范大学学报》1962年第4期。

② 儿宽，亦作"倪宽"。燕爵，即燕雀。此句谓，三人在未被汉武帝任用之前，都怀有大才，就像是被燕雀讥笑的鸿鹄，未能展翅。

闳，协律则李延年，运筹则桑弘羊，奉使则张骞、苏武，将率则卫青、霍去病，受遗则霍光、金日磾，其余不可胜纪。是以兴造功业，制度遗文，后世莫及。"（《汉书》卷五八《公孙弘卜式兒宽传赞》）

在一连串的名单中，能够称得上儒学出身的，似乎只有公孙弘、董仲舒和兒宽。但是，在汉武帝器重的这一串名单中，有两点特别值得注意。

首先，他们都能在自己的本职工作上做出成绩，建立功业，如公孙弘为相，兒宽为左内史及御史大夫，赵禹、张汤主管法律工作，司马迁、司马相如长于文学，张骞、苏武各有外交风采，卫青、霍去病战功赫赫，霍光、金日磾作为顾命大臣很有作为，等等。可见，是否儒学出身，有多少儒学水平，不是汉武帝用人的绝对标准。相反，就儒学知识素养来说，董仲舒远远超过公孙弘，而且足足比公孙弘年轻21岁。但是，公孙弘心思比较灵活，具有实际政务操作能力，得到汉武帝重用，官至丞相。对于比较迂阔的董仲舒，汉武帝却是嘉许其说，而不重用其人。

其次，这些官员虽然不是儒生出身，但是他们或者在道德品行上有上乘的表现，不悖于儒家的价值观；或者努力向学，向儒家价值观靠拢。前者如石建、石庆为人笃实，汲黯、卜式为人质直，韩安国、郑当时为人忠厚。后者最典型的是张汤，他出身于文法吏，但是，自从知道部下兒宽以经书判案狱，得到汉武帝的肯定，"（张）汤由是乡学，以（兒）宽为奏谳掾，以古法义决疑狱，甚重之"（《汉书》卷五八《公孙弘卜式兒宽传》）。

三、如何理解"独尊儒术"

汉武帝的所谓"独尊儒术",首先是一种意识形态的倡导,统治秩序的构建,社会行为的规范,即所谓"教化"的功能。为了将这种意图贯彻下去,必须有制度化措施,作为保障和驱策工具。于是,就有了太学和博士弟子员的设置,有了征辟、察举的入仕途径。然而,在实际的治国理政操作中,汉武帝是非常务实的。元封五年(前106),汉武帝以朝廷缺乏文武人才,乃下诏曰:"盖有非常之功,必待非常之人。故马或奔踶而致千里,士或有负俗之累而立功名。夫泛驾之马,跅弛之士,亦在御之而已。其令州、郡察吏、民有茂才、异等可为将、相及使绝国者。"(《资治通鉴》卷二一,汉武帝元封五年)

汉武帝一方面批准丞相关于"所举贤良,或治申、商、韩、苏、张之言乱国政者,请皆罢"的奏章,因为就仕进渠道而言,朝廷并不崇尚法家和纵横家;另一方面,在实际人才选拔中,又是不拘一格,注重实际才干。这样就出现了看似矛盾的现象,或者说印证了汲黯的观察,即汉武帝志在高远(内多欲)而外施以仁义礼教。

其实,这并不矛盾。尊崇儒术,是道,是经;悉延百端之学,是术,是权。道与术的问题,也是儒家常常讲的"经"与"权"的问题。不变的原则(经或者道),与变化的世界,难免有不完全契合之处。于是,就要采取变通的措施和做法,这就是"权变"。所谓"以正治国"——经,"以奇用兵"——权。

可是,外儒内法,也不能仅仅从"道"与"术"、"经"与"权"的角度去理解。这还涉及到利与弊、时与势的关系问题。

有一利，必有一弊。我们都知道，汉武帝"独尊儒术"（尽管此"独尊"兼容并包"百端之学"），有利于纠正汉初陆贾、贾谊提出的道德滑坡、社会失序问题，对于后来中国历史的发展也影响深远。但到了西汉后期，特别是东汉，儒学成为一种神圣化的意识形态。于是，腐儒、陋儒、伪儒、神儒（谶纬化了的儒学）纷纷出现。汉元帝为太子时主张"宜用儒生"，已经令汉宣帝忧心忡忡。王莽更是成功地借谶纬化的儒学，为取代西汉王朝造势。东汉时"举秀才，不知书；察孝廉，父别居。寒素清白浊如泥，高第良将怯如鸡"的伪君子比比皆是。于是，才有"越名教而任自然"的魏晋风度出现。

> **启示22** 社会在发展，时势在变化，治国之道、化民之术，也需要与时俱进。如何做到张弛有度、刚柔兼济、礼法合治、德刑并用，考验着执政者的政治智慧和治理能力。所谓审时度势，就是这个意思。

怎么解决利中有弊的问题呢？这就涉及"时"与"势"的问题。社会在发展，时势在变化，治国之道、化民之术，也需要与时俱进。如何做到张弛有度、刚柔兼济、礼法合治、德刑并用，考验着执政者的政治智慧和治理能力。所谓审时度势，就是这个意思。如果不懂世异时移，就会适得其反。假如把由此产生的问题归罪于汉武帝的"独尊儒术"，就十分可笑了。

（参见《资治通鉴》卷一六至卷二二）

第四节　汉武帝经营西域：
　　　丝绸之路的开通

汉武帝的治国理念与其父祖辈有一个很大的不同，那就是积极进取，而不是萧规曹随、黄老因循。这种进取精神，在处理匈奴问题上，表现得最为明显。

先秦以来，匈奴就是中原华夏政权北边的威胁。战国时期，燕国有长城防御匈奴，赵武灵王胡服骑射是为了对付匈奴，秦始皇修长城，蒙恬戍边塞，也都是为了抵御匈奴。刘邦即位不久，曾经试图用武力对抗匈奴，结果被匈奴围困于白登山（今山西大同附近），险些被擒。此后他采纳了娄敬（即刘敬）的和亲政策。刘邦死后第二年，匈奴冒顿单于挑衅说，要娶寡居的吕太后为妻。吕太后忍气吞声，亲自修书一封，说哀家其实老丑不堪，我给你准备了美貌的汉家公主。文景时期，也都是继续与匈奴和亲修好。

汉武帝即位后，依仗立国六十年以来的积累，经过充分准备，任用卫青、霍去病等杰出将领，抗击匈奴。张骞就是在这一背景下出使西域的。

一、张骞第一次出使西域

敦煌莫高窟初唐323窟有一幅《张骞出使西域图》，说的是汉武帝打匈奴，获匈奴祭天金人，供奉于甘泉宫，又派张骞去大夏国，请问金人名号。这幅壁画的母题来自于《魏书·释老志》，并非事实。但是，汉武帝命张骞出使西域，开通丝绸之路，是汉唐时代人们的共识，并从这幅壁画中得到更加清楚地展现。

公元前139年，张骞出使大月氏，本来是一次军事外交行为。大月氏游牧于河西走廊、天山一带。汉文帝时期，大月氏战败于匈奴，被迫西遁。这一消息被汉朝人知晓，汉武帝乃派张骞西行联络，期待与大月氏采取联合行动，"断匈奴右臂"。

张骞冲过匈奴的拦截，西行越过葱岭，历经千辛万苦抵达大宛（今中亚之费尔干纳盆地）。在大宛王派出的卫队的护送下，张骞经康居（中亚阿姆河与锡尔河之间）到达大月氏。由于大月氏西迁后，侵占了故大夏国领土（即巴克特里亚，阿富汗北部地区），已然安居业农，张骞交涉一年多，仍无果，只得返回。这次，张骞改走塔里木盆地南缘进入柴达木盆地，绕道青海归国，但不幸又被匈奴捕获。一年后，匈奴发生内乱（伊稚斜单于驱逐其兄军臣单于之子、合法王位继承人於单），张骞脱身回到长安。不久，张骞随卫青出击匈奴，由于他了解匈奴的形势，从而为汉军的胜利立了大功，被封为博望侯。

张骞第一次西域之行虽未与大月氏结盟，却把他所得到的西域诸国政治、经济、地理、文化、风俗等信息报告给了汉武帝，从而激起了汉武帝经营西域的兴趣。

大月氏与匈奴之间不仅有战争，更有贸易关系。王国维认为，月氏，即《逸周书》中提到的"禺氏"，或《穆天子传》中的"禺知"。在先秦以来相当长的时间里，月氏人不仅与周边民族贸易畜产品，还把于阗的玉石贩运给匈奴人，匈奴人再卖到中原。玉石之路的一个链条就是这么连接着的。而中原换取玉石或皮货的商品，最主要的就是丝绸。后来，张骞再次出使西域之时，已经不是单纯的军事外交行为，而是包含了更实在的经贸和文化交流。官方主导的丝路贸易，从此形成；先秦以来就存在的民间丝路贸易，由此得到进一步的开拓。

张骞第一次出使西域的同时，西汉王朝也对匈奴展开一系列打击，其中具有决定作用的是公元前127、前121、前119年进行的三次战斗。公元前127年，卫青大败匈奴，控制了河南之地（今河套以南地区）；公元前121年，匈奴在霍去病的打击下发生分化，浑邪王降汉，河西走廊完全为汉朝所控制；公元前119年，卫青、霍去病又分道出击匈奴，匈奴单于大败远遁，从而将匈奴进一步驱逐至漠北。经过这三次大规模的反击，西汉王朝在对匈奴的斗争中已经掌握了主动权，前往西域的道路也基本畅通，这为张骞第二次出使西域、丝绸之路的安全畅通以及西域诸国同西汉王朝的友好往来，创造了必要条件。

二、张骞第二次出使西域

然而西汉王朝的反击战只是肃清了匈奴在漠南及河西走廊的势力，西域各国仍为匈奴所控制，依然威胁着西汉王朝的西北边境安全。为了彻底铲除匈奴势力，也为了开疆拓土的雄心大略，汉武帝在对匈奴展开第三次打击的同年，再度派遣张骞出使西域，目的是设法联络乌孙等西域各国，牵制匈奴。这一次出使队伍浩大，随员三百，并携带钱币、绢帛"数千巨万"。但这次出使仍然没能达到预期目的，当他们到达乌孙时，正值乌孙因王位之争而政局不稳，国内贵族又惧怕匈奴，故西汉王朝欲同乌孙结盟攻打匈奴的政治目的再次落空。

但在乌孙期间，张骞分别派遣副使到中亚、西亚和南亚的大宛、康居、大月氏、大夏、安息、身毒、于阗各国，广加联络。公元前115年，张骞回国，乌孙遣导译相送，并派使者到长安，目睹了汉朝人众富厚的景象，回去报告后，汉朝的威望在西域大大提高。不久，张骞所派副使也纷纷回国，并带回许多所到之国的使者。从此，中西之间的交通正式开启，西汉政府与西域及中亚、西亚、南亚地区的政治与贸易关系迅速发展，西行使者相望于途，西汉王朝一年之中多则会派十几个使团，少则五六个，使团规模大的数百人，小的百余人，所访之地遥远，出访一次需几年时间。东来的商胡贩客也是"日款于塞下"。此后，中西之间的陆路交通继续向西延伸，一直到奄蔡（在咸海与里海之间）、条支（在伊拉克两河流域之间）等国。

> **启示23** 张骞出使西域开拓了长期被匈奴阻塞的东西陆路交通，沟通了东西方的经济与文化，建立起中原与西北边疆各地区的友好联系，开辟了中国与西方各国直接交流的新纪元。

张骞出使西域本来是为了联合西北各民族共同抗击匈奴，但客观上却起到了开拓长期被匈奴阻塞的东西陆路交通的作用，沟通了东西方的经济与文化，也建立起中原与西北边疆各地区的友好联系，开辟了中国与西方各国直接交流的新纪元。如此重大的历史意义，使张骞出使被誉为"凿空"。19世纪的一位德国地理学家李希霍芬，把张骞开辟的这条东西方贸易与文化交流通道，叫做"丝绸之路"。

三、打击与和亲：汉帝对边疆的经营

张骞的两次出使，虽然对丝绸之路的开通有重大意义，但因这一时期匈奴的势力并未完全退出西域，西域与中原之间的交通依然长期受阻。丝绸之路真正得以繁荣和畅通，应归功于西汉政府对匈奴的打击和设立西域都护。

西汉乘着对匈奴战争的一系列胜利而于公元前121和前111年先后在河西走廊设立武威、酒泉、张掖、敦煌四郡，又称"河西四郡"，以此割断匈奴与羌族之间的联系，保证丝绸之路咽喉地带的畅通。此后匈奴势力只好向西发展，又开始了同西汉争夺西域的长期斗争，最终西汉王朝取得胜利。汉武帝元封三年（前108），汉朝军队击败匈奴的耳目楼兰（汉楼兰古城位于今罗布泊西北）、车师（今新疆吐鲁番）；太初四年（前101），李广利讨伐大宛获胜。在汉武帝驾崩之前二年，即征和四年（前89），汉军联合楼兰等西域六国军队，再次击败匈奴所支持的车师国，车师国王投降，从而大大动摇了匈奴在西域的统治。

汉昭帝（前87—前74在位）继续加强边防，匈奴无法在汉

地占得便宜，乃重点攻打乌孙国，乌孙公主向汉帝求援。汉宣帝（前74—前49在位）本始二年（前72），朝廷调动十五万大军与乌孙夹击匈奴，大获全胜。经此一战，匈奴元气大伤，很长时间再无力同西汉在西域争雄。宣帝神爵二年（前60），匈奴发生内乱。呼韩邪单于在动乱中即位，他多次朝见汉帝。汉元帝竟宁元年（前33）正月，呼韩邪自请为汉婿。元帝赐宫女王嫱为其妻，此即所谓"昭君出塞"。同样是"和亲"，但这一次，不仅汉匈国势易位，而且对于汉朝来说，不再是被迫的行为，而是怀柔异邦的仁爱之举了。直至王莽篡位前，汉匈之间四十年无战事。汉帝经营边疆到此画上了一个阶段性的句号。

四、小结

回顾秦皇汉帝经营西北边疆的这段历史，我们发现：

为了抵御匈奴铁蹄，燕、赵诸国和秦朝修筑了长城。

为了生灵免遭涂炭，汉初君臣委屈求和，送去了汉家公主。

为了汉朝的尊严，汉武帝派出雄师北击匈奴，"匈奴未灭，无以家为"，"不教胡马度阴山"，尤其体现了汉朝将士的英勇气概，并因此打通了西域，开通了丝绸之路。

最后，在匈奴彻底退出西域、服膺汉朝的威力后，汉武帝的儿孙们，还是用"和亲"的办法，解决了汉匈睦邻友好问题。

这样一番刚柔交替的动作，展现了古人处理边疆民族问题的智慧，也留给我们有益的历史借鉴和启示！

（参见《资治通鉴》卷一八至卷二六）

第五节　霍光辅政：家族腐败的警示

西汉后期政治史上有两个重要人物：霍光（？—前68）与王莽（前45—23）。两人有二同二异。先说二同：同样有外戚身份；同样在拥立皇帝时下过手，权势煊赫。再说二异：霍光没有什么文化水平，王莽却是一个大学者；霍光被后世尊为楷模，人们常将"伊尹、霍光"连称；王莽被后世骂为奸臣，人们常将"王莽、董卓"并举。我们这里先谈霍光，看看他的成败得失。下节再谈王莽的问题。

一、顾命大臣　辅佐幼主

霍光有一个非常有名的兄长——霍去病（前140—前117）。霍去病是私生子，他的母亲卫少儿、舅舅卫青、姨妈卫子夫都是私生子。也就是说霍去病的外婆卫媪大约就没有正式的婚姻，只是平阳公主家的女佣，与不同的男人生下好几个儿女。可是由于卫子夫后来成了汉武帝的皇后，霍去病的母亲卫少儿也因为这位皇后妹妹而身价倍增，嫁给了汉初开国功臣陈平之曾孙。霍去病也就有机会被汉武帝赏识、重用，并与舅舅卫青（卫子夫的弟弟）在打击匈奴的战争中立下卓越功勋，任大将军。

当初，霍去病的母亲卫少儿怀上他的时候，卫家还没有显耀，父亲霍仲孺就离开了平阳县，回家娶妻生子，生了霍光。霍去病功成名就之后，得知自己的生父是霍仲孺，就认祖归宗了，还给父亲送去很多钱财，顺带把小霍光带到了长安。霍去病24岁就去世了，霍光一直在武帝宫中任侍从。霍光侍奉汉武帝二十多年，从没有让武帝皱过眉头，深得武帝信任。巫蛊之祸后，武帝处死钩弋夫人，决定立幼子刘弗陵为太子。所挑选的托孤之臣中，以霍光为首位。

霍光辅政的第一件事，就是稳定政治秩序，纠正汉武帝后期的失误。汉初六十年，奉行无为而治、与民休息的政策。结果之一是，民殷国富，经济发展；结果之二是，豪强崛起，漠视王法。正如《史记·平准书》所言："当此之时，网疏而民富，役财骄溢，或至兼并豪党之徒，以武断于乡曲。"司马迁把这样两个现象（社会经济富庶与豪强武断乡曲）并列放在一起，并解释说："物盛而衰，固其变也。"这个解释我们今天会不太满意，但是，经济发展带来贫富分化、豪强势力扩张，在当时却是真切的事实。

那么，用什么办法解决问题呢？汉武帝进行一系列财经政策的改革，如算缗（财产税）、告缗（隐瞒财产被举报的惩治措施）、盐铁专卖等。这一系列政策，不仅是为了解决开疆拓土带来的财政压力，也是为了解决民间豪强坐大的问题。

这些措施本身就是一把双刃剑，打击了豪强，也伤害了经济。武帝末年，社会矛盾激化，老天也不作美，"频年苦旱，故改元为天汉（天汉元年就是公元前100年），以祈甘雨"（《汉书》卷六《武帝纪》颜师古注引"应劭曰"）。天汉年间，各地民众暴乱此起彼伏："大群至数千人，擅自号，攻城邑。……小群以百数，掠卤乡里者不可称数。"（《汉书》卷九〇《酷吏传》）出现了群起造反的所谓"亡秦之征"。武帝晚年昏聩多疑，巫蛊之祸，致使戾太子被杀，牵连而死者，数以千计。难能可贵的是，武帝认识到了国家的危机和自己的错误，下"轮台罪己诏"，改正了过失。其中说："朕即位以来，所为狂悖，使天下愁苦，不可追悔。自今事有伤害百姓，糜费天下者，悉罢之。"（《资治通鉴》卷二二，汉武帝征和四年）

这个时候，汉武帝已经忧虑后事了。立幼子刘弗陵为太子，而以霍光为首席顾命大臣。及至武帝驾崩，霍光辅政，首先是稳定"主少国疑"的统治秩序，树立国人对于新领导班子的信心。史书记载了这样一件事："戊辰，太子即皇帝位。……光辅幼主，政自己出，天下想闻其风采。殿中尝有怪，一夜，群臣相惊，光召尚符玺郎，欲收取玺。郎不肯授，光欲夺之。郎按剑曰：'臣头可得，玺不可得也！'光甚谊之。明日，诏增此郎秩二等。众庶莫不多光。"

大意是说，昭帝即位，霍光辅政，天下对霍光的为人并不了解。就在昭帝即位不久（前87）的一天夜晚，宫中惊扰不安，传言有怪事。那个时候靠烛光油灯照明，大家都担惊受怕，不知出了什么事。霍光出于安全考虑，召来尚符玺郎（主管皇帝玺印的官员），想把玺印收取过来。皇帝年幼，霍光主政，玺印就是发号施令的依凭，对初次执政的霍光来说，自然要避免符玺的使用发生意外。但是，尚符玺郎坚持职守，拒绝了霍光，说头可断，但不能放弃职责，不能随便交出符玺。霍光惊愕之余，非常赞赏尚符玺郎坚持原则的态度，不仅没有因为对方不给自己面子而降罪，反而对他的忠于职守大加褒奖，给这个小官连升两级。所有人都赞赏霍光的做法。

霍光还忠实地继续推行武帝晚年纠错改过的政策。他召开盐铁会议，请贤良、文学（民间知识分子）就国家的经济政策进行辩论，霍光本人、丞相，以及主持当时财经工作的御史大夫桑弘羊出席并听取意见。辩论的结果，霍光部分地修正了原有政策，或者纠正了原政策执行中的一些偏差。

二、昭宣中兴　权倾朝野

汉昭帝刘弗陵即位时年仅8岁，在位14年驾崩，年方22岁，没有留下子嗣。汉武帝的另外几个儿子中，戾太子刘据、昌邑王刘髆等早亡，燕王刘旦、广陵王刘胥为汉武帝所不喜。昭帝时，刘旦因为觊觎帝位，参与谋反，被逼令自杀。广陵王刘胥也想为汉嗣，但因行为乖张，而不得其愿。[①] 剩下的人选只有从汉武帝的孙辈里找。有人推荐了昌邑王刘贺（刘髆之子），于是，奏请上官太后同意，迎刘贺进京。可是刘贺登基仅27天，就造下了种种丑恶之事。史书说："荒淫迷惑，失帝王礼谊，乱汉制度。"（《资治通鉴》卷二四，汉昭帝元平元年）除了"淫戏无度"

---

① 《汉书》卷六三《武帝五子传》："胥壮大，好倡乐逸游，力扛鼎，空手搏熊彘猛兽。动作无法度，故终不得为汉嗣。"

之外，其最大的过失还是没有处理好各种利益之间的关系，正如张敞所说："国辅大臣未褒，而昌邑小辈先迁，此过之大者也。"没有褒奖拥戴自己的大臣们，却忙着给从昌邑（今山东巨野）带来的小辈们一个个升官。

为此，"大将军（霍）光忧懑！""忧"是忧虑，"懑"是愤怒。朝野上下都很愤怒，最后奏明太后，废黜了登基不及一个月的刘贺，而立"皇曾孙"（汉武帝的曾孙、戾太子刘据之孙）刘病已（后改名刘询）为帝，是为汉宣帝。霍光依然辅政，一直到他公元前68年去世。昭宣时期，霍光执天下政柄整整二十年（前87—前68）。西汉历史上有所谓"昭宣中兴"，这其中至少有霍光一半的功劳。

三、不学无术　家族腐败

霍光死的时候是备极哀荣的，被汉宣帝封为麒麟阁功臣之首。可是霍光去世后仅仅两年，霍氏家族就被满门抄斩。这又是什么原因呢？《资治通鉴》作者司马光以"臣光曰"的形式发问道："霍光之辅汉室，可谓忠矣；然卒不能庇其宗，何也？"

其实，在霍光生前，就有一个来自茂陵的徐姓读书人预测霍氏必亡。"初，霍氏奢侈，茂陵徐生曰：霍氏必亡。"司马光自己的回答是，霍光大权在握，"多置亲党，充塞朝廷，使人主蓄愤于上，吏民积怨于下，切齿侧目，待时而发，其得免于身幸矣，况子孙以骄侈趣之哉！"简单地说，就是权势过于煊赫，不受制约；家族奢侈腐败，不合法度。

先说权势煊赫。《资治通鉴》是如此记载的："自昭帝时，光子禹及兄孙云皆为中郎将，云弟山奉车都尉、侍中、领胡、越兵，光两女婿为东、西宫卫尉，昆弟、诸婿、外孙皆奉朝请，为诸曹、大夫、骑都尉、给事中，党亲连体，根据于朝廷。及昌邑王废，光权益重，每朝见，上虚己敛容，礼下之已甚。"（《资治通鉴》卷二四，汉宣帝本始元年）

还在昭帝时，霍光的儿子霍禹和霍去病的孙子霍云就担任中郎将，霍云的弟弟霍山以及霍光的女婿都身居要职，或者给事禁中，或者带兵宿卫宫廷。其他兄弟、女婿、侄女婿、外孙之类，都在朝廷任职，他们结党营私，出入宫禁，可谓"党亲连体，根据于朝廷"。霍光本人权力就更大了，皇帝见了他，都"虚己敛容，礼下之已甚"。这说明霍光的作为，实际上损害了皇帝的权威。皇帝表面上谦卑，心里已经很不满了，别人看在眼里也不舒服。所以那位茂陵徐生论述霍氏必亡时就说："夫奢则不逊，不逊必侮上。侮上者，逆道也，在人之右，众必害之。霍氏秉权日久，害之者多矣。天下害之，而又行以逆道，不亡何待！"（《资治通鉴》卷二五，汉宣帝地节四年）

再说家族腐败。《资治通鉴》是如此记载的："霍氏骄侈纵横。太夫人显，广治第室，作乘舆辇，加画，绣绒冯，黄金涂；韦絮荐轮，侍婢以五采丝挽显游戏第中；与监奴冯子都乱。而禹、山亦并缮治第宅，走马驰逐平乐馆。云当朝请，数称病私出，多从宾客，张围猎黄山苑中，使仓头奴上朝谒，莫敢谴者。显及诸女昼夜出入长信宫殿中，亡期度。"（《资治通鉴》卷二五，汉宣帝地节三年）

霍家骄奢淫逸的第一个表现是太夫人霍显（霍光遗孀）给

自家盖了很多豪华的高级住宅，弄了很多豪华的高级车乘。装修的标准都是一流的，房子、车子都有精美的图案装饰，锦绣的坐垫，黄金涂饰，熟牛皮和柔絮包裹着车轮，丫鬟用五彩丝绣挽着霍显在宅内游戏。她还不甘寂寞，与管家冯子都通奸。第二个表现是其他家属——儿子、侄子、侄孙等占据高官厚禄，却不务正业，大肆修治豪宅，声色犬马。长安有一处宫观，叫平乐馆，位置在皇家上林苑，此时成了他们走马逐猎的场所。还有渭北的黄山苑，也属于皇家上林苑的一部分，霍氏子孙带着狐朋狗友在这里围猎。本该在宫中上班（奉朝请），却出去游玩，让家仆去当差，对此没有人敢说一个"不"字。霍显与女眷们，不分白天黑夜，进出上官太后所居的长信宫，没有任何约束和规矩。

霍家不仅为官的子孙狂妄，即使是家人门客也十分凶悍。有一次霍氏的家仆（以冯子都为首）与御史大夫魏相的家仆争路，谁也不相让。"霍氏奴入御史府，欲蹋大夫门；御史为叩头谢，乃去。"（《资治通鉴》卷二五，汉宣帝地节三年）霍氏家仆（冯子都的身份属于奴）直接闯入御史大夫府中，要蹋人家的大门，是御史大夫亲自出来赔礼道歉，家仆才扬长而去。

此时霍光已死，为什么霍氏家族还如此嚣张？其实，这与霍光本人不是完全没有关系的。举一个例子，霍光的夫人霍显[①]，缺乏教养，而且野心极大。她是霍光的第二个妻子，本来

---

① 有人认为古人同姓不婚，霍光的夫人不应姓霍。由于霍光夫人出身低微，本为霍光之小妾，归霍家之前，未必知其姓。故以霍光之姓名之，也未尝不可，犹如后世之妻从夫姓，如张胡氏之类。

是霍光原配的侍婢，原配死后由小妾升级的，她比霍光年轻许多，为霍光生了个小女儿。为了把这个女儿送进宫，霍显竟然收买女医师淳于衍，毒死了孕娠中的许皇后。作为交换，霍显答应安排淳于衍的丈夫（一个宫禁护卫）做"安池监"（管理安邑盐池的官员）。

皇后怀孕而死，这件事当然不能稀里糊涂就算了，有人上书控告"诸医侍疾无状者，皆收系诏狱，劾不道"。霍显恐怕淳于衍顶不住会招供出来，就把事情的原委告诉了丈夫霍光，还补充说："既失计为之，无令更急衍！"既然已经做错了，无法挽回，就别把女医师淳于衍逼急了。史称"光大惊，欲自发举，不忍，犹与。会奏上，光署衍勿论。显因劝光内其女入宫"（《资治通鉴》卷二四，汉宣帝本始三年）。霍光本来想检举妻子的不法行为，却不忍心，便隐忍下来，并且利用职权，让淳于衍蒙混过关，还满足妻子的心意，把小女儿嫁给了皇帝。

这件事值得讨论之处倒不是霍光的不忍大义灭亲，而是此时此刻的霍光，为人风格发生了如此巨大的变化。

启示24 在没有刚性的制度和法律的约束下，很多人都会自觉不自觉地违规违法犯错误，而且犯了错误还会心存侥幸。因此，要有制度的刚性约束，要通过学习提升自己的内在修养。这是霍光家族腐败给我们最重要的警示。

从汉武帝时代入宫开始，到辅佐昭帝，霍光一直是战战兢兢、克己奉公。他的谨慎与正直,打动了汉武帝,也打动了所有人。为什么后来却粗疏了,包庇家人犯法了呢?这才是值得我们深切留意和反思的问题。也就是说,人总是在变的!即使像霍光这样谦卑低调的人,时间长了,功劳大了,也会发生变化,变得苟且,变得不再对错误零容忍。在没有刚性的制度和法律的约束下,很多人都会违规违法犯错误,而且犯了错误还会心存侥幸。

值得指出的是,史学家班固在总结霍光悲剧的时候提到他"不学亡术,暗于大理"的问题。我想这也对。霍光不是一个爱学习的人,也不是一个读书识理的人,他就是一个天生谦卑谨慎的人。假如他能够读书学习,多了解一些历史上成败得失的案例,也许他会更加谨慎本分,更加严格要求自己,更加严格管束家人吧!

要有制度的刚性约束,要通过学习提升自己的内在修养。这两点,是霍光家族腐败给我们最重要的警示。

(参见《资治通鉴》卷二三至卷二五)

第六节　王莽新政：改革失败的反思

一、王莽的发迹

汉成帝刘骜做太子的时候，父亲汉元帝对他并不满意，母亲王政君虽是皇后，但不得宠。元帝宠幸的傅昭仪和冯昭仪各生了一个儿子，元帝几次想改立次子刘康为太子，多亏母舅王凤和另一外戚史丹（宣帝刘询的至亲）鼎力维护，刘骜才没有被换掉。成帝即位后，对于几位舅舅特别关照，同日封侯。但王凤的异母弟弟、王莽的父亲王曼早亡，没能赶上这次封赐。王莽的几位堂兄弟和姑表兄弟，凭借着他们的父亲或为将军或封侯爵的荫庇，一个个追逐时尚，竞为奢侈，"以舆马、声色、佚游相高"，唯有王莽"孤贫"，神气不起来。可是王莽的社会名声最好。

史书记载，年轻时的王莽"折节为恭俭"，是一个谦卑好学的青年。他刻苦攻读《礼经》，拜沛郡的陈参为师，"勤身博学，被服如儒生"。王莽孝敬寡母，侍奉寡嫂，养育孤侄，尽心尽力。在待人接物上，他"外交英俊，内事诸父，曲有礼意"，人缘和口碑都极好。大伯父王凤病重期间，王莽侍奉汤药，蓬头垢面，几个月衣不解带，比王凤的儿子还孝顺。身为大将军的王凤，深受感动，临终前极力向皇太后和成帝推荐王莽。皇帝给了王莽一个黄门郎的小官，这一年他28岁。

王莽在后来的仕宦生涯中，继续牢牢把握住两条升迁秘诀，一是结名士造势，二是傍叔父升官。叔父成都侯王商上书，请求皇帝把自己的部分封邑分给王莽，许多当世名士也都为王莽说好话，使成帝觉得王莽确实是个人才。永始元年（前16），封王莽为新都侯。他"爵位益尊，节操愈谦，散舆马、衣裘，振施宾客"。王莽广散钱财，"家无所余。收赡名士，交结将相卿大夫甚众"（《汉书》卷九九上《王莽传上》）。在位的人都乐于推荐他，不在位的人也都传播着他的好名声。

王莽人生的真正转折是从扳倒表兄淳于长开始的。淳于长是王政君的外甥，与成帝为姨表兄弟。王政君当初不赞成立赵飞燕为成帝的皇后，是淳于长给王政君做了思想工作。为此，成帝对淳于长颇有一份感激之情。其时，淳于长已位居九卿，地位在王莽之上。大司马王根病重，淳于长是继任的热门人选。可是，淳于长为人不检点，与被废黜的许皇后之姊私通，还在书信中戏弄许皇后。王根病重，淳于长自以为不久就可以接位，在外面胡乱吹嘘，封官许愿，惹得王根很不高兴。王莽搜集了淳于长的一切丑事，并且捅了出去，又在王根面前挑拨离间。结果淳于长吃了官司，王莽在王根的力荐下，顺利当上了大司马。

二、王莽的新朝

公元前7年，王莽以大司马辅政大约一年后，汉成帝因为淫欲过度而死。成帝无子，侄子刘欣（前25—前1）继位，是为哀帝。哀帝的祖母傅昭仪和母亲丁氏家族成为新贵，哀帝的宠臣董贤为大司马。王政君主动让老对手一头[1]，王莽也被迫下野。哀帝在位的六七年里，外戚傅家、丁家以及新贵董贤家族，疯狂地聚敛财富，掠夺百姓田地，与王莽的折节下士、清贫廉洁相比，形成了巨大反差。

哀帝驾崩，太皇太后王政君立即取回玺印，召王莽入朝。董贤自杀，王莽执政，获得朝野欢迎。新皇帝平帝（前9—6）即位时，不到10岁，王政君名义上临朝听政，实际政务操之于王莽手中。经过六年的经营，王莽依然是通过沽名造势、讨好太皇太后的老办法，一步步掌控了朝廷权力。公元6年，他担心日渐年长的平帝亲政后，会不利于自己，乃暗中毒杀了15岁的平帝（也是王莽的女婿），自任"假皇帝"。两年后，王莽废汉自立，建立新朝。

新朝一共有十五年的历史。王莽执政前后，进行了一系列的改革，主要集中在货币、土地（王田制）、财税（五均六筦）等方面。如何评价这些改革，是历来认识王莽的重点。

---

[1] 元帝时，傅昭仪曾与王政君争宠，傅昭仪的儿子刘康也曾经是太子刘骜的竞争对手。

三、王莽的货币改革

货币改革一共有四次。第一次是王莽正式登基前即公元7年的事。改革的内容是在流通的五铢钱外，增发大面值新币，包括两种复古的刀形币（错刀面值五千，契刀面值五百）和一种圆形币"大钱五十"，面值很大，分别是传统五铢钱的千倍、百倍和十倍。可是，重量并不与之相匹，例如"大钱五十"，实际重量只有12铢，却能当50枚五铢钱用。有人融化掉五铢钱，改铸成新币，获利千百倍。

市场的混乱促使王莽在即位的第一年（9），进行了第二次货币改革，废除五铢钱和刀形币，只流通"大钱五十"，另增加发行一铢的小钱。于是，市面上流通的货币的价值一下子减少了许多，出现通货紧缩的混乱局面。

市场的钱不够用，激起了王莽进行最为奇葩的第三次货币改革。公元10年，王莽改钱币名为"宝货"，分为"五物、六名、二十八品"。"五物"是说宝货的材质由金、银、铜、龟、贝五种材料组成，"六名"是说宝货的规格共有金货、银货、龟货、贝货、泉货和布货六种，"二十八品"是说宝货的种类分为金货一品、银货二品、龟货四品、贝货五品、货泉六品、布货十品，总共二十八种样式。各种名品的货币，价值不一，最高者黄金一品，值万钱，布钱大的值千钱，货泉小的值一钱。如此复杂的货币，除了引起市场混乱外，没有任何作用。

王莽最后一次货币改革，发生在天凤元年（14）。这次改革依然保留了金、银、贝、泉、布等货币形式，但主要是修正过去面值与实际价值不相符的问题。由于不同材质（金、银、铜、龟）之间的货币价值很难调节到位，有些措施，比如大钱五十，减为值一钱，贬值过快，让不少百姓平白遭受了巨大损失。

四、王莽的王田制

王莽即位伊始，立即推出田制改革法令。法令规定：一、全国土地改称王田，用这种形式收归国有，禁止私人买卖。二、丁男通常占田不过百亩，有田之家若丁男不足八口而占田超过一井（即九百亩）者，要把限额之外的土地分配给亲族邻里。三、没有土地的家庭可以按丁男百亩之数授田。

早在汉武帝时期，董仲舒的对策中就提出限制占有过多的土地。汉哀帝时，师丹等人的议论直接针对汉末土地兼并的弊病。孔光、何武等甚至根据师丹的建议，制定了一个具体的"限田"措施。但是，由于大司马董贤和哀帝外戚家族傅氏、丁氏大量占有土地，从中作梗，便不了了之了。王莽要废除土地私有和土地买卖的制度，将土地收归国有，使耕者有其田，缺乏起码的操作性。

毋庸置疑，王莽的王田制，直接打击的是大土地所有者，改变"富者田连阡陌，穷者亡立锥之地"的现状。不可否认，汉代有一些类似卜式这样善于经营的劳动致富者，但是，真正广占良田的富人，恐怕多是那些武断乡曲、有官府背景的豪族，或者干脆就是贪官污吏、王公贵族。武安侯田蚡曾经公然要夺取已经失势的魏其侯窦婴的良田，由此可见一斑。哀帝时，孔光等的限田令，直接针对的就是这些权贵，"诸王、列侯得名田国中，列侯在长安及公主名田县道，关内侯、吏民名田，皆无得过三十顷"，但受到了抵制。现在王莽的"王田制"更为激进，没有资料表明，王莽何德何能，又依靠何种力量，能够推动这场触动土地私有制度的改革。

五、王莽的财税改革

财税改革即所谓"五均六筦"政策。"筦"是"管"的异体字，即管制的意思，"六筦"就是指国家对六个方面的经济活动实行管制。王莽的诏书中提到"六筦"说："夫盐，食肴之将；酒，百药之长，嘉会之好；铁，田农之本；名山大泽，饶衍之藏；五均赊贷，百姓所取平，卬以给澹；钱布铜冶，通行有无，备民用也。此六者，非编户齐民所能家作，必卬于市，虽贵数倍，不得不买。豪民富贾，即要贫弱。先圣知其然也，故榦之。"（《汉书》卷二四下《食货志下》）

前三筦是对盐、酒、铁等三种重要物品的生产和流通进行管制，由国家垄断专营。这些都是百姓日用生活品，不许私家染指。盐、铁专卖都是沿袭汉武帝时期桑弘羊主持的经济政策；酒的专卖也是武帝的政策，昭帝时期一度废止，王莽恢复酒的专卖后，规定卖酒收入，百分之三十抵偿各种成本（原料、燃料、工具及人工费用），百分之七十作为纯利润归官府。

第四筦、第五筦主要是国家垄断货币铸造，并对铸造货币的原材料的采集加以管制。凡民间开采的金、银、铜、锡和采捕作为货币原料的龟、贝，其产品必须由政府收购，不得在市场上出售。汉武帝时期也规定国家垄断铸币，但是只有垄断了制作货币的原材料，政府才能真正垄断铸币权。

第六筦是对于城市工商业经营和市场物价与民间金融信贷行为的规范和管制，谓之"五均赊贷"，主要在长安、洛阳、邯郸、临淄、宛、成都等几个大城市中实行，也旁及郡县。负责人称为五均司市师，由原来各城市的市场负责人（市令等，实际上政府任命各地富商担任该职）兼任，其他郡县的市官则称为司市。司市师之下设立掌握具体市场交易行为的官员五人，称为均官；钱府丞一人，称为钱府官。他们分别掌管均平物价、税收征取和赊账放贷事宜。

五均是武帝时平准法的发展，规定各市以四季的中月即二、五、八、十一月的商品价格作为基础，按商品质量分为上、中、下三等价格标准，称为"市平"。市场价格超过平价时，政府按平价出售商品，促使价格回落；市场价格低于平价时，则听任自由买卖。对于五谷、布帛、丝绵等重要民用产品，如果滞销，则按成本加以收购，使经营者不致亏折。

赊贷也是五均司市师的任务之一。"赊"是为市民非生产性开销，如祭祀丧葬提供的短期无息贷款。"贷"是为小工商业者提供的生产性资金，期限较长，收取年利润的百分之十为利息。

总之，所谓"五均六筦"，就是由国家全面垄断重要的生产资料和生活资料的生产和销售，垄断货币发行权，控制大城市的物价波动、民间借贷等工商业活动。

六、改革的反思

王莽改革的初衷是什么？史称"莽性躁扰，不能无为。每有所兴造,必欲依古得经文"(《汉书》卷二四下《食货志下》),是说王莽改革有复古主义或者理想主义倾向。

王莽利用皇太后及诸父的荫庇,夤缘而上,加上他善于伪装、推销自己,追逐权力的本能引其一路向上,最后竟然成为皇帝。但是,王莽究竟有多少治国的理想,有多少理政的本事,并没有政绩给予证明。如果说有什么理想信念,也只能是《周礼》等古书中的"乌托邦"。

启示25 王莽改革随意性太强,措施缺乏操作性,朝令夕改,让人无所适从。它不仅没有缓和社会矛盾,反而加重了百姓的负担。王莽改革的失败,让我们认识到:改革的目标设计是否合理,改革的依靠力量是否足够,改革的措施是否切合实际,改革的部署是否有序而坚定,改革的成果是否能让多数民众分享,都是决定改革成败的重要因素!

即使是虚幻的理想,王莽实践起来,也过于简单粗暴。他以为颁发诏令就可以治国,把所有的权力都集中在国家层面,然后不停地发布改革法令,随意性太强,再加上措施缺乏操作性,朝令夕改,让人无所适从。

王莽改革的导向,似乎是为了抑制豪强,实际却是以抑制豪强兼并的名义,为中央聚敛财富,普通老百姓并没有从王莽的改革中得到真正的实惠。比如,王莽指责汉朝田税太低,三十税一,使大土地所有者多占了低税的便宜,这话并没有错。但是,改革后变成十税一,即便对豪强多征税了,普通农民的负担也增加了三倍。又如六筦中，过去对于名山大泽的开发及其产品，也有课税，王莽却进一步规定，凡从事鱼鳖、鸟兽捕捞活动和从事畜牧业的底层民众，也要像家庭副业产品生产者一样，缴纳所得税（"贡"），税率为其所得数额的十分之一。从事这些经营活动的都是升斗小民，一概必须交税，使其生活更为艰难！如有隐瞒不向政府申报或者申报不实者，产品没收，罚服劳役一年。这哪里是为民谋福，分明是不择手段地剥削百姓。

王莽的改革，不仅不能解决社会矛盾，反而加剧了社会矛盾；既动了上层贵族豪强的蛋糕，又加重了普通百姓的负担；承诺的好处如王田制，由于官吏的懈怠和腐败，可以断定得不到切实实行；增加的赋税负担，却让普通民众的生活雪上加霜。一次次的货币改革，一次次的货币贬值，轻率地废除已经施行的货币，实际上每次都是剥夺了人们既有的财富，使中产之家也濒临破产。"农商失业，食货俱废，民人至涕泣于市道。及坐卖买田宅奴婢、铸钱，自诸侯卿大夫至于庶民，抵罪者不可胜数。"（《汉书》卷九九中《王莽传中》）新莽王朝终于走到了历史的尽头。

撇开王莽个人品行和改革动机不谈，王莽改革的败局，至少给我们如下反思：改革的目标设计是否合理，改革的依靠力量是否足够，改革的措施是否切合实际，改革的部署是否有序而坚定，改革的成果是否能让多数民众分享，这些都是决定改革成败的重要因素！

（参见《资治通鉴》卷二七至卷三八）

第七节　光武中兴：
　　刘秀得天下的"谋"与"略"

西汉开国皇帝刘邦（前256—前195）、东汉开国皇帝刘秀（前6—57）、蜀汉开国皇帝刘备（161—223），号称"三刘"。他们各自成就了一番功业，年寿也大体相当——都在63岁（虚岁）左右。刘邦、刘备可谓家喻户晓，而了解刘秀事迹的人似乎不多。

刘邦打天下，有西楚霸王项羽衬托，显得波澜壮阔；刘备的事业，有对手曹操，有军师诸葛亮，有猛将关羽、张飞、赵云，说起来也是精彩纷呈；唯独刘秀的事迹，则是比较平实的。

一、少年情怀　青年造反

刘秀是一个"老实人"，这一点与刘邦、刘备不同。刘邦年轻时就不安分；刘备也是不爱读书，不爱耕田，成天与邻居家的孩子们追逐玩耍。刘秀却是一个读书、力田的乖孩子，他的造反，是他哥哥刘縯带出来的。

刘秀字文叔，曾经在长安上过太学，读书期间，就很关注时政。从他的年龄推断，刘秀在长安读书时，正值王莽改革的天凤年间。[①] 由于王莽的改革牵涉到千家万户的现实利益，刘秀与同窗们对此十分关注，常常私下讨论，各抒己见。刘秀的见解不凡，当时，他已经有了自己的拥护者，比如后来的名臣邓禹，当时是太学里比刘秀入学晚的学生。刘秀的家境比较富裕，但不属于"豪强"级别。他曾与同学合伙买了一头驴，租赁出去，赚一点学杂费和生活费。这些细节，都透露出刘秀是一个既有远大志向又脚踏实地做事的人。

回到家乡后，刘秀依然过着种田卖粮的生活。大哥刘縯自比高祖刘邦，笑话刘秀就像刘邦的二哥刘仲。史称"縯性刚毅，慷慨有大节，自莽篡汉，常愤愤，怀复社稷之虑，不事家人居业，倾身破产，交结天下雄俊"（《资治通鉴》卷三八，王莽地皇三年）。这"不事家人居业，倾身破产，交结天下雄俊"的架势，分明是刘邦再世啊。

有一回，刘秀与姐夫邓晨参加一个朋友聚会，大家谈到民间流传的谶文，"刘秀当为天子"。王莽的军师本名刘歆，后来改名叫刘秀。所以，大家都说，这个刘秀指的是国师公刘歆吧？刘秀却半开玩笑地说："何用知非仆邪？"怎么就知道不是我呢？虽然是句玩笑话，姐夫邓晨却暗中窃喜，因为他觉得平日老实厚道的这位妻弟，其内心并不像外表所表现的那样。

---

① 《后汉书》卷一上《光武帝纪上》："王莽天凤中，乃之长安，受《尚书》，略通大义。"

邓晨的一位姑姑嫁给了南阳殷实的大户阴家。阴家小姐阴丽华美貌出众，比刘秀年少十多岁，28岁的刘秀还没结婚，就是因为暗恋着自己的这位梦中情人。在长安读书期间，刘秀看见皇家禁卫部队执金吾威风凛凛，羡慕地说：做官当做执金吾，娶妻当娶阴丽华。如果没有造反和战争，也许刘秀就会按照这样的目标，追逐自己的人生梦想。

王莽地皇三年（22）冬，刘縯带头在家乡南阳郡春陵乡举兵，反对新莽统治，刘秀积极追随。同时起事的还有其他绿林豪杰，如常林兵、平林兵，北方山东等地则有赤眉军。

正式举事那天，还有一个细节。刘縯召集诸豪杰计议说："王莽暴虐，百姓分崩。今枯旱连年，兵革并起，此亦天亡之时，复高祖之业，定万世之秋也！"众皆然之。于是分遣亲客于诸县起兵，縯自发春陵子弟。诸家子弟恐惧，皆亡匿，曰："伯升（刘縯字伯升）杀我！"及见秀绛衣大冠，皆惊曰："谨厚者亦复为之！"乃稍自安。凡得子弟七八千人，部署宾客，自称"柱天都部"。秀时年二十八。

刘縯平素喜欢惹事，举事时大家颇为犹豫，担心受牵连。等到看见刘秀也穿着造反者的衣服入列，才稍微安心。老成持重的刘秀也参加了，我们为什么不干！一下子拉出了七八千人的队伍。刘秀时年28岁。

归纳前面的论述：造反之前，刘秀是一个乖孩子。建武十七年（41）冬十月，已经当了皇帝的刘秀回到家乡，他回顾少年时光，访寻往日宅院田庐，置酒作乐。当时刘姓诸母酒酣欢悦，相互夸赞刘秀年少时谨慎柔和的性情，说道："文叔少时谨信,与人不款曲,唯直柔耳。"读书,种田,卖粮,暗恋邻村的美少女,是一个普通农村青年的形象。但是,刘秀并不甘于平庸。他读书时就很关心时政。"何用知非仆"的玩笑话,也流露出他并非胸无大志之辈。

刘秀总是做好现在该做的事,该干什么就干什么;刘縯好高骛远,不务正业,结果未能成功。一个不能做好当前事情的人,何谈做好未来的事情!

二、大战立功　韬晦免祸

从舂陵起兵到攻打湖阳县的过程中,舂陵兵与平林兵、新市兵一起作战,小试锋芒,获得初胜。"军中分财物不均,众恚恨,欲反攻诸刘。"刘秀连忙出来调和,"敛宗人所得物,悉以与之,众乃悦"。你看,造反开始,刘秀就显示出与农民军不同的价值取向——不贪浮财。

> **启示26**　处理好当前利益与长远利益的关系,保持定力,不因一时之利而鼠目寸光,是打天下者赢得最后胜利的关键素质之一。

在随后的战争中,刘秀的母亲(大约是病故)、二哥和大姐以及几个甥侄辈都丢了性命。接下来的昆阳之战中,农民军多有把保住浮财视为第一要务的短见,刘秀劝告大家,战争失败,人头都没有了,留钱财何用?战争赢了,多少钱都可以得到。最后,他集中全部兵力,与王莽官军拼死一战,获得全胜。处理好当前利益与长远利益的关系,保持定力,不因一时之利而鼠目寸光,是打天下者赢得最后胜利的关键素质之一。

所谓"昆阳之战",是指绿林军与王莽军之间进行的一次决定生死存亡的战争。王莽孤注一掷,调集了四十多万大军,企图剿灭绿林军。因为他发现这支造反军队与其他农民军不同,他们有推翻新莽政权的政治诉求。

此时,绿林军这边兵力孤弱,而且分散在各处攻打南阳下属各县。刘縯率领主力军攻打宛城,昆阳在宛城之北,因此,守住昆阳,顶住北来的新莽大军,事关绿林军的整体战略部署。刘秀说服大家,把分散在各县的军队调集在一起,采取以点突围、内外合击的战术,击败了王莽军。刘秀率众以少胜多,给王莽政权以致命一击。刘秀也以此战成就其骁将之名。

早在昆阳之战前几个月,绿林军就建立了自己的政权,推举春陵戴侯曾孙刘玄为帝,恢复大汉国号,年号更始,史称"更始政权"。这一年就是更始元年(23)。刘縯等主力早在昆阳大捷前夕攻下了宛城,更始政权也随即迁到了这里。当初刘玄被推为帝,刘縯及其部下就有所不满。现在刘縯、刘秀兄弟都立了大功,春陵刘氏之间就发生了冲突。

从辈分上说,刘玄与刘縯兄弟都是景帝之子长沙王刘发之后,他们的高祖即春陵戴侯刘买。刘买的大儿子就是刘玄的曾祖父刘熊渠。刘熊渠是长房,袭爵春陵戴侯。其弟刘外是老二,即刘縯的曾祖父。但是刘玄的祖父刘利是刘熊渠的庶出。因此,刘玄与刘縯就宗室关系亲疏而论,大约旗鼓相当。刘玄之所以能越过刘縯,被推举为帝,不是由于其宗室身份的亲疏,而是因为后面有人策划支持。

　　绿林军一共有如下几支：王匡、王凤、马武领导的新市兵，还有朱鲔、张卬等分支；王常、成丹领导的下江兵；陈牧等领导的平林兵；然后是舂陵兵。新市兵与下江兵在几年前都曾啸聚绿林，本来是一伙，以王匡、王凤为首，后来分头发展。平林兵陈牧曾与新市兵互相声援。所以，新市、平林将帅，"先共定策立之（指刘玄），然后使骑召伯升，示其议"（《后汉书》卷一四《齐武王缜传》），也就不足为奇了。相反，舂陵兵则与其关系并不十分密切。现在要拥立刘氏为新盟主，在平林中的刘玄获得更多支持，是可以预期的。

　　更始政权的职位是如此分工的："以族父良为国三老，王匡为定国上公，王凤为成国上公，朱鲔为大司马，刘缜为大司徒，陈牧为大司空，余皆九卿将军。"（《资治通鉴》卷三九，更始元年）刘良曾任萧县令，是刘缜、刘秀的叔父，曾抚养刘缜兄弟长大成人。推刘良为名誉性质的"国三老"，不仅是因为他曾经担任过公职（萧县令），也是照顾到了刘缜兄弟所领舂陵兵的情绪。王匡、王凤是绿林起义的最早领导者，现在为新市兵的领导者，他们担任"上公"，照顾到了二人的首出地位。大司马朱鲔、大司徒刘缜、大司空陈牧分别来自新市兵、舂陵兵、平林兵，从排序来看，突出了新市兵的势力，平林兵势力比较小，而且其中的"更始将军"已经推为皇帝，陈牧的位置靠后，也算对舂陵诸刘的一种平衡性安排。在这个政权中，刘秀是太常（主管文化礼仪的官）、偏将军。

　　史料说，刘玄性懦弱，即位典礼上羞涩，若不能言。刘玄当年是为了给弟弟报仇而结交他人（也许是刺客或者亡命之徒），惹上官司，最后假装死亡，躺在棺材里还乡，救出了因为自己闯祸而被捕入狱的父亲。从这些事来看，刘玄不是一个羞涩之人，但他不擅长在隆重场合表现得轻松自如，这是有可能的。

总之，刘玄登帝位而不是刘縯，这是绿林军势力对比的产物，也与刘縯在各种势力之间未能做有效的沟通有关。也许刘縯还没来得及做统战和整合的工作，也许他有些咄咄逼人，其过度张扬的个性，不容易被其他几支农民军领袖接受。更始政权入宛城不久，刘縯就因部下不服更始帝管辖而连带被杀。

此时，刘秀正在父城（今河南宝丰）一带拓展，得知兄长被杀的消息，立即赶回宛城，面见刘玄，他一不为兄长解释，二不为自己争功，三不与刘縯的部下接触，只是为刘縯的不当行为谢罪。谢罪之外，他谈笑自若，好像兄长的死去，与自己全不相干。刘秀甚至不久举行了与梦中情人阴丽华的婚礼。结果，刘玄不仅没有给刘秀连带治罪，还命令他前往洛阳整治宫室，准备迁都；十月，又给了他北巡河北的机会。

从刘縯六月被杀，到刘秀十月北巡河北，中间有四个月的时间。这四个月内，发生了很多事情，最为重大的就是九月中王莽在长安被杀。十月，刘秀一方面韬晦，保住自己；另一方面做了大量的幕后工作，支持其北巡河北的首先是族兄刘赐，刘赐接替刘縯出任大司徒后，力主派刘秀北巡河北。其次是采纳冯异的建议，结交更始帝的宠臣曹竟、曹诩父子。[1] 刘秀北巡，反对者

---

① 《后汉书》卷一七《冯异传》："是时，左丞相曹竟子诩为尚书，父子用事，（冯）异劝光武厚结纳之。及度河北，诩有力焉。"

众。但是,最后刘玄仍然把任务交给了他。可见,刘秀的韬光养晦不但保住了自己,而且迷惑了更始帝,从而使他获得了北巡河北、独立发展的平台。

三、帝王事业　历史评价

王夫之曾比较刘邦与刘秀说:"光武之得天下,较高帝而尤难矣。"因为,刘邦的主要对手只有一个项羽,而刘秀到河北奠基后,天下群雄割据。"其视高帝出关以后,仅一项羽,夷灭之而天下即定,难易之差,岂不远哉?"(〔清〕王夫之:《读通鉴论》卷六《光武》)总结一下刘秀得天下的过程,有以下几点值得分析。

> **启示27**　刘秀之所以能够得天下,就在于他有统一战线的战略、自立门户的韬略、运筹帷幄的谋略、机智灵活的策略。

第一,统一战线的战略,为自己打出一片天地。

刘秀到河北之后,代表更始政权安抚各地郡县。当时,他最大的威胁是在邯郸建国的王郎。王郎自称汉成帝之子,遗落民间,得到了河北豪强赵王刘林、广阳王刘接的支持,势焰很盛。刘秀以信都、渔阳、上谷三郡为基础(三郡皆拥护更始政权),又成功地争取到了有一定势力的真定王刘杨,并娶其外甥女郭圣通为妻。此外,已经迁都长安的更始政权也派尚书谢躬带兵前来支援。凭着这几股力量,公元24年,刘秀消灭了王郎,从而在河北立足。

第二，自立门户的韬略，该出手时就出手。

更始政权对刘秀在河北的发展不放心，于是封刘秀为萧王，召其入朝。当时，更始政权已攻入长安，并陷入腐化之中。"是时，长安政乱，四方背叛。梁王刘永擅命睢阳，公孙述称王巴蜀，李宪自立为淮南王，秦丰自号楚黎王，张步起琅琊，董宪起东海，延岑起汉中，田戎起夷陵，并置将帅，侵略郡县。又别号诸贼铜马、大肜、高湖、重连、铁胫、大抢、尤来、上江、青犊、五校、檀乡、五幡、五楼、富平、获索等，各领部曲，众合数百万人，所在寇掠。"（《后汉书》卷一上《光武帝纪上》）这个时候，刘秀若入长安，不仅再次受缚，而且会同归于尽。于是，刘秀以河北未平为由拒绝了更始帝的要求，还兼并了更始帝派来的谢躬所部，从此"贰于更始"，自立门户。

刘秀的这步棋其实在他出巡河北之前就谋划好了。他在与阴丽华结婚之时，拒绝了更始政权要他把家属迁到洛阳和长安的要求，而是把家属送到老家安置下来。这说明，脱离更始政权，刘秀蓄谋已久。

第三，运筹帷幄的谋略，各个击破，统一全国。

刘秀于建武元年（25）六月在河北鄗（今河北柏乡）南千秋亭即位。此时，更始政权仍在长安挣扎，与赤眉火并。此外，还有公孙述在蜀中称天子，隗嚣在河西割据。不久，梁王刘永又在河南称帝，与刘秀争夺汉室正统。刘秀分兵合击，运筹帷幄，前后花了十多年时间，逐渐平定了各地割据势力。

第四，机智灵活的策略，注意笼络各方人才。

刘秀在打天下的过程中，注意笼络人才，注意分化瓦解对手，所谓建国功臣"云台二十八将"，就包括各路英才。击破王郎后，刘秀在邯郸宫中发现许多书信，是自己的部下写给王郎暗通款曲的。刘秀当众付之一炬，说是让"反侧子"消除疑虑。对于曾经杀死他大哥的朱鲔，刘秀也表现出极大的宽厚；至于翻覆小人李轶，刘秀则用借刀杀人的办法除之，表现出灵活的策略。

南宋学者陈亮说："自古中兴之盛，无出于光武矣。奋寡而击众，举弱而覆强，起身徒步之中甫十余年，大业以济，算计见效，光乎周宣。此虽天命，抑亦人谋也。何则？有一定之略，然后有一定之功。略者不可以仓卒制，而功者不可以侥幸成也。"（〔宋〕陈亮：《陈亮集》卷五《酌古论·光武》，中华书局1987年，第51页）陈亮是南宋时期呼喊"中兴"最力的书生之一。他认为刘秀的成功，不仅是天命攸归，更依赖人的"谋"和"略"。

（参见《资治通鉴》卷三八至卷四三）

第八节　仪态多方：东汉的皇后群体

东汉的历史满打满算，从刘秀称帝（25），到曹丕篡汉（220），有195年。但刘秀统一是在其称帝十几年之后，且至迟在公元189年董卓进京，或者196年曹操掌握朝政，东汉就已经名存实亡，史家一般归之于三国时代。如此看来，东汉的有效统治时间仅有150多年。在这一个半世纪的大多数时间里，裙带与阉寺是东汉政治生活的主题。

这似乎是东汉皇朝的宿命。刘秀（前6—57）以63岁的年龄去世，其后的明帝刘庄（28—75）即位时不足30岁，在位18年，只活了47岁。第三任章帝（57—88）更等而下之，18岁即位，在位13年，只活了31岁。和帝刘肇（79—105）即位时，实际年龄只有9岁。从此以后，东汉就开始了"童工皇帝"的时代，自和帝以下至桓帝（132—167）、灵帝（157—189），竟然没有一个皇帝即位时超过15岁、寿终之日年考及于40岁的。

皇帝幼年即位，于是母后临朝；皇帝年纪轻轻就驾崩，下一个皇帝登基，必然也是年幼，随之，一个新的年轻母后又开始临朝听政。多数母后把朝政决策大权交给身为大将军的父兄掌握，于是，外戚裙带的颜色，也就随着皇太后的颜面而不断变化。

《后汉书》作者范晔于"帝纪"之外，特别列出"皇后纪"，可见皇后"君临天下"是东汉历史的特色。母后临朝称制的场景是："少帝即位，太后即代摄政，临前殿，朝群臣。太后东面，少帝西面。群臣奏事上书，皆为两通，一诣少帝。"（〔宋〕徐天麟：《东汉会要》卷一《帝系上》，上海古籍出版社1978年，第13页）

东汉的皇后大约有十几位，各有特色。我把她们分成如下几种类型：贤妻良母型、唠叨无能型、狠毒残酷型、胆识兼具型。

一、贤妻良母型

其代表人物是刘秀的皇后阴丽华。

刘秀先娶了阴丽华，之后娶了郭圣通。刘秀登基之后，两人都是贵人，后来封郭圣通为皇后。原因有三：第一，郭圣通的身份高，其母有西汉皇家血统；第二，刘秀在河北打天下之时，身边伴随的是郭圣通，阴丽华远在南阳老家，文武将士皆知郭圣通是跟着皇帝打天下的主母；第三，刘秀定都洛阳，把阴丽华接来的时候，郭圣通已经给刘秀生了儿子刘强，而阴丽华尚未生子。据说阴丽华曾主动推让皇后之位给郭圣通，我想这可能也是一个原因。

> **启示28**　阴丽华被立为皇后以后，她的娘家兄弟都能保持本分，不骄奢淫逸，不揽权干政，堪称外戚的楷模。此外，阴家的家教门风亦甚醇厚，废后郭家也谦卑谨慎。

建武十七年（42），郭圣通已是五个孩子的妈妈，却因妒忌不逊而被废，阴丽华被立为皇后。两年后，郭圣通的儿子刘强也主动让出太子之位，阴丽华的儿子刘庄被立为太子，这就是东汉第二任皇帝汉明帝。《后汉书》的作者范晔，在感慨人情（尤其是帝王的情感）难测的同时，也不忘肯定汉光武帝没有用诛杀的手段对付被废的皇后及其家属。值得称道的是，阴丽华此前不嫉妒、此后也不挤兑郭圣通。阴、郭两家一直到章帝之时，仍然和睦相处。更难能可贵的是，阴丽华娘家兄弟阴兴、阴识都能守本分，不骄奢淫逸，不揽权干政，堪称外戚的楷模。一个重要原因，是因为他们属于打江山的第一代，知道时世之艰难。此外，阴家的家教门风亦甚醇厚，废后郭家也谦卑谨慎。阴、郭易位，两家却能和睦相处，这在历代后宫中，实属难得。

二、唠叨无能型

明帝马皇后是其中的代表。

马皇后是东汉开国名将马援之女，章帝刘炟是其养子。马皇后颇得婆婆阴太后的宠信，她也一心想以阴皇后为榜样，为人一向谦卑低调。成为皇太后之后，她曾力图严格管束外戚，可效果却十分有限。下面举一个例子，虽然略嫌冗长，却颇能说明马太后这类人的尴尬。

章帝即位伊始，按例要封几位舅舅为侯，马太后不许。主管官员甚至说，老天久旱不雨，就是未能及时分封诸舅，未能恪尽孝道之故。马太后极其严厉地批评那些"言事者"，"皆欲媚朕以要福耳"（都是为了取媚于我，为自己捞好处），哪里有因为不封外戚而天旱不雨的事情。当年西汉成帝即位时，给五个舅舅同日封侯，"黄雾四塞，不闻澍雨之应"（一片黄色的雾霾，哪有什么甘霖降下的事）。

马太后感慨与开国一代阴家外戚相比，"马氏不及阴氏远矣"。她说："我日夜告诫娘家的兄弟子侄，可是他们却屡屡违规犯错，我说的话根本就是耳边风啊。我为天下国母，穿着简朴，食不求甘，身边人的衣着也没什么特别的装饰，目的是给他们做个样子，我以为外亲见了，会自我检点。可是，他们却笑话说'老太太朴素惯了'。我批评他们，他们哪有一点自觉改过之心啊！"总之，她坚决不同意给娘家兄弟封侯。

章帝以几位舅舅年长有病为由，再次提出请求。马太后依然拒绝，解释说："此事我熟思良久，不要有疑。至孝之行，安亲为上。今数遭变异，谷价数倍，忧惶昼夜，不安坐卧，难道一定要先封侯于外家，违慈母拳拳之心吗？不要把我惹急了。我绝不是只想自己赚得谦让之名，而让皇帝得到一个不施恩于外家的恶名。常观富贵之家，禄位重叠，没有不垮台的。'子之未冠，由于父母，已冠成人，则行子之志。'皇帝作为人君，即位未及三年，再说这是我娘家家族之事，我比谁都清楚。将来如果阴阳调和，边境安宁，你再按自己的意愿行事不迟，我那时只管逗小孙子玩,不过问政事。"章帝于是不再坚持。

马太后对于娘家人的管束不可谓不严,言辞不可谓不剀切。可是,结果呢?马太后逝世后,马家失势。马廖对子女疏于管教,儿子马豫对自己所受的限制不满,向朝廷抱怨,两个弟弟马防和马光,拉帮结派,生活奢侈,全都被遣返封国。

为什么会出现这种情况?就是因为这些有权势之人的子女乃纨绔子弟,完全不同于阴氏、郭氏这第一代的家族成员。马太后不用强力手段、制度规范约束外戚,单凭思想教育是不行的。马太后言之谆谆,外戚子弟听之藐藐,除了欺骗舆论,没有实质效果。这对今人的家庭教育,也有警鉴作用。

三、狠毒残酷型

章帝刘炟的皇后窦氏是代表人物。

范晔说:"东京皇统屡绝,权归女主,外立者四帝,临朝者六后。"六位皇后曾临朝称制,有两位皇后在执政期间,出现过严重的外戚乱政,即章帝窦皇后临朝时的窦宪、顺帝皇后梁妠临朝时的梁冀。

章帝的窦皇后出自以河西归汉的中兴名臣窦融(前16—62)家族,而窦融的家世更可以追溯到西汉文帝窦皇后的弟弟那里。窦氏与妹妹同入长乐宫,后被章帝立为皇后,由于没有生育,而对给章帝生儿子的其他女人,都怀有"深仇大恨"。有贵人宋氏姐妹,生长子刘庆,被立为太子。另有贵人梁家姐妹,生子刘肇,即后来的和帝。宋氏姐妹颇得婆婆马太后的宠信,窦氏很是不爽。在马太后去世之后,窦皇后用莫须有的罪名,污蔑宋氏姐妹搞巫蛊妖术，把她们迫害致死，娘家人也被株连，太子刘庆被废为清河王。

梁家姐妹窃喜，毕竟除掉了一个竞争对手。窦氏对此更为不满：你以为我为你们做嫁衣啊！于是，掀起大狱，指使人用匿名信诬告梁贵人之父梁竦，梁氏姐妹受到株连，忧郁而死。窦氏收养刘肇为己子，并立为皇太子。这个狠毒的女人，用四个年轻女性的生命，为自己的权力祭旗开路。这里面折射的不仅是窦皇后的胸襟狭窄，也有宫廷斗争的残酷。也许窦皇后的作为，倒是皇宫女性权力之争的常态。此前之吕后、此后之武则天，置对手于死地，不也演绎了类似的惨剧吗？

四、胆识兼具型

和帝皇后邓绥是代表人物。

在东汉临朝称制的六位皇后（章帝窦皇后、和帝邓皇后、安帝阎皇后、顺帝梁皇后、桓帝皇后窦妙、灵帝何皇后）中，与其他五位皇后多仰仗父兄执政不同，和帝的皇后邓绥，是自己走到前台，直接掌握朝政的。

邓绥也是名门之后，她的祖父是东汉开国名臣邓禹。邓绥从小就以聪慧闻名。

邓绥为皇后，谦卑自律；为皇太后，却显露出对于权位的热衷。和帝有两个儿子，长子刘胜有疾，幼子刘隆年仅百日，邓太后便养以己子。和帝驾崩，谁来继位？史称邓太后认为刘隆年幼，可以久权固位。其实，立长固然应为刘胜，但是，皇后的养子即是嫡子，立嫡则应是刘隆。可惜刘隆做皇帝后，仅八个月就去世了，是为殇帝。这时候理应立长子刘胜了，大臣们都说，刘胜"疾非痼"，病得不严重。可是，邓绥担忧此前没有立刘胜，现在若立刘胜，他会心怀怨恨。于是，邓绥干脆抛开丈夫的这位长子，改立侄子，即刘庆的儿子刘祜（94—125）为帝，是为安帝。有位名叫周章的大臣出来抗议，甚至想发动政变，改立刘胜，被邓绥镇压。还有一个叫杜根的年轻郎官，上书要邓绥归政给安帝，也被严厉处置。

邓太后临朝称制17年，总体而言，政绩可嘉。史称"太后自临朝以来，水旱十载，四夷外侵，盗贼内起，每闻民饥，或达旦不寐，躬自减彻以救灾厄，故天下复平，岁还丰穰"（《资治通鉴》卷五〇，汉安帝建光元年）。内政、外交上，邓太后都有政绩可称。她限制外戚的权力，兄长邓骘等在外朝用事，但是不能专权，更不敢贪腐。外戚有违法乱纪行为，邓太后严惩不贷。范晔虽然指责邓绥抓住权力不放，却也承认："然而，建光（建光为安帝年号）之后，王柄有归，遂乃名贤戮辱，便孽党进，衰敝之来，兹焉有征。"（《后汉书》卷一〇上《皇后纪上》）范晔也看出来了，邓太后死后归政安帝，朝政又怎么样？竟然是"名贤"被杀戮，"便孽"之党被擢用。他认为，"故知持权引谤，所幸者非己；焦心恤患，自强者唯国"。邓太后政令己出，引来谤议，未必是为了她自己；邓太后劳心国事，除去灾患，是有益于国家。

> **启示29** 邓绥有魄力，有担当，有政绩，处事理性，刚柔兼济，是值得肯定的女政治家。

邓绥有魄力，有担当，有政绩，处事理性，刚柔兼济，是值得肯定的女政治家。后人对于其热衷权位、"贪殇帝孩抱"的指控，是男尊女卑的价值观在作祟，完全站不住脚。

东汉的皇后，从阴丽华之后，到灵帝的何皇后之前，加上废黜的和善终的，总共有十余位，大都没有生育。也就是说，皇太后临朝，自己往往不是当朝皇上的亲生母亲，当权的外戚也不是皇帝真正的舅父或者外公。这就为皇帝长大之后，从外戚手中夺回权力，提供了更大的勇气和动力。而皇帝诛外家，依赖的势力只有宦官。这就使东汉的母后临朝、外戚主政、宦官擅权之间成为带有连环影响的事件。东汉士大夫在此政治生态中，受到挤压，从而酿成许多"矫激"（吕思勉语）的政治诉求。这些风云变化，究竟如何演变？我们下节细说。

（参见《资治通鉴》卷四〇至卷五〇）

第九节 士风矫激：东汉士大夫政治

一、东汉的宦官专权

东汉宦官参与政治，在和帝以及邓太后时就有了，比如，忠心耿耿的郑众和大名鼎鼎的蔡伦（造纸专家），都曾是皇帝和太后的得力助手。宦官整体得势，是在安帝去世之后。由于阎太后的干预，安帝独子刘保不能顺利继位。宦官孙程等十九人歃血为盟，发动宫廷政变，杀死阎氏兄弟子侄，将阎太后迁出宫，拥立年仅11岁的刘保为帝，是为顺帝。事后，十九位宦官因拥立之功全部封侯。顺帝刘保靠宦官上位，宦官自然得势，但是，此时的宦官还谈不上擅权。

144年，顺帝死去，无嗣，冲帝继位，顺帝的皇后梁妠升为皇太后，父亲梁商、兄长梁冀先后以大将军的身份掌权。冲帝夭折，质帝继位，朝廷依然是梁家的天下。146年，年仅9岁的质帝在朝堂上指着梁冀的背影说，此跋扈将军也。梁冀得知后，如芒刺在背，竟然毒死了这位童言无忌的小皇帝。短短两年，"国祚三绝"（顺帝、冲帝、质帝三位皇帝驾崩），东汉陷入深重的皇位继承危机。梁冀在立帝问题上一手遮天，一意孤行。最后，梁冀妹婿、蠡吾侯刘志继立为帝，是为桓帝。[1] 梁家历经顺帝、冲帝、质帝、桓帝，势焰熏天，是东汉外戚最跋扈的时期。

外戚势力强盛，反外戚的势力聚结起来，必然也更有冲击力。史称"（梁）冀秉政几二十年，威行内外，天子拱手，不得有所亲与"（《资治通鉴》卷五四，汉桓帝延熹二年），尤其在梁太后死后，梁冀与桓帝发生了严重的权力冲突。延熹二年（159），桓帝把宦官唐衡叫到厕所里商量对策，随后秘密召见几位不满梁冀专权的宦官，共定其议，歃血为盟。皇帝与宦官歃血为盟（尽管是桓帝咬破宦官单超的手臂出的血），去做一件除掉外戚的事情，可见事件的严重性远远超过了顺帝时期十九个宦官歃血为盟的程度。

八月，桓帝派军队包围了梁冀住宅，强行收回了梁冀的大将军印绶，梁冀夫妻皆自杀。从此之后，宦官全面掌握着朝政，特别是所谓"十常侍"，更是跋扈嚣张，窃威弄权。地方上"兄弟姻戚，皆宰州临郡"（《后汉书》卷七八《宦者列传》）。瓜分了原本属于士大夫的那份蛋糕，激起了士人的普遍愤懑。特别是当这种不满情绪与外戚和宦官的冲突发生共振的情况下，孕育起来的风暴，威力就会更大。

---

[1] 其时，宦官曹腾（曹操祖父）也只能通过说服梁冀才在立帝问题上有所作为。

二、士人清议与名士

东汉的儒学，由于光武帝、明帝、章帝等的提倡，十分繁荣。到了桓灵时期，京师的太学生和地方郡国及私学的儒生总数，已超过十万人。他们互相推引，互相声援，其中一些名士，更是声望很高，万人景仰，构成了重要的政治与社会势力。

东汉士人做官，多数通过公府辟召和地方察举等手段。地方察举制度，是指各郡国推举孝廉（孝子、廉吏）：一般按照郡国人口比例，每20万人举1人，全国大约228人。入围条件一般是年龄40岁以上，"经明行修"。

公府征辟、朝廷辟召，是指朝廷征召一些社会名士，直接到中央任职。比如以德行高尚闻名的陈寔仅任太丘县长，每次朝廷三公缺位，总有人会想到他。太尉杨赐、司徒陈耽，"每以寔未登大位而身先之，常以自愧"。东汉末经学家郑玄，直接被征召为大司农，朝廷安排专车去迎接，一路上所过之处，"长吏送迎"。

但是，在宦官、外戚的黑暗统治下，州郡牧守在察举征辟时，往往逢迎当朝权贵的私意，望风行事，而不附权贵的刚正士人则受到排斥。士人们通过品评时政人物，表达自己的政治意见，称为"清议"。太学是清议的中心，太学生们试图通过清议影响现实政治，反对当权的外戚、宦官，为的是争取自己的权益，也为了拯救沉沦的东汉王朝。这自然会招致外戚、宦官的反对。于是，士人们或智或愚，各显神通，尽露本色。

东汉名士颇有傲人的品行。如杨震不接受昌邑县令王密的贿赂，"天知、神知、我知、子知"，千古传颂；其子杨秉，官至太尉，

"为人清白寡欲",自称:"我有三不惑:酒、色、财也。"(《资治通鉴》卷五五,汉桓帝延熹八年)除杨震父子外,还有许多士人表现出独特的名士风范,然而一旦过了头,就成了"矫激"。什么叫矫激呢?矫是矫情,激是偏激。求名过了头,名不副实;谦虚过了头,弄得不真实,就是一种矫激。

比如,南阳樊英,"少有学行,名著海内"。名士的成名条件,一般是"经明行修",前两个字指经书读得好,后两个字指品行超群。品行超群,大多表现为具有一些难得的正面品质。比如,拒绝征召入朝为官,推辞州郡聘请入仕。樊英曾经多次放弃入仕的机会,甚至"安帝赐策书征之,不赴"。于是,安帝一方面赐予厚礼,一方面给郡县官员下了死命令,绑也要把樊英绑来。就这样,樊英"不得已"到洛阳见皇帝,到了之后,又装病不起。你看这是不是有些矫揉造作呢?

安帝没办法,安排皇家太医给樊英看病,国家供给羊、酒调养。过了些日子,大约没有发现樊英有什么毛病,安帝就为他专门设立了一个论坛。论坛开讲的日子,由皇家车队的领导(公车令)出面导引,内廷尚书亲自陪同,"赐几、杖,待以师傅之礼,延问得失",还拜为五官中郎将。这样待了几个月,樊英又闹着说自己身体不好,"诏以为光禄大夫,赐告归。令在所送谷,以岁时致牛酒"。待遇确实优厚。樊英坚决辞谢,安帝一再开导,最后下诏,不准推辞。樊英三番五次推官,安帝特别隆重地推崇,使樊英的名声更大了。但是,此后在关于时政的应对中,樊英表现平平,"无奇谋深策,谈者以为失望"(《资治通鉴》卷五一,汉顺帝永建二年)。

> **启示30** 樊英作为名士,其表演过了头。这样徒有虚名的名士,印证了一个普遍的道理:吹得越高,跌得越重。

时人在谈论这件事的时候,说了一句很有名的话:"《阳春》之曲,和者必寡;盛名之下,其实难副。"为什么大家都很失望呢?为什么"毁谤布流,应时折减"呢?"岂非观听望深,声名太盛乎?"要么你就坚持不出来做官,真正成为一个名士;要么你就拿出一点济世安民的真知灼见来。樊英的矫激,是作为名士的表演过了头。这样徒有虚名的名士,印证了一个普遍的道理:吹得越高,跌得越重。

东汉名士的另外一种矫激是中庸过了头。代表人物是胡广。

胡广(91—172),字伯始。历事安帝、顺帝、冲帝、质帝、桓帝、灵帝,为官五十多年,可谓六朝元老。在风雨如晦的东汉政治舞台上,胡广是"不倒翁"。

胡广曾经与宦官丁肃结成儿女亲家,这对反对宦官的士人来说,就是一个污点,可是这位丁肃却是个比较廉洁谦谨的人。顺帝内宠太多,不知道应立哪一位宠妃为皇后,提出让几位宠妃抓阄。对于如此荒唐的做法,胡广上书反对。他说,皇后是天下仰望的国母啊,怎么能求之于筮龟呢?应该从门第尊贵、德行贤淑、为人谨良的贵人中选任。于是,梁妠获选。顺帝死后,梁太后临朝,娘家父兄梁商、梁冀执政。胡广因为当初支持了梁妠,所以,在梁家掌权的时候,胡广自然得到信任和重用。由此胡广也就与梁冀家族结下了一层特殊的关系。

胡广为官,有三个特点:

第一是识时务。胡广与梁冀的特殊关系,显然与他当初支持梁妠为皇后有关。他不像李固专与梁冀对着干,但是也谈不上为虎作伥。在冲帝、质帝驾崩之后,李固、杜乔力主立清河王刘蒜为帝,胡广开始也与李、杜主张一致。其后,他看到梁冀在宦官曹腾等的支持下,坚持要立桓帝刘志,胳膊拧不过大腿,于是胡广知趣地选择了沉默。

第二,胡广数起数落,各种势力都能接受他。胡广的人生起落,与天灾示警、主动辞职有关,也与政治态度有关。如延熹二年(159),梁冀被除,胡广亦因之被黜。但不久后,再度被桓帝起用,又升为司徒。汉灵帝即位后,胡广与太傅陈蕃、大将军窦武参录尚书事,共同辅政。同年九月,陈蕃与窦武谋诛宦官,失败被杀。胡广因未参与其事,升为太傅,位居"上公",总录尚书事。此时的胡广,已年近八十,但依然"心力克壮,继母在堂,朝夕瞻省,傍无几杖,言不称老"(《后汉书》卷四四《胡广列传》)。

第三,不管朝廷风向如何,谁在掌权,胡广都恪尽职守,做好自己的事。灵帝卖官,公然标价,胡广颁行了他写的《百官箴》四十八篇,依然提出整顿吏治的系统意见。司马光也赞扬他的识人处事才能:"所辟多天下名士,与故吏陈蕃、李咸并为三司。练达故事,明解朝章。"当时京师有谚语说:"万事不理,问伯始;天下中庸,有胡公。"(《资治通鉴》卷五七,汉灵帝熹平元年)朝政之事,搞不明白的,就问伯始(胡广字伯始);天下事务,按中庸之道妥善处置的,只有胡公!

历史上对胡广的评价是两极的,许多人说他滑头,没有原则。名士李膺、杜密都是他所举荐提携的,但是,两次"党锢之祸",他本人却没有受到牵连。李固因为反对梁冀立帝而丢了性命,胡广也只是流涕惋惜而已,不能赞一词。司马光在上述赞扬之后,也不忘用"然"字转折说:"然温柔谨悫,常逊言恭色以取媚于时,无忠直之风,天下以此薄之。"但也有人赞扬他,说他"性温柔谨素,常逊言恭色",一生"体真履规,谦虚温雅","柔而不犯,文而有礼,忠贞之性,忧公如家",最终"穷宠极贵,功加八荒"(《后汉书》卷四四《胡广列传》),活到82岁高龄。

与胡广形成鲜明对比的,是东汉名士的第三种类型:李膺、张俭,号称"党锢名士"。

三、党锢之祸

党锢名士,因桓帝和灵帝时期的两次"党锢之祸"而得名。所谓党锢,就是把结党的名士禁锢起来,不得做官。史称党锢之祸,"成于李膺、张俭"。

为什么这样说呢?因为这两位以极端的做法反对宦官,导致了一场清洗士人的运动。

先说李膺(110—169)。李膺是东汉的大名士,士人能被李膺接见,叫做"登龙门",身价立刻就高了。延熹八年(165),李膺担任司隶校尉,陈蕃任太尉。宦官张让之弟张朔为野王县令,贪残无道,因害怕李膺追查,逃还京师,藏匿于兄长张让家里的合柱中。李膺知讯,闯入张家,从柱子里拉出张朔,随之逮捕，并立即结案处死。宦官张让诉冤于桓帝，桓帝召来李膺，责问为什么不先履行程序便加以诛杀。李膺答非所问："昔仲尼为鲁司寇，七日而诛少正卯。今臣到官已积一旬，私惧以稽留为愆，不意获速疾之罪。"（《资治通鉴》卷五五，汉桓帝延熹八年）对于李膺"政治正确"而司法枉法的行为，桓帝并没有追究下去。

延熹九年（166），李膺再一次以非常手段"收捕"并"按杀"术士张成之子，就惹出事端了。张成是一个妄人，以懂占卜术知名，"推占当赦，教子杀人"。推算出皇帝有大赦，于是让儿子杀仇人。李膺抓捕其子，既而果然大赦，张成洋洋得意地说："你看，诏书下来了吧。不怕司隶校尉不把我儿子放出来。"这话传到李膺耳朵里，他火冒三丈。不久，张成之子果然在大赦之列。李膺愤怒至极，竟然不顾朝廷赦令，把张成之子匆匆结案，立即杀了。因为懂占卜术的缘故，张成与宦官的关系很密切，甚至桓帝也为占卜的事咨询过他。于是，宦官唆使张成的弟子牢修等上书，控告李膺等藐视王法，"养太学游士，交结诸郡生徒，更相驱驰，共为部党，诽讪朝廷，疑乱风俗"。

于是，桓帝下诏全国抓人，太尉陈蕃反对，说所抓"皆海内人誉，忧国忠公之臣"，不肯签字。"帝愈怒，遂下膺等于黄门北寺狱"，陈寔、范滂等二百余人都遭牵连。"或逃遁不获，皆悬金购募，使者四出相望。"（《资治通鉴》卷五五，汉桓帝延熹九年）陈寔自往请囚，陈蕃复上书极谏，桓帝托以陈蕃辟召非其人，免去其职务。这是第一次党锢之祸。

永康元年（167）冬，桓帝驾崩，无嗣，年仅12岁的灵帝继位,窦太后临朝听政,太后之父窦武为大将军,负责执政。当初,窦妙被立为皇后,太傅陈蕃曾是最积极的支持者,因而获得窦太后的信任,这种情况略同于前文所说的胡广之于梁太后。胡广与梁冀的关系不坏,陈蕃与窦武的关系更铁。窦武素有翦除宦官之意,与不满宦官专权的陈蕃一拍即合。于是,他们有一个共同的政治理想:尽除宦官。

第一次党锢之祸,只是禁锢了党人,并没有大规模的杀戮之举。党人因为被禁锢而声望更高。如今,在窦武和陈蕃的主持下,桓帝时期被逮捕审讯的名士李膺、杜密、范滂等名士,均被赦免并获得重用,禁锢的党人被释放。他们摩拳擦掌,共商治国大计,意欲整顿朝纲,而整顿的重点,就是打击宦官势力。天下士人闻风,莫不扬眉吐气。

次年五月,日食,窦武以此为由,请求诛除宦官,并先除掉了中常侍管霸、苏康。窦太后觉得事情不可过分,反对尽数诛除宦官,犹豫未决。宦官们获得喘息之机,怂恿灵帝出手,说太后和大将军要废黜皇上。于是宦官们簇拥着皇帝,进行反扑,动用禁军,杀死了窦武和陈蕃,李膺等名士也被抓被杀。

但真正引发第二次党锢之祸的是名士张俭。

张俭(115—198)据说是楚汉之争时代赵王张耳之后,曾担任山阳郡东部督邮。他愤于宦官侯览专权贪渎,于是用激烈手段抓捕了侯览家人,甚至挖掉侯览母亲的新坟,没收其家的财产。为此,侯览十分怨恨张俭。侯览的乡人朱并是一个奸佞之人,为张俭所轻视,他秉承侯览的意思,"上书告俭与同乡二十四人别相署号,共为部党,图危社稷",而张俭是其中的魁首。朝廷下诏刊发文书追捕张俭等人。于是，引发了第二次党锢之祸。"凡党人死者百余人，妻子皆徙边"，"其死、徙、废、禁者又六七百人"（《资治通鉴》卷五六，汉灵帝建宁二年）。

对于东汉的党锢士人，多数人肯定其大无畏的向邪恶势力斗争的勇气。北宋苏轼幼时读书至东汉的范滂，心生羡慕之情，其母也大加鼓励。但是，今日我们反思当时的情景，出于对党人及因为党人而受牵连的生命的珍重，还是可以有深入分析之处的。

首先，党人行事，牵连到许多无辜之人受难。特别是张俭，"亡命困迫，望门投止，莫不重其名行，破家相容"。许多人都因为帮助张俭逃亡而惹祸。十五年后，灵帝中平元年（184），黄巾军起义，"大赦党人"，党禁始解。张俭也回到了乡里，年八十四而卒。有人听到张俭亡命之事，感叹地说："孽自己作，空污良善，一人逃死，祸及万家，何以生为！"（《资治通鉴》卷五六，汉灵帝建宁二年）东汉党人为维护自己的政治与经济利益，把自己置于一种崇高的理想境界之中，祸及千家万户，其实是很可质疑的。政治上反对宦官是一回事，经济上攫取财富是另一回事。我们无需因为党人维护自身的经济和政治利益而拔高他们。

其次，党人的激进行为，吕思勉先生称之为"矫激"。桓帝和灵帝时期，宦官掌握着朝廷大权，士人羞于为伍，却又与之争权夺利。他们实现自己政治和经济诉求的途径是利用舆论，第一批评时政，评骘公卿；第二互相抬高，激扬名声。"婞直之风"大行。所谓"婞直"，就是过于刚直、倔强、激烈的意思。有人把这种作风叫做"侠儒"，我觉得有一定道理，意思是像战国秦汉时期的侠客那样，以激烈的手段，表达所谓正义的诉求。

最后，党人的做法，除了沽名钓誉，抬高自己的声誉之外，对于改进东汉政治，并没有多大价值。王夫之的《读通鉴论》是这么说的：李膺、杜密，天子之大臣也，"攻末而忘本"，"搏杀以快斯须者"，诸如野王县令张朔、富贾张汎、小黄门赵津、下邳县令徐宣、妄人张成，"是何足预社稷之安危，而愤盈以与仇杀者邪！侯览也，张让也，蟠踞于桓帝之肘腋，而无能一言相及也。杀人者死，而诛及全家；大辟有时，而随案即杀；赦自上颁，而杀人赦后"，类似这样的一些做法，无法无天，不是给人以抓捕的口实吗？"倒授巨奸以反噬之名，而卒莫能以片语只词扬王庭以祛祸本。然则诸君子与奸人争兴废，而非为君与社稷捐躯命以争存亡乎！击奸之力弱，而一鼓之气易衰，其不敌凶憝而身与国俱毙，无他，舍本攻末而细已甚也。"

东汉党人以为自己是为了社会的正义，实际上暗藏着自身的政治诉求和经济利益，鼓动全社会为自己疯狂，实际上无助于社会的进步。这是我们在看待东汉矫激士风之时，应有的一个角度。

（参见《资治通鉴》卷五〇至卷五八）

第十节　董卓进京：东汉末年变局

董卓进京，是东汉末年政治动荡、陷于分裂的直接原因。宦官和外戚专权，其依凭都是皇权，可是，董卓作为西凉军阀掌握了朝政，则会动摇皇权的根基。

董卓是怎么从西凉边军总管任上带兵入京的呢？这要从何进诛灭宦官的计划谈起。

一、灵帝的遗嘱

东汉末年，外戚主动翦灭宦官，主要有两次，何进之前的那一次，是在灵帝即位初年。当时，桓帝遗孀窦太后临朝听政，父亲窦武为大将军，与太尉陈蕃共同执掌朝政，谋诛宦官。

桓帝（132—167）有过三任皇后，第一任梁皇后（？—160）是梁冀之妹，第二任邓皇后（？—165）因妒忌被废，此时，桓帝本想立宠幸的采女（后封贵人）田圣为后，太尉陈蕃极力反对，认为皇后当出自名家，力主册立河西窦融之后、出身名门的窦贵人。桓帝驾崩，窦太后临朝称制，陈蕃自然被重用。

窦武与陈蕃二人都对宦官恨之入骨，可是，窦太后不主张彻底剿除。结果，窦武的计划被泄露，宦官怂恿年少的灵帝（157—189）出面，动用军队杀死窦武和陈蕃，从而导致了第二次党锢之祸。党锢之祸，使党人名士与宦官的矛盾如同水火。直到184年，黄巾军起事，东汉王朝面临灭亡的危机，朝廷才主动解除了党锢，被拘捕的士人也陆续被释放。

整个灵帝时代，十常侍掌控着朝廷大权。为了防止外戚再次成为与自己作对的势力，宦官郭胜、张让等预作准备，抬出了一个何皇后——把来自南阳、出身屠户的何贵人立为皇后，试图为将来少帝即位预留一份保险。因为张让的儿媳就是何皇后的妹妹。

灵帝后宫众多，多有子嗣，却往往夭折，只留下来了两个儿子：大儿子刘辩（176—190），何皇后所生；小儿子刘协（181—234），王美人所生。何皇后嫉妒后宫女人生子，王美人怀孕后打胎不成，生下了刘协，自己却被何皇后迫害致死。灵帝大怒，要废黜何皇后。何皇后让宦官张让等人凑了许多钱财，加上一大箩筐好话，灵帝才息怒。但何皇后从此为灵帝所不喜。

灵帝也不喜欢何皇后所生的大儿子刘辩，嫌他轻佻猥琐，"无威仪"，却欣赏小儿子刘协文雅而少年老成。刘辩是道士史子眇带大的；刘协在母亲王美人死后，由灵帝母后董太后带着。灵帝想立刘协为太子，大概也与孩子的奶奶董太后有关。可是，这件事灵帝又没有勇气直接说出来。毕竟刘辩是嫡长子，母亲是皇后，无论立嫡还是立长，都应该是他。说他坐没有坐相，站没有站相，这是很主观的看法。怎么办呢？灵帝病重，大约也没有精力处理这件棘手的事情，就把立刘协的事托给了心腹宦官蹇硕。

蹇硕何许人也？他是董太后从河间府带来的宦官，官为小黄门。灵帝为了加强朝廷军备，曾在去世前一年（188），设置西园八校尉，以蹇硕为上军校尉，袁绍为中军校尉，八校尉中还有曹操、淳于琼等。小黄门是六百石的低级宦官（其上有黄门侍郎、中常侍），西园八校尉带有皇家私人卫队性质，袁绍以下，均由小黄门蹇硕来统领，这件事就有些蹊跷。蹇硕健壮有武力，缺少的是谋略。他要完成灵帝的嘱托，最忌惮的是国舅何进。他先是想调虎离山，建议灵帝派何进西击凉州韩遂，何进使用拖延之计，一拖就把灵帝给拖死了。189年，灵帝驾崩，蹇硕秘不发丧，想要除掉何进。

二、何进谋诛宦官

蹇硕谎称灵帝召何进入宫，企图先解决何进的问题，然后完成灵帝的遗愿，扶持刘协继位。蹇硕手下有人将信息泄露给了何进，何进中途而逃。于是，大臣们自然按照立嫡以长的顺序，立14岁的刘辩为帝，是为少帝，何太后临朝称制，"以后将军袁隗为太傅，与大将军何进参录尚书事"（《资治通鉴》卷五九，汉灵帝中平六年）。实际上何进掌控着朝政大权。

袁隗出身名士世家，是袁绍、袁术的叔父。何进与他合作，意味着继窦武、陈蕃之后，外戚与党人名士的又一次合作。在何进的人事安排中，大量起用党人名士，二袁之外，"复博征智谋之士何颙、荀攸及河南郑泰等二十余人"。这引起了宦官的紧张，其中最担心的是蹇硕，他与中常侍赵忠等宦官谋议："大将军兄弟秉国专朝，今与天下党人谋诛先帝左右，扫灭我曹，但以硕典禁兵，故且沈（同"沉"）吟。今宜共闭上阁，急捕诛之。"蹇硕举出党人来威吓其他宦官，试图唤起他们对于窦武、陈蕃那次外戚与党人名士联手的记忆。

蹇硕的计谋并没有得逞，因为宦官之间的意见发生了分歧，内部产生了分化。首先，蹇硕与这些宦官并不是一伙人，他是从河间府随灵帝之母董太后进京的，而董太后与儿媳何太后之间，并不和睦。其次，何太后身边有更具实力的宦官。比如中常侍郭胜与何氏家族有同乡之谊，"太后及进之贵幸，胜有力焉，故亲信何氏"，在郭胜的提议下，赵忠、张让（其儿媳为何太后胞妹）等宦官，"不从硕计，而以其书示进"。他们把蹇硕的信件送给何进，将其出卖了。于是，何进"使黄门令收硕，诛之，因悉领其屯兵"。

事已至此，何进自然是大赢家。何家依靠宦官上位，宦官张让、郭胜都与何家关系深厚，可是，何进启用的党人名士却极力主张诛除宦官，其中尤以袁绍最为激进。

何进采纳了袁绍全歼宦官的建议，一是想诛灭宦官立功立名，二是痛恨蹇硕对他的危害。可是，何太后并不同意。这与当年窦武的情况很相似，也是大将军窦武力主诛灭宦官，皇太后犹豫不允，最后窦武反被宦官所杀。袁绍提醒何进，当心重蹈窦武的覆辙。他建议何进召外兵入京，声援扫除宦官的行动，以此对何太后施压。明眼人（比如曹操）都能看出，这是馊主意，可是何进却认为不错。于是，并州牧董卓率西凉羌胡兵入京。

不想消息走漏,宦官先下手,假称太后诏,召何进入宫,在嘉德殿将其杀害,又将何进的人头扔出宫外,于是,党人名士,鼓噪着攻打宫门。史称,袁绍等"勒兵捕诸宦者,无少长皆杀之,凡二千余人,或有无须而误死者"(《资治通鉴》卷五九,汉灵帝中平六年)。这一次,军队全在党人名士手中,宦官挟持着皇帝和陈留王刘协等逃出洛阳,被尚书卢植、河南中部掾闵贡追上①,宦官们走投无路,只得留下皇帝,投水而死。至此,东汉宦官之祸,算是了结了。

> **启示31** 灵帝在处理皇位继承问题上,如同儿戏;对于蹇硕,则所托非人;何进想借诛除宦官而扬名,更是缺乏政治谋略!这几个人的行为叠加在一起,就把董卓送到了东汉政治的前台。

总之,灵帝托孤,在处理皇位继承问题上,如同儿戏;对于蹇硕,则所托非人;何进想借诛除宦官而扬名,更是缺乏政治谋略。这几个人的行为叠加在一起,就把董卓送到了东汉政治的前台。

三、董卓进京的影响

董卓出身草莽,长期在西北边陲,与羌人作战立功,逐渐升

---

① 河南中部掾:掾相当于督邮。汉制,诸郡设置五部督邮,以察属县。河南有四部督邮,其中部则设掾。

到边州刺史的高位。面对朝廷，他一向桀骜不驯，为什么何进单单请他入京呢？

董卓是战功卓著的一员猛将，中平二年（185）以中郎将辅佐左车骑将军皇甫嵩，大破边章、韩遂。中平六年（189），以前将军身份会同"老领导"左将军皇甫嵩击破韩遂、马腾。事后，朝廷试图把董卓调离前线，到中央任少府（九卿之一），董卓以前线将士不答应为由拒绝。随后朝廷又调其任并州牧，把手下的军队交给皇甫嵩。董卓公然拒绝，说愿意带领所部移镇并州。这个时候朝廷形势十分复杂，董卓"于是驻兵河东，以观时变"（《后汉书》卷七二《董卓列传》）。史称董卓粗猛有谋，他正紧盯着朝廷动向。

东汉一朝与西羌打了几十年的仗，虽然很是艰巨，但是精兵皆在西北，"天下所畏者，无若并、凉之人与羌、胡义从"（《资治通鉴》卷五九，汉献帝初平元年）。皇甫嵩和董卓是当时最重要的军将。皇甫嵩为将门之子，而且是孝廉、茂才出身，陈蕃、窦武都曾想征辟他出来做官，他没有应召。灵帝时，皇甫嵩以公车辟召为侍郎，出任北地太守。皇甫嵩是党人名士体制内的将军，董卓却不同，他"出自西州，少为将帅，闲习军事"（《资治通鉴》卷五九，汉献帝初平元年），是军人出身的西北豪族，朝廷对他并不放心。现在，何进居然要请董卓进京对付宦官，岂非引狼入室？

"董卓闻召，即时就道。"（《资治通鉴》卷五九，汉灵帝中平六年）从河东进京，最为方便。进京之时，正值宦官诛杀何进，少帝逃到北芒。董卓迎驾回宫，可是传国玉玺却在动乱中丢失。

此时,宦官固然已被诛灭干净,何太后却仍然在朝。

为此,董卓分三步摄取权力:第一步是掌控兵权,董卓入京的兵马不多,但是,他掌控了何进及其弟何苗统领的禁军。同时,他又收买了吕布,兼并了并州丁原的部队。其次,董卓仍在极力争取文士的支持,除蔡邕之外,还努力拉拢袁绍兄弟。只因为袁绍反对董卓废黜少帝,两人才发生了冲突。第三,废帝弑后,掌控朝政。九月,董卓废黜少帝刘辩,立献帝刘协,倒是完成了汉灵帝派给蹇硕的任务。可是,董卓此举,只是为扳倒何太后铺路。董卓废黜了少帝,目的是迫使何太后交出权力。几天后,何太后被迁出皇宫鸩杀,董卓完全掌握了朝廷大权。外戚、宦官专权之弊,至此被清除干净,东汉王朝也该寿终正寝了。

190年初,关东军在袁绍的领导下讨伐董卓。董卓一边布置往长安撤退,一边在洛阳一线实施抵抗。曹操领军五千冲上前,被董卓大将徐荣所败,身负重伤;孙坚甚至直接打到了洛阳附近,董卓派李傕诱和,表示愿意结婚姻之好,被孙坚断然拒绝,孙坚还意外得到了落入井中的传国玉玺。袁绍等其他各路英雄都在抢夺地盘。可是,后来的历史走向却是曹、孙和刘备(当时还在草莽中)开启了三分天下的局面,其余"各怀鬼胎"的人,虽拥兵自重,却都先后被诛灭。

启示32 东汉末年的所有"折腾",包括董卓进京,无非是削弱刘氏汉朝,为以曹操为代表的"三国演义"铺路而已。

诚如官渡之战前夕沮授的感叹："六国蚩蚩,为嬴弱姬。"[1] 这是以战国的局势比喻他所处的汉末时局,他已经感觉到东汉末年的所有"折腾",包括董卓进京,无非是削弱刘氏汉朝,为以曹操为代表的"三国演义"铺路而已。

(参见《资治通鉴》卷五九、卷六〇)

---

[1] 《资治通鉴》卷六三,汉献帝建安五年。此句原文出自汉代扬雄《法言》,意思是六国纷争,削弱周室,到头来只是为嬴秦统一天下提供便利罢了。

第十一节 官渡之战：为什么输家是袁绍

公元200年的官渡之战，不仅是袁绍与曹操的对决，也是三国局面开始明朗、逐渐成型的第一仗。

这场对决，以袁绍的失败而告终。然而，许多人的预测，包括曹营人士的预测，袁绍取胜的可能性是完全存在的，否则，许都城内就不会有那么多人写信给袁绍，为自己谋划后路了。

《资治通鉴》和《后汉书》《三国志》所有诸家评论，都肯定袁绍具有政治优势。

一、袁绍的政治资本

袁绍是标准的世家子弟。高祖袁安以下，四世皆为三公，门生故吏众多，"势倾天下"。当朝还有叔父袁隗为太傅。袁绍年轻的时候也是一个名士，"不应辟命"，拒绝出仕。中常侍宦官赵忠等对此很有意见。叔父袁隗命其出山，毋为家祸，袁绍才应召进入了大将军何进的幕府。这说明袁绍怂恿何进诛杀宦官，是其来有自的。

公元190年，关东盟军讨伐董卓，推举袁绍为盟主。袁绍作为渤海太守，势单力薄。他之所以被推为盟主，并不是因为具有强大的军事力量，而是由于政治优势。董卓任命的冀州牧韩馥，作为渤海太守袁绍的上司，处处为难他，甚至阻止其发兵。那么，袁绍的政治优势在哪里呢？

原来，袁绍起兵后，董卓诛杀了袁隗和袁氏家族之在京都者。"是时，豪杰既多附绍，且感其家祸，人思为报，州郡蜂起，莫不以袁氏为名。"（《后汉书》卷七四上《袁绍传上》）家族的蒙难，激起了各地豪杰的悲情，都愿意追随袁绍起兵。

总结起来说，袁绍为世家子，其家族四世三公，是东汉王朝最大的既得利益者之一；袁绍本人是名士，在士林中有一定号召力；袁绍家族被董卓所杀，唤起了大家的同情。

可是，从当年歃血为盟（誓师大会）讨董卓，到诸家分道扬镳，乃至官渡之战袁绍败于曹操，其间共十年。这十年间，袁绍把自己的政治资本输得精光。

二、袁绍的政治短板

应该说，董卓废少帝，立献帝，是符合汉灵帝生前意愿的。汉灵帝委托蹇硕的，就是这件事，只是蹇硕没有做成。但是，这件事遭到袁绍反对，为此他不仅与董卓闹僵，更与献帝产生了隔阂。

董卓初入洛阳，招纳贤士，重用被禁锢废弃的党人名士，就此而论，这本是贯彻了东汉党人名士的意志，也符合袁绍的立场。名士王允之所以留下辅政，蔡邕之所以出山[1]，就有这层原因。及关东军讨董卓，董卓就破罐子破摔，胁帝西迁。以袁绍为盟主的关东军，难道真的是为了勤王吗？值得怀疑。因为汉献帝之拥立，并不符合袁绍的意图。在对待汉献帝的问题上，袁绍有三错：

首先，公元190年，袁绍曾谋划推举幽州牧刘虞为帝，遭到曹操等人的反对，就连刘虞本人也坚决不干。这使人怀疑袁绍起兵讨伐董卓，无非也与董卓一样，冀图"挟天子以令诸侯"而已。袁绍对于献帝的不忠，昭然可见。假如，你是其时的豪杰，会如何看袁绍的政治投机呢？

其次，董卓被吕布所杀，李傕、郭汜大交兵，献帝成为双方争夺的人质，幸而出逃，一路颠沛流离，东向京洛。冀州士人建议袁绍利用这个机会勤王，迎护汉献帝。如沮授就向袁绍建议："将军累叶台辅，世济忠义。今朝廷播越，宗庙残毁，观诸州郡，虽外托义兵，内实相图，未有忧存社稷恤人之意。且今州城粗定，兵强士附，西迎大驾，即宫邺都，挟天子而令诸侯，稽士马以讨不庭，谁能御之？"提出西迎献帝，建都邺城，以天子的名义号令诸侯，讨伐不听王命之人。这本是彰显袁绍政治资本的好事，可是袁绍却听不进去。汝颍名士淳于琼、郭图反对沮授说："汉室陵迟，为日久矣，今欲兴之，不亦难乎！且英雄并起，各据州郡，连徒聚众，动有万计，所谓秦失其鹿，先得者王。"（《后汉书》卷七四上《袁绍传上》）袁绍竟然听从了他们

---

[1] 蔡邕是蔡文姬之父，曹操之友。他出山不仅仅是因为受董卓胁迫，否则他就不会在董卓被杀时掉眼泪了。可惜，却因此死于王允之手。

二人的意见。假如你是当时的豪杰，怎么看袁绍政治立场的短视呢？

袁绍在迎护献帝的问题上，采取了回避态度，再一次失去了高举政治旗帜的机会，拱手把机会让给了曹操。196年，曹操迎天子，迁都许下。看见曹操"挟天子以令诸侯"的政治优势，袁绍竟异想天开，想让曹操将天子迁都鄄城，以便密近于己，被曹操断然拒绝。

第三，197年，袁术在淮南称帝，遭到曹操和吕布的轮番打击，不及两年，穷困败落，于是"遣使归帝号于从兄绍"，并说："禄去汉室久矣！袁氏受命当王，符瑞炳然。今君拥有四州，人户百万，谨归大命，君其兴之！"（《资治通鉴》卷六三，汉献帝建安四年）对于这种不靠谱的做法，袁绍居然甘愿接受，还遣长子袁谭在青州接应。袁术途中遭到刘备等人的拦截，吐血而亡。

大约是被弟弟的转让皇位所触动，就在这个时候，袁绍竟然想自己称帝，乃授意主簿耿苞，密劝自己登基，又把耿苞之言拿来征求军府将士的意见，结果遭到部下的一致反对。袁绍为了顾全自家面子，杀耿苞为自己脱罪。这一做法，不仅使他丢了信誉，也使那些真正支持他的人寒了心。假如你是当时的豪杰，会怎么看袁绍政治上的野心呢？

> **启示33** 三个疑问句，其背后的答案将袁绍的弱点和错误暴露无遗。缺乏政治头脑，目光短浅，是他一贯的政治短板。

正是在这种情况下，官渡之战爆发了。对于曹操的进攻，也就是对汉家朝廷的进攻,《后汉书·袁绍传》记载:"绍既并四州之地,众数十万,而骄心转盛,贡御稀简。主簿耿包密白绍曰:'赤德衰尽,袁为黄胤,宜顺天意,以从民心。'绍以包白事示军府僚属,议者以包妖妄宜诛。绍知众情未同,不得已乃杀包以弭其迹。于是简精兵十万,骑万匹,欲出攻许,以审配、逢纪统军事,田丰、荀谌及南阳许攸为谋主,颜良、文丑为将帅。"

这里说得很清楚:一是袁绍虚骄,自以为是天下第一了,不把朝廷放在眼里;二是授意耿包(即耿苞)启动称帝之议,遭到幕府的一致反对,耿包作为替罪羊被杀,暴露了袁绍的政治野心;三是在这种情况下,袁绍才决定征讨曹操,其实是举兵指向朝廷。

总之,袁绍家族作为东汉最大的既得利益者之一,在一系列政治事变中,看不出他的忠诚。相反,他政治上投机取巧、首鼠两端、短视自私的缺点和不臣之心,暴露无遗。所有这些愚蠢的做法,不断地削弱其政治号召力和公信力。荀彧是公元192年离开袁绍的,郭嘉也在不久后投奔了曹操,我想不能不与这一点有关系。联想到袁绍当年出馊主意,极力劝何进招董卓进京,只能说,缺乏政治头脑,目光短浅,是他一贯的政治短板。

三、官渡之战时袁、曹实力对比

现在袁绍十万大军打过来了,袁、曹双方实力悬殊,都在争取周边割据势力的支持。根据《资治通鉴》的记载,有许多人看好曹操。诸如南阳张绣的谋士贾诩、凉州牧韦端的幕僚杨阜、荆州牧刘表的幕僚韩嵩等。

张绣本来与曹操有仇①，贾诩劝他归附曹操，理由是：第一，曹操有政治优势，"奉天子以令天下"。第二，归曹后我方有相对优势，"绍强盛，我以少众从之，必不以我为重，曹公众弱，其得我必喜"。第三，曹操大度，不会记私怨，"夫有霸王之志者，固将释私怨，以明德于四海，其宜从三也。愿将军无疑！"

杨阜的说法是："袁公宽而不断，好谋而少决；不断则无威，少决则后事，今虽强，终不能成大业。曹公有雄才远略，决机无疑，法一而兵精，能用度外之人，所任各尽其力，必能济大事者也。"

韩嵩的理由是："曹操善用兵，贤俊多归之，其势必举袁绍，然后移兵以向江、汉，恐将军不能御也。"（《资治通鉴》卷六三，汉献帝建安四年）

> **启示34** 贾诩强调曹操的政治优势，杨阜强调其军事才能，韩嵩还加了一条"贤俊多归之"的人才优势。官渡战争前夜，人心向背于此可见。

总之，贾诩强调的是政治优势，杨阜强调的是军事才能，韩嵩还加了一条"贤俊多归之"的人才优势。这些人都主张在袁、曹之间，选择曹操。官渡战争前夜，人心向背于此可见。

面对袁绍的十万大军气势汹汹而来，曹操方面的反应如何

---

① 公元197年，曹操率军南征，到达淯水，张绣率众投降。后曹操强占了张绣的叔父张济之遗孀，张绣认为这是在侮辱叔父与自己，乃反叛，夜袭曹操营寨。此役，曹操长子和大将典韦遇难，曹操侥幸逃脱。

呢？"许下诸将闻绍将攻许，皆惧。"孔融大约代表惧怕者，他对谋士荀彧说："绍地广兵强，田丰、许攸智士也，为之谋；审配、逢纪忠臣也，任其事；颜良、文丑勇将也，统其兵。殆难克乎！"

荀彧的回答耐人寻味："绍兵虽多而法不整，田丰刚而犯上，许攸贪而不治，审配专而无谋，逢纪果而自用，此数人者，势不相容，必生内变。颜良、文丑，一夫之勇耳，可一战而禽也。"曹操的分析则是："吾知绍之为人，志大而智小，色厉而胆薄，忌克而少威，兵多而分画不明，将骄而政令不一，土地虽广，粮食虽丰，适足以为吾奉也。"

曹操和荀彧二人有两点看法高度一致。一是袁绍兵员虽多，但是部署、调度之法，却不高明。二是政令不一，互相势不相容。只是荀彧把人事纠纷讲得更具体罢了。

四、为何说袁绍用兵不及曹操

袁绍用兵不及曹操，这在当时是有公论的。

在关东军讨董卓之际，鲍信就持此看法，坚定地看好曹操。袁绍却在事后利用冀州牧韩馥内部的矛盾，抢夺了冀州地盘。同时，在田丰、沮授等人的辅佐下，攻下幽州、并州、青州。袁绍攻打幽州公孙瓒的时候，显得尤其吃力。史称："袁绍连年攻公孙瓒，不能克，以书谕之，欲相与释憾连和。"袁绍想休兵讲和，公孙瓒不理他，照样增修守备，自信地对幕僚长关靖说："当今四方虎争，无有能坐吾城下相守经年者明矣，袁本初其若我何！"（《资治通鉴》卷六二，汉献帝建安三年）从191年到199年，双方的仗打了近十年，只是由于公孙瓒内部军事部署有误，才让袁绍有机可乘,公孙瓒失败自杀。这是在官渡之战前一年。

袁绍虽胜,却不能掩盖他在军事上花拳绣腿的本质。袁绍用兵不及曹操,最重要的表现,是对于战争时机、事宜的把握,"多谋少决,失在后事"。

先说时机。袁绍与公孙瓒打了近十年的仗,勉强取胜后,就要去攻打曹操。沮授说,现在时机不对,"近讨公孙瓒,师出历年,百姓疲敝,仓库无积,未可动也"。当今之务,"宜务农息民,先遣使献捷天子。若不得通,乃表曹操隔我王路"。沮授的意思是必须找到一个进攻曹操的政治由头。获得政治上的主动权后,便可采取长远经营、以逸待劳之策,"然后进屯黎阳,渐营河南,益作舟船,缮修器械,分遣精骑抄其边鄙,令彼不得安,我取其逸。如此,可坐定也"。否则的话,现在曹操奉天子以令天下,我们举师南向攻之,"于义则违","兴无名之师,窃为公惧之!"袁绍不但不听,反而分解了监军沮授的兵权。

再说事宜。公元200年,刘备在追讨袁术的过程中,伙同董承等人谋害曹操的事情泄露,曹操要去讨伐占据徐州的刘备。冀州别驾田丰建议袁绍乘曹操与刘备连兵未解之机,"举军而袭其后,可一往而定"。这也正是曹操部将担心的事情。可是,"绍辞以子疾,未得行"。两军对决,竟然以小儿子生病需要照料为由,放弃进攻的时机,简直不可思议。难怪田丰气得举杖击地,大呼:遭难遇之时,而以婴儿生病失去这个奇袭的机会,可惜啊,可惜!郭嘉曾经在袁绍手下干过一段时间,他已预料到事情会是如此:"绍性迟而多疑,来必不速。备新起,众心未附,急击之,必败。"(《资治通鉴》卷六三,汉献帝建安五年)

等到曹操击破刘备，还军官渡，袁绍儿子的病大约已经好了，"乃议攻许"。田丰反对说："曹操既破刘备，则许下非复空虚。且操善用兵，变化无方，众虽少，未可轻也，今不如以久持之。将军据山河之固，拥四州之众，外结英雄，内修农战，然后简其精锐，分为奇兵，乘虚迭出以扰河南，救右则击其左，救左则击其右，使敌疲于奔命，民不得安业，我未劳而彼已困，不及三年，可坐克也。"放弃这样一个万全之策，却"决成败于一战"，有这个必要吗？"若不如志，悔无及也。"可是袁绍不仅不听，反而因为田丰强谏、沮众，把他关押起来。难怪"十胜论"说他"是非不可知"了。

乌巢是袁绍屯粮重地，生死咽喉。当发现曹操亲自袭击乌巢时，他不能听从张郃、高览的正确意见，紧急调遣重兵救护自己的命门，却听从郭图攻打曹营的谬计。结果，乌巢被烧，军心崩溃，曹营也没有拿下。用兵之轻重缓急，懵然无知，所谓"兵多而分画不明"，何其然也！

袁绍用兵不行，还突出表现在用人不行上。他重用的那些高级将领，诸如颜良、文丑、淳于琼等，有匹夫之勇，却无统御之才。即使有才华的大将，如张郃，在袁绍手下也表现平平，反而在他投降曹操之后，成为了一员智勇双全的猛将。

袁绍运筹帷幄的谋士，除荀彧、郭嘉先后离去外，田丰、沮授的正确谋划，他都听不进去；掌管内务决策的，如审配、逢纪专断自恣，郭图嫉贤妒能。学术界已经注意到，袁绍内部存在两个对立的名士集团，即汝颍名士集团和冀州名士集团。比如，审配、田丰、沮授是冀州名士，郭图、淳于琼、许攸是汝颍名士。

他们争权夺利,尔虞我诈。这是一个方面。另一方面,在实际决策上,并不完全按地域分派。如审配、郭图与田丰、沮授不睦,在是否发动对曹操的进攻上,田丰、沮授都持谨慎态度,郭图、审配则支持攻曹。审配自己不干净,却以贪渎之名逼走了许攸;郭图自己形势判断失误,却气走了冀州名将张郃、高览。郭嘉的"十胜论"中说袁绍内部"大臣争权,谗言惑乱",荀彧分析他们"势不相容,必生内变",绝非虚言。最后许攸出走,完全如荀彧所料。其实,这里不仅有畛域之见,更重要的还是权益之争。而在这个问题上,主帅听断不明,心胸狭窄,才是内部冲突、争权夺利的根本原因。

> **启示35** 袁绍的失败在于,他政治野心很大,操作的智谋却不够;表面威武,内心忌刻,没有统一内部意见的足够权威;兵员虽多,却不善部署,将士骄横而政令矛盾。

总之,袁绍为什么失败了呢?"绍之为人,志大而智小,色厉而胆薄,忌克而少威,兵多而分画不明,将骄而政令不一。"(《三国志》卷一《魏书·武帝纪》)政治野心很大,操作的智谋却不够;表面威武,内心忌刻,没有统一内部意见的足够权威;兵员虽多,却不善部署,将士骄横而政令矛盾。

你看,曹操看得多准啊!

(参见《资治通鉴》卷六一至卷六三)

第十二节　人性的弱点：成败得失话曹操

曹操（155—220）是个颇具争议的人物。《三国演义》中的他很奸诈；而《三国志》中的他，形象就比较正面了。至少在唐玄宗时代，李隆基少年时"以阿瞒自许"。不是正面形象，谁会以他自许呢？

一、曹操的心结

青少年时代的曹操，最大的心结是家庭出身问题。他的父亲曹嵩是大宦官曹腾的养子，而曹嵩本姓，权威史料《三国志》只是说"莫能审其生出本末"，吴人作的《曹瞒传》说"嵩，夏侯氏之子"。在重视名士和家世的东汉末年，生长在这样的家庭里，曹操无疑会背上些包袱。

在东汉末年的宦官贵戚中，曹腾为人总体上是比较收敛的，曹嵩为人也很谦卑低调，虽说花钱买了一个太尉，但在官场的人缘一直不错。曹操青少年时期的生存环境是这样的：一方面衣食无忧，家境物质条件优渥；另一方面，曹操精神上有些自卑。桓灵时代，士人名士与宦官势同水火，两次"党锢之祸"，加剧了二者的矛盾。这对于自尊心极强的曹操，不能不产生影响。作为宦官养子的后代，曹操心中不会没有阴影。官渡之战中，陈琳替袁绍写的讨伐檄文，是这么骂曹操的："司空曹操，祖父腾，故中常侍，与左悺、徐璜并作妖孽，饕餮放横，伤化虐民。父嵩，乞丐携养，因赃假位，舆金辇璧，输货权门，窃盗鼎司，倾覆重器。"（《三国志》卷六《魏书·袁绍传》裴松之注引《魏氏春秋》）意思是说，曹操的祖父曹腾，是中常侍之一，与左悺、徐璜这些妖孽，贪得无厌，兴风作浪，伤害百姓。父亲曹嵩，不过是一个要饭的孩子，被曹腾收养，通过贿赂，买得官位，盗窃权位，擅作威福。这种话从曹操曾经的亲密朋友袁绍嘴里说出来，至少说明了"正牌"名士心里的看法。只是在翻脸之前，袁绍他们不说而已。

曹操是个很要强的人，诗文一流，文韬武略，这源自其天赋，更依靠他的努力。从曹操的交游圈看，他始终注意结交名士。最亲密的朋友中，袁绍就是大名士，张邈也是名士圈里的"八厨"之一，何颙与名士郭泰、贾彪交好，为李膺、陈蕃器重。显然，他最在乎的就是与这些名士结交。桥玄是大名士，很欣赏曹操的睿智，对他说："君未有名，可交许子将。"许子将，即许劭（150—195），以善于品评人物著称。于是曹操去拜访许劭，"子将纳焉，由是知名"（《三国志》卷一《魏书·武帝纪》裴松之注引《世语》）。其实，许劭只比曹操年长五岁而已。

曹操对名士一直很仰慕。大学者、大名士蔡邕（133—192）是他的长辈，曹操常向他请教书法和文学。公元207年，曹操将蔡邕之女蔡琰（蔡文姬）从匈奴赎回。蔡文姬在匈奴已经生活了12年，还留下了两个儿子。曹操的这份情怀，显然是来自与名士蔡邕交往的记忆。175年，蔡邕为"熹平石经"书丹之时，曹操只是二十出头的青年，对名噪京城的蔡邕，一定是十分敬仰的。

可是，曹操是做不了名士的。晚年的他曾谈到自己年轻时的志向："孤始举孝廉，自以本非岩穴知名之士，恐为世人之所凡愚，欲好作政教以立名誉。"（《资治通鉴》卷六六，汉献帝建安十五年）真正的名士行为，是拒绝入仕，千呼万唤始出山的。比如袁绍，为父母守孝六年，"礼毕，隐居洛阳，不妄通宾客，非海内知名，不得相见。又好游侠，与张孟卓（张邈）、何伯求（何颙）、吴子卿、许子远（许攸）、伍德瑜（伍琼）等皆为奔走之友。不应辟命"。中常侍赵忠与诸黄门（宦官）议论说："袁本初坐作声价，不应呼召而养死士，不知此儿欲何所为乎？"（《三国志》卷六《魏书·袁绍传》裴松之注引《英雄记》）后因叔父袁隗敦促，袁绍才应召入何进大将军府任职。

曹操第一次出来做官，为洛阳北部尉。在任时第一个重大举措，就是棒杀违犯宵禁令的宦官蹇硕的叔父。他还有过暗杀张让的举动，但被对方发觉，幸而脱险。曹操曾上书朝廷，指斥宦官，为被宦官杀害的陈蕃、窦武鸣冤叫屈，说他们正直而被陷害，"奸邪盈朝，善人壅塞"，言辞剀切。所有这些行为，完全是名士做派，意在表示他与宦官划清界限。

黄巾起义之时，曹操年届而立，因讨伐有功，任济南相。这是一个相当于二千石的官职。曹操对于治下的十几个县，进行了大刀阔斧的改革，革除弊政，废罢淫祀，绳治贪渎。朝廷征调他出任东郡太守,曹操却感觉到了背后的凶险。其时"权臣专朝,贵戚横恣",他发现,靠模仿名士的做派,靠治理政绩的辉煌,不仅无法实现自己的理想,恐怕连命都会丢掉。"数数干忤,恐为家祸,遂乞留宿卫。拜议郎,常托疾病,辄告归乡里",实质是辞职不干了。"筑室城外,春夏习读书传,秋冬弋猎,以自娱乐。"既然按常理出牌不行,曹操干脆辞去地方实职,以虚名的"议郎",托病归乡里,边读书习武(弋猎于古人为习武),边思考未来的人生发展方向。

曹操年轻的时候就以睿智知名,"少机警,有权数",他不仅取得了公认的文学成就,更重要的是他钻研武学,身手了得,"才武绝人,莫之能害"。他于所览的群书中,特好兵法,"抄集诸家兵法,名曰《接要》,又注《孙武》十三篇,皆传于世"(《三国志》卷一《魏书·武帝纪》裴松之注引孙盛《异同杂语》)。什么叫《接要》呢?我想,曹操不仅是摘抄要点,而且有连缀诸家、自出机杼的内容吧。这在汉末乱世,就派上了用场。桥玄欣赏曹操的,也正是这一点。

许劭不愧为知人,他说曹操是"治世之能臣,乱世之奸雄"。时势造英雄,汉末的乱世,给了曹操不按常理出牌的机会。

> **启示36** 曹操的机敏睿智,表现为在大事上不糊涂,能审时度势,且有惊人的判断力。

二、曹操的智慧

曹操的机敏睿智,首先表现在大事上不糊涂。灵帝末年,冀州刺史王芬与曹操好友许攸、陶丘洪（与孔融、边让齐名的名士）等，谋废皇帝，而立合肥侯（具体人物不详），身为议郎的曹操反对。他说这种危险的事情，"古人有权成败、计轻重而行之者，伊、霍是也"。可是，你们有伊、霍当年的条件吗？他们当年能成功，不仅仅是"怀至忠之诚"，而且"据宰辅之势，因秉政之重，同众人之欲，故能计从事立"。你们呢？"今诸君徒见曩者之易，未睹当今之难，而造作非常，欲望必克，不以危乎！"（《资治通鉴》卷五九，汉灵帝中平五年）结果证明曹操是对的。

灵帝死后，袁绍劝大将军何进尽诛宦官，甚至要召外军进京，以胁迫何太后同意。曹操当即指出："宦者之官，古今宜有，但世主不当假之权宠，使至于此。既治其罪，当诛元恶，一狱吏足矣，何至纷纷召外兵乎！欲尽诛之，事必宣露，吾见其败也。"（《资治通鉴》卷五九，汉灵帝中平六年）曹操主张用司法手段绳治宦官，而不必假手外军进京。事实证明，曹操又是对的。曹操能审时度势，于此可见一斑。

关东军讨伐董卓，袁绍为盟主，曹操对战争态势的分析，无疑是很专业的，但袁绍不听。董卓劫持汉献帝西逃，真正拿出自己的血本，真刀真枪与董卓拼命的，只有曹操和孙坚。曹操的勇于勤王，为他赢得了很好的声誉，后来汉献帝身边的董昭等人，首先联络曹操迎护救驾，这应该是一个原因。此前，袁绍想立幽州牧刘虞为帝[①]，刘虞本人不敢，曹操也坚决反对。显然，在

---

① 刘虞是汉光武帝刘秀与郭圣通所生长子刘强的后裔。

这一系列问题上，曹操的判断力都惊人的准确。

曹操命运的第一次大转折，是公元192年，出任兖州刺史。兖州刺史刘岱战死于黄巾余部，州政无主，陈宫、鲍信、张邈都看好当时担任东郡太守的曹操。东郡太守这个职位虽然是袁绍表授，但这块地盘却是曹操击败黑山军而占有的。在兖州任上，曹操打败青州黄巾余部，"得戎卒三十余万，男女百余万口，收其精锐者，号青州兵"（《资治通鉴》卷六〇，汉献帝初平三年）。这可是三十万军队啊！此后，让这些军人的家属（他们本来是农民）屯田种地，曹操获得了军事和经济上的双重收益。从此，曹操才有了打天下的资本。

这个时候，曹操才38岁，未届不惑的他一举获得如此巨大的成功，有地盘，有队伍，有人才（荀彧等谋士），大约有些飘飘然。曹操想接父亲曹嵩来兖州团聚，没想到，曹嵩在路上被人杀害。凶手的背后，居然有徐州牧陶谦的影子。

曹操怒火中烧：一是杀父之仇必报，二是吞掉陶谦势力是自己的下一个目标。于是，为父报仇的正当性和吞并徐州的利益驱动，使曹操大张旗鼓地兴师问罪。手握三十万青州兵的曹操，在利益和仇恨的双重作用下，直扑徐州，烧杀抢掠，鸡犬不留。就是这个时候，后院起火，兖州背叛了曹操。这是在194年，挑起这次事变的人是陈宫。陈宫、张邈等迎吕布为兖州牧，抄了曹操的后路。

为什么陈宫要背叛曹操？因为曹操杀了名士、前九江太守边让及其一家。边让奚落和批评了曹操，曹操就杀害了人家。凭什么？因为曹操骄傲了，因为曹操不能忍受被名士奚落和鄙视，毕竟青年时代的阴影，挥之不去。

曹操最终还是击败了吕布，重夺兖州。经过这次惨痛的教训，曹操成熟了许多。一年后，他迎驾汉献帝，建都许下，其发展渐入佳境。

唐人赵蕤总结曹操统一北方的大业时说："昔汉氏不纲，网漏凶狡。袁本初虎视河朔，刘景升鹊起荆州，马超、韩遂雄据于关西，吕布、陈宫窃命于东夏，辽河海岱，王公十数，皆阻兵百万、铁骑千群，合从缔交，为一时之杰也。然曹操挟天子，令诸侯，六七年间，夷灭者十八九。"（〔唐〕赵蕤：《长短经》卷六《霸纪下·三国权》）

三、曹操的成败

真正考验曹操的重要战争有两次：一次是公元200年的官渡之战，一次是八年后的赤壁之战。前一仗，曹操作为弱者，战胜了强者袁绍；后一仗，曹操是强者，却败给了弱小的一方——孙、刘联军。官渡之战，我们前面已经讨论了，这里谈谈赤壁之战。

公元208年，曹操带着胜利者的骄傲，首先接受了刘琮的投降，拿下了荆州，接着图谋扬州的孙氏政权。赤壁之战分荆州作战和赤壁作战两个阶段。前一阶段，曹操大胜；后一阶段，曹操大败。

在荆州作战阶段，曹操表现出了一个伟大军事家的战术能力。首先，他出兵宛、叶做战略佯攻。七月，又亲率大军以迅雷不及掩耳之势，直扑荆州。八月，刘表死，办丧过程中，曹军取道新野，向襄阳进发，大军未到，刘琮就不战而降。这时候刘备屯樊城，包括孙吴方面，还根本不知道荆州已经丢失。曹操前锋到了宛城，刘备才知道刘琮已经投降。于是，仓促南逃，"操以江陵有军实，恐刘备据之，乃释辎重，轻军到襄阳"。曹操为了防止刘备利用江陵军用物资而构成抵抗阵线，当机立断，放弃辎重，轻兵进击，占据了襄阳，并以轻骑一日一夜三百里的速度，追击刘备于长坂坡，一举击溃刘备。（《资治通鉴》卷六五，汉献帝建安十三年）百日之内，曹操几乎占有了荆州全境。这似乎是他打得最轻松的一仗。

接下来，曹操就有些飘飘然了。

简短地说，曹操在赤壁作战阶段，犯了三大错误。首先，他漠视了刘备的存在。曹操写信给孙权，要"会猎于吴"。对于刘备纠集荆州残部的能力重视不够。[1] 其次，曹操采取沿江下寨、直进平推的战术，没有别部策应，也没有佯动配合，给了孙、刘联合进攻的机会。再次，曹操在荆州的统治尚不巩固，而孙权在江东的政权已历三世，士民归附；刘备在荆州经营多年，深得民心，"（刘）琮左右及荆州人多归备"[2]，且曹操客军远斗，不习水战，都是不利因素。

---

[1]《三国志》卷三二《蜀书·先主传》："先主遣诸葛亮自结于孙权，权遣周瑜、程普等水军数万，与先主并力，与曹公战于赤壁，大破之，焚其舟船。先主与吴军水陆并进，追到南郡，时又疾疫，北军多死，曹公引归。"按《三国志》卷一《魏书·武帝纪》："公至赤壁，与备战，不利。于是大疫，吏士多死者，乃引军还。备遂有荆州、江南诸郡。"又裴松之注引《山阳公载记》曰："公船舰为备所烧，引军从华容道步归，遇泥泞，道不通，天又大风，悉使羸兵负草填之，骑乃得过。"这里更强调刘备在战争中的主动地位。

[2]《资治通鉴》卷六五，汉献帝建安十三年。又，《三国志》卷三九《蜀书·刘巴传》："先主奔江南，荆、楚群士从之如云。"

启示37 作为久经沙场的老将,曹操为什么会犯一些低级错误呢?这就是人性的弱点,骄傲轻敌,被胜利冲昏了头脑。

为什么久经沙场的老将,会犯这样一些低级错误呢?这就是人性的弱点,骄傲轻敌,被胜利冲昏了头脑。曹操企图用声威来震慑孙吴君臣,没想到在周瑜、鲁肃等人的辅佐下,孙权集团有着顽强的抵抗意志与实力。至于黄盖诈降,曹操上当,更突显了曹军因虚骄而轻信的一面。"操军吏士皆出营立观,指言盖降。"(《资治通鉴》卷六五,汉献帝建安十三年)黄盖扬帆诈降,曹操官兵都走出营外观看,指着前来的船只说,你看这是东吴人来投降啦。史家这淡淡的一笔,把曹军的轻佻,表露无遗。

(参见《资治通鉴》卷五九至卷六五)

第十三节　宽容与狭隘：
曹操的"名士"心结

曹操是一个很矛盾的人物。他的赢，除了本身的军事和政治才能之外，还在于胸襟和气度。郭嘉的"十胜论"，从对比袁绍的角度，有全面的讨论。可是，曹操有时候又会特别敏感，比如，杀孔融，借刀杀祢衡，显得心胸很狭隘。

曹操到底在意什么，不在意什么？

一、曹操的气度

曹操的度量，首先表现为容人。兖州之变，曹操被陈宫、张邈出卖，吕布占领了曹操的老巢。有几件事让曹操难堪，却可以看出曹操的气度。

曹操担任兖州刺史时，辟东平人毕谌为别驾（幕僚之一），张邈劫持了毕谌的母亲、妻子等家人，曹操说，你可以到张邈那边去。毕谌信誓旦旦地说自己绝无二心，曹操感动得流泪。可是，毕谌刚出门，转身就跑到张邈那边去了。等到曹操击破吕布，毕谌被活捉，大家都为他捏了一把汗。可是，曹操却说："夫人孝于其亲者，岂不亦忠于君乎！吾所求也。"曹操说孝子出忠臣，不仅不杀毕谌，还任命他为兖州下属的鲁国相。

魏种的情况与此类似。魏种是曹操举荐为孝廉的。按照东汉的国情，曹操是他的恩公。兖州之叛，曹操自信地说："唯魏种且不弃孤也。"后来听说魏种也逃到了叛军那边，曹操觉得很没有面子，生气地说："（魏）种不南走越、北走胡，不置汝也！"待攻下吕布，捉拿了魏种，曹操怜惜他是个人才，"释其缚而用之"（《三国志》卷一《魏书·武帝纪》）。

臧霸曾经是陶谦手下的大将。曹操战吕布，臧霸是吕布的帮手。及吕布破，臧霸逃匿，被曹操擒获。曹操赦免了臧霸，并任命他为琅邪相，"割青、徐二州，委之于霸"，把防守青、徐方面的军务，委之于臧霸。

兖州之变，徐翕、毛晖作为曹操的部将，也背叛了。兖州平定之后，二人逃到臧霸手下。曹操让人传话给臧霸，送翕、晖二人的人头来。臧霸很侠义地回复说："我臧霸之所以能自立于世，就是绝不做不义之事！虽然我受主公全生之恩，不当违命。但是，一个追求王霸之业的君主，应能晓之以义！"曹操赞叹臧霸有古人的侠义之风，乃任命徐翕、毛晖为郡太守。官渡之战中，曹、袁相距于官渡，臧霸在东面，"数以精兵入青州，故太祖得专事绍，不以东方为念"（《三国志》卷一八《魏书·臧霸传》）。臧霸真是投桃报李。

官渡之战前，陈琳为袁绍作檄文，"数操罪恶，连及家世，极其丑诋"。战后，陈琳被擒，曹操质问他说：你当初为袁本初

（袁绍字本初）写檄文，骂我本人就好了，"何乃上及父祖邪？"陈琳叩头谢罪，曹操不仅没有加罪于他，还让他与著名文士阮瑀共同加入了自己的文书写作班子。对于袁绍辖区青、冀、幽、并四州的名士，曹操采纳郭嘉的建议，也尽量招到自己的幕府任职。

> **启示38** 曹操的过人之处是他很看重人才。他的宽厚，总是对那些有真才实干的人而来的。同时，他还善于笼络人才，用人也不拘一格。

我们列举了这些例子，是说曹操如何仁厚。曹操无疑有凶狠残暴的一面，战争杀人，盈野盈城，在军阀混战时期，是常见之事。曹操的过人之处是他很看重人才。他的宽厚，总是对那些有真才实干的人而来的。同时，曹操还有权谲的一面，他善于笼络人才。官渡之战后，曹操在袁绍军营获得许下官民给袁绍的效忠信，曹操将信付之一炬，说："当绍之强，孤犹不能自保，况众人乎！"（《资治通鉴》卷六三，汉献帝建安五年）这样的举动，虽然是效法刘秀，但对曹操来说，也属顺理成章。

曹操用人，不拘一格，多次下令搜求人才。建安二十二年（217）更是下令："负污辱之名，见笑之行，或不仁不孝而有治国用兵之术：其各举所知，勿有所遗。"（《三国志》卷一《魏书·武帝纪》裴松之注引《魏书》）

二、名士心结: 孔融之死

被曹操杀害的人, 大约有两类情况:

一类是不愿意继续效力的谋士。官渡之战后, 曹操曾想收留沮授, 但是, 沮授虑及家人财产都在河北, 不敢背叛袁绍。吕布被杀, 曹操也想赦免陈宫, 大概由于一再背叛曹操, 陈宫没脸吃回头草, 只求速死。但是, 陈宫死后, 曹操终生养护着陈宫的母亲和妻子。

另外一类就是看不起曹操的名士, 这触及到了曹操青少年时代的隐痛。

许攸是名士, 青年时代就与曹操交往。许攸献计奇袭乌巢, 后来在征服冀州的过程中, 也有引导之功。但是, 这个人狂妄自大, 多次以小名阿瞒呼唤曹操。在冀州首府邺城东门, 他说此家非我, 不得入此门。结果被人举报。

孔融 (153—208) 更不把曹操放在眼里。他与平原陶丘洪、陈留边让, 并称俊秀。其实, 陶、边二人都是绣花枕头, 并非智谋之士。[①] 孔融最推重的是名士祢衡 (173—198), 而祢衡也是最看不上曹操的。

实际上, 祢衡谁都看不上, 刚到许下, 他就对曹操新组建的班子口出狂言, 说陈群 (大名士陈寔之孙)、司马朗 (司马懿之兄) 不过是屠夫者流, 荀彧只配给人哭丧, 赵融只配监厨请客。他看得上的只有"大儿孔文举 (孔融), 小儿杨德祖 (杨修)。余

---

① 边让也为曹操所杀。陶丘洪曾想参加王芬暗杀灵帝的活动, 被华歆制止, 免遭一场祸难。从此陶丘洪对华歆佩服之至。从这件事可以看出陶丘洪的智谋和水平, 其实都在曹操之下。

子碌碌，莫足数也"（《后汉书》卷八下《祢衡传》）。即使是孔融和杨修，也不过是他两个儿子的水平。祢衡当时不过二十多岁，竟然如此狂妄。可是，孔融却郑重地向曹操推荐了祢衡。

曹操久闻其名，也想见见。但是，祢衡哪里看得起曹操。"衡素相轻疾，自称狂病，不肯往，而数有恣言。"称病不往，口出狂言，根本不把曹操放在眼里。曹操心中恼恨，就以祢衡擅长击鼓为名，命他为鼓史，宴请宾客之时，让鼓史们为大家鼓曲助兴。鼓史们都换上了专门的制服，只有祢衡没有换装就上场了，他演奏的是《渔阳》鼓曲，姿势奇特，鼓曲悲壮。下吏责问他为何不换衣服，祢衡于是当场一件一件脱光衣服，赤身裸体地站立着，然后不紧不慢地换上鼓史之服，接着击鼓。现场表演裸体换衣，脸不变色心不跳，一点都不难为情。曹操自我解嘲地说，没想到被这小子羞辱了一番。

孔融于是两边弥合，这边数落祢衡的不是，传达曹操的善意，祢衡答应去给曹操赔礼；那边又去见曹操，说祢衡身患狂疾，如今幡然醒悟，特意前来谢罪。曹操一听很高兴，只要名士看得上他，他就高兴。"操喜，敕门者有客便通，待之极晏。"命令门卫说，有客人来立刻通报，可是等到很晚，祢衡才来。"衡乃着布单衣、疏巾，手持三尺梲杖，坐大营门，以杖捶地大骂。吏白：外有狂生，坐于营门，言语悖逆，请收案罪。"祢衡一副不修边幅的样子，手持三尺大杖，坐在曹操营帐门口，以杖戳地，破口大骂曹操。曹操很生气，却没有杀他，立刻派人把祢衡送到荆州刘表那里去。时在建安三年（198）。按道理说，祢衡是来都城找工作的，而曹操迎驾有功，刚刚把汉献帝接来不久。祢衡如此恶语相向，态度恶劣，曹操没有杀他，已经很不错了。

孔融就栽在祢衡的事情上。官渡之战后、赤壁之战前，孔融也对曹操屡加冒犯。曹操为节约粮食禁酒，孔融不仅上书反对，而且带头违抗；甚至还提出都城周边千里不得封建诸侯，这样曹操就得搬出邺城了，这让曹操很不爽。于是有个叫郗虑的官员，出来说孔融的坏话了。

郗虑，字鸿预，与孔融是一对老冤家。有一次，他与孔融同侍汉献帝侧。汉献帝问，鸿预有什么长处呢？孔融说，他这个人只认死理，不通权变。郗虑马上反唇相讥，说孔文举当年在北海，"政散民流"，他的权变之术安在？两人当着皇帝的面吵了起来。还是曹操为他们做了和解。现在郗虑不但暗中告发孔融之罪，说孔融在北海时，说自己是孔圣人的后代，亡国于宋，当皇帝的何必是卯金刀（"刘"的繁体字作"劉"），还使人上书，告发孔融不孝之罪，这就涉及到祢衡："前与白衣祢衡跌荡放言，云'父之于子，当有何亲？论其本意，实为情欲发耳。子之于母，亦复奚为？譬如寄物缶中，出则离矣'。既而与衡更相赞扬。衡谓融曰：'仲尼不死。'融答曰：'颜回复生。'大逆不道，宜极重诛。"这段话的意思是，孔融与祢衡互相吹捧，说一个是仲尼不死，一个是颜回复生。他们胡言乱语，说什么父与子有何亲，不过是情欲的作用罢了；母与子有何恩，母腹无非是存储婴儿的罐子而已。至此，孔融就难免一死了。

平心而论，孔融身为建安七子之一，文采一流。但是，论文学成就，诗文水平，孔融绝对在曹操之下。打仗就更不用说了。身为北海相，孔融先败于黄巾军，后败于袁谭。只身逃离时，妻子、儿女全都不顾。孔融在朝廷做官，凭什么看不上曹操呢？就因为他是名士！孔融从小就因为掩护过"党锢之祸"中逃难的名士张俭而知名。其实，这些名士，都是虚有其表而已。他们当中最杰出的代表，是袁绍、刘表之流，但都是曹操的手下败将；至于孔融、边让、祢衡，就更等而下之了。

（参见《资治通鉴》卷六三、卷六四）

魏纪·晋纪

（《资治通鉴》卷六九至卷一一八）

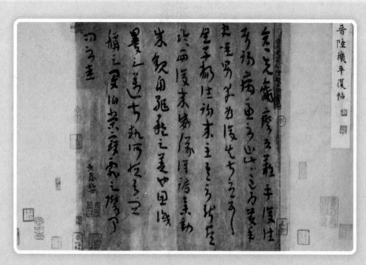

晋代文学家、书法家陆机的草隶书法作品《平复帖》，
现藏于北京故宫博物院。

第一节 折而不挠：刘备这一辈子

刘备（161—223），字玄德，涿郡涿县（今河北涿州）人，出身于农家。都说刘备以卖鞋、贩草席为业，实不尽然。他的父祖"世仕州郡"，可见也是有身份人家之子。刘备的祖父刘雄，"举孝廉，官至东郡范令"，就是当过东郡范县县令；父亲刘弘大约是一般吏职。

可是，要与曹操、袁绍、刘表、刘璋比，刘备就差远了。袁、曹暂且不论；刘表曾是"八顾"之一的名士，党禁解除后，他入大将军何进幕府，出来就是荆州刺史；刘璋的父亲刘焉在朝为太常，出为益州牧。虽说都姓刘，他们之间的差距真是太大了。裴松之曾经感叹，为什么刘备称帝之时，史料中没有留下他所追尊的"元祖"名讳。[1] 其实刘备死后只有谥号昭烈帝，并没有庙号。我怀疑，刘备当初称帝之时，就没有认真地追尊过"元祖"。

---

[1]《三国志》卷三二《蜀书·先主传》裴松之注："臣松之以为先主虽云出自孝景，而世数悠远，昭穆难明，既绍汉祚，不知以何帝为元祖以立亲庙。于时英贤作辅，儒生在官，宗庙制度，必有宪章，而载记阙略，良可恨哉！"

他应该是继承汉献帝"皇侄"的位子呀。

刘备在父亲故去后，与母亲相依为命。他少年时代也没有认真向学，只是在乡里纠集一帮"豪侠"少年，自己当孩子王，偶尔接受到涿郡经商的富商的经费资助，然后为商人们提供安全保护。

曹操、袁术、孙权都曾经举孝廉，刘备的同学公孙瓒家世二千石，也曾举孝廉。察举入仕，这是东汉最正牌的出身。刘备却是与黄巾军打仗出身（举孝廉还是祖父刘雄时候的事）。这还比不得董卓，董卓在西北边与羌人作战，刘备是与黄巾军作战，略有微功，获得一官半职。这一下就比人家矮了半截。

一、江湖上的声誉

刘备以军功出身，担任过几任低级职务。如安喜县（河北定州市区东）县尉、下邳（江苏徐州附近）丞、高唐县（山东聊城高唐）县尉和县令。结果不是被人裁员，就是自觉无趣，主动去职，还有被贼人赶走的。走投无路之际，刘备只好去找老同学公孙瓒。

刘备虽是打仗出身，实则不会打仗。曹操手下的人就曾说刘备是"拙于用兵，每战则败"。公孙瓒派刘备去帮助徐州陶谦。陶谦被曹操所逼，不甘心将徐州留给曹操，临死前，请刘备接守徐州，这其实是天上掉馅饼的事。结果刘备却输给了吕布，丢掉了徐州。此后，他就在吕布手下苟且过活。吕布亦不能容刘备，于是他先后投奔曹操、袁绍、刘表。汉高祖刘邦48岁时出来起义。刘备这个年纪还在刘表手下混饭吃，郁郁不得志。

> **启示39** 刘备赢得了人才，赢得了人心，赢得了仁厚的美名。

可是，自出道以来的二十多年，刘备在江湖上的美誉度，却因为他一次次的失败而不断提升。刘备赢得了人才，赢得了人心，赢得了仁厚的美名。

先说人才。关羽、张飞在刘备出道之前，就是铁杆兄弟。公孙瓒帐下的赵云忠勇善战，性情谦和。刘备一见倾心，深相接纳，从此赵云追随刘备一生，甘苦与共。最有名的是诸葛亮，刘备三顾茅庐，成为千古佳话。诸葛亮比刘备年轻二十岁，刘备不仅能用诸葛亮，而且坦诚托孤，诸葛亮则是鞠躬尽瘁，死而后已。史学家陈寿赞美刘备在笼络人才方面可以媲美刘邦："先主之弘毅宽厚，知人待士，盖有高祖之风，英雄之器焉。"至于"举国托孤于诸葛亮，而心神无贰，诚君臣之至公，古今之盛轨也"。可以说比刘邦还要高一筹，为古今罕见之美谈。

再说人心。陶谦请刘备出任徐州刺史，而此前刘备最多做过县令，没有履历，没有家族背景，于是他心中胆怯，对于不远处的袁术，心存疑虑。可是袁绍、陈登、孔融这些不同背景的人，都认同刘备领徐州。特别是孔融，他看不起曹操，却特别看好刘备。《三国志·蜀书·先主传》记载北海相孔融谓先主曰："袁公路（袁术）岂忧国忘家者邪？冢中枯骨，何足介意。今日之事，百姓与能，天与不取，悔不可追。"刘备遂领徐州。这就是刘备的过人之处，天与之，百姓与之，地方实力派如陈登、糜芳都与之。

刘备在荆州，受到刘表的猜忌，难有作为。可人心却在刘备这边。刘表死后，荆州士民皆归附于刘备，诸葛亮劝他袭取刘表遗孤——懦弱的刘琮，刘备不听。曹操南下攻荆州，刘琮投降，数以十万计的百姓追随刘备南逃，每天只能走十几里，有人劝刘备放弃百姓，刘备说："夫济大事必以人为本，今人归吾，吾何忍弃去！"走笔至此，晋朝史学家习凿齿也不禁赞叹道："先主虽颠沛险难而信义愈明，势逼事危而言不失道。"

最后说仁厚。刘备无疑有忠厚的一面。习凿齿说，刘备"追景升（刘表）之顾，则情感三军；恋赴义之士，则甘与同败"。说他不愿意袭取荆州，愧对刘表于地下；不愿意抛弃百姓，宁愿与之同患难。其实，从另外一面说，刘备的仁厚，也是他的智慧所在，即使他打算袭取荆州，能够确保一定成功吗？即使袭取成功了，面对曹操南下的大军，他能保住荆州吗？刘备心中应该是很清楚的。

总之，与众豪杰混江湖，刘备可以打的牌不多，可依赖的本钱也很少。全凭他自己这点仁厚的长者形象，往往绝处逢生，逢凶化吉。刘备动不动就以刘皇叔自诩，其实最不靠谱的就是这个"皇叔"头衔。

二、困境中的机遇

赤壁之战是刘备一生的转折点。在此之前，刘备很少有得意的日子。

赤壁之战期间，刘备以及关羽、刘琦（刘表长子，其手下军队万余人归于刘备）有两万人，周瑜所动员的军队也只有三万人，照理说，双方出兵相当，确实是孙刘联盟。可是，无论是曹操，还是孙权，都没有把刘备真正作为一方而平等相待。孙权只是把刘备看作前来投奔自己的人，就像当初刘备在袁绍、曹操和刘表手下那样。这是导致孙、刘两家为荆州问题大动干戈的原因之一。

先说当初刘备投靠曹操，是被吕布所逼。曹操待刘备甚厚，授豫州刺史、左将军，礼之亦重，出则同舆，坐则同席。刘备后来称刘豫州、左将军，就本乎此。豫州在河南，是曹操的地盘，刘备任豫州刺史，只是虚名。刘备心知肚明，所以他从来就没有想在曹操手下安安心心地过日子。为什么？因为曹操不会放过他。青梅煮酒论英雄，曹操说，当今之世，堪称英雄的唯有你刘使君和我曹操啊，"本初之徒，不足数也"——袁绍之流，是不能算的。这番话把刘备吓得筷子都掉地上了。我们佩服曹操的眼力，更要赞赏刘备的柔术，他毕竟瞒过了曹操的眼睛，逃了出来。

接着刘备去了袁绍麾下。袁绍除了派人前往迎接之外，他自己也到两百里之外亲迎之，可见对刘备的重视。刘备于袁绍之子袁谭有恩（袁谭举茂才，刘备是恩主），可尽管如此，袁、曹还没有分出胜负，刘备就"阴欲离绍，乃说绍南连荆州牧刘表"（《三国志》卷三二《蜀书·先主传》）。为什么刘备暗中谋划离开袁绍呢？因为他自己不能俯首于袁绍，袁绍也不可能放心于刘备。官渡之战结束后，刘备就投奔荆州刘表而去。

可是，刘备在荆州也深为刘表所忌惮。从刘表等人身上，我们看出汉末名士的不堪。"景升父子皆豚犬"（叶剑英《七律·远望》），此言不虚。曹操出兵东北的乌桓，刘备建议乘许下空虚，袭击曹操的后方。刘表犹豫不决，失去了机会。刘表的这种态度，被郭嘉等人看得一清二楚，因此建议曹操放心前行。刘表身居天下要冲，采取中立态度，实际上是坐以待毙。刘备在荆州一共有七年时间，这期间他广结恩信，又先后得到了徐庶、诸葛亮这样的人才，就等一个出头露面的机会。刘表去世后，曹操南下，荆州局势崩盘，孙权暴露在曹操的打击之下，从而给了刘备新的机遇。

曹操屯军于江北的乌林（今湖北洪湖境内），其著名的《短歌行》：“月明星稀，乌鹊南飞。绕树三匝，何枝可依？山不厌高，海不厌深。周公吐哺，天下归心。”就是赤壁之战前与诸将宴饮时的即兴之作。据说其中的“乌鹊南飞，绕树三匝，何枝可依”，是很不吉利的征兆。接着，黄盖诈降，火烧曹营，刘备从陆路、周瑜从水路，并进追击，曹操大败而逃。孙刘联军赢得了赤壁之战的胜利。

刘备一再投靠他人（公孙瓒、陶谦、吕布、曹操、袁绍、刘表、孙权），在困境中求生存，借力发力，表现了他在仁厚之外，还有坚忍、通权变的一面。

三、辉煌后的寂灭

赤壁之战结束后，刘备终于得到了一块属于自己的地盘。这是他失去徐州之后，再一次真正拥有一块自己的地盘。可是，荆州与徐州类似，也是四战之地。凭刘备如此单薄的实力，根本不可能固守。所以，需要孙刘联盟。

机会来自益州。割据汉中的张鲁投降了曹操，汉中成为曹操进攻成都的跳板。益州牧刘璋在僚属张松、法正的鼓动下，决定迎请刘备入川，北击张鲁。刘备于是有了染指益州的机会。诸葛亮"隆中对"提出的横跨荆益的诱人前景，正在向他招手。

可是，有人不看好刘备在四川的军事行动。"初，刘备袭蜀，丞相掾赵戬曰：'刘备其不济乎？拙于用兵，每战则败，奔亡不暇，何以图人？蜀虽小区，险固四塞，独守之国，难卒并也。'"曹操手下的幕僚长赵戬看不上刘备，说他"拙于用兵，每战则败，奔亡不暇，何以图人？"能够逃命保住自己就不错了，还想算计别人呢！赵戬鼻子里不屑的哼声，仿佛可闻。

可是，著名思想家傅玄的父亲傅幹却有独到的看法："刘备宽仁有度，能得人死力。诸葛亮达治知变，正而有谋，而为之相；张飞、关羽勇而有义，皆万人之敌，而为之将：此三人者，皆人杰也。以备之略，三杰佐之，何为不济也？"傅幹认为刘备会成功夺取益州。理由之一，刘备宽仁有度，宽仁而且能把握尺度（不甚迂腐），能够让人死心塌地跟随他。理由之二，诸葛亮通达权变，懂政治而有谋略；关、张忠义勇敢，为万人敌。他们都是一流人才。理由之三，团队精神好，能互相配合，以刘备的领导韬略，加上能文能武的团队辅佐，有什么事情做不成呢？

211年，应刘璋邀请，刘备率庞统等人统数万兵马进川，刘璋甚至没有让其进城，就让他直接去白水关前线，准备攻打张鲁。有人建议刘备在刘璋迎接的仪式上袭取成都，刘备觉得根基不固，没有轻举妄动。次年，张松勾结刘备取益州的阴谋败露，刘备调诸葛亮等进川辅佐。214年，刘备攻入成都，刘璋被送往江陵安置。

219年，刘备攻取汉中，并自任汉中王，事业达到巅峰。刘备在成都，魏延在汉中（梁州），关羽在荆州，当初横跨荆益的蓝图已经成为现实。可是，这个现实包含着一个巨大的风险，就是荆州与益州之间的水上通道，要经过三峡，十分险阻，兵马与物资均难以顺畅调动。而益州是"险固四塞"，刘备的兵力被切割为三。益州之外，北边的汉中直面曹操西北的军事压力，荆州面临孙权的觊觎和曹操河南地区的军事压力。连接荆益之间陆上通道的关键点——襄阳和樊城，掌控在曹操手上。

于是，关羽急忙在荆州搞出大动作，要攻打襄、樊，但他没有照顾到孙权的情绪，没有在外交上做出恰当的安排，最终急于求成，功亏一篑。关羽失荆州，败走麦城，给了刘备沉重的打击。我们要反思的是，当初诸葛亮设计的横跨荆益，成为镜花水月，以及刘备失败的原因。

不久，曹操去世，曹丕禅代。刘备也于221年即位称帝。此时的蜀汉，本当巩固政权，徐图良策，可是刘备却以为关羽报仇的名义，发动了征讨东吴的夷陵之战。战前张飞已经被杀，诸葛亮、赵云都无法阻拦刘备的冲动行为。夷陵战败，蜀汉元气大伤，刘备一病不起。

刘备驾崩于223年，《资治通鉴》没有像曹操去世时那样留下一段盖棺定论式的评价。《三国志·蜀书·先主传》之末有段评语，除了赞扬刘备的弘毅宽厚、知人善用之外，还特别提出，"机权干略，不逮魏武，是以基宇亦狭"。这是实事求是的评价。比起曹操的雄才武略，刘备确实要甘拜下风。"然折而不挠，终不为下者，抑揆彼之量必不容己，非唯竞利，且以避害云尔。"

"折而不挠"，奋斗不止，陈寿对刘备的这个评价，并非虚言。说刘备之所以这样做，"非唯竞利，且以避害"，也是洞察人心的确当之论。

> **启示40** 论心机，刘备不如曹操；论家业，刘备逊于孙权。但是，刘备能识人、团结人，致其死力；刘备能广播恩信，所在之处均能获得民心归附，也能争取到当地豪强的支持；刘备性格坚忍，能屈能伸，百折不挠，最终成就了一番偏安的霸业。

在东汉末年的政治江湖上，刘备曾属于弱者。行伍出身，最不会的就是打仗；自称皇叔，最弱的一项就是出身。论心机，刘备不如曹操；论家业，刘备逊于孙权。但是，刘备能识人、团结人，致其死力；刘备能广播恩信，所在之处均能获得民心归附，也能争取到当地豪强的支持；刘备性格坚忍，能屈能伸，百折不挠，最终成就了一番偏安的霸业。

（参见《资治通鉴》卷六〇至卷七〇）

第二节　东吴偏霸：孙权及其父兄的事业

孙权（182—252）及其父孙坚（155—191）、兄孙策（175—200），在三国英雄谱中构成了一道独特的风景，与他们对应的是刘表父子。曹操曾说："生子当如孙仲谋，刘景升儿子若豚犬耳！"（《三国志》卷四七《吴书·吴主传》裴松之注引《吴历》）刘景升，荆州刺史刘表也。辛弃疾《南乡子·登京口北固亭有怀》"生子当如孙仲谋"，叶剑英《七律·远望》"景升父子皆豚犬"，出典即在于此。

然而，三国人物中，与曹操、刘备相比，孙氏父子的事迹，是传说最少的一个。

一、父兄皆好汉

《三国志》说孙坚是孙武之后，生长在富春江边，17岁时随父亲到钱塘，因勇擒盗贼而闻名。此后，因为孙坚在地方治安中表现出色，历任盐渎、盱眙、下邳县丞。时在汉灵帝熹平初年（熹平元年是172年）。

少年孙坚以勇猛知名，其后的事迹，也都与打仗有关。朝廷征召他去征讨黄巾军，平定西凉羌人，在灵帝生前，他已经是长沙太守，因军功封为乌程侯。别说刘备比不上，就是与曹操相比，孙坚的成就也不遑多让。更突出的是孙坚在随关东军讨伐董卓时的卓越表现。董卓西遁途中，曹操被董卓部将徐荣打败，而孙坚的军队一直打到洛阳城。董卓曾说："关东军败数矣，皆畏孤，无能为也。惟孙坚小戆，颇能用人，当语诸将，使知忌之。"（《资治通鉴》卷六〇，汉献帝初平二年）董卓曾经想与孙坚结成儿女亲家，笼络孙坚，被孙坚断然拒绝。

孙坚的失误，在于追随了袁术。袁术推荐孙坚为豫州刺史，派他去攻打荆州刘表，在与刘表部将黄祖的战争中，孙坚不幸身中暗箭而亡，其部众为袁术所控制。

与父亲孙坚酷似，长子孙策也是一员猛将。父亲死时，孙策年仅16岁。父亲早逝，给他留下的基业虽然有限，但在老家扬州地区，孙家已经有一定的势力。孙策的舅舅吴景是丹阳（又作丹杨）太守，从兄孙贲为丹阳都尉。孙策招募了数百人继续追随袁术，战功卓著。可是，袁术经常欺骗他，许诺他为九江太守，后来却用了别人；又让他去打庐江，说打下来就让他当庐江太守，还歉意地说上次九江太守的事用错人了，这回一定兑现。待孙策攻下庐江，袁术又安排自己的老部下为太守。欺骗孙策，是因为忌惮孙策。孙策对此十分恼火。总之，孙策在袁术这里是没有出路了。于是，他以协助舅父吴景平定江东的名义，讨回父亲的亲兵旧部，袁术也给了部分资助，孙策回到了家乡。到故乡去创业，这是孙策成功的一个关键。

孙策在江东所向披靡，敌人闻孙郎之名而丧胆。[①]这个时候，孙策身边已经有了张昭、秦松、张纮等一班谋士，周瑜等一班朋友，程普等一班军将。袁术称帝，让新掌朝廷大权的曹操很难堪，也给了孙策重要的战略机遇。他一方面声讨袁术的叛逆行为，借机摆脱袁术，另一方面在江东大力拓展地盘。孙策自领会稽太守，舅父吴景为丹阳太守，从兄孙贲为豫章太守；分豫章为庐陵郡，以孙贲之弟孙辅为庐陵太守，另用心腹朱治为吴郡太守，又荐李术为庐江太守。曹操为拉拢孙策，代表朝廷任命他为讨逆将军，封吴侯。袁术死后，曹操的压力主要来自北边的袁绍，他不仅认可了孙策的行动，还与之结为婚姻之好。

孙家的基业其实是孙策奠定的。遗憾的是在官渡决战前夕，孙策被曾任吴郡太守的许贡的门客暗箭射杀，年仅25岁。

二、孙权初出茅庐

孙坚出身江东，却一直在荆州地区做官。孙策在父亲死后，只有九年的光景，回到江东的时间也不长，虽然控制了江东的几个郡，但是政权并不巩固。司马光是这么分析孙策死后之形势的："时策虽有会稽、吴郡、丹阳、豫章、庐江、庐陵，然深险之地，犹未尽从，流寓之士，皆以安危去就为意，未有君臣之固。"（《资治通鉴》卷六三，汉献帝建安五年）巩固江东政权的任务是孙权完成的。

---

① 《三国志》卷四六《吴书·孙破虏讨逆传》裴松之注引《江表传》："策时年少，虽有位号，而士民皆呼为孙郎。百姓闻孙郎至，皆失魂魄；长吏委城郭，窜伏山草。及至，军士奉令，不敢虏略，鸡犬菜茹，一无所犯，民乃大悦，竞以牛酒诣军。"

孙策临终时给年仅18岁的孙权打气说:"举江东之众,决机于两陈之间,与天下争衡,卿不如我;举贤任能,各尽其心以保江东,我不如卿。"(《资治通鉴》卷六三,汉献帝建安五年)意思是孙权更善于当领导,孙策更善于打仗。这番话有孙策的自谦之词和鼓励之意。

孙策在征服江东的过程中,"一无所犯,民乃大悦,竞以牛酒诣军",能够做到"军令整肃,百姓怀之",说明他善于团结当地豪强,也获得了南下士族和当地豪族的拥戴和支持,张昭是流寓之士的代表[1],周瑜是当地势力的代表[2]。降华歆,赦魏腾,都说明孙策是很有战略头脑的人。史家赞扬道:"策为人,美姿颜,好笑语,性阔达听受,善于用人,是以士民见者,莫不尽心,乐为致死。"(《三国志》卷四六《吴书·孙破虏讨逆传》)孙权继承了父兄善于邀人死力、乐为致死的领袖魅力。

与父兄不同的是,孙权的优势不是在战场上勇猛杀敌。《三国志·吴书·吴主传》对孙权的评价是:"孙权屈身忍辱,任才尚计,有句践之奇英,人之杰矣。故能自擅江表,成鼎峙之业。"结合孙策的鼓励之词和陈寿的赞美之词,可以得出一个结

---

① 《三国志》卷五二《吴书·张昭传》:"汉末大乱,徐方士民多避难扬土,昭皆南渡江。孙策创业,命昭为长史、抚军中郎将,升堂拜母,如比肩之旧,文武之事,一以委昭。昭每得北方士大夫书疏,专归美于昭,昭欲默而不宣则惧有私,宣之则恐非宜,进退不安。策闻之,欢笑曰:'昔管仲相齐,一则仲父,二则仲父,而桓公为霸者宗。今子布贤,我能用之,其功名独不在我乎!'"

② 《三国志》卷五四《吴书·周瑜传》:"策与瑜同年,独相友善,瑜推道南大宅以舍策,升堂拜母,有无通共。瑜从父尚为丹杨太守,瑜往省之。会策将东渡,到历阳,驰书报瑜,瑜将兵迎策。策大喜曰:'吾得卿,谐也。'遂从攻横江、当利,皆拔之。"

论,孙权不像其父兄那样善于挺矛操戈、冲锋陷阵,他是一个有阴柔手段的人。他的优势是,能够像勾践那样屈身忍辱,笼络人才,善用计谋。

举一个例子。孙权执掌江东后的第一要务,是"分部诸将,镇抚山越,讨不从命"。庐陵太守孙辅担心孙权年轻不能保住江东,乃暗通曹操,孙权翦除其亲近,调到自己的侧近加以控制。庐江太守李术虽然当初蒙孙策举荐,孙策还拨给他三千兵马,却也不服孙权管束,甚至招纳孙权的部众。孙权移书讨要,李术回复说,有德者归附,无德者叛离,哪有归还之理! 孙权大怒,但他没有莽撞行事,而是先上书主持朝政的曹操,说李术这家伙杀了您任用的扬州刺史严象,我现在要剿除他,他肯定会向朝廷求援,希望您不要理睬他。果然,孙权进攻李术,"术求救于操,操不救"。孙权"遂屠其城,枭术首,徙其部曲二万余人"(《资治通鉴》卷六三,汉献帝建安五年)。能够骗住曹操,让其听任自己兼并异己势力,可见年未弱冠、初出茅庐的孙权,确实不同凡响。孙策死后,江东大佬张昭、孙策密友周瑜都看好孙权。"张昭、周瑜等谓权可与共成大业,遂委心而服事焉。"这不是没有原因的。

三、孙权的领导风格

任何一个成功的领袖人物,其领导风格、成功原因各不相同,但是,治国理政,莫先于用人,用人始终是领导艺术的核心内容。孙权的领导风格,有什么过人之处呢?

启示41 孙权的领导风格，主要有三个特点：一、处事谨慎，对发展战略心中有数。二、善于识人用人，做思想工作时讲究方式方法，能够驾驭部下。三、对外战略灵活，一切以国家利益为重，善于审时度势。

第一，处事谨慎，对发展战略心中有数。

公元200年，孙权即位不久，与鲁肃初次见面。鲁肃是周瑜推荐的。二人合榻对饮。孙权说："今汉室倾危，孤思有桓、文之功，君何以佐之？"意思是要学习齐桓公、晋文公，匡扶汉室。主政一方，当为汉家社稷效力。这其实是场面上的话。

鲁肃直截了当地说，您恐怕不够格啊。当年汉高祖刘邦欲尊事义帝而不获者，以项羽为害也。今日之曹操，犹昔日之项羽，将军何由得为桓、文乎！以我浅见，汉室不可复兴，曹操不可卒除，为将军计，惟有保守江东，割据一方，以观天下之衅耳。若因北方地区多务，我们可以伺机剿除黄祖，进伐荆州刘表，完全据有长江天堑，此王霸之业也。

其实，孙策临终前，就提出了"保有江东、徐观天下"的偏霸之策，鲁肃只是捅破了这层窗户纸，并且更具体地论及发展路线图而已。但孙权新领江东，极力与曹操斡旋，不宜立刻表态，暴露自己的政治意图。他现在的身份还是汉臣，所以他假装糊涂地说："今尽力一方，冀以辅汉耳，此言非所及也。"（《资治通鉴》卷六三，汉献帝建安五年）孙权这番表态，与刘备后来对于诸葛亮"隆中对"的表态，有显著的不同。应该说，各有千秋。刘备立刻表态，是要给自己和团队打气；孙权故作沉吟，则是为了掩盖自己的战略方向。两位都是高人。可是，人家孙郎当时只有18岁。

《资治通鉴》记载了孙权就任之初在人事上的一些安排："权料诸小将兵少而用薄者，并合之。别部司马汝南吕蒙，军容鲜整，士卒练习。权大悦，增其兵，宠任之。功曹骆统劝权尊贤接士，勤求损益，飨赐之日，人人别进，问其燥湿，加以密意，诱谕使言，察其志趣。权纳用焉。"这段话说了三件事：一是孙权一上台就进行了一次军队改革，合并裁减了一些兵少能力弱的干部；二是提拔重用了吕蒙，因为吕蒙带兵出色；三是采纳骆统的建议，尊贤纳士，听取其建言，关心其生活，观察其志向，以便进一步发现人才。

第二，善于识人用人，能够驾驭部下。

孙权割据江东，除了地理优势，还有人才优势，始终有一批文武贤才忠心辅佐他。这一点，被出使江东的曹魏使者观察到，诸葛亮在蜀汉也多次提到。治国理政，人才终究是第一位的。孙权用人最大的特点是：不求全责备，人尽其用。

孙权曾经评论过吴国的三个重要人才——周瑜、鲁肃和吕蒙。

对于周瑜，他肯定其胆略过人，赤壁之战，开拓荆州，建立伟业。

对于鲁肃，他肯定其见识超群，并举二事为证。一是二人初次见面，鲁肃论及发展大略，谋求帝王之业，此是一大快事。二是曹操大兵压境，张昭、秦松等人都主张投降，只有鲁肃力主抗击, 劝孙权让周瑜总领兵事, 最终获胜, 这是二大快事。但是, 孙权认为鲁肃也有错失, 鲁肃力主借荆州给刘备的事, 是明显失误。当刘备不愿意归还荆州之时, 鲁肃向关羽讨要不成, 说关羽没什么了不起, 这是鲁肃 "内不能办, 外为大言耳!" 但是, 瑕不掩瑜, 孙权并不苛责于他, 反而还赞赏鲁肃带兵, 军令整肃, 路不拾遗, 有完善的法令制度。

对于吕蒙, 孙权赞赏他不仅果敢有胆, 而且 "学问开益, 筹略奇至"。关于这一点, 还有一个故事。吕蒙带兵后, 有一次孙权对他说, "卿今当涂掌事, 不可不学"。你现在掌权用事, 不可不学习, 建议他花时间读读书。吕蒙推辞说, 军中事务繁忙, 哪有闲工夫读书啊。孙权说, 不是让你读书去当经学博士! 但当涉猎阅览, 了解历史成败。你说自己事务多, 与我比怎么样? 我的事情也多, 但是我经常读书, 自以为大有裨益。从此, 吕蒙注意读书, 进步很快, 以致鲁肃见到后大呼: 老兄今日之才学, 非复当年的吴下阿蒙啊! 吕蒙不无得意地说, 士别三日, 当刮目相待, 老兄怎么现在才明白呀! 孙权称赞吕蒙通过学习, 进步很快, 与周公瑾相亚, 唯有议论的风采稍逊而已。

再举一个例子。赤壁之战后, 曹操与孙权在濡须、合肥一带有过多次拉锯战。孙权常年屯兵在濡须口(在今安徽无为县附近)。他让大将周泰在濡须前线统兵, 发现大将朱然、徐盛等轻视周泰。周泰出身寒微, 没有什么背景, 他们归周泰统属, 心中不服。前线统兵将帅不和, 这是兵家大忌。怎么办呢? 孙权没有采用生硬的手段批评不服的将领, 而是动了些心思, 用温和的办法化解了矛盾。

孙权约诸将宴饮，酒酣耳热之际，命周泰解开衣襟，但见其身上伤痕累累，故意问道，周将军啊，你这遍体鳞伤是怎么回事啊？周泰老老实实地说，这一处伤疤是何时何地的哪场战斗所致，那一处伤疤是何时何地的哪场战斗所致。等到周泰说完，穿好衣服，孙权已泪流满面。他紧紧拉住周泰的手说："幼平（周泰字幼平），卿为孤兄弟，战如熊虎，不惜躯命，被创数十，肤如刻画（身体上的刀剑伤痕像刻画的线条一样），孤亦何心不待卿以骨肉之恩，委卿以兵马之重乎？"宴会结束后，孙权请周泰率兵马导从，鸣鼓角作鼓吹而出。徐盛等乃服。你看，孙权做思想工作，绝不鲁莽，而是讲究方式方法。

第三，对外战略灵活，善于审时度势。

三国的外交中，东吴的身段最柔软，联刘抗曹，或者是降魏攻刘，只看国家利益，没有个人感情。赤壁之战前的事情不说，赤壁之战后，孙权与曹操有过多次交手，互有胜负。但是，如果国家利益受到威胁或者损害，孙权从来不吝惜与刘备翻脸。孙权有多次投降曹魏的举动，又有多次与蜀汉盟誓的事情。一切以国家利益为重。

当初刘备借荆州，一是因为赤壁之战刘备确实有功，二是鲁肃力主孙刘联盟，对付北边的曹操，把刘备当作看家护院的。其实，孙刘两家对于荆州的归属，有明显的争论。214年，刘备取益州，孙权就嘀咕着荆州的事情。鲁肃死前，由于曹操在汉中的行为威胁到刘备，刘备做出让步，孙刘两家分荆州为二，东边三郡归孙吴，西边三郡归刘备，算是暂时平息了争论。

219年，刘备拿下汉中，称汉中王，关羽在荆州地区采取配合行动，猛攻襄、樊，意欲从陆路打通荆、益。孙权不想让刘备在中原得计，更想乘刘备无暇东顾，将其势力彻底从荆州清除。司马懿看出了孙权心中的"小九九"。于是，孙权与曹操一拍即合，暗通款曲，使关羽丢了性命。

不久，曹操去世。220年，曹丕禅代称帝。次年八月，"孙权遣使称臣，卑辞奉章"，对此，曹丕欣然接受，封孙权为大魏天下的藩王——吴王。对于孙权的甘做藩臣，曹魏阵营的人看得很清楚，无非是权宜之计，防止刘备报仇时，"蜀攻其外，我袭其内"（《资治通鉴》卷六九，魏文帝黄初二年）。孙权面对曹丕派出的使者浩周，信誓旦旦地说绝对有诚意，甚至一把鼻涕一把泪地解释，"为之流涕沾襟，指天为誓"（《资治通鉴》卷六九，魏文帝黄初三年）。可是"多设虚辞"，绝不派质子。

及至夷陵之战，蜀汉失败，孙权马上不认账。曹丕大怒，派大兵征讨，孙权"乃卑辞上书，求自改厉"。孙权还在上书中说：若陛下认为我罪在难除，不能原谅，臣当奉还土地民人，"寄命交州，以终余年"。把我流放到交州去，以终余生。同时，孙权又给上过当的魏国使臣浩周写信："欲为子登求昏宗室。"又云："以登年弱，欲遣孙长绪、张子布随登俱来。"说得跟真的一样。你看孙权的这些手段，什么词都讲得出来。

但是，这次曹丕不上当了，决定亲征东吴。孙权自知说谎话不行了，于是一方面发兵临江拒守，另一方面又腆着脸，"使太中大夫郑泉聘于汉，汉太中大夫宗玮报之，吴、汉复通"。蜀汉这时候已经没有力量再战，与曹魏又不存在和解的可能性，只好接受了东吴的和平使者。在刘备死前，蜀、吴实际已经和解。

223年，刘备驾崩，后主刘禅继位，诸葛亮实际主持朝政。诸葛亮主动遣使东吴修好。于是东吴与蜀汉维持了四十年的和平，直到三国局面的结束。

> **启示42** 当年的孙权，尚能改过迁善，约束权力，把持自己。可晚年的孙权，听信谗言，昏聩骄狂，手握大权不放，疑心重而听不进劝谏。特别是在接班人的选择上，反复无常，最终留下了一个烂摊子。

孙权晚年犯了许多错误。他是一个疑心比较重的人，只是不一定放在脸上。在赤壁之战前，他为了牵制周瑜，派程普与周瑜分别为左右督。及至吕蒙带兵图荆州，他又想派孙家人牵制。吕蒙点出此事，说当初周瑜与程普的不协调，几乎闹出事故来，孙权才作罢。当年的孙权，尚能改过迁善，约束权力，把持自己。可是晚年的孙权，听信谗言，昏聩骄狂，手握大权不放，疑心重而听不进劝谏。他任用的宰相，不是平庸之辈，就是远离京城的前线统帅。前者不敢用权，后者无法执政。孙权也想改革，可是，他用吕壹进行的改革，变成了苛政。特别是在接班人的选择上，反复无常，最终留下一个烂摊子。

孙权是三国英雄里面寿命比较长的一位，在252年辞世的时候，已经70岁。在古代王朝权力结构中，长寿的帝王不知道约束自己，往往形成晚年的悲剧，孙权也没有逃脱这个命运。

（参见《资治通鉴》卷六〇至卷七五）

第三节 鞠躬尽力,死而后已: 诸葛亮的信念和追求

三国角逐,诸葛亮的出场是比较晚的。建安十二年(207),蛰伏新野的刘备,三顾茅庐;诸葛亮"隆中对",一举成名;次年的赤壁之战,刘备迎来了事业的转机。《三国志》的作者陈寿是这么介绍的:"亮少有逸群之才,英霸之器,身长八尺,容貌甚伟,时人异焉。遭汉末扰乱,随叔父玄避难荆州,躬耕于野,不求闻达。时左将军刘备以亮有殊量,乃三顾亮于草庐之中;亮深谓备雄姿杰出,遂解带写诚,厚相结纳。"(《三国志》卷三五《蜀书·诸葛亮传》)从此,诸葛亮把一生都献给了刘备追求的光复汉室之业。其中,刘备托孤是诸葛亮一生的转折点。此前,诸葛亮只是刘备的辅佐;此后,诸葛亮成了蜀汉事业的主角。

一、诸葛亮的长处与短处

根据《三国志·蜀书·诸葛亮传》的记载,刘备入川之前,诸葛亮为刘备做了三件重要的事情:第一是"隆中对",指明了

未来的发展方向；第二是赤壁之战前，出使东吴，向孙权剖析利
害，组成了抗曹联盟；第三是曹操北撤后，刘备获得了荆州部分
地盘，"先主遂收江南，以亮为军师中郎将，使督零陵、桂阳、长
沙三郡，调其赋税，以充军实"。这三件事，一是战略谋划，二
是外交策划，三是行政治理，类似于萧何的角色。

建安十六年（211）之后，刘备经营益州，诸葛亮先是与关
羽镇守荆州，后来随张飞、赵云等"率众沂江，分定郡县，与先
主共围成都"。成都平，以诸葛亮为军师将军，署左将军府事。
"先主外出，亮常镇守成都，足食足兵。"他扮演的依然是萧何
后勤保障的角色。刘备称帝，诸葛亮为丞相录尚书事。这与刘邦
称帝后，萧何为相国极为相似。

陈寿评价说："诸葛亮之为相国也，抚百姓，示仪轨，约官
职，从权制，开诚心，布公道；尽忠益时者虽仇必赏，犯法怠慢
者虽亲必罚，服罪输情者虽重必释，游辞巧饰者虽轻必戮；善
无微而不赏，恶无纤而不贬；庶事精练，物理其本，循名责实，
虚伪不齿；终于邦域之内，咸畏而爱之，刑政虽峻而无怨者，以
其用心平而劝戒明也。可谓识治之良才，管、萧之亚匹矣。然连
年动众，未能成功，盖应变将略，非其所长欤！"（《三国志》卷
三五《蜀书·诸葛亮传》）

> **启示43** 关于诸葛亮的长处与短处,史家陈寿认为诸葛亮有治国抚民之才,法令严明,公平诚信,可以与管仲、萧何相比。又评价说他长于军政,短于谋略;行政才能优于军事才能。此外,陈寿委婉地批评诸葛亮没有发现、培养和举荐有将略之才的人。

史家陈寿肯定诸葛亮治国抚民之才,法令严明,公平诚信,可以与管仲、萧何相比。"然亮才,于治戎为长,奇谋为短,理民之干,优于将略。而所与对敌,或值人杰,加众寡不侔,攻守异体,故虽连年动众,未能有克。"除了客观上双方实力的差距外,陈寿特别点出,诸葛亮长于军政,短于谋略;行政才能优于军事才能。陈寿进而说:"昔萧何荐韩信,管仲举王子城父,皆忖己之长,未能兼有故也。"这已经是在委婉地批评诸葛亮的用人了,说他不能像萧何举荐韩信、管仲举荐王子城父(齐桓公手下第一大将)那样,发现和任用超过自己的将才。最后,陈寿提出问题说:"亮之器能政理,抑亦管、萧之亚匹也,而时之名将无城父、韩信,故使功业陵迟,大义不及邪?盖天命有归,不可以智力争也。"诸葛亮治国理政之才,堪比管仲、萧何,但其北伐事业却未能成功,究竟是没有王子城父、韩信这样的大将造成的呢?还是天命攸归,任凭诸葛亮智力超群也无法取胜呢?

陈寿批评诸葛亮没有发现、培养和举荐有伟大将略之才的人,这与他在《三国志》中极力称赞刘备善于识人用人构成了鲜明的对比。其实，即使是诸葛亮的属僚，对其事必躬亲的做法，也是有微词的。他的主簿杨颙就劝谏说："为治有体，上下不可相侵。请为明公以作家譬之。今有人，使奴执耕稼，婢典炊爨，鸡主司晨，犬主吠盗，牛负重载，马涉远路。私业无旷，所求皆足，雍容高枕，饮食而已。忽一旦尽欲以身亲其役，不复付任，劳其体力，为此碎务，形疲神困，终无一成。岂其智之不如奴婢鸡狗哉？失为家主之法也。是故古人称'坐而论道，谓之王公；作而行之，谓之士大夫'。故丙吉不问横道死人而忧牛喘，陈平不肯知钱谷之数，云'自有主者'，彼诚达于位分之体也。今明公为治，乃躬自校簿书，流汗终日，不亦劳乎！"（《资治通鉴》卷七〇，魏文帝黄初四年）

针对诸葛亮事必躬亲，甚至亲自查核文书档案的事，杨颙给诸葛亮讲起了领导力课程。说治国理政，有一定的分工体制，以家事打比方，家奴主耕，家婢主炊，鸡司晨，狗吠盗，牛载重，马涉远，作为一家之主人，可以坐享其成。这并不是主人的智慧不如奴婢鸡犬，而是因为一家之主自有家法。汉代的名相丙吉、陈平都明白什么事最重要，什么事要交给主管部门去做。您如今主持政务，竟然"躬自校簿书，流汗终日，不亦劳乎！"诸葛亮什么话也没有说，唯"谢之"而已。据说在杨颙死的时候，"亮垂泣三日"。

二、诸葛亮的务实与变通

诸葛亮为刘备立下的第一份大功，就是在曹操大军压境之际，促成了孙刘联盟："魏武帝南征荆州，刘琮举州委质，而备失势众寡，无立锥之地。亮时年二十七，乃建奇策，身使孙权，求援吴会。权既宿服仰备，又睹亮奇雅，甚敬重之，即遣兵三万人以助备。备得用与武帝交战，大破其军，乘胜克捷，江南悉平。"（《三国志》卷三五《蜀书·诸葛亮传》）

> **启示44**　处理南中反叛一事，以及对待孙刘联盟、孙权称帝的态度，都体现了诸葛亮务实的作风。

这里，陈寿把赤壁之战前孙刘联盟的主要功劳记在诸葛亮头上，当然有溢美之意。但是，在孙刘联盟问题上，诸葛亮始终态度坚定，极其务实，则是可以肯定的。夷陵之战前，诸葛亮、赵云等都坚决反对出兵东吴，刘备不听。刘备驾崩后，诸葛亮于执政当年的九月，就派人修复与东吴的关系。

与东吴关系修复之后，诸葛亮首先肃清境内。当时，南中地区反叛，诸葛亮亲自出征。临行前，他问计于马谡，马谡说，南蛮之人，以攻心为上。若仅靠武力征服，人心不服，反复叛乱，不可收拾。若要斩尽杀绝，不仅伤害天理，而且不是朝夕可致。诸葛亮表示赞同，对孟获七纵七擒，终使其心悦诚服。

"益州、永昌、牂柯、越巂四郡皆平，亮即其渠率而用之。"南中平定后，诸葛亮仍然用当地土官管理，有人提出反对意见。诸葛亮分析说："若留外人，则当留兵，兵留则无所食，一不易也；加夷新伤破，父兄死丧，留外人而无兵者，必成祸患，二不易也；又，夷累有废杀之罪，自嫌衅重，若留外人，终不相信，三不易也。"一是派官就需要驻军，驻军就要解决军粮问题；二是最近的战争，难免有死伤，若流官不驻军，十分危险；三是此前蛮夷反叛，多有犯罪，若流官管理，很难互信。这三方面的原因决定了不宜派流官管理。

"今吾欲使不留兵，不运粮，而纲纪粗定，夷、汉粗安故耳。"诸葛亮用区域自治的制度，解决了民族治理问题，稳定了后方，还获得了许多战略物资。"亮于是悉收其俊杰孟获等，以为官属，出其金、银、丹、漆、耕牛、战马以给军国之用。自是终亮之世，夷不复反。"（《资治通鉴》卷七〇，魏文帝黄初六年）

我们没有必要拔高诸葛亮的民族政策，我们只是说，诸葛亮很务实地处理了与南边少数民族的关系，提出了最切实际的治理结构。

229年，诸葛亮开展第二次北伐之际，孙权即位称帝，提出"并尊二帝"（即互相承认对方为皇帝），并且通知了蜀汉。蜀汉朝野有人表示反对："以为交之无益而名体弗顺，宜显明正义，绝其盟好。"诸葛亮对此有一段深入的分析。

首先，孙权僭逆称帝之心，由来已久，不始自今日，我蜀汉之所以容忍不计，是为了取得犄角为援的效果。如果断绝交往，双方关系恶化，其仇我必深，我国必须移兵东戌，甚至发生战斗，只有吞并其疆土，才能进行讨伐中原的大业。其次，东吴人才济济，将相和睦，并非一朝一夕可以取胜。双方斗得难解难分，师老兵疲，反而使北边的曹氏政权得到便宜。我们应该学习先帝与东吴结盟的做法，深思远虑，通权达变，不可逞匹夫之忿。有人说孙权最大的利益就是三足鼎立，不会与我们结盟对付北方，更无渡江北上之意。这都是似是而非的看法。为什么呢？东吴方面是因为智力不足才限江自保。孙权不能渡江北上，犹如曹魏不能跨汉水南下，不是力有余而利不取。我们发大军北伐曹魏，东吴方面一定会采取配合行动，或者分割其土地，或者掳掠其民众，绝不会端坐不动的。退一步说，即使东吴不出兵配合我们的北伐行动，至少我们没有东顾之忧吧。曹魏在河南防范东吴的军队，不会全部调到西边来对付我们吧。就此而言，已经是对我们很大的利好了。因此我们不宜公开谴责孙权的僭逆行为。

于是，诸葛亮派人出使东吴，"贺称尊号。吴主与汉人盟"（《资治通鉴》卷七一，魏明帝太和三年）。东吴和蜀汉联盟经历了一次政治风波的考验。诸葛亮的务实精神，在这段分析中体现得淋漓尽致。

三、诸葛亮的执着与忠诚

诸葛亮是务实的，又是执着的。这特别体现在北伐这件事上。

从228年到234年的七年间，诸葛亮动用十万大军进行了六次北伐（其中一次是反击）。

是蜀汉受到了曹魏的威胁吗？不是。魏明帝曹叡曾想发大军，进攻屯军汉中的诸葛亮。其高级谋士、散骑常侍孙资坚决反对，认为蜀道艰险，需要调发兵力十五六万，还要三倍征发民力，天下骚动。不如严兵分守边疆，以逸待劳，将士虎睡，百姓无事，几年之后，我国日益强盛，吴、蜀必然衰弊。于是，魏明帝放弃了进攻蜀汉的念头。

根据《通典》的记载，蜀汉灭亡时全国人口94万，官吏4万，军人10万。曹魏人口443万。蜀汉人口几乎只有曹魏的五分之一。人口多，兵众就多，诸葛亮想战胜曹魏，其困难可想而知。诸葛亮的对手——曹真、司马懿，都是人杰，加上"众寡不侔，攻守异体"，所以诸葛亮劳师动众，却没有成就。

或许有人会说，诸葛亮北伐的主要意图，并不是一下子收复中原，而是想攻占陇右，作为下一步进攻关中的基地。这种推测有一定合理性。但是，由于军力、人才、物资等实力对比悬殊，也是没有希望成功的。事实上，几次北伐都是劳民伤财，无功而返。

诸葛亮《后出师表》中有云："臣鞠躬尽力，死而后已，至于成败利钝，非臣之明所能逆睹也。"[①] 可见诸葛亮是在知其不可而为之。

当初，刘备在永安（今重庆奉节）白帝城托孤，嘱诸葛亮以后事，说："君才十倍曹丕，必能安国，终定大事。若嗣子可辅，辅之；如其不才，君可自取。"诸葛亮感动得涕泣而言："臣敢不竭股肱之力，效忠贞之节，继之以死！"（《资治通鉴》卷七〇，魏文帝黄初四年）这与《后出师表》中"鞠躬尽力，死而后已"的承诺是一脉相承的。正是刘备的知遇之恩、托付之重，感动和激励了诸葛亮。我们可以重读一下他首次北伐的《出师表》：

"臣本布衣，躬耕南阳，苟全性命于乱世，不求闻达于诸侯。

---

① 《三国志》卷三五《蜀书·诸葛亮传》裴松之注引《汉晋春秋》。裴松之又注云，此表文不见于《诸葛亮集》。但是，就本文所引而言，与《前出师表》的思想旨趣是高度一致的。

先帝不以臣卑鄙, 猥自枉屈, 三顾臣于草庐之中, 谘臣以当世之事; 由是感激, 遂许先帝以驱驰。后值倾覆, 受任于败军之际, 奉命于危难之间, 尔来二十有一年矣。先帝知臣谨慎, 故临崩寄臣以大事也。受命以来, 夙夜忧叹, 恐托付不效, 以伤先帝之明。故五月渡泸, 深入不毛。今南方已定, 兵甲已足, 当奖率三军, 北定中原, 庶竭驽钝, 攘除奸凶, 兴复汉室, 还于旧都。此臣所以报先帝, 而忠陛下之职分也。"

从三顾茅庐, 到白帝城托孤, 诸葛亮始终感受到刘备的知遇之恩, 或者说, 刘备真正赢得了诸葛亮的知恩图报之心。几次北伐后, 回忆起与刘备一起奋斗的往事, 面对当下的时局, 诸葛亮说出"至于成败利钝, 非臣之明所能逆睹也", 确实是肺腑之言。为什么诸葛亮要事事躬亲? 为什么杨颙死后, 诸葛亮为之流泪三日? 诸葛亮不是不明白杨颙所说的道理。但是, 他只能用鞠躬尽力来实现自己的承诺。

曹魏青龙二年(234)七月, 诸葛亮最后一次北伐, 双方处于胶着状态。魏明帝在淮南方向击破东吴军队, "司马懿与诸葛亮相守百余日, 亮数挑战, 懿不出"(《资治通鉴》卷七二, 魏明帝青龙二年)。诸葛亮遣使者来到曹军营中, 司马懿问, 你们丞相寝食如何啊, 事务忙不忙啊, 丝毫不涉及军务上的事情。蜀汉使者回答说: "诸葛公夙兴夜寐, 罚二十以上, 皆亲览焉; 所啖食不至数升。"诸葛亮夙兴夜寐, 兢兢业业, 罚二十鞭的刑罚, 也要亲自过问, 睡不好, 吃得少, 用生命烛火的消融诠释着自己对蜀汉事业的忠诚。

蜀汉军寻战不得, 又失去了东吴的策应, 诸葛亮一病不起,自知来日无多。成都派人来问后事，百岁之后，谁可以继任，诸葛亮说蒋琬可；蒋琬之后呢，费祎可。"又问其次，亮不答。是月，亮卒于军中。"（《资治通鉴》卷七二，魏明帝青龙二年）

诸葛亮鞠躬尽力，死而后已，不是为个人的高官厚禄，而是为了他做出的承诺，为了他心中的信念，为了他追求的理想！

四、生前与身后名

诸葛亮为官廉洁，生前给后主的表文说："成都有桑八百株，薄田十五顷，子弟衣食，自有余饶，臣不别治生以长尺寸。若臣死之日，不使内有余帛，外有赢财，以负陛下。"（《资治通鉴》卷七二，魏明帝青龙二年）诸葛亮治家极严，长子瞻及长孙尚，均因抵抗魏将邓艾袭取成都而捐躯疆场。

诸葛亮死后，"黎庶追思，以为口实。至今梁、益之民，咨述亮者，言犹在耳，虽《甘棠》之咏召公，郑人之歌子产，无以远譬也"。陈寿引孟子的话说："以逸道使民，虽劳不怨；以生道杀人，虽死不忿。"信矣！《资治通鉴》列举了两则事例。长水校尉廖立，自谓才名宜为诸葛亮之副，常以职位游散，心怀怨恨，诸葛亮"废立为民，徙之汶山。及亮卒，立垂泣曰：'吾终为左衽矣！'"同样因罪被撤职的李平（即李严），听说诸葛亮死，"亦发病死。平常冀亮复收己，得自补复，策后人不能故也"。

晋朝史家习凿齿感慨地评论说："诸葛亮之使廖立垂泣，李严致死，岂徒无怨言而已哉！夫水至平而邪者取法，鉴至明而丑者忘怒；水鉴之所以能穷物而无怨者，以其无私也。水鉴无私，犹以免谤，况大人君子怀乐生之心，流矜恕之德，法行于不可不用，刑加乎自犯之罪，爵之而非私，诛之而不怒，天下有不服者乎！"（《资治通鉴》卷七二，魏明帝青龙二年）赞扬诸葛亮因为用法公平，而使人心悦诚服。

> **启示45** 诸葛亮用一生演绎了那个时代君臣际遇的最佳范本。忠诚、勤勉、公平、廉洁，有担当，有理想，这些高贵的品质使诸葛亮成为中国历史上一座伟大的丰碑，成为中华民族最出众的政治家之一。

诸葛亮用一生演绎了那个时代君臣际遇的最佳范本。感动后世君王的，是诸葛亮的才能与忠诚；激励后世士大夫的，是诸葛亮获明主重用、一显身手的际遇。

总之，忠诚、勤勉、公平、廉洁，有担当，有理想，正是这些高贵的品质，使诸葛亮成为中国历史上一座伟大的丰碑，成为中华民族最出众的政治家之一。

（参见《资治通鉴》卷六五至卷七二）

第四节　制度反思：司马篡政与秘书治国

我们通常说的"三国"，一半在东汉末；一半在魏晋间，即公元280年西晋灭亡东吴之时。在魏晋时段里，曹魏立国看起来有四十五年（220—265），实际上在249年高平陵政变之后，司马家族就掌控了曹魏大权，犹如当年曹操掌控着东汉建安政权一样，直到265年腊月建立西晋。

一、司马篡政

司马家族掌控曹魏政权的"开山之人"是司马懿（179—251）。《晋书·宣帝纪》称赞司马懿说："和光同尘，与时舒卷；戢鳞潜翼，思属风云。"这句话的意思是，司马懿善于掩盖自己的锋芒，与时俯仰，沉潜之时，窥伺着风云之变。

曹操时代，司马懿很少显山露水。《资治通鉴》中记载了他为曹操献的二策：一个是得陇望蜀，一个是联吴杀关羽，都是高招。

第一次是在215年，曹操拿下汉中之后，司马懿建议他进一步攻取成都，曹操急着要回师，没有去。第二次是在219年，刘备自封汉中王，夺取了汉中，关羽在荆州响应，动作搞得很大，水淹七军，斩庞德，降于禁，威震华夏。洛阳附近的一些草莽武装，均响应关羽。曹操都想迁都了。司马懿建议曹操稳住阵脚，他出主意说，于禁投降，庞德被杀，并不是关羽的军威如何，只是由于下大雨，不是我们军事上不行，所以不要急于迁都。再说，关羽搞得响动这么大，孙权一定不愿意，我们不妨跟孙权联合，鼓励他从背面抄关羽的后路，答应将来把江东封给他。后来，曹操就是按照这招做的，关羽被杀。

曹植与曹丕争位过程中，司马懿是支持曹丕的，因而曹丕时期，他得到重用。到曹叡时期，他是主要的统帅，对付蜀汉，平定辽东，带兵打仗。曹魏第三任皇帝曹芳即位时只有8岁，司马懿受托为顾命大臣，与曹爽一起辅政。曹爽为大将军，司马懿任侍中、持节、都督中外诸军事、录尚书事。

刚开始，两人合作得很好，他们各统精兵三千，轮流值宿，共执朝政。后来，曹爽以天子的名义下诏书，升司马懿为太傅，罢录尚书事。这样就把司马懿排挤出了权力中枢。同时，曹爽用自己的亲信担任朝中要职，曹爽的几个兄弟也都掌控禁军。两人辅政，变成了曹爽大权独揽，司马懿靠边站了。

如果曹爽真有独自辅国之才，为什么当初明帝不放心，要能干的司马懿共同辅政呢？现在曹爽能耐了，觉得可以踢开司马懿了。

曹爽大权独揽，更改朝章，还把郭太后迁到永宁宫，虽说迁宫是因为皇帝年长的缘故，但是太后心中肯定不爽，这使她有可能被司马懿所用。

至少从247年开始，司马懿就称病，不参与政事了。曹爽对此也不是没有怀疑，他曾经让心腹李胜去探视司马懿的病情。李胜对司马懿说，天子命他出任荆州刺史，现在特来向太傅辞行。司马懿知道其来意，故意装傻，穿着衣服，衣服都往下掉；口渴，婢女进粥，粥流到身上，弄得满身都是，还说自己死在旦夕，希望大将军多照顾自己的孩子。李胜一看，老头子都病成这样了，回去一说，曹爽他们就放心了。

曹爽的问题是什么？第一，他想排挤的对手，远比他自己有本事、有谋略。第二，他信任的帮手，都是轻佻狂妄之人。第三，有本事的人，如号称"智囊"的桓范，他却不信任。除了这些问题以外，就是曹爽本人并不过硬，他骄奢淫逸，贪恋富贵，大权在握，却不懂得用权，自然给司马懿留下了翻盘的机会。

曹爽兄弟经常一起出洛阳城游玩。桓范提醒他，你们一起离开京城，一旦有人把城门关了，不让你们回洛阳，控制不住局面，怎么办？曹爽说，谁敢呢！

249年，真就出事了。十年前的正月，魏明帝托孤；十年后的正月初六，皇帝曹芳带着曹爽兄弟，到城外高平陵去拜谒皇陵。司马懿在洛阳发动政变，史称"高平陵政变"。

司马懿以皇太后的名义，关闭城门，拿出武器，给城外的皇帝送去表文，指责曹爽背弃顾命，祸乱国典，内则僭拟，外则专权，伺察至尊，离间二宫，伤害骨肉，天下汹汹，人怀危惧，要求皇帝罢免曹爽及其兄弟的兵权。

司马懿还给了对方一个诱饵，说你只要交出兵权就可以，我们保你性命无虞，并指洛水为誓。他特地派曹爽信任的官员尹大目传达这个信息。曹爽犹豫了，第一，鱼死网破跟司马懿对抗的话，怕自己对抗不过；第二，死拼的话，在洛阳的娇妻美妾、金银财宝不都没了吗？曹爽犹豫了一宿，决定投降，以为若认输的话，交出兵权，也许司马懿会留他一条命，自己做个富家翁也行啊。

老谋深算的桓范特地跑到城外劝阻曹爽，跟他讲，匹夫手握人质还求活命呢，何况你跟着天子呢？像你现在这样的身份，怎么能够投降，怎么能回去过平静的富家翁生活？你看看，这儿到许昌，不过半宿路程，许昌有钱财，有武库，周边有屯田，大司农军印我也带着。桓范要曹爽以天子的名义直接与司马懿对着干，可是，正如蒋济跟司马懿讲的，桓范虽然有智慧，但是驽马恋栈豆，曹爽一定不会听桓范的。所谓"驽马恋栈豆"，是说曹爽不想吃苦拼斗，他那点出息，就只想守住现有的荣华富贵。

蒋济是对的，桓范看错人了。桓范痛心疾首地哭着说，曹子丹（曹真）何等英雄，竟生出你这几个兄弟，真是猪狗不如啊！唐人赵蕤《长短经》曾多处引用桓范的言论，以显示他有谋略和智慧，可惜，桓范看错了人，栽在了曹爽手里。

最后，曹爽束手就擒，司马懿没有兑现不杀的承诺。曹爽等人都以谋反罪被杀，桓范也搭上了性命。曹魏的大权完全掌控在了司马懿手里。

二、秘书治国

曹魏政权如此短促就被司马氏所取代，不仅仅是司马懿个人的能力所致，还与曹丕所定的国家制度有关。

魏文帝黄初元年（220）十月，曹丕即位。为了革除东汉政治弊端，巩固中央皇权，他采取了几项措施：第一，限制后党外戚的权力；第二，限制内廷宦官的权力；第三，限制藩王的权力，曹家子弟得不到分封，他们的政治和军事权力受到了限制。但是皇帝不能自己掌大权，必然要辅弼之臣来襄助他，那他的辅弼之臣是谁呢？《资治通鉴》在这里给我们做了一个交代。当初曹操担任魏国公的时候，他不信任宦官，不信任外戚，也不信任家里的兄弟子侄辈，他信任谁呢？信任秘书，这个秘书就是刘放、孙资，他们的职位就是秘书郎。

为什么用秘书？第一，曹操的第一谋臣荀彧，是反对曹操称魏公的，为此荀彧抑郁而死，他觉得辅佐曹操是辅佐汉室，曹操不能有野心，荀彧在这方面有点不通世故。第二，司马懿不贴心，司马懿当初跟曹操的时候，就看不上曹操，装病不出，在曹操执政期间，司马懿出的主意不多。后来曹操死了，司马懿能辅政，就是因为他在曹植跟曹丕争位的时候，是站在曹丕一边的。

这辈老人不贴心，曹家的人又限制使用，那么刘放、孙资就成了参与曹操决策的心腹幕僚。曹操死后，曹丕继位，他把秘书改为中书，这个中书就是后世隋唐时代中书省的前身。刘放和孙资，一个任中书监，一个任中书令，专掌机密。什么叫机密呢？内廷决定的大事，对外发布给宰相，让他去执行；在执行之前，要商量如何操作，这是机密。比如说重大官员的任命、重大军事行动、重大经济财政政策，都要先与皇帝商量，各种方案商量好了，然后才去告诉宰相，才去实施。所以中书是非常重要的。

曹丕在位六年就去世了，长子曹叡（204—239）继位，就是魏明帝。刘放、孙资依然是内廷决策的关键人物。《资治通鉴》这么记载："帝亲览万机，数兴军旅，腹心之任，皆二人管之；每有大事，朝臣会议，常令决其是非，择而行之。"就是说，他们是曹叡的高参，重要的事情，都要听取他们的意见，由他们来决定。

我们发现，皇帝身边有两种辅臣：一种是将相大臣，就是陈群、司马懿、曹真等；一种是秘书班子，即孙资、刘放，当时的职务是中书令、中书监。后来，秘书就变成唯一有权的人了。外戚没有权，宗室没有权，大臣不掌机密之权，掌机密的就是皇帝身边的秘书班子。这种情况，在中国古代政治中是常见的，汉武帝以后尤其常见。

对于这样一个权力结构，当时有一个叫蒋济的大臣，上书皇帝，提出自己的看法。他讲了一番道理：第一，大臣不能侵犯皇权，但是近臣也不能垄断信息来源，否则就会障蔽君王的判断力。第二，这些人天天在你身边，他们的聪明、正直未必超过大臣，他们的深谋远虑未必超过大臣，但是他们更善于谄媚逢迎，所以他们会影响你的决策。第三，现在外面都说中书大权在握，即使他们谦恭谨慎，只要有这个名声在外，那些重大决策，他们参与其中，就会有人走他们的门路。这样的话，你如果稍不注意，他们就能上下其手；臧否毁誉，功过赏罚，他们就会随便去操纵。正直的人不用，阿谀奉承的人反而夤缘而上，因为受到陛下信任，他们就窃威弄权，所以需要注意。你看，这些话都是直指刘放和孙资的。

尽管蒋济明确表示，希望明帝能够采纳自己的意见，改变目前过度依赖近臣的做法，但是明帝不听。

蒋济还说，仁明之君不可以什么事都自己管，必然要任用大臣，大臣如果不像周公旦那么忠诚、管夷吾那么公正，就可能弄机败官；周公、管仲这种至公至忠之人难觅，但为人忠诚，品行可以治理好一州，智能可以履行一职，这样的人还是很多的，你何必委计于一两个人呢？他希望，第一，不要光依靠刘放、孙资，要广泛任用各种各样的大臣；第二，不要让我朝有这些小官吏专权，其矛头直指中书。

可见，刘放、孙资的处境其实很危险，皇帝在，他们的权力在；皇帝不在，他们就有生命危险。

三、制度反思

魏明帝死的时候，只有36岁，比其父曹丕死时还年轻。魏明帝在位十三年（226—239），但是他的儿子早夭，也没立太子。明帝病危，刘放、孙资感觉到了危险，大臣们看到了权力重组的机会。

魏明帝跟叔父燕王曹宇的关系不错，于是任命他为大将军。我们知道，大将军从西汉以来就是内朝的领导者，外是丞相，内是大将军。夏侯献，也是曹家的人，任领军将军。还有曹爽，是曹真的儿子；还有曹肇，是曹休的儿子；曹真、曹休，都是曹操时候的大将。他们这几个人共同辅政。

夏侯献、曹肇好像有点不稳重。有一次，他们看见一只鸡飞到树上去了，就指桑骂槐地说，看你在树上还能呆几天！鸡通常就是在地下跑，怎么就飞到树上去了？他们的意思是说，看你刘放、孙资还能风光几天，等皇帝没了，就得看我们的了。

刘放、孙资二人听了这些议论，感到了危机。他们怕如果这些人出来辅政，自己就完了。所以他们要趁曹叡病重时，促使他换掉原先拟定的辅政大臣。

夏侯献、曹肇就算辅政了，也未必行。从这件事可以看出，他们都是粗疏之人。事儿还没办，就把话说出来了。在政治权力斗争当中，你还没出手，就先把想搞掉对方的这个意图暴露出来，你说，对方还能不先下手吗？你不是在提醒对方先下手吗？

史载，燕王曹宇性恭良俭让，陈诚固辞，不想做第一辅政，他觉得自己能力不行。刘放、孙资乘机推荐曹爽。当时正好曹爽在旁边。皇帝问，曹爽你行吗？曹爽吓得流汗不敢说话。刘放踩着他的脚，轻声提醒他回答："臣以死奉社稷。"从这个临场表现看，曹爽也不怎么样。于是，刘放和孙资说，可以让能干的司马懿和曹爽一起辅政。

《资治通鉴》没有明说，但是大家可以想象，司马懿一定是做了刘放、孙资的工作了。我们知道，司马懿是老臣，曹操时期就有他，然后历经曹丕时期、曹叡时期，是三朝元老；刘放、孙资也是三朝元老。因此，刘放、孙资把曹爽再加上司马懿推出来，不光是要排挤掉那些对他们不利的人，而且是司马懿做的长期谋划。

魏明帝于是采纳了二人之言，欲用曹爽、司马懿共同辅政。不久，明帝又改变了主意，他说，让曹爽、司马懿辅政的命令停下，不要下发，似乎对这个决定不放心；刘放、孙资又进去说服明帝，皇帝便依从了他们。刘放说，光口头说不行，你得写个手诏。皇帝说，我没有办法写字。刘放就爬到床上，抓着明帝的手，写了诏书，签上字，然后走出御所，大声说，有诏请燕王曹宇等回家去，不要留在宫中了。曹宇等人就都流着泪，悻悻然出去了。我们看得出来，托孤大事，刘放、孙资在从中弄权。

大事定了，诏令即送到司马懿处。司马懿平定辽东之后，燕王曹宇向皇帝提议，让司马懿直接到长安，去西边对付蜀汉的姜维，不必回京；现在的诏书却说，你司马懿赶紧到洛阳来，到朝廷来，皇帝已屏息待卿至，来了以后就直接进宫见驾，无需通报。看来皇帝真的不行了。

司马懿看到前后诏书变化如此之大，知道京城有事。他快马加鞭赶到京城时，已经是景初三年（239）正月了。入见后，皇帝拉着他的手说，我把后事交给你，请你和曹爽辅佐少子，我坚持着等你来，现在你来了，我再没有遗憾了。然后，皇帝指着8岁的齐王曹芳说，就这个孩子，你看清楚了，可别看错了啊。皇帝还让司马懿把曹芳抱起来，这孩子抱着司马懿的脖子。当下，皇帝立齐王为皇太子。

> **启示46** 曹魏政权,从曹丕到曹叡,在国家政治制度建设方面,没什么有力的巩固政权的措施,没做出符合时代需求的选择,最终导致大权旁落,江山不保。

曹魏政权,从曹丕到曹叡,在国家政治制度建设方面,没什么有力的巩固政权的措施,而是依赖两个秘书治国。秘书为了巩固自己的权位,为了一己之私,等于是胁迫皇帝改变了托孤大臣的人选。

晋朝有史家评论说,听父老辈说,魏明帝这个人,立发垂地,有点口吃,平常不怎么说话。他对大臣很优容,有度量,即使犯颜极谏,也能够容忍。但是"不思建德垂风,不固维城之基"。这是什么意思呢? 就是在道德风范上,不足以垂范后世;在制度建设上,没有巩固基础,所以使得大权旁落,江山不保。

本来是为了防范大臣专权,才用秘书掌权。没想到,秘书治国,在一个小圈子里理政,自然会人亡政息。司马懿"高平陵之变"能够得手,不仅仅是因为他这个人奸诈阴险,还因为曹丕和曹叡没在国家制度上做出符合时代需求的选择。他们片面接受了东汉末年的教训,以致"大权偏据,社稷无卫"。当然,重要的还有,第三位皇帝曹芳年纪太小,又没有经国之才①,否则,在

---

① 据《资治通鉴》卷七五,魏邵陵厉公正始八年:"帝好亵近群小,游宴后园。秋,七月,尚书何晏上言:'自今御幸式乾殿及游豫后园,宜皆从大臣,询谋政事,讲论经义,为万世法。'冬,十二月,散骑常侍、谏议大夫孔乂上言:'今天下已平,陛下可绝后园习骑乘马,出必御辇乘车,天下之福,臣子之愿也。'帝皆不听。"可见曹芳也是一个荒淫的皇帝。

"高平陵之变"的时候，他已年届十八，如果是英雄的帝王，已经显山露水了。汉武帝16岁继位，北魏的那几个开国皇帝，像拓跋珪、拓跋焘，都是十六七岁继位的。所以在当时，领导者个人的才能和智慧，在国家的安全与治理方面，也会起非常重要的作用。

（参见《资治通鉴》卷六七至卷七五）

第五节　君昏臣庸：西晋为何如此短命

一、晋武帝立国与太子问题

西晋的历史很短暂，从266年初建国，到280年统一，接着有一段太康（281—289）盛世，算是上升时期。但是，就是在这个光鲜的表面之下，埋藏着天下大乱的种子。唐太宗给《晋书·武帝纪》写的评论说，晋武帝司马炎（236—290）统一之后，有"骄泰之心"，"居治而忘危"。

吴主孙皓喜好搜罗美女。平吴后，孙皓宫中美女五千人被晋武帝悉数收入宫中。面对如此之多的美人，司马炎不知道该到何处过夜，竟然坐在羊拉的车上，任其所之，按照羊的兴致"海选"。《资治通鉴》是这样记述的："帝既平吴，颇事游宴，怠于政事，掖庭殆将万人。常乘羊车，恣其所之，至便宴寝；宫人竞以竹叶插户，盐汁洒地，以引帝车。"（《资治通鉴》卷八一，晋武帝太康二年）晋武帝的这个故事，创造了一个成语"羊车望幸"。

> **启示47** 《晋书·武帝纪》说晋武帝司马炎统一之后有"骄泰之心","居治而忘危"。晋武帝生活荒淫,引得上层官员也"竞以奢侈相高"。而立太子的问题,成为他最大的败笔。

晋武帝荒淫,上层官员也"竞以奢侈相高"。石崇与王恺斗富,王恺以饴(米汤)刷锅,石崇用蜡当柴禾。王恺用紫丝制成步障四十里,石崇就用织锦做成步障五十里。王恺用带香味的椒刷房子,石崇装修的时候就用色彩鲜亮、纹理细腻的赤石脂当涂料。晋武帝不仅不制止,反而暗助舅舅王恺一臂之力。他曾赐给王恺一株珊瑚树,高达两尺,是很稀罕的珍宝。王恺拿来向石崇炫耀,石崇顺手用铁如意将其打碎。王恺大怒,以为是石崇嫉妒自己的珍宝。石崇从容地说,你不要发怒,赔你就是。于是让人拿出自己的宝贝,三四尺高的珊瑚树有六七株,像王恺那样两尺高的就更多了。王恺这才感到怅然。太尉何曾一顿饭要花上万钱,满桌佳肴,还说没什么可以下筷子的。说他们是"土豪",一个个却都标榜自己是士族高门;说他们是士族,却表现得如此没有文化修养。

司马炎最大的败笔出在立太子的问题上。

司马炎有二十六个儿子,成人的有十三人。皇后杨艳(238—274)生有三子,老大夭亡,老二司马衷(259—307)年长,却是一个智障儿。司马炎担心"皇太子不堪奉大统",想换掉这个太子。皇后却认为:"立嫡以长不以贤,岂可动乎?"(《晋书》卷三一《后妃上·武元杨皇后传》）儿子智障,本来就令做母亲的难过,她不愿再因为这点而剥夺儿子的皇位继承权,进一步让他受委屈。这确实是"妇人之仁"。晋武帝为什么稀里糊涂地答应了呢?

据说太子司马衷的儿子、皇长孙司马遹（278—300）聪明颖悟,深得晋武帝的宠爱。其母谢玖本是武帝的才人,司马衷结婚前,武帝派谢玖去侍寝,教以男女之事,却怀上了身孕。司马衷纳妃贾南风之后,有妾怀孕,遭到贾南风的迫害。谢玖害怕,请求回到西宫,获得晋武帝的同意。于是,谢玖回到了武帝宫中,生下了司马遹。司马遹长到三四岁,司马衷还不知道自己有这么一个儿子。有一次他来朝见,司马衷在宫中与各皇子拉手,拉到司马遹,晋武帝告诉他:"这是你的儿子。"

大约由于这层关系,晋武帝特别喜爱这个长孙,对人说:"此儿当兴我家。"有一次,宫中失火,晋武帝在楼上观察救火情况,年仅五岁的司马遹拉着爷爷的衣襟说,事起非常,不要站在有亮光的地方,您站在暗处也能看见别人,别人却看不见您,这样安全些。又有一次,司马遹与爷爷一起看猪圈,看见一只很肥的猪,说这头猪很肥,得吃多少粮食,不如杀了,以飨将士。司马炎很欣赏这位长孙的聪明伶俐,说他很像自己的祖父司马懿。有这样一个聪明过人的长孙,司马炎就想,即使儿子有些痴呆,传到孙子必兴吾家。

289年,由于纵欲过度,五十多岁的司马炎患病,把朝政交给外戚杨骏打理。杨骏是现任皇后杨芷（259—292）之父。杨芷是前任皇后杨艳的堂妹。杨艳见晋武帝内宠甚多,太子司马衷不惠，担心自己死后儿子的太子之位不保。因此，她临终前一把鼻涕一把泪地请求晋武帝迎娶自己的堂妹杨芷入宫为皇后。晋武帝是一个心软的人，就答应了杨艳。此时的晋武帝，"惟耽酒色，始宠后党"，新皇后杨芷的父亲杨骏自然得到重用。杨骏没有辅国之才，晋武帝认为这样杨骏就更要依靠宗室，不会专擅朝政。霍光、王莽倒是有才，未必是国之大幸。司马炎想让皇叔父汝南王司马亮与杨骏一道辅政。但是，杨骏却用阴谋手段排斥他人，还换掉了武帝身边的所有侍从。晋武帝于弥留之际说："你怎么能这样！"但已经无力改变杨骏的人事布局，只能带着无奈死去。史家说："帝宇量弘厚，明达好谋，容纳直言，未尝失色于人。"（《资治通鉴》卷八二，晋惠帝永熙元年）可是，我觉得这位皇帝确实有些窝囊。

二、贾南风专权与八王之乱

290年，司马炎去世后，智障儿司马衷继位，是为惠帝。外戚与宗室的恶斗，让西晋走向了灭亡。

杨骏攫取了首席顾命大臣的位置，却不具备执政的能力。他的大权独揽，激起了司马家族的愤怒。惠帝的皇后贾南风（257—300）阴险狠毒，她利用司马氏的不满，引楚王司马玮入朝，先后诛杀杨骏及汝南王司马亮。然后又以伪造手诏的罪名，诛杀司马玮。贾南风完全掌控着朝廷大权。在她掌权的十年间，西晋朝廷在奢侈中逐渐腐烂。鲁褒的《钱神论》对当时社会的腐败作了深刻揭露。

西晋是被"八王之乱"冲垮，然后被匈奴贵族刘渊灭亡的。

那么，怎么会有"八王之乱"呢？这还要从外戚专权谈起。

如前所述，惠帝长子司马遹从小聪明伶俐，深得祖父司马炎的喜爱。司马衷之所以能保住嗣君之位，跟这位长孙的得宠有很大关系。贾南风生了三个女儿，却没有儿子，于是将司马遹视作眼中钉，必欲除之而后快。她假装怀孕，企图把妹妹贾午生的儿子当作自己的儿子，以便取代庶出的司马遹。为此，她还设计了一个圈套。

贾南风请著名文人、美男子潘岳代笔写了一份祈祷辞，其中涉及诅咒皇帝与皇后的内容："陛下宜自了，不自了，吾当入了之。中宫又宜速自了，不自了，吾当手了之。"（《资治通鉴》卷八三，晋惠帝元康九年）然后以皇帝生病为由，召太子司马遹入宫。入宫后，太子被设计灌醉，然后稀里糊涂依言抄写这份祈祷辞。其中没有写全的字，还是找人补齐的。然后，贾南风拿出这个证据控告太子谋逆。皇帝司马衷大怒，要将太子处以极刑。大臣张华等坚决反对。贾南风拿出太子往日的文字来对证，证明确实是太子的笔迹。大臣们还是觉得不可思议，要求深入调查。贾南风怕夜长梦多，后退一步，只要求废除太子，将其软禁在首都洛阳西北的金墉城。

太子的部下十分愤怒，知道背后的黑手就是贾南风。他们策动赵王司马伦（司马懿之子）及其亲信孙秀，发动政变，杀死贾南风，营救太子。司马伦采纳了孙秀的建议，没有立即动手除掉贾南风，而是故意泄露废太子要报仇的信息，促使贾南风先动手，毒死了废太子司马遹。在这种举国愤慨的情况下，司马伦以为太子报仇为名，发动政变，诛杀贾南风及其亲党，从而掌握了朝廷大权。

301年，司马伦谎称宣帝司马懿托梦，要求他登基称帝，司马衷逊位。这就激起了司马家族其他诸王的反对。齐王司马冏、河间王司马颙、成都王司马颖联合起兵，长沙王司马乂举兵响应，杀向洛阳，杀死了司马伦。然后，他们之间又发生了火并。皇帝先落在成都王司马颖手里，后来又杀出一个东海王司马越，以迎护惠帝的名义起兵，杀死司马颙与司马颖，掌控了朝廷政权。加上当年贾南风动员起来诛杀杨骏的司马亮、司马玮，共有八王陷入内斗，《晋书》将这八王列入一个传中，故史称"八王之乱"。

307年，晋惠帝司马衷中毒而死，皇太弟司马炽继位，是为晋怀帝，此时距离西晋的灭亡已经不远了。

三、西晋灭亡原因的反思

"八王之乱"彻底消耗了西晋的国家实力。其间，在山西的匈奴八部首领刘渊率先起来造反，揭开了"五胡十六国"天下大乱的序幕。十几年后，晋怀帝和晋愍帝相继被俘，标志着西晋的灭亡。317年，镇守江东的琅琊王司马睿在王导、王敦兄弟的拥戴下，建立了新朝廷，史称"东晋"。

西晋末年"八王之乱"的爆发，表面上看是由于贾南风的贪婪引起的，其实，除了贾南风的政治操作引发危机之外，西晋立国以来的制度安排，也值得反思。

启示48 制度本身无好坏,关键看具体的历史条件,什么时候应该实行什么样的制度。片面地接受教训,好像防范了前朝的问题,却引发了新问题。此外,再好的制度,也要靠人,要看掌控者和执行者的素质和能力。如果君昏臣庸,两者叠加,就必然会亡国。

晋武帝建国后,吸取了曹魏没有分封同室宗亲的教训。他既用外戚辅政,又封了二十七个同姓王,建立诸侯国。分封的诸王,可以选拔自己封国中的文武官员,收取封国的租税,还统领着军队。历史好像回到了刘邦最初建国的时代。这样的制度留下了很大的不稳定因素。

东汉末年,朝中有外戚宦官专权,地方有军阀割据,朝纲不振。曹魏吸取这个教训,外戚宦官靠边站,宗室靠边站,最后给了司马家族篡权的机会。司马懿在中央发动政变,朝中无援,地方无屏藩,江山立即易色。现在司马氏分封了二十七个王,贾南风和杨骏这些外戚,也都到前台来干政,最后在外戚与宗室的内斗中,结束了司马家族的政权。

可见,制度本身无好坏,关键要看具体的历史条件,什么时候应该实行什么样的制度。片面地接受教训,好像防范了前朝的问题,却引发了新问题。唐代赵蕤的《长短经》对此有很多讨论,这是第一层意思。

第二层意思,再好的制度,关键还是靠人,要看在哪种人的掌控之下,这就跟接班人的选拔密切相关了。在帝制时代,一个王朝的接班人的昏明贤愚,对王朝的兴衰、国家的命运,有很大关系。晋武帝选了一个智商极低的儿子当皇帝。你设计的制度再好,他也没有能力掌控。中央君主糊涂,地方诸王坐大,社会矛盾尖锐,加上对内迁少数民族的管理漏洞,西晋王朝坐在了火山口上,自然无法逃脱迅速灭亡的命运。

我们发现,《资治通鉴》的这种叙事,虽然也有"臣光曰"之类的直接评点,但是它最有价值的部分,是从具体事情上记述和探究王朝的兴衰。如果非要探究人事背后深层次的原因,比如土地问题、赋役制度,不是完全不可以。但是,那样许多问题就会扯得很远,等于推脱了当事人的责任。尤其是西晋,如果不是上层的生活糜烂、奢侈浮夸,那么即使皇帝弱势一点,而大臣有为一点,也许还能够撑起来。

总之,在帝制时代,一个政权能不能找到优秀的接班人,对于王朝兴衰至关重要。世袭制度下,能否在皇家子嗣里找到优秀的接班人,本身就是疑问,何况还有立嫡以长的限制,选择范围就更小了。在中央集权的皇帝制度下,皇帝不行,就必须有贤能的大臣来帮衬,处理现实问题,儒家、道家和法家都讲"垂拱而治",未尝不包含这层意思在内。如果辅佐大臣也昏庸无能的话,有什么机制可以纠正皇家子孙的不肖呢?君昏臣庸,两者叠加在一起,就必然会亡国。对曹魏来说,就是司马家族取而代之;对于西晋司马政权来说,君主昏庸,辅臣不行,外戚也不行,就只有乱离的命运了。

(参见《资治通鉴》卷七六至卷八四)

第六节　刘渊与石勒：
民族融合道路上的匆匆过客

西晋灭亡过程中，以匈奴、羯、氐、羌、鲜卑为代表的所谓"五胡"兴起，北方陷入"十六国"时代（实际的割据政权不止十六个）。其中，最先起事的是匈奴出身的枭雄刘渊，他建立了汉国（前赵），其部属石勒后来建立了后赵政权。

一、刘渊与前赵政权

刘渊（？—310），字元海，新兴郡（今山西忻州）匈奴人，自称是匈奴冒顿之后。《晋书·载记一·刘元海传》称[1]："汉高祖以宗女为公主，以妻冒顿，约为兄弟，故其子孙遂冒姓刘氏。"刘渊少时酷爱读书，以当时上党（今山西长治）大名士崔游为师，学习《诗经》《周易》《尚书》等儒家经典，又博览《史记》《汉书》和诸子学说。他常说："一物之不知者，固君子之所耻

---

[1]　唐房玄龄主持编修的《晋书》为避李渊之讳，改称刘元海。

也。"[1] 据说晋武帝司马炎见了刘渊，夸赞其才华超过了由余（秦穆公称霸西戎之辅佐）、金日磾（汉武帝托孤大臣之一）。当时刘渊是晋朝的一方军事统帅，晋惠帝时，八王之乱起，他回到了山西，被推举为匈奴大单于。

刘氏家族，除刘渊外，其子侄辈都深受汉文化影响。比如，长子刘和"好学夙成，习《毛诗》《左氏春秋》《郑氏易》"（《晋书》卷一〇一《载记一·刘元海附子和传》）；庶子刘聪，"骁勇绝人，博涉经史，善属文，弯弓三百斤。弱冠游京师，名士莫不与交"；另外一个养子刘曜，"好读书，善属文，铁厚一寸，射而洞之"。刘曜"常自比乐毅及萧、曹，时人莫之许也；惟刘聪重之，曰：'永明（刘曜的字），汉世祖（刘秀）、魏武（曹操）之流，数公何足道哉！'"（《资治通鉴》卷八五，晋惠帝永兴元年）

刘渊的单于府在左国城（今山西吕梁方山县境内的南村）。从140年西河郡内迁离石起，左国城就是南匈奴的首脑机关——南单于庭所在地，也是北方少数民族匈奴、鲜卑、羯、氐、羌的活动中心。曹操把匈奴五部分布到石楼、汾阳、文水、忻州和祁县一带，其领导核心就在离石左国城。南匈奴统治集团在这里生活、开会、娱乐，研究内部事务，处理各种问题，协

---

[1] 刘渊习得文武双全的本事，据《晋书·载记一·刘元海传》记载，他有很强烈的主观意志："幼好学，师事上党崔游，习《毛诗》《京氏易》《马氏尚书》，尤好《春秋左氏传》《孙吴兵法》，略皆诵之，《史》《汉》、诸子，无不综览。尝谓同门生朱纪、范隆曰：'吾每观书传，常鄙随陆（随何、陆贾）无武，绛灌（绛侯周勃与灌夫）无文。道由人弘，一物之不知者，固君子之所耻也。二生遇高皇而不能建封侯之业，两公属太宗而不能开庠序之美，惜哉！'于是遂学武事，妙绝于众，猿臂善射，膂力过人。"

调五胡之间及胡汉之间的关系。八王之乱起，大量汉族民众向南迁徙，山西、河北地区胡汉人口比例发生了变化，这给五胡起兵创造了机会。刘渊从祖、右贤王刘宣谓其族人曰："自汉亡以来，我单于徒有虚号，无复尺土；自余王侯，降同编户。今吾众虽衰，犹不减二万，奈何敛手受役，奄过百年！左贤王（指刘渊）英武超世，天苟不欲兴匈奴，必不虚生此人也。今司马氏骨肉相残，四海鼎沸，复呼韩邪之业，此其时矣！"（《资治通鉴》卷八五，晋惠帝永兴元年）刘氏匈奴不甘寂寞，不满于自己的现状，乘乱起兵。

304年，刘渊在左国城自称汉王，年号元熙，并追尊蜀汉刘禅为孝怀皇帝，表明自己是继承刘备光复汉室的伟大事业；立汉高祖刘邦以下三祖五宗神主而祭之，表明自己是华夏正统。可是，从前述刘宣的话来看，匈奴起兵的动力，是他们感受到失去部落特权的民族矛盾，因此，即使他们以华夏正统自居，也不能掩盖其中的民族矛盾与冲突。

永嘉二年（308），刘渊称皇帝，改元永凤，次年迁都平阳。310年，刘渊病亡。太子刘和，"内多猜忌，驭下无恩"（《晋书》卷一〇一《载记一·刘元海附子和传》），即位不久就被其庶弟刘聪所杀。刘聪在位八年（310—318），最终攻取了洛阳和长安，灭亡了西晋。

二、石勒与后赵政权

与刘渊父子是匈奴贵族不同，石勒（274—333）出身于下层，父亲为部落小头目，石勒靠为人种地度日。并州饥荒，石勒外出逃荒，辗转被卖到山东茌平（今属山东聊城）为奴。不久，他跟从汲桑起兵，开始有了自己的名字——石勒，他原来只有一个小名，叫匐。随后他参加了刘渊的反晋起兵，被封为平晋王，逐渐成为刘汉政权中的一员骁将。

> **启示49** 石勒的军队比其他胡族军队更有纪律，他本人也十分懂得尊重读书人，他的"君子营"就是汉族知识分子组成的智囊团。

石勒虽然没有文化，但是他的军队却比其他胡族军队更有纪律，他本人也十分懂得尊重读书人，他的"君子营"就是汉族知识分子组成的智囊团，河北士人张宾尤受倚重。石勒在河南与祖逖相对时，还听任双方商民贸易。311年，石勒与刘曜的军队攻入洛阳，俘虏了晋怀帝。

石勒兼并了流民首领王弥，又先后灭了西晋幽州刺史王浚以及依附的鲜卑段匹䃅等势力。王浚曾在河北置百官，势力很大，当石勒把王浚的首级送到平城时，刘聪封其为大都督、东单于。315年，更赐以弓矢，加尊号为陕东伯，专掌征伐，石勒任命属内刺史、将军、守宰、列侯，只需将受任者的名字及官职上报备案即可。可见，石勒已经成为汉国内部一支独立的力量。汉国天子刘聪死后，太子刘粲继位，完全被其岳丈匈奴贵族靳准玩弄于股掌之中。靳准发动政变，杀死刘粲，自称汉天王，不仅向东晋元帝称臣，还送归晋怀帝、晋愍帝二人的梓宫。靳准从内部击倒了匈奴汉国。

319年，刘渊的养子刘曜从长安出发，石勒从河北出发，镇压平城的叛乱。刘曜自称皇帝，改国号为赵，史称前赵，又与刘渊的汉国合称汉赵。石勒割据河北、山东，自称赵王。一个赵帝，一个赵王，二人争斗的结果是，赵帝刘曜被赵王石勒的侄子石虎所杀。石勒建立的赵国，史称后赵。

330年，后赵几乎统一了北方地区。石勒称大赵天王，一次酒宴后，他问侍臣徐光，我的功业可比何人？徐光说，陛下的功绩可追高祖刘邦，英武雄才比肩魏武曹操。普天之下，轩辕黄帝第一，陛下第二。石勒很知趣地说，我哪里能与汉高祖刘邦相比呢？若遇刘邦，我甘心给他做臣下。若是遇上光武帝刘秀，我要与他竞争一番。至于曹操、司马懿，专门欺负孤儿寡妇，我懒得与他们比。两年之后，石勒去世，太子石弘继位。石虎杀死石弘，自立为帝，不久将首都从襄国（今河北邢台）迁到邺城。石虎死后，后赵陷入内乱，350年，汉人冉闵发动政变，河北再次血流成河。直到前秦苻坚收拾残局。

三、民族融合道路上的匆匆过客

439年北魏统一之前，十六国时期的北方，一百多年中有两次大统一，第一次是后赵，第二次是前秦。后赵的统一只有二十多年，亡于胡汉矛盾。前秦的统一，不足二十年，分崩于淝水之战的失败。只有北魏的统一，才建立了一个享祚百余年的强大王朝。当年匈奴屠各这一支能够亡晋复国，靠骁勇善战，靠诸胡族联合，从而推倒了腐朽的西晋王朝。刘渊、石勒的统治，都是胡汉分治，都设有大单于一职，主管胡族事务。在胡族之下，除了匈奴，还有氐族和羌族等。

启示50　北魏孝文帝的改革是比较彻底的一次民族融合的伟大实践，其后虽然仍有曲折，但是无改北方民族融合的大趋势。

所谓成也萧何，败也萧何。面对灭晋大业，五胡联合推翻了晋朝的统治，但是，五胡内部的矛盾，又导致其分化瓦解。胡族统治集团自身的相互残杀，更是灭亡的直接原因。刘汉政权灭亡，匈奴贵族势力消灭殆尽；后赵政权灭亡，特别是冉闵杀胡，羯族的势力灭亡殆尽；前秦苻坚冀图弥合胡族之间的矛盾，对于鲜卑慕容和羌族姚氏极其包容，可是淝水之战再度挑起胡汉对决，最后葬送了苻坚的全部努力。直至北魏，从建国、统一到发展，才比较成功地处理了民族矛盾与民族融合问题。孝文帝的改革更是比较彻底的一次民族融合的伟大实践，其后虽然仍有曲折，但是无改北方民族融合的大趋势。

总之，十六国时期，五胡枭雄乘势而起，乘时而兴。事实证明，他们只是推动北方民族融合道路上的匆匆过客而已。

（参见《资治通鉴》卷八四至卷八九）

第七节 "王与马，共天下"：
东晋门阀政治

东晋第一任皇帝司马睿（276—323），是晋武帝司马炎的侄子（其祖父司马伷为司马昭的同父异母弟），司马炎有二十六个儿子，不管如何排位，都轮不到司马睿当皇帝。西晋灭亡，由他继统晋朝江山，实乃风云际会的结果。311年，洛阳沦陷，两年后晋怀帝司马炽被杀，晋愍帝司马邺在长安即位。但是，长安并没有可以抵抗的兵力和可以留守的粮草，晋愍帝只能坐以待毙。江东的司马睿则在琅琊王氏等大族的推戴下，建立了朝廷，史称东晋，北方则进入五胡十六国时代。

一、宽和之政

王导（276—339）是把司马睿送上皇帝宝座的重要推手。

王导与司马睿同年，早在司马睿为琅琊王时期，二人就交往甚笃。司马睿死后，王导还常去元帝陵祭拜，为之流涕，二人不仅是君臣，而且是笃友。

305年，司马睿出镇下邳，王导为其司马（相当于参谋长、幕僚长的角色）。不久，司马睿加安东将军，王导建议其出镇建业（后避愍帝讳改名建康，今江苏南京），时在永嘉元年（307）。这个时候，中原鼎沸，王导已经有拥护司马睿保有江东的想法。

琅琊王氏，是魏晋最知名的士族高门之一。其家族开山可以追溯到西汉宣帝时的王吉。魏晋间的孝子王祥是王导的祖父。"竹林七贤"之一的王戎及其堂弟清谈家王衍是王导的族兄，王戎、王衍都在西晋朝廷身居宰执的高位。被后世所推重的王氏人物，还有王导之侄著名书法家王羲之，以及王羲之的儿子王献之。

与王导同时拥戴司马睿镇守江东的还有王导的堂兄王敦（266—324）。王敦较王导年长十岁，位阶也比较高，娶晋武帝司马炎女儿襄城公主为妻。王敦是一个有将略和决断的人，性格也比较残忍。西晋时期，他与王导出席石崇家的宴会。石崇让美人劝酒，客人若不饮酒，便杀美人以惩。王导不能喝酒，也勉强喝了下去；王敦能喝却不肯喝，即使看见石崇连杀了几个美人，也面不改色。永嘉元年，族兄王衍征其入朝为中书监，王敦时任青州刺史，路途艰险，王敦不惜把襄城公主身边的侍婢送给将士，金银分给部众，方回到洛阳。不久他被任命为扬州刺史，当时中原司马越专权，王敦在扬州刺史任上，与堂弟王导一起辅佐司马睿，作偏安之计。

王敦、王导兄弟拥戴司马睿，初到江东，万事草创，江东士族对于这位晋室疏属，大都抱观望态度。一来此时距东吴被西晋所灭、天下一统不过二十多年,晋朝没少做压制东吴士族之事;二来司马睿缺乏人气和名望,中原地区八王大乱,谁知他是不是匆匆过客!

> **启示51** 王导建议司马睿礼贤下士。他对司马睿说:古来欲成王霸之业者,莫不礼敬故老,招揽贤俊,何况当前天下变乱,大业草创,更加急需人才!

王导建议司马睿礼贤下士。他对司马睿说:古来欲成王霸之业者,莫不礼敬故老,招揽贤俊,何况当前天下变乱,大业草创,更加急需人才!他建议从江东大族顾荣、贺循入手,说他们是南方士族的代表性人物,如果这两人肯前来,其他士人也就随之而来了。于是,王导奉命亲自去拜见顾、贺二人。

为了抬高司马睿的地位,在上巳日(三月初三)出游时,王导特别安排司马睿坐轿,自己和王敦等骑马跟从,顾荣等从门缝里望见王氏兄弟如此抬举司马睿,赶紧出来拜见。

王导还放下身段,主动学习当地方言——吴语。陆玩是东吴大将陆逊(夷陵之战的主帅)的侄孙,“时王导初至江左,思结人情,请婚于玩”(《晋书》卷七七《陆晔附弟玩传》)。王导主动向陆玩请结婚姻之好,陆玩拒绝说:“小土坡上长不了松柏这样的大树,香草臭草不能放在一个篮子里,我陆玩虽然不才,但在道义上决不能开乱伦的先例。”话虽然很软,态度却很硬。《资治通鉴》还记有一事:“吴兴太守周玘,宗族强盛,琅邪王睿颇疑惮之。睿左右用事者,多中州亡官失守之士,驾御吴人,吴人颇怨。玘自以失职，又为刁协所轻，耻恚愈甚，乃阴与其党谋诛执政，以诸南士代之。事泄，玘忧愤而卒；将死，谓其子勰曰：'杀我者，诸伧子也；能复之，乃吾子也。'"（《资治通鉴》卷八八，晋愍帝建兴元年）

周玘的愤怒，代表了很多江南人的想法。其子后来发动叛乱，朝廷进行平叛，但是在处理当事人时却不了了之。王导为政宽和，着力弥缝各方的关系。他自己说，人家都说我"愦愦"，今后会有人怀念我的"愦愦"。

总之，正是由于王氏兄弟的竭力推戴，南北豪族之间关系弥合，司马睿才坐稳了自己的位置，来江东经营十年后，即317年，司马睿称晋王，次年登帝位，史称晋元帝。登基典礼过程中，司马睿再三请王导一同受拜，王导坚决推却。这种表态，绝不仅仅是作秀，而是反映了司马睿的复杂心态，他对自己能否坐稳这个皇位没有底气。

二、刻碎之政

司马睿早在称帝之前，就重用了幕府中的几个心腹人物，比如镇东长史刁协，后为丞相左长史；从事中郎刘隗为丞相府司直。"刘隗雅习文史，善伺候睿意，故睿特亲爱之。"（《资治通鉴》卷八八，晋愍帝建兴元年）"善伺候睿意"是什么意思？因为他发现司马睿对于王家的势力并不放心。《资治通鉴》略述司马睿与王氏家族关系的变化说："帝之始镇江东也，敦与从弟导同心翼戴，帝亦推心任之，敦总征讨，导专机政，群从子弟布列显要，时人为之语曰：'王与马，共天下。'后敦自恃有功，且宗族强盛,稍益骄恣,帝畏而恶之。乃引刘隗、刁协等以为腹心,稍抑损王氏之权,导亦渐见疏外。……而敦益怀不平,遂构嫌隙。"(《资治通鉴》卷九一,晋元帝太兴三年)

王敦总征讨,王导专机政,司马睿"畏而恶之",遂大力提拔擢用刘隗、刁协之流,以抑制王氏之权。

刘隗、刁协是什么人呢?《晋书·刘隗传》列举了刘隗担任丞相府司直时所弹劾的几件事。总体来说,属于刻碎之政。

比如,建康县尉逮捕违规的军士,被军府将领硬行劫走,刘隗提出弹劾,护军将军戴若思被免官。又如,官员颜含在服叔父丧期间嫁女,被刘隗举报。还有,庐江太守梁龛在除嫡妻丧服的头一日,竟然请客奏伎(搞歌舞聚会),丞相府长史(相当于秘书长)周𫖮等高官三十余人出席,刘隗奏请免除梁龛的官职,削去其侯爵,并罚周𫖮等人一个月俸禄。这些都得到了司马睿的批准。

再如,丞相府行参军宋挺,本是扬州刺史刘陶的门人,刘陶死后,宋挺娶其爱妾;宋挺还曾犯贪腐罪,遇赦而免。在这种情况下,奋武将军阮抗提出聘任宋挺为长史。刘隗提出弹劾,说宋挺娶老上司的寡妾,有伤人伦,请除名,禁锢终身(不得做官);奋武将军阮抗聘这样一个人为长史,请免除其官职,下司法治罪。宋挺病死后,刘隗还不放过,提出"如前追除挺名为民,录妾还本",获得司马睿的批准。

可是,有一件事,司马睿却没有批准。王敦之兄南中郎将王含,"以族强位显,骄傲自恣",有一次他提出的任命名单,有参佐及守长达二十多人,"多非其才,隗劾奏含,文致甚苦,事虽被寝,而王氏深忌疾之"(《资治通鉴》卷八九,晋愍帝建兴四年)。刘隗弹劾王含的文书,语言非常犀利尖刻,虽然被司马睿压下了没有批复,但是,王氏家族却对刘隗恨之入骨。

史家说,刘隗之弹奏,"不畏强御,皆此类也"(《晋书》卷六九《刘隗传》)。要命的是,刘隗做了恶人,司马睿却看人下菜碟。"隗性刚讦,当时名士多被弹劾,睿率皆容贷,由是众怨皆归之。"(《资治通鉴》卷八九,晋愍帝建兴四年)这些事情都发生在司马睿登基之前,可见,在称帝前,司马睿已经与王氏发生了冲突。

再看刁协。《晋书·刁协传》说:"协性刚悍,与物多忤,每崇上抑下,故为王氏所疾。又使酒放肆,侵毁公卿,见者莫不侧目。然悉力尽心,志在匡救,帝甚信任之。以奴为兵,取将吏客使转运,皆协所建也,众庶怨望之。"

刘隗、刁协忠实地执行了晋元帝摧抑豪强的意图。太兴元年(318)司马睿称帝后,以刁协为尚书令,刘隗为侍中。二人"俱为帝所宠任。欲矫时弊,每崇上抑下,排沮豪强,故为王氏所疾,诸刻碎之政,皆云隗、协所建"(《资治通鉴》卷九〇,晋元帝太兴元年)。

这段话告诉我们:第一,隗、协充当了司马睿抑制王家势力的打手;第二,隗、协的性格强悍,情商较低,没少得罪人。刁协还好发酒疯,侵毁公卿,见者皆侧目而视。与此同时,王导却逐渐被司马睿疏远,并被剥夺了实际政务。

三、王敦之乱

王敦对于朝廷这些排斥的做法很不满，"上疏为导讼屈，辞语怨望"。王导在朝中把王敦的奏疏退了回去，"敦复遣奏之"。晋元帝连夜召见左将军谯王司马承（zhěng），把王敦的奏疏出示给他看，说："王敦以顷年之功，位任足矣；而所求不已，言至于此，将若之何？"司马承认为是元帝骄纵的结果，说："陛下不早裁之，以至今日，敦必为患。"元帝遂任命司马承为湘州刺史，牵制王敦，驳回了王敦举荐心腹沈充任湘州刺史的请求。

进而，晋元帝在军事上采纳刘隗的意见，任命南方士族出身的戴渊为征西将军，驻守淮阴，都督兖、豫等六州军事；刘隗为镇北将军，驻守合肥，都督青、徐等四州军事；释放扬州地区北方流民沦为僮客者，组成军队。[1] 这一措施极大地损害了北来全体士族的利益，"众益怨之"。组建军队名义上是对付北方石勒，实际上是对付上游的王敦，拱卫京城。

刘隗虽然领兵在外，但朝廷机事，进退士大夫，元帝"皆与之密谋"。王敦给刘隗写了封信，信中说："顷承圣上顾眄足下，今大贼未灭，中原鼎沸，欲与足下及周生（指名士周𫖮）之徒戮力王室，共静海内。若其泰也，则帝祚于是乎隆；若其否也，则天下永无望矣。"王敦的话有警告与和解之意，软硬兼施，意思是，我们合作推戴司马氏，则天下康泰，帝祚隆盛；若不然，则天下无安宁之日了。刘隗回答说："'鱼相忘于江湖，人相忘于

---

[1]《资治通鉴》卷九一，晋元帝太兴四年："诏免中州良民遭难为扬州诸郡僮客者，以备征役。尚书令刁协之谋也，由是众益怨之。"

道术。''竭股肱之力，效之以忠贞。'吾之志也。"史称："敦得书，甚怒。"（《资治通鉴》卷九一，晋元帝太兴四年）为什么王敦大怒呢？刘隗的两句话，前一句出自《庄子·大宗师》，意思是，鱼在宽阔的江湖中会忘掉自己的本性，而人有了一些本事就会忘乎所以，这是讽刺王敦的；后一句是诸葛亮在刘备临终托孤之前的表态，刘隗用在这里表达了自己为了保卫皇室，置生死于度外的决心。

话说到这个份上，王敦就于322年从武昌举兵向阙，以诛杀刘隗、刁协而为王导伸冤为名，称："隗佞邪谗贼，威福自由，妄兴事役，劳扰士民，赋役烦重，怨声盈路。臣备位宰辅，不可坐视成败，辄进军致讨。隗首朝悬，诸军夕退。昔太甲颠覆厥度，幸纳伊尹之忠，殷道复昌。愿陛下深垂三思，则四海乂安，社稷永固矣。"（《资治通鉴》卷九二，晋元帝永昌元年）

商汤之孙太甲在继位之初胡作非为，被宰相伊尹流放于桐宫，三年后，太甲改过迁善，伊尹迎其复位。表文中的这个典故让晋元帝大怒，下诏曰："王敦凭恃宠灵，敢肆狂逆，方朕太甲，欲见幽囚。是可忍也，孰不可忍！今亲帅六军以诛大逆，有杀敦者，封五千户侯。"（《资治通鉴》卷九二，晋元帝永昌元年）

最后，王敦攻进石头城，杀戴渊、刁协等，刘隗逃奔石勒。王敦固然不能取代司马氏政权，元帝却于次年（323）郁郁而终。

值得注意的是，王敦起兵的成功，关键是得到了南北士族高门以及豪族的普遍支持。朝廷重臣庾亮就是支持者之一。史称："时帝（司马睿）方任刑法，以《韩子》赐皇太子，亮谏以申韩刻薄伤化，不足留圣心，太子甚纳焉。"晋元帝让太子（后来的明帝司马绍）研习《韩非子》，其用意是不言自明的。庾亮对于晋元帝"方任刑法"的做法，并不赞成，相反，王敦对于庾亮十分欣赏，"王敦在芜湖，帝使亮诣敦筹事。敦与亮谈论，不觉改席而前，退而叹曰：'庾元规贤于裴颜远矣！'因表为中领军"（《晋书》卷七三《庾亮传》）。

晋成帝时论及刁协的功过，曾提到这次王敦之乱，成帝诏书说："协情在忠主，而失为臣之道，故令王敦得托名公义，而实肆私忌，遂令社稷受屈，元皇衔耻，致祸之原，岂不有由！"（《晋书》卷六九《刁协传》）说刁协虽然忠于皇室，但不懂为臣之道，是他的错误造成了王敦之乱，给国家带来了祸害。这个言论说明王敦当初的"清君侧"依然有其合理之处。

显然，晋元帝司马睿用申韩之术治国，引起了南北士族高门的普遍不满。但是，王敦攻入建康之后，任由军士胡作非为，大权独揽，也引起了其他士族的不满。324年，王敦试图再度起兵，遭到了包括堂弟王导、执政庾亮在内的士族们的普遍反对，最终他病死军中。

这就是东晋初年的士族门阀政治。皇帝不甘心"王与马，共天下"，又不能不接受这个共治天下的局面；士大夫支持"王与马，治天下"，但是，又不允许包括王氏在内的某一家族独大，进而支持"共治"天下的格局。王氏之后，庾氏家族、桓氏家族、谢氏家族曾各领风骚于一时，待司马道子、司马元显排斥异己、打压士族、亲掌朝政之时，东晋王朝也就走到了末日。

（参见《资治通鉴》卷九〇至卷九二）

第八节　历史转折点：
淝水之战的前因与后果

　　无论是东晋的历史，还是五胡十六国的历史，公元383年的淝水之战都是一个重要转折点。在南方，淝水之战以前，是王氏、庾氏、桓氏、谢氏家族，"你方唱罢我登场"的门阀政治阶段；淝水之战后，司马家族逐渐掌权，刘裕等军人出身的豪强，走到了政治的前台。而北方，则是再次陷入分裂的局面，为北魏的统一创造了机会。

一、苻坚发动战争

　　西晋灭亡后，北方五胡乱华，南方东晋建国。北方政权自顾不暇，真正想南下统一的几乎没有，有之，即前秦的苻坚。

　　苻坚（338—385）出身于氐族上层。氐族一说是三苗的后裔，一说是西羌的别部，魏晋时期分布在秦陇、巴蜀间，在十六国时期曾先后建立过仇池国、前秦国、后凉国，成汉政权的上层也是氐族。苻坚的祖父苻洪依附于后赵政权。350年，后赵因冉闵杀胡而分崩离析，苻洪之子苻健（苻坚的伯父）入关中建立前秦政权。苻健传位给太子苻生，不久，苻坚（其父为苻雄）通过政变夺取堂兄之位，自称天王。在王猛、吕婆楼等汉、氐英贤的悉心辅佐下，苻坚消灭了前燕慕容氏政权，统一了北方黄河流域。史称他在位时，"修废职，继绝世，礼神祇，课农桑，立学校，鳏寡孤独高年不自存者，赐谷帛有差，其殊才异行、孝友忠义、德业可称者，令在所以闻"。时或遭遇大旱，苻坚"减膳彻悬，金玉绮绣皆散之戎士，后宫悉去罗纨，衣不曳地。开山泽之利，公私共之，偃甲息兵，与境内休息"，从社会政策、文化教育、财政调节、经济增长等方面，改善北方政权的发展环境。

对于氐族豪强鱼肉百姓、欺凌民众的不法行为，苻坚支持王猛依法治吏，坚决打击。特进强德，是苻健之妻弟，昏酒豪横，为百姓之患。王猛捕而杀之，陈尸于市。御史中丞邓羌，性格鲠直不挠，与王猛同心协力，上任数十天，诛杀贵戚豪强不法者二十余人。"于是百僚震肃，豪右屏气，路不拾遗，风化大行。"朝廷遣使巡察四方及戎夷种落，"州郡有高年孤寡，不能自存，长吏刑罚失中、为百姓所苦，清修疾恶、劝课农桑、有便于俗，笃学至孝、义烈力田者，皆令具条以闻"（《晋书》卷一一三《载记十三·苻坚传上》）。史称在王猛等人的辅佐和治理下，"国富兵强，战无不克，秦国大治"（《资治通鉴》卷一〇三，晋简文帝咸安二年）。

苻坚还努力妥善处理与其他少数民族的关系。匈奴左贤王卫辰遣使降于前秦，"请田内地"，获得批准。可是有边地军官贾雍遣其部将徐斌率骑袭之，并纵兵掠夺款附的匈奴人。贾雍被免除官职,苻坚遣使修和,示之信义。结果不仅匈奴左贤王卫辰入居塞内,贡献相寻,而且乌丸独孤、鲜卑没奕于也率众数万归降于苻坚。前燕贵族王室慕容晤、慕容垂等,羌族首领姚苌(姚弋仲之子)家族都得到苻坚的善待,甚至委以高官重任。秦太史令张孟用天象示警,兄弟阳平公苻融用人情事理劝苻坚要注意,苻坚自信地回答:"朕方混六合为一家,视夷狄为赤子。汝宜息虑,勿怀耿介。夫惟修德可以禳灾,苟能内求诸己,何惧外患乎!"(《资治通鉴》卷一〇三,晋孝武帝宁康元年)

启示52 王猛临终前告诫苻坚,一是对外不宜妄举统一大旗,试图对东晋发动进攻;二是对内要巩固氐族的统治地位,尤其是防范前不久消灭的鲜卑慕容政权和西羌姚氏政权。可是,苻坚把王猛的忠告置诸脑后,发动了淝水之战。

苻坚的做法,从战略层面、战术层面都是对的。氐族与羯族一样,人口相对比较稀少,必须团结更多的民族,才能维持在汉族地区的统治。但是,这种做法必须有一个前提,那就是你能处理好与人口众多的汉族人的关系。灭前燕之后五年,前秦内部还没有完全磨合好。王猛去世,临终前他告诫苻坚:"晋虽僻处江南,然正朔相承,上下安和,臣没之后,愿勿以晋为图。鲜卑、西羌,我之仇敌,终为人患,宜渐除之,以便社稷。"(《资治通鉴》卷一〇三,晋孝武帝宁康三年)这段话有两个意思:第一,对外不宜妄举统一大旗,试图对东晋发动进攻;第二,对内要巩固氐族的统治地位,尤其是防范前不久消灭的鲜卑慕容政权和西羌姚氏政权。两个问题都是民族关系问题。可是,苻坚把王猛的忠告置诸脑后,发动了淝水之战。

二、淝水之战:北府兵以少胜多

公元383年,苻坚率领百万大军南下征讨东晋,这个时候东晋朝中的宰相是名士谢安(320—385)。

谢安是东晋政坛上继王、庾、桓氏之后,代表谢氏家族出掌朝政的关键人物。抵御前秦南下入侵,谢安手上的王牌劲旅就是北府兵。所谓北府,是相对于西府而言。东晋时代称位于荆襄上游的军府为西府,处于京畿扬州北部的江北地区的军府为北府。正如《资治通鉴》所记:"初,晋氏南迁,以扬州为京畿,谷帛所资皆出焉;以荆、江为重镇,甲兵所聚尽在焉;常使大将居之。"(《资治通鉴》卷一二八,宋孝武帝孝建元年)往年扬州是政治中心,荆州是军事中心。至谢安执政时,注意发展扬州的军事力量,扩充北府兵。

东晋孝武帝太元二年(377)七月,谢安以宰相"都督扬、豫、徐、兖、青五州诸军事",不久他就任命侄子谢玄为建武将军、兖州刺史,领广陵相、监江北诸军事,镇广陵,召募劲勇,组建军队。于是,安置在徐州(治京口,今江苏镇江)、兖州(治广陵,今江苏扬州)的北方流民帅将及其所领军队,纷纷应募入伍。这支军队虽然是新组建的,可是其将士却久经沙场。史称,"时苻坚方盛,玄多募劲勇,牢之与东海何谦、琅琊诸葛侃、乐安高衡、东平刘轨、西河田洛及晋陵孙无终等以骁猛应选。玄以牢之为参军，领精锐为前锋，百战百胜，号为'北府兵'，敌人畏之"（《晋书》卷八四《刘牢之传》）。北府兵的组建，带有流民帅将所属武装成建制地编入军队的特点。

在东晋严阵以待的同时，苻坚伐晋，其朝廷一片反对之声。

《资治通鉴》记载了出师前一年各方的反对意见，包括苻坚最信任的阳平公苻融、最敬重的高僧道安、最宠幸的张夫人、最喜爱的幼子苻诜（shēn）都出来阻止，可是，苻坚像着了魔一般，执意南下。"是时，朝臣皆不欲坚行，独慕容垂、姚苌及良家子劝之。"阳平公苻融甚至搬出了王景略（王猛字景略）的遗言，苻坚也不听。苻融还说："鲜卑、羌虏，我之仇雠，常思风尘之变以逞其志，所陈策画，何可从也！良家少年皆富饶子弟，不闲军旅，苟为谄谀之言以会陛下之意。今陛下信而用之，轻举大事，臣恐功既不成，仍有后患，悔无及也！"苻坚置若罔闻。相反，苻坚狂妄下诏说："其以司马昌明（晋孝武帝司马曜）为尚书左仆射，谢安为吏部尚书，桓冲（时任荆州刺史，领西府兵驻扎上游）为侍中；势还不远，可先为起第。"（《资治通鉴》卷一〇五，晋孝武帝太元八年）蠢蠢欲动的前燕慕容家族对此窃窃私语，"主上骄矜已甚"。《资治通鉴》是这样记载苻坚的军事行动的：晋孝武帝太元八年（383），八月甲子（初八），"坚发长安，戎卒六十余万，骑二十七万，旗鼓相望，前后千里。九月，坚至项城，凉州之兵始达咸阳，蜀、汉之兵方顺流而下，幽、冀之兵至于彭城，东西万里，水陆齐进，运漕万艘。阳平公融等兵三十万，先至颍口"（《资治通鉴》卷一〇五，晋孝武帝太元八年）。东晋方面派征虏将军谢石、前锋都督谢玄等统领八万军队迎敌。双方的战斗可以分为三个阶段。

第一阶段,寿阳失守。寿阳(今安徽寿春)是淮南地区最重要的堡垒。十月,苻融率领前锋到了寿阳,很快攻下,寿阳守将徐元喜被俘。东晋方面先前派来增援寿阳的水兵统帅胡彬,退守硖石(寿阳与凤台之间)。前秦卫将军梁成率军五万屯兵洛涧(由南向北流入淮河的一条支流),沿淮河布防,以阻止谢石、谢玄大军。

第二阶段,洛涧之战。胡彬被困硖石,进退不能,暗中送信给谢石等,告知秦军声势浩大,我军粮尽,恐怕不能相见。但这封信却落入了秦兵手中。于是,苻融立即驰报苻坚:"贼少易擒,但恐逃去,宜速赴之!"(《资治通鉴》卷一〇五,晋孝武帝太元八年)苻坚乃留大军于项城,引轻骑八千,日夜兼程,星夜赶到寿阳,并派朱序前往劝说谢石、谢玄等投降。朱序反而劝东晋军队趁秦兵未全部聚集之机主动进击。十一月,谢玄遣广陵相刘牢之率精兵五千人进军洛涧,未至十里,梁成阻涧,严阵以待。牢之率军直扑过去,渡过洛涧河水,进击梁成,大破之,斩梁成及秦弋阳太守王咏,又分兵断其归津,秦步骑崩溃,争赴淮水,士卒死者一万五千人,又俘虏了秦扬州刺史王显等,尽收其军资器械。于是谢石等率诸军水陆继进,逼近淝水。

第三阶段,草木皆兵。苻坚与阳平公苻融登上寿阳城楼,望见晋兵阵容严整,又望见八公山上草木,皆以为晋兵,发现晋军并不像他想象的那样孱弱,怃然始有惧色。东晋方面提出,秦兵稍作后退,以便我军渡河,进行决战。秦军有人反对后退,苻坚说可以将计就计,待晋军渡河一半时,我们乘机回击,一定大胜。可是，秦兵在退却过程中，心无斗志，一退就不可止，朱序又在阵后高喊，秦军败了，秦军败了。秦兵争相后逃，无法制止。苻融骑在马上，扬鞭阻止，一不留神，马被绊倒，被晋兵杀死。失去了前线的统帅，秦军溃退，不可收拾。谢石等追击到了青冈。"秦兵大败，自相蹈藉而死者，蔽野塞川。其走者闻风声鹤唳，皆以为晋兵且至，昼夜不敢息，草行露宿，重以饥冻，死者什七八。"（《资治通鉴》卷一〇五，晋孝武帝太元八年）

可见，淝水之战真正接触的那一仗，是北府军将刘牢之指挥的洛涧之战。随后的淝水溃败，更多的是秦兵惊吓而遁。

三、淝水之战加速了东晋的灭亡

淝水之战东晋赢，前秦输，有军事、经济、政治等各方面的原因。但是，最重要的一个原因是前秦军队没有士气，没有斗志。这么一次并不太大的战争，东晋只不过数万军力，前秦数十万军队就自相蹈藉而死，说明前秦内部军心涣散。淝水之战后，北方重新陷入分裂。鲜卑慕容垂乘乱而起，在东方建立了后燕政权。苻坚逃出长安后，被羌族首领姚苌所获，并于385年被杀。趁前秦乱亡，姚苌在秦陇地区建立后秦政权，定都长安。直到439年，北魏拓跋部才重新统一了黄河流域。

淝水之战后东晋仅存在了三十多年，就被南朝刘宋所取代。那么淝水之战是如何使胜方东晋加速走向灭亡的呢？这与东晋政权的权力结构有关系。东晋政权，本来是司马氏的名头，加上士族豪门的身子。扬州是权力中心，荆州是军事重镇。北府兵的建立，使扬州具有了军事和政治的双重势力，对于西府（荆州）必然形成某种挤压，权力板块的挤压，就会造成地动山摇的震动。

> **启示53** 淝水之战后，东晋虽然夺取了河南、山东部分失地，但是朝廷依然腐朽。而腐朽并不是东晋灭亡的主要原因，主要原因是战后东晋的政权基础发生了动摇。

乘淝水之战的有利形势，东晋夺取了河南、山东部分失地，但是朝廷依然腐朽，司马道子专权，宠任谢安的女婿王国宝，谢安最瞧不起的就是这个女婿。可是，腐朽并不是东晋灭亡的主要原因，主要原因是战后东晋的政权基础发生了动摇。

谢安很快被罢去执政权，东晋孝武帝用御弟司马道子取代谢安为扬州刺史、录尚书、都督中外诸军事。谢安不久去世，比苻坚还早死四天。这个时候，东晋朝廷有三股重要的政治势力：一是朝中掌权的司马道子、司马元显父子；二是占据上游荆襄地区的荆州刺史桓玄（369—404），而桓玄与司马道子的矛盾很深；三是统领北边军队的青州刺史王恭，他对司马道子父子及其用人十分不满。他们都在争取一股势力——淝水之战中一战成名的北府兵军将刘牢之。

首先，王恭起兵清君侧，讨王国宝，举兵向阙，并取得了成功。他"仗刘牢之为爪牙而但以部曲将遇之，牢之负其才，深怀耻恨"（《资治通鉴》卷一一〇，晋安帝隆安二年）。于是，当王恭再度起兵，司马元显派人收买了刘牢之，承诺将王恭的职位给他。刘牢之于是反戈一击，打败了王恭。"恭既死，遂代恭为都督兖、青、冀、幽、并、徐、扬州、晋陵军事。牢之本自小将，一朝据恭位，众情不悦，乃树用腹心徐谦之等以自强。"(《晋书》卷八四《刘牢之传》)西府兵统帅、荆州刺史桓玄带兵上表为王恭伸冤，求诛刘牢之抵罪。刘牢之也率北府兵驰赴京师。桓玄等看在朝廷的份上，受诏退兵，刘牢之还镇京口。

随后，刘牢之及其部将刘裕、儿子刘敬宣数次打败孙恩在浙东的起兵，"威名转振"。刘牢之从北府兵主将成为北方地区的主帅，完成了人生的一大转折。刘牢之的第二个转折发生在晋安帝元兴(402—404)初年投靠西府兵主帅桓玄。

桓玄是故大司马桓温的嗣子，他利用父亲与叔父桓冲曾任荆州刺史的余威，取代荆州刺史殷仲堪主政西府兵，兵强势盛，频频对朝廷执政的司马道子、司马元显父子造成威胁。

元兴初，朝廷将讨桓玄，派刘牢之为前锋都督、征西将军，领江州事。司马元显派人与刘牢之讨论出征事宜。刘牢之心中却另有小算盘：一是惧怕桓玄的英名，惧不能制；二是顾虑如果平定了桓玄，功盖天下，必不为元显所容，不愿意出兵讨桓玄。"刘牢之素恶骠骑大将军元显，恐桓玄既灭，元显益骄恣，又恐己功名愈盛，不为元显所容，且自恃材武，拥强兵，欲假玄以除执政，复伺玄之隙而自取之，故不肯讨玄。"(《资治通鉴》卷一一二，晋安帝元兴元年)《晋书·刘牢之传》没有说刘牢之有打败司马道子之后再算计桓玄的意思。但是，刘牢之担忧不为司马元显所容的心思被桓玄猜中。

桓玄派刘牢之的族舅何穆晓谕刘牢之，说："高鸟尽，良弓藏；狡兔弹，猎犬烹。""越之文种，秦之白起，汉之韩信，皆事明主，为之尽力，功成之日，犹不免诛夷，况为凶愚者（指司马元显）之用乎！君如今日战胜则倾宗，战败则覆族，欲以此安归乎！不若翻然改图，则可以长保富贵矣。"刘牢之深信何穆之言，于是遣使与桓玄联系，投降桓玄。《资治通鉴》记载，元兴元年（402），"三月，乙巳朔，牢之遣敬宣诣玄请降。玄阴欲诛牢之，乃与敬宣宴饮，陈名书画共观之，以安悦其意；敬宣不之觉，玄佐吏莫不相视而笑"。刘牢之投降之初，桓玄就想消灭他，桓玄的佐吏都看出了这一点，故窃笑之。为什么？因为西府兵对于北府兵的忌惮由来已久。

桓玄在刘牢之的倒戈下，大败司马元显。桓玄于是任命刘牢之为征东将军、会稽太守，将他调离北府兵的根据地京口。刘牢之这才发现自己上当了，夺我兵权，祸将至矣！于是会同部下谋划反叛桓玄。

当初，刘牢之背叛司马道子之时，其甥何无忌与部将刘裕固谏之，不从。现在，刘牢之三度反水，刘裕等部将发现这位昔日的英雄已经不能追随，于是离他而去。

刘敬宣提出突袭屯守相府的桓玄，刘牢之又临事胆怯，犹豫不决，乃移兵外出，想北奔广陵相高雅之，欲据江北以拒桓玄。但是，当他召集部将商议之时，参军刘袭说了一句让他无地自容的话："事之不可者莫大于反。将军往年反王兖州（王恭），近日反司马郎君（司马元显），今复反桓公（桓玄）；一人三反，何以自立！"（《资治通鉴》卷一一二，晋安帝元兴元年）说完快步走出，其余佐吏也大多散去。刘牢之成了孤家寡人，加上儿子刘敬宣先前还京口接家人没有按期赶回，刘牢之以为敬宣被刘袭所杀,乃自缢而死。

我们不禁要问,刘牢之,你到底想要什么? 你手握重兵,却胸无大志,只希望在各政治势力斗争中投机取巧;你鼠目寸光,缺乏长远的政治目标,对自己没有明确认知,对对手缺乏基本的判断。官场自古无是非,做人却需有底线! 当初背叛王恭之时,桓玄已经发声要讨伐你刘牢之,是司马元显代表朝廷保护了你;现在你却幻想投靠桓玄,来抗拒朝廷。一而再、再而三地反水,下属怎会忠诚于你? 最终弄得众叛亲离,自杀身亡。刘牢之一手好牌,最终却是败局。

刘牢之死后,桓玄兼任西府兵、北府兵统帅,并悍然篡位,改国号为楚,动摇了东晋立国的政治基础。他称帝三个月,就被刘裕等北府兵旧将击破,死于逃亡途中。桓玄的称帝和死亡,标志着王、谢、庾、桓士族高门与司马氏共治天下的政治合作完全破局,历史进入了刘裕这些武将军人轮番篡夺帝位的南朝时代!

(参见《资治通鉴》卷一〇四至卷一〇六)

资治通鉴启示录

中华书局

宋纪·齐纪·梁纪·陈纪

（《资治通鉴》卷一一九至卷一七六）

位于山西大同的云冈石窟，开凿于北魏时期。

第一节 刘裕：南朝政治乱象的始作俑者

　　南朝，即建都于建康（今江苏南京）的宋（420—479）、齐（479—502）、梁（502—557）、陈（557—589）四个短暂的朝代，前后历时近一百七十年。最长的不过六十年，最短的只有二十多年。其朝代更替有一个共同特点，首先是王朝内乱频仍，特别是宗室之间互相残杀，然后，有一带兵大将在镇压叛乱的过程中崛起，立足稳定之后，便废黜末代君王自立，从而建立一个新的朝代。宋齐梁陈的朝代更替，都遵循了这个规律：刘裕利用东晋的内乱，取得军权，然后废掉晋帝自立；萧道成利用平定刘宋江州刺史刘休范的叛乱，攫取了朝政大权，杀苍梧王（后废帝）刘昱，废顺帝自立；萧衍起兵杀东昏侯，废齐和帝自立；陈霸先利用侯景之乱崛起，然后废掉梁帝自立。

　　刘裕不仅是南朝的第一个皇帝，也是南朝诸多政治乱象的始作俑者。

一、东晋的内乱外患成就了刘裕

刘裕（363—422）起家于东晋的北府兵，就是谢玄等创立、驻扎在京口（今江苏镇江）、在淝水之战中立了大功的那支部队。刘裕称帝后，特别祭祀的东晋名臣中，除王导、谢安、温峤、陶侃之外，还有谢玄，就是表示不忘本根之意。

史书上说刘裕是汉高祖刘邦之弟楚元王刘交之后。《宋书·太祖纪》详细列举了刘交之后的家世传承。刘裕幼年家贫，樵苏渔猎，贩履为食，小名寄奴大约就反映了他早年的生活窘境。但是，在南渡的北人中，刘裕仍然算中上阶层，其父祖在东晋出任过郡太守、郡功曹之类的中下级职官，就出身而论，学术界仍倾向于把刘裕划归王、谢、顾、陆之后的次等士族。

刘裕加入北府兵不久，在谢琰、刘牢之麾下，参与平定东南地区的孙恩起兵。孙恩以道教动员百姓，在浙东地区起兵，反抗东晋的统治。平定孙恩的战争从399年打到402年，孙恩的势力嚣张，谢琰战死，刘裕却越战越勇，每每以少胜多，转危为安。经过三年多的拉锯战，最终迫使孙恩投海而死。刘裕从刘牢之手下的一名参军（中下级军官）做起，因为军功卓著，被封为建武将军、下邳太守。

孙恩起兵，给建康附近地区造成了极大的破坏。东晋已故权臣桓温之子桓玄，乘机扩充自己的势力，控制了包括荆州在内的长江上游地区的军政大权，与朝廷权臣司马元显的矛盾愈加尖锐。司马元显是晋简文帝司马昱之孙，他执政期间，下令江南诸郡已经免奴为客者，到建康去服兵役，民间扰攘，这是激起孙恩起兵的重要原因。402年，孙恩之乱甫平，司马元显就下令讨伐桓玄。桓玄反而主动起兵顺江而下，并争取到了北府兵统帅刘牢之的合作。尽管刘裕、何无忌等北府兵军官极力反对，但刘牢之还是投靠了桓玄，背叛朝廷。此后，刘牢之因众叛亲离自杀，刘裕暂时归附了桓玄。桓玄控制朝政后，任人唯亲，诛灭异己，不臣之心，人皆知之。

403年，孙恩余党卢循、徐道覆再次起兵，桓玄派刘裕前往镇压。在刘裕的凌厉打击下，卢循逃亡海上，刘裕因功升任彭城内史。对于刘裕势力的隆升，桓玄有所忌惮，虽然表面笼络，却处心积虑地打击北府兵势力，刘裕也在伺机反抗。这年十二月，桓玄称帝，国号"楚"，改元"永始"。桓楚政权彻底颠覆了东晋的政治生态，招致举国反对，败象已露。次年二月，刘裕在京口北府兵旧地举兵起义。五天后，桓玄被迫放弃建康西遁。刘裕成为桓玄篡国事件的最大受益者，被加使持节、都督扬·徐·兖·豫·青·冀·幽·并八州诸军事、镇军将军、徐州刺史。五月底，桓玄在逃亡江陵的途中被杀。刘裕迎接晋安帝司马德宗（382—419）回朝，成为再造晋皇室的第一功臣。晋安帝的皇后是王羲之的孙女，晋安帝本人却是一个十足的窝囊废，冬夏冷暖不辨，大约与晋惠帝司马衷类似，自然大权旁落，东晋朝廷的命运掌握在了刘裕手中。

当然，刘裕要想进一步巩固自己的权势和威望，还得有更大的功劳。405年，在彻底扫平桓玄在江陵的势力后，刘裕又张起了北伐的大旗。继收复后秦侵占的淮北十二郡之后，409年，刘裕率兵攻入山东，次年消灭了南燕政权。这个时候，卢循、徐道覆利用刘裕领兵北伐的机会，大举进攻江州，江州刺史何无忌战死,兵锋直指丹阳。刘裕处变不惊,迅速回师,顽强地击溃了卢循的军队。411年,卢循退守广州,途穷自杀。此后,刘裕还消灭了自己的竞争对手、荆州刺史刘毅,又消灭了西蜀的谯蜀政权和盘踞汉中的仇池国氐族政权。415年,进一步除掉了东晋宗室、时任荆州刺史的司马休之。

> **启示54** 刘裕之所以能够成就一番偏霸事业,自有其过人之处。一是具有政治判断力,二是具有识人用人和笼络人的手腕。

二、刘裕的格局与手段

刘裕之所以能够成就一番偏霸事业,自有其过人之处。[①]作为行伍出身的职业军人,他的成功首先是善于打仗。刘牢之也善于打仗,为什么就不如刘裕?因为刘裕至少有两点远远超过刘牢之:一是政治判断力,二是识人用人和笼络人的手腕。

刘裕的政治头脑清楚,这突出表现在他对于桓玄的认识上。刘裕先是反对自己的上司刘牢之轻率地反桓玄。刘牢之自杀后,面对桓玄的篡位野心,刘裕起初不露声色,甚至带有暗许的态度。及至桓玄篡位,招来举国反对,刘裕即时起兵,高举勤王的大旗,从此赢得政治上的关键一搏。

刘裕也善于识人用人,我们举武将王镇恶、文臣刘穆之

---

① 《资治通鉴》卷一一八,晋安帝义熙十三年,记载了北魏主拓跋嗣与崔浩之间一段评论刘裕才能的对话:"嗣曰:'裕才何如慕容垂?'对曰:'胜之。垂藉父兄之资,修复旧业,国人归之,若夜虫之就火,少加倚仗,易以立功。刘裕奋起寒微,不阶尺土,讨灭桓玄,兴复晋室,北禽慕容超,南枭卢循,所向无前,非其才之过人,安能如是乎!'"这是当时人的看法。

为例。

在刘裕的军事斗争中，王镇恶（373—418）是一个重要人物。王镇恶是前秦名相王猛之孙。前秦灭亡后，流落到东晋，后来被刘裕赏识和提拔。在刘裕的内外战争中，他都立下了赫赫战功。最有名的有两次：第一次是除掉刘裕北府兵内的反对派刘毅。北府兵有三位大将：刘裕、刘毅、何无忌。何无忌死于孙恩之乱后，"二刘"的冲突就浮现出来。击败刘毅，逼其自杀，打头阵的就是王镇恶。第二次是消灭后秦，也是王镇恶打头阵，立了头功。东晋义熙十二年（416）二月，后秦主姚兴病死，继任的姚泓无法控制局面，兄弟争权，给了东晋北伐的机会。晋兵分五路伐后秦，龙骧将军王镇恶、冠军将军檀道济是北伐的前锋。九月，进入后秦境内，十月已经攻克洛阳。刘裕坐镇彭城指挥。王镇恶的兵锋西向长安。义熙十三年正月，刘裕才从水路北上，然后沿黄河西进，但受到北魏军队的干扰。王镇恶西攻潼关的军队一度因为粮食补给不及，陷入恐慌。但是，他还是顽强地突破了后秦的防御，于三月攻克潼关。八月，"王镇恶请帅水军自河入渭以趋长安，裕许之"。王镇恶亲自率领水军从黄河入渭水，进逼长安。后秦主姚泓投降。九月，"太尉裕至长安，镇恶迎于灞上。裕劳之曰：'成吾霸业者，卿也！'"（《资治通鉴》卷一一八，晋安帝义熙十三年）肯定了王镇恶的首功。

刘裕长年在外征战，镇守江北及建康朝廷的事情主要是心腹刘穆之（360—417）为他照料。404年，在起兵反对桓玄的斗争中，刘穆之被北府兵同僚何无忌推荐给刘裕，并很快获得刘裕的信任和重用。407年，荆州刺史刘毅反对刘裕控制朝政，也是刘穆之出计策,使刘裕获得扬州刺史、录尚书事这种控制中枢政局的关键职位。在刘裕伐南燕、平卢循的过程中,刘穆之都是刘裕幕府中的智多星。刘裕出征后秦,刘穆之则在首都负责留守事务。

对刘穆之的才干,《资治通鉴》赞赏有加:"刘穆之内总朝政,外供军旅,决断如流,事无拥滞。宾客辐凑,求诉百端,内外诸禀,盈阶满室;目览辞讼,手答笺书,耳行听受,口并酬应,不相参涉,悉皆赡举。又喜宾客,言谈赏笑,弥日无倦。裁有闲暇,手自写书,寻览校定。"(《资治通鉴》卷一一七,晋安帝义熙十二年)刘穆之对刘裕的重要程度,后人比之为留守关中的萧何、辅弼刘邦的张良。

总之,正是有刘穆之与王镇恶这种文武人才的辅佐,刘裕才成就了自己的霸业。

刘裕驾崩后,《资治通鉴》有一段总结式的评论:"帝清简寡欲,严整有法度,被服居处,俭于布素,游宴甚稀,嫔御至少。尝得后秦高祖从女,有盛宠,颇以废事;谢晦微谏,即时遣出。财帛皆在外府,内无私藏。岭南尝献入筒细布,一端八丈,帝恶其精丽劳人,即付有司弹太守,以布还之,并制岭南禁作此布。公主出适,遣送不过二十万,无锦绣之物。内外奉禁,莫敢为侈靡。"(《资治通鉴》卷一一九,宋武帝永初三年)这段话肯定了刘裕反对奢华、崇尚简朴的生活作风。刘裕自己生活简朴,对于部下却不吝赏赐。北伐后秦,到了洛阳,他赞赏毛修之修葺城池之功,赏赐珍玩,价值二千万。王镇恶在攻打南方蛮族及攻克长安时多有贪掠,刘裕也能容忍,无非是为了笼络人心。

三、刘裕的褊狭与局限

刘裕用人，也有气量褊狭的一面。王镇恶是被冤杀的，刘穆之是被气杀的。

王镇恶之死，是刘裕假手杀人的结果。刘裕北伐后秦，至少不完全是为了统一北方，更多是为了抬高自己的威望。在旁观者、北魏士人崔浩给拓跋嗣的分析中就看得一清二楚。

义熙十三年（417）九月，晋军攻克长安之后，《资治通鉴》记载了刘裕下议迁都洛阳的方案。这究竟是刘裕为了应付北伐统一的初衷而为，还是真的有了迁都的冲动？从反对者认为"非常之事，固非常人所及，必致骇动"的话来看，刘裕即使有想法，也完全不具备实现的可能性。东晋朝廷的阻力姑且不说，北魏的虎视眈眈，刘裕也必须顾忌。在攻克长安的过程中，刘裕曾批评王镇恶冒进，说黄河对岸北魏的军事干预不可忽视。

刘裕匆忙南还，派十几岁的二子刘义真留守雍州。接下来，秦、雍之人流入河南数万户，北魏设置南雍州于洛阳以治之。西秦和夏国也伺机而动。于是，关中成为孤岛。夏兵来攻，王镇恶与沈田子交恶，沈田子诱杀王镇恶，谎称王镇恶要谋反，割据关中。沈田子也因妄杀无辜而被诛。不过一年时间，关中地区就被匈奴铁弗部赫连勃勃攻占，赫连勃勃创立了十六国最后一个政权赫连夏（407—431）。

关中晋军的内讧，实际上是刘裕留下的后患。《资治通鉴》记载说，刘裕离开长安之前，大将沈田子与王镇恶争功，并在刘裕面前说王镇恶的坏话："镇恶家在关中，不可保信。"刘裕回答："今留卿文武将士精兵万人，彼若欲为不善，正足自灭耳。

勿复多言。"（《资治通鉴》卷一一八，晋安帝义熙十三年）刘裕对于沈田子的表态，暗示了沈田子有除去王镇恶的责任。司马光在此评论说，用人不疑，疑人不用。既然让王镇恶负责西北镇守之事，怎么可以又叮嘱其他将领必要时联合起来除掉王镇恶？很显然，这场内讧，与其说是王、沈矛盾所致，不如说是刘裕的态度留下的祸根，甚至是刘裕有意为之。"王镇恶功为多，由是南人皆忌之"，我想刘裕可能尤其忌之。檀道济及其左右因为军功卓著，加上檀道济诸子才能卓著，却不明不白地被宋文帝所杀，就是重复了其父宋武帝刘裕的故事。

再说刘穆之。

刘穆之对于刘裕的事业，极其重要。"内总朝政，外供军旅，决断如流，事无拥滞。"但是，刘裕在北伐前秦的途中，派左长史王弘回建康，"讽朝廷求九锡"。当时，是刘穆之执掌留任事务，"而旨从北来，穆之由是愧惧发病"（《资治通鉴》卷一一七，晋安帝义熙十二年）。这件事很值得玩味。刘裕既然把与朝廷打交道的事情都交给了刘穆之，请朝廷加九锡的事，自然也应该由刘穆之出面。现在撇开刘穆之，直接从前线派王弘来求九锡，刘穆之就既惭愧又惧怕了。曹操时代，荀彧反对曹操称魏公，曹操不爽，荀彧忧郁得病而死。但是，我们看不出刘穆之会反对刘裕求九锡。事实上，刘裕派王弘来求九锡，只是虚晃一枪。"十二月，壬申，诏以裕为相国、总百揆、扬州牧，封十郡为宋公，备九锡之礼，位在诸侯王上，领征西将军，司、豫、北徐、雍四州刺史如故"（《资治通鉴》卷一一七，晋安帝义熙十二年），刘裕坚辞不受。

刘穆之出身贫寒，在他富贵之后，"性奢豪，食必方丈，旦辄为十人馔，未尝独餐"。他曾经坦诚地对刘裕说："穆之家本贫贱，赡生多阙。自叨忝以来，虽每存约损，而朝夕所须，微为过丰。自此外一毫不以负公。"也许豪侈的生活，导致了他的身体有先衰之兆。中军谘议参军张邵忧虑地对刘裕说："人生危脆，必当远虑。穆之若邂逅不幸，谁可代之？尊业如此，苟有不讳，处分云何？"（《资治通鉴》卷一一七，晋安帝义熙十二年）同僚对于刘穆之之死有先见之明，说明他有这个征兆。加上刘裕绕开刘穆之，派他人提出求九锡之事，加重了刘穆之的心理负担，因而猝死。这件事表明，刘裕虽然依赖刘穆之，但对他并不尊重，完全漠视其内心感受。

刘穆之之死，对于刘裕的事业是沉重的打击，虽然他派出另一位心腹徐羡之继任刘穆之之职，可是重要的大事，过去刘穆之可以决断的，现在都必须向北边远在彭城的刘裕咨询。可见他对徐羡之的信任不及对刘穆之。

> **启示55** 刘裕用人，有气量褊狭的一面。
> 另外，从南朝刘裕开始，开启了一个恶例，即禅让必杀前朝逊位之帝。

420年，刘裕如愿以偿，登基称帝。晋恭帝逊位，被刘裕派人杀害。从曹魏禅让以来，包括晋朝，都遵行三代之先例，没有屠杀前朝王室的例子。从南朝刘裕开始，开启了这个恶例，禅让必杀前朝逊位之帝。

四、关于皇族的家教

刘裕当皇帝不到三年就去世了，太子刘义符继位。刘裕曾经对这位太子不满，见次子刘义真性格刚劲，就想改立次子，因大臣徐羡之等人都不看好，才作罢。刘裕驾崩时留下傅亮、徐羡之、谢晦、檀道济为顾命大臣。他对自己的儿子说，檀道济是一个粗人，傅亮、徐羡之均属于中才，只有谢晦颇懂权略，应该加以提防。刘裕如此选择顾命大臣，也反映了其心胸的局限。

由于少帝刘义符胡作非为，行为乖张，424年，徐羡之、谢晦等弑杀少帝，同时杀掉庐陵王刘义真，迎荆州刺史、宜都王刘义隆（407—453）为帝，是为宋文帝。《资治通鉴》没有谴责诸人的弑君行为，却引南朝著名史学家裴子野（469—530）的一段评论，大谈皇子教育的重要性："古者人君养子，能言而师授之辞，能行而傅相之礼。宋之教诲，雅异于斯，居中则任仆妾，处外则近趋走。太子、皇子，有帅，有侍，是二职者，皆台皂也。制其行止，授其法则，导达臧否，罔弗由之；言不及于礼义，识不达于今古，谨敕者能劝之以吝啬，狂愚者或诱之以凶慝。虽有师傅，多以耆艾大夫为之；虽有友及文学，多以膏粱年少为之；具位而已，亦弗与游。幼王临州，长史行事；宣传教命，又有典签；往往专恣，窃弄威权，是以本根虽茂而端良甚寡。嗣君冲幼，世继奸回，虽恶物丑类，天然自出，然习则生常，其流远矣。降及太宗（宋明帝刘彧），举天下而弃之，亦昵比之为也。呜呼！有国有家，其鉴之矣！"（《资治通鉴》卷一二〇，宋文帝元嘉元年）

裴子野首先指出了皇家家教的重要性，并对刘宋皇子教育提出严厉的批评："居中则任仆妾，处外则近趋走。"对于将要担任大任的皇子们来说，如果身边都是趋炎附势之徒、唯唯诺诺之辈，不能以正确的行为准则教导他们，"言不及于礼义，识不达于今古"，一定不能接好班。很小的年龄，就让他们担任都督、刺史，实际上是秘书主持政事，典签批阅公文，窃威弄权，败坏行政。"嗣君冲幼，世继奸回"，一代一代地下去，葬送了刘宋的江山。他大声疾呼："呜呼！有国有家，其鉴之矣！"把刘宋皇子教育不当的责任直接指向开国皇帝刘裕。

裴子野主要生活在齐梁之际，他的感慨不仅仅是就刘义符被杀而言，而是针对南朝的政治现实。宋文帝统治的元嘉年间，曾有著名的"元嘉之治"，但是，文帝身体衰弱，为人猜忌，文臣武将如谢灵运、檀道济都是被他所杀，他本人则被太子所篡弑。此后，刘宋皇室内部杀戮不绝，二十多年换了六位皇帝，终于给萧道成以改朝换代的机会。萧齐国祚二十三年，更换了十个帝王，无不是内部杀戮。萧梁时代因为开国皇帝萧衍统治时间比较长，有一个稳定的时期，但萧衍之后，也是诸子争权，大开杀戒，政局混乱。陈朝的陈后主更是作为亡国之君留名于世。晋朝的皇帝，有无能的，有弱智的，但却没有像南朝皇室那样淫秽乱伦、残暴凶虐的。这就是魏晋与南朝的重大区别。

（参见《资治通鉴》卷一一四至卷一二〇）

第二节 人生悲喜剧：崔浩与北魏早期政治

北魏（386—534）早期的历史，从道武帝拓跋珪（371—409）的建国开基，历明元帝拓跋嗣（392—423）的巩固发展，到太武帝拓跋焘（408—452）的扩张并最终统一北方，经历了半个多世纪的时间，其中每一步都有汉族士人的贡献。清河崔浩（？—450）历仕三朝[①]，是北魏早期历史中，占有重要分量的一个人物。崔浩之死，不仅是其个人政治生涯的悲剧，也是北魏早期历史发展中诸多矛盾的反映。

一、崔浩的家世与北魏的开国

北魏的开国君主道武帝拓跋珪，趁淝水之战后前秦分崩离析之机，于386年重建代国[②]，不久改国号大魏。拓跋珪少年英雄，智勇兼备，灭后燕，拓疆土，雄才伟略，英勇善战，但却

[①] 崔浩家族出身清河郡武城县。
[②] 鲜卑拓跋部曾经建立代国政权。376年，拓跋什翼犍的代国为前秦所灭。拓跋珪是拓跋什翼犍的嫡孙。

染上了魏晋人的富贵病——喜食寒食散[1]。寒食散是一种从矿物质中提取的药品,《千金方》里有此药,食者不仅会形成药物依赖,而且病发时会让人产生幻觉,行为乖张,性格多疑。拓跋珪发病时,性格烦躁,忿怒无常,总是担心周围的人会谋害他,或数日不食,或彻夜不眠,整天自言自语地唠叨平生有哪些成败得失。他在听取百官奏事的时候,会突然想起奏事者过往的缺失,于是立即命左右拖下去杀死,陈尸于寝宫天安殿前。"是时,群臣畏罪,多不敢求亲近,唯著作郎崔浩恭勤不懈,或终日不归。"崔浩与其父吏部尚书崔宏一样,"未尝忤旨,亦不谄谀,故宏父子独不被谴"(《资治通鉴》卷一一五,晋安帝义熙五年)。

崔宏家族世代与十六国政权打交道,"祖悦,仕石季龙,位司徒右长史。父潜,仕慕容暐,为黄门侍郎。并以才学称"。崔宏本人号为神童,在前秦苻融帐下,"出总庶事,入为宾友",后又事后燕慕容垂。拓跋珪灭后燕,崔宏归附北魏,参与制度草创,是真正的北魏开国元勋,大魏的国名,第一次被用于与东晋的交往中,就是崔宏所定。(参见《北史》卷二一《崔宏传》)

在父亲崔宏还是朝中红人的时候,崔浩以工于书法,被召为左右。拓跋珪因为狂怒暴躁,被次子拓跋绍所杀。409年,太子明元帝拓跋嗣继位,崔宏累官至天部大人(相当于六部尚书中的吏部尚书),以赠司空去世,子崔浩袭爵白马公,并升任为博士祭酒。崔浩为拓跋嗣讲解《易》及《尚书·洪范》。拓跋嗣十

---

[1] 好寒食散的不只是拓跋珪,后秦主姚兴喜好服药,明元帝拓跋嗣也是服寒食散的。

分神往，因而向崔浩询问有关天文、术数方面的事，"浩占决多验，由是有宠，凡军国密谋皆预之"（《资治通鉴》卷一一六，晋安帝义熙十年）。

崔浩懂术数占候，运用占候帮助北魏君主决策，是他机智的表现。415年，朝廷讨论天灾迁都的问题。

北魏因连遭霜旱，粮食短缺，云、代一带闹饥荒。专司天文历法的太史令王亮、苏坦向拓跋嗣建言：按谶书，我大魏国当建都于邺城，可得丰乐。迁都是件大事，拓跋嗣以此问群臣，博士祭酒崔浩、特进周澹提出反对：迁都于邺，可以救今年之饥，非久长之计也。为什么呢？"山东之人，以国家居广漠之地，谓其民畜无涯，号曰'牛毛之众'。今留兵守旧都，分家南徙，不能满诸州之地，参居郡县，情见事露，恐四方皆有轻侮之心；且百姓不便水土，疾疫死伤者必多。又，旧都守兵既少，屈丐（拓跋嗣对赫连勃勃的贬称）、柔然将有窥窬之心，举国而来，云中、平城必危，朝廷隔恒、代千里之险，难以赴救，此则声实俱损也。"

反对的理由共三条，完全跟天象谶纬无关：第一是迁都于南方，会使鲜卑拓跋部人口稀少的劣势暴露无遗，"情见事露，恐四方皆有轻侮之心"。北方少数民族能够统治中原，就是因为其部落有组织，汉地民众在国家政权瓦解之后，就很难被组织起来。之所以难以被组织起来，原因之一就是信息不对称，恐惧凶悍的游牧民族，谓其民畜无算，号称"牛毛之众"，一旦暴露，四方必然有豪杰组织造反。第二是北地民众迁徙到山东，水土不服，疾病死伤必多。第三是旧都守兵少，北边柔然等部族觊觎南侵，云中、平城必危，恒、代之间相隔千里，道路险阻，恐怕难以相救。这样真是声势俱损了。相反，我们现在据守北边，山东有变，轻骑南下，山林沟壑之间，"孰能知其多少！百姓望尘慑服，此国家所以威制诸夏也"。等到来春草生，乳酪将出，兼以菜果，得及秋熟，"则事济矣"。拓跋嗣问：如今仓廪空虚，无以待来秋，若来秋又饥，将若之何？崔浩回答说：目前宜简择饥贫之户，让他们在山东就食，以解燃眉之急；若来秋复饥，当更图之，但方今不可迁都。拓跋嗣采纳了崔浩的建议，鼓励耕种，劝课农桑。次年丰收，民遂富安。（参见《资治通鉴》卷一一七，晋安帝义熙十一年）

崔浩的主张，首重国家安全，政权巩固。天象谶纬，提都不提。

二、神奇占星术折服了明元帝

然而，崔浩获得北魏高层的认同，确实与他的神通广大，善于阴阳占候有关。当年后赵石虎奉佛图澄为军师，迷信色彩浓厚，而拓跋嗣信的是神秘的占星术。

史家称赞崔浩"少好文学，博览经史，玄象阴阳，百家之言，无不关综，研精义理，时人莫及"（《魏书》卷三五《崔浩传》）。崔浩的星占术，就是善于把天象与人事相结合。"浩善占天文，常置铜铤于酢器中，夜有所见，即以铤画纸作字以记其异。"（《资治通鉴》卷一二一，宋文帝元嘉六年）夜有所见，记其所思，贯通天人，不完全拘泥于天文表象，此乃崔浩星占术的过人之处。这与他的同僚下属高允完全不同，"允虽明历，初不推步及为人论说"(《资治通鉴》卷一二三，宋文帝元嘉十六年)。

试举一例。有一年，皇宫里无由头地发现了一只兔子，经调查，兔子绝对没有可能混进宫中，大概守门的卫士也不敢说自己曾经打盹。拓跋嗣让崔浩推算一下，兔子是怎么混进宫中的。这样的小事居然让军师去算，说明拓跋家族迷信到了什么程度！还是崔浩脑子快，"当有邻国贡嫔嫱者，善应也。明年（415），姚兴果献女"。

十月初二，后秦国西平公主出嫁魏国，拓跋嗣以后礼纳之。这一年，拓跋嗣虚岁十八，秦女铸金人不成，乃以为夫人，"宠遇甚厚"。国君娶妻，乃是大事。后秦姚兴为了安排好后事，要稳定与北魏的政治关系，乃将公主嫁与拓跋嗣①，这种事情一定不是心血来潮，要协商、谋划很久，参与机密的崔浩，定然预知。读者至此，对于崔浩的星占和料事如神，当可莞尔。

娶秦女之后数月，魏太史奏："荧惑在匏瓜中，忽亡不知所在，于法当入危亡之国，先为童谣妖言，然后行其祸罚。"拓跋嗣召名儒十余人，使与太史议荧惑所诣，崔浩对曰："按《春秋左氏传》，'神降于莘'，以其至之日推知其物。庚午之夕，辛未之朝，天有阴云；荧惑之亡，当在二日。庚之与午，皆主于秦；辛为西夷。今姚兴据长安，荧惑必入秦矣。"其他人都愤怒地说："天上失星，人间安知所诣！"崔浩笑而不应。后八十余日，荧

---

① 后来刘裕伐后秦，后秦因婚姻之好，求救于魏，可以反证当初姚兴嫁女的政治考量。

惑出东井，留守句己①，久之乃去。后秦大旱，昆明池竭，童谣讹言，国人不安，仅隔了一年，后秦为东晋所灭。"众乃服浩之精妙。"（《资治通鉴》卷一一七，晋安帝义熙十一年）

417年，东晋权臣刘裕趁后秦姚兴死后不久、新君姚泓暗弱，发兵大举伐秦。后秦遣使求救于魏，毕竟是姻亲嘛。拓跋嗣召开御前会议商讨对策，众人皆曰，潼关天险，刘裕以水军攻之，甚难；若晋军登岸北侵，其势便易。所以，刘裕声言伐秦，其志难测，也许目标是冲我大魏而来。再说，后秦与我，婚姻之国，不可不救。宜发兵断河上流，阻止刘裕，勿使得西。

崔浩分析说，刘裕要攻打后秦是谋划已久。今姚兴死，继任者姚泓怯懦无能，国多内难。刘裕乘其危而伐之，志在必取。我们不必招惹他，"若遏其上流，裕心忿戾，必上岸北侵，是我代秦受敌也"。如今柔然寇边，民食缺乏，若复与刘裕为敌，非良计也。不如借给晋兵黄河水道，任其西行伐秦，然后屯兵以塞其东归之路。"使裕克捷，必德我之假道；不捷，吾不失救秦之名。此策之得者也。"他进一步说，南北生活习惯很不一样，即使我们放弃恒山以南，刘裕必不能以吴、越之兵与我争守河北之地，何必担忧。"夫为国计者，惟社稷是利，岂顾一女子乎！"拓跋嗣总体采纳了崔浩的方针，同时派长孙嵩督山东诸军事，又遣振威将军娥清、冀州刺史阿薄干率步骑十万屯河北岸，以为预备。（参见《资治通鉴》卷一一八，晋安帝义熙十三年）

---

① 荧惑出东井，留守句己：指火星（荧惑）在井宿东边出现。句己，谓环绕而行。就是说火星走到井宿东边发生了逆行，走了一个Z字，大约在这个区域待了八十天。

长安、洛阳是中原王朝的核心地区，收复北方，首要目标是建都长安的后秦，认为刘裕会攻打建都平城的北魏，确实是皮相之论。崔浩的见解独树一帜，就是基于这种判断。

此后，拓跋嗣多次与崔浩研讨刘裕北伐的形势，或在侍讲之时，或在朝堂之上，崔浩条分缕析，鞭辟入里。

拓跋嗣问："刘裕伐姚泓，果能克乎？"崔浩认为必克无疑。首先，他肯定刘裕的才华，认为后秦主姚泓不是其对手。还说，刘裕白手起家，其才能过人，在慕容垂之上。其次，他不赞成拓跋嗣趁刘裕北伐之际南征的想法，理由是：大魏之西有赫连夏政权，北方的柔然，总是伺机犯境；长孙嵩长于治国，短于用兵，不是刘裕的对手。崔浩更有远见地提出，刘裕不可能留居关中，他的目的只是打出声望，回到东晋后必将篡位，即使他留兵屯驻，关中也必然守不住。"愿陛下按兵息民，以观其变，秦地终为国家之有"（《资治通鉴》卷一一八，晋安帝义熙十三年)，我们就等待时机好了！

崔浩还谈了他对最近时局的看法："臣尝私论近世将相之臣：若王猛之治国，苻坚之管仲也；慕容恪之辅幼主，慕容暐之霍光也；刘裕之平祸乱，司马德宗（晋安帝）之曹操也。"至于屈丐（赫连勃勃），崔浩认为，其"乘时缴利，盗有一方，结怨四邻。撅竖小人，虽能纵暴一时，终当为人所吞食耳"。拓跋嗣大悦，两人语至夜半。

> **启示56** 崔浩解析天象人事，能自出机杼，理论联系实际，高人一筹，正是因为他对时局形势的总体把握很到位。

正是因为对形势有这样的总体把握，崔浩解析天象人事，才能自出机杼，理论联系实际，高人一筹。最让拓跋嗣心服的是他对刘裕篡位的预测。刚才的分析中，崔浩已经指出刘裕就是当今的曹操。这对于崔浩来说，不难预测，对于拓跋君主则未必。

418年，"彗星出天津，入太微，经北斗，络紫微，八十余日而灭"。魏主拓跋嗣召诸儒、术士问之曰："今四海分裂，灾咎之应，果在何国？朕甚畏之。卿辈尽言，勿有所隐！"群官都推崔浩出来应对，崔浩说："夫灾异之兴，皆象人事，人苟无衅，又何畏焉？昔王莽将篡汉，彗星出入，正与今同。国家主尊臣卑，民无异望。晋室陵夷，危亡不远；彗之为异，其刘裕将篡之应乎！"（《资治通鉴》卷一一八，晋安帝义熙十四年）众无以易其言。两年之后，刘裕果然废晋受禅，魏主派人专门把崔浩请来，说你当初预测的事完全应验了，我终于相信天道的神秘了。

423年，拓跋嗣去世，太武帝拓跋焘登基。北魏进入大规模统一时期。崔浩是拓跋焘最重要的谋臣之一。灭赫连夏，破柔然，灭北凉，最终完成了北方的统一。崔浩谋划决策，运筹帷幄，往往引占星术佐助自己的论证，深获太武帝的信任。

可是，也正是在太武帝时期，崔浩丢掉了自己的性命。这又是为什么呢？

三、辅佐太武帝成就霸业

第一大仗是灭赫连夏，赫连夏又称胡夏。

赫连勃勃（381—425），本姓刘，是匈奴贵族刘北辰之子。以统万城（今陕西榆林靖边县）为都城，建立夏国。刘裕退兵后，曾攻入长安。425年，夏世祖赫连勃勃死，其子赫连昌（？—434）继位。胡夏政权成为北魏的打击目标。"魏主闻夏世祖殂，诸子相图，国人不安，欲伐之。"

此时，北魏与北方游牧民族政权柔然的战事并未了结，大将长孙嵩等担心，如果夏国坚城固守，以逸待劳，柔然大檀可汗闻之，乘虚入寇，将十分危险。崔浩又搬出星象说事："往年以来，荧惑再守羽林，钩己而行，其占秦亡。今年五星并出东方，利以西伐。天人相应，不可失也。"拓跋焘完全采纳了崔浩的意见，遣司空奚斤（369—448）等两路人马分别袭击蒲阪（今山西永济）和陕城（今河南三门峡西），赫连昌企图联络柔然负隅顽抗，终不敌北魏的进攻。427年，魏太武帝拓跋焘率军力战，攻入统万城，消灭了夏国。

第二大仗是破灭柔然。

柔然，北魏蔑称之为蠕蠕，或谓东胡之苗裔，或称匈奴之别种，是鲜卑拓跋部崛起时北方草原的劲敌，北魏明元帝时曾修筑长城以御之。太武帝在击破胡夏、北燕过程中，都要分兵防备柔然。429年，太武帝决心讨伐柔然。临行前，他在南郊举行祭天典礼、誓师大会。"内外群臣皆不欲行，保太后（太武帝拓跋焘乳母窦氏）固止之；独崔浩劝之。"

反战派推出太史令张渊（《北史》避唐讳作张深）、徐辩为代表，称述不宜出征的理由。张、徐二人过去是赫连夏主管天象的官员，是星占术方面的专家。他们说，今岁月食，太白在西方，不可举兵，北伐必败；即使克敌，于主上也不利。他们的看法得到群臣的附和，说张渊当年曾经谏苻坚南伐，所言无不中，不可违也。拓跋焘有些犹豫不决，敦请崔浩与张渊等当面辩论。都是士人，都懂天文星象，崔浩号称博学，可张渊等却是专家。

对于张渊、徐辩的诘难，崔浩首先从星象开始："阳为德，阴为刑，故日食修德，月食修刑。夫王者用刑，小则肆诸市朝，大则陈诸原野（即发动战争）。今出兵以讨有罪，乃所以修刑也。臣窃观天文，比年以来，月行掩昴①，至今犹然。"这种天象意味着什么呢？"其占（指这种星象所预示的征兆），三年天子大破旄头之国②。蠕蠕、高车，旄头之众也。愿陛下勿疑。"

张渊、徐辩的失误在于他们没有与崔浩在星象学上死磕，而是迅速转换主题，说："蠕蠕，荒外无用之物，得其地不可耕而食，得其民不可臣而使，轻疾无常，难得而制；有何汲汲，而劳士马以伐之？"

这下崔浩心底发笑了，回击说："渊、辩言天道，犹是其职，至于人事形势，尤非其所知。此乃汉世常谈，施之于今，殊不合事宜。何则？蠕蠕本国家北边之臣，中间叛去。今诛其元恶，收

---

① 月行掩昴(mǎo)：昴（又作旄）星团是最有名的星团之一，有三千颗恒星，我国古代把其中最亮的七颗恒星，即民间所谓七仙女星，列为昴宿，又名旄头。月行掩昴，就是月亮运行到昴宿附近，明亮的月光导致昴宿的亮星暂时消失（不可见）。从星占上说，这种天象有利于北伐。

② 在星占术上，昴宿（旄头）的图像是一个鸡头将军，故此处崔浩说三年天子大破旄头之国。

其良民，令复旧役，非无用也。"

崔浩又紧逼一步说，世人皆谓张渊、徐辩通解数术，明决成败，臣请试问之：两年前夏国都城统万未亡之前，你们作为夏国的天文专家，是否看出了败征？若不知，是无术也；若知而不言，是不忠也。当时胡夏亡国之君赫连昌就在辩论现场，张渊等确实未曾预言，惭不能对。这样的诘难，虽然使魏太武帝拓跋焘乐开了怀，也显示出崔浩的伶牙俐齿、争强好胜，但总有些不够厚道。

朝议会后，公卿中有人担心地对崔浩说："今南寇方伺国隙，而舍之北伐；若蠕蠕远遁，前无所获，后有疆寇，将何以待之？"崔浩说，不先破蠕蠕，则无以待南寇。当年以刘裕之雄杰，吞并关中，留其爱子，辅以良将，精兵数万，犹不能守。"况义隆今日君臣，非裕时之比。主上英武，士马精强，彼若果来，譬如以驹犊斗虎狼也，何惧之有！"柔然恃其绝远，以为我们力不能制，对我们的突袭没有防备，"故夏则散众放畜，秋肥乃聚，背寒向温，南来寇钞。今掩其不备，必望尘骇散"。短暂辛劳，换来的是永久安宁，此等时机，决不可失！"今上意已决，奈何止之！"

太武帝拓跋焘亲征，分道奇袭，柔然遁走后，魏兵舍弃辎重，轻兵追击，直抵栗水（今黑龙江呼伦湖支流克鲁伦河），大胜而归。魏军凯旋，回到平城，拓跋焘徙柔然、高车降附之民于漠南，绵延三千里，使之耕牧而收其贡赋。从此之后，"魏之民间马牛羊及毡皮为之价贱"（《资治通鉴》卷一二一，宋文帝元嘉六年）。

第三仗是灭北凉。

北凉（401—439）为匈奴支系卢水胡人沮渠蒙逊（368—

433）创立，是十六国中的一个小国。北凉一直称臣于北魏，沮渠氏与拓跋氏也是姻亲关系。433年，沮渠牧犍（？—447）继位，魏太武帝欲讨之，先问崔浩。崔浩主张出其不意往击之："今出其不意，大军猝至，彼必骇扰，不知所为，擒之必矣。"拓跋焘称善。

大将奚斤等三十人联合反对，提出了两条反对意见：一个是不必要，西陲下国，职贡不乏，朝廷待以藩臣，妻以公主，罪恶未彰，何必动武；另一个是不值得，其地卤瘠，难得水草，大军既至，彼必婴城固守，攻之不拔，野无所掠，此危道也。反战派中的尚书李顺，与崔浩为姻亲，出身赵郡李氏家族，曾多次出使北凉，他用自己的亲身经历，力证其地皆枯石，绝无水草。"环城百里之内，地不生草，人马饥渴，难以久留。"坐实了奚斤等人的意见。

是任其为朝贡之国，还是攻取为郡县，这二者之间的差别，不言自明。因此，对于第一个理由大家不再坚持，于是"彼无水草"，就成为最主要的反对理由。

崔浩不愧号称博学，他引《汉书·地理志》称，"凉州之畜为天下饶"，若无水草，畜何以蕃？又，汉人怎么会在无水草之地筑城郭，建郡县？再说，如果积雪融化之后，仅能收盖住尘土，如何得以通渠溉灌？这不是明摆着在隐瞒真相吗？李顺坚持说："耳闻不如目见，吾尝目见，何可共辩？"崔浩厉声谴责："汝受人金钱，欲为之游说，谓我目不见便可欺邪！"双方已经撕破了脸面。拓跋焘始终在会场之外隐蔽处听着，听闻至此，乃出来会见，辞色严厉，群臣不敢复言反对。

及至攻下北凉，魏太武帝见姑臧（今甘肃武威）城外水草丰饶，由是恨李顺，谓崔浩曰："卿之昔言，今果验矣。"崔浩回答："臣之言不敢不实，类皆如此。"太武帝讨伐凉州之前，太子拓跋晃也有疑虑，太武帝特意写信给太子晃说："姑臧城东、西门外，涌泉合于城北，其大如河。自余沟渠流入漠中，其间乃无燥地。"（《资治通鉴》卷一二三，宋文帝元嘉十六年）太子，你就放心吧！

439年，魏太武帝大军攻破姑臧城，灭北凉，沮渠牧犍被擒，北魏终于统一了北方地区。

由于屡建奇功，拓跋焘对崔浩的欣赏，无以复加，称之为北魏第一名士。皇帝到崔浩家就像朋友串门一样。有时仓猝之际，崔浩不及束带；有时恰逢用餐，虽非精美之食，拓跋焘必为之举箸，或临走时站着尝一口，以示关系亲密。

拓跋焘还引崔浩出入卧内，说："卿才智渊博，事朕祖考，著忠三世，故朕引卿以自近。卿宜尽忠规谏，勿有所隐。朕虽或时忿恚，不从卿言，然终久深思卿言也。"这番话的意思很明白：我有时候脾气不好，你不要见怪，不要因此而噤口不言。

他曾指着崔浩对新归附的高车渠帅说："汝曹视此人尪纤懦弱，不能弯弓持矛，然其胸中所怀，乃过于兵甲。朕虽有征伐之志而不能自决，前后有功，皆此人所教也。"又敕尚书曰："凡军国大计，汝曹所不能决者，皆当咨浩，然后施行。"（《资治通鉴》卷一二一，宋文帝元嘉六年）

431年，拓跋焘下诏，以太尉长孙嵩为柱国大将军，左光禄大夫崔浩为司徒，征西大将军长孙道生为司空。长孙道生清俭廉洁。宫廷歌者唱道：“智如崔浩，廉若道生。”这个歌词是拓跋焘拟定的。

河西王沮渠蒙逊遣尚书郎宗舒等入贡于魏，在宴会上，拓跋焘拉着崔浩的手，对宗舒等人说：“汝所闻崔公，此则是也。才略之美，于今无比。朕动止咨之，豫陈成败，若合符契，未尝失也。”（《资治通鉴》卷一二一，宋文帝元嘉七年）魏太武帝请崔浩主持编修国史，也体现了对他的信任。

四、崔浩为何被杀？

崔浩的仕途，在魏太武帝时期官至司徒，达到了登峰造极的地步；但也在此时期，他被太武帝所杀，而且满门抄斩。死后不到两天，太武帝就颇带悔意地说，崔司徒死得可惜。

其实，拓跋焘即位之时，崔浩的命运就有一些波折。《魏书·崔浩传》称：“世祖即位，左右忌浩正直，共排毁之。世祖虽知其能，不免群议，故出浩，以公归第。及有疑议，召而问焉。”《资治通鉴》记载这件事的时候，没有“忌浩正直”四字，而且置于“尤不信佛法，曰何为事此胡神”之后。[1] 两相比较，可以看出，崔浩得罪的人不少，包括有佛教信仰的上层人士。

崔浩究竟得罪了谁？

崔浩在同僚之间说话，语气比较冲，比较傲。包括对待胡族将领。他说长孙嵩长于治理，拙于用兵，可是，长孙嵩是北魏的

---

[1] 《北史》卷二一《崔宏附子浩传》有“忌浩正直”的说法，但是，没有在此处谈及他不喜佛法。

名将，这话传到他耳朵里，他能高兴吗？崔浩也不把太子晃放在眼中。《资治通鉴》是这样记载的："魏司徒崔浩，自恃才略及魏主所宠任，专制朝权，尝荐冀、定、相、幽、并五州之士数十人，皆起家为郡守。"

太子拓跋晃反对说："先征之人，亦州郡之选也；在职已久，勤劳未答，宜先补郡县，以新征者代为郎吏。且守令治民，宜得更事者。"太子的意思是，此前所征的士人（大约就包括高允等）任职时间长，应该先补州郡之职；新征之士应该先担任郎吏等辅佐官吏，担任郡守这样的亲民官，应该有一定的从政经验，新征者并不合适。但是，崔浩"固争而遣之"。

这件事的背景是，随着北魏对北方统一的完成，很多地方郡守之类的文官，需要汉族士人出任，以方便统治汉地百姓，那些在政府任职的先征官员，与拓跋政权已经有很好的磨合，多少也有一定的合作经验。太平真君四年（443）十一月，太武帝下诏，令皇太子副理万机，总统百揆。崔浩无视太子的权威，"固争而遣之"，实在是忘记了自己的本分。难怪中书侍郎、领著作郎高允（390—487）闻之，谓东宫博士管恬曰："崔公其不免乎！苟遂其非而校胜于上，将何以堪之！"（《资治通鉴》卷一二五，宋文帝元嘉二十七年）高允的意思是，崔浩的主张本来就不对，却要与太子晃争强好胜，恐怕没有好下场啊。

在汉族门阀中，崔浩也树敌甚多。

赵郡李顺，同为士族高门，且是其姻亲。426年，平定西夏时，拓跋焘欲以中书博士李顺总前驱之兵，访于崔浩，崔浩说："顺诚有筹略，然臣与之婚姻，深知其为人果于去就，不可专

委。"太武帝听从了崔浩的话。"浩与顺由是有隙。"(《资治通鉴》卷一二〇,宋文帝元嘉三年)

431年,魏主诏曰:"今二寇摧殄,将偃武修文,理废职,举逸民。范阳卢玄、博陵崔绰、赵郡李灵、河间邢颖、勃海高允、广平游雅、太原张伟等,皆贤隽之胄,冠冕州邦。《易》曰:'我有好爵,吾与尔縻之。'如玄之比者,尽敕州郡以礼发遣。"遂征卢玄等及州郡所遣至者数百人,差次叙用。

于是,崔浩欲大整流品,明辨姓族。卢玄止之曰:"夫创制立事,各有其时;乐为此者,讵有几人!宜加三思。"崔浩不从,"由是得罪于众"(《资治通鉴》卷一二二,宋文帝元嘉八年)。这个"众"是多少人?从崔浩被杀,几乎无人为其求情来看,他其实在汉族儒士中已经很孤立。至于他是如何为汉族士人家族定流品高下的,我们现在没有材料加以证明,但是,从其敢于出于一己之私,与太子晃争执士族官员的任命上看,大约确实如高允所言:"私欲没其廉洁,爱憎蔽其公直。"

在攻打柔然的问题上,崔浩与汉族出身的大将刘洁发生冲突,互相攻击,最后以刘洁被罚告终。《魏书·刘洁传》说,刘洁"朝夕在枢密,深见委任,性既刚直,恃宠自专。世祖心稍不平"。又说,刘洁"既居势要,擅作威福,诸阿附者登进,忤恨者黜免,内外惮之,侧目而视"。刘洁最后以谋反被处死。崔浩其实也犯了与刘洁同样的错误。

北魏前期的政治制度,到了太武帝时期,由于版图的扩张,带来了治理的复杂性,虽然汉人参掌机要已经有了很大的进展,但是,总体而言,汉族士人依然是参划谋议的角色。431年广征士人入朝，范阳卢玄、渤海高允等三十五人，无一人任要职，即使是身为司徒的崔浩，虽获宠任，但手中毫无实权。（参见张金龙《从高允"征士颂"看太武帝神麚四年征士及其意义》，载所著《北魏政治与制度论稿》，甘肃教育出版社2003年）但是，随着魏太武帝的宠任加深，崔浩就有些飘飘然了。

崔浩的侄女婿王慧龙，出自太原王氏。东晋末，王氏被刘裕满门抄斩，王慧龙辗转来到北魏。在崔浩的策划下，弟崔恬以女妻之。太原王氏家族素有齇鼻（酒糟鼻），江东谓之"齇王"。崔浩一见王慧龙的大红鼻子，夸赞说："确实是太原齇鼻王，真是贵种啊！"在朝廷公卿中逢人就夸赞不停。司徒长孙嵩闻之不悦，对魏太武帝抱怨说，崔浩"嗟服南人，则有讪鄙国化之意"，惹得太武帝大怒，特地把崔浩找来责难一顿，"浩免冠陈谢得释"。王慧龙因此被压着不予重用。[1]

由此事可以看出太武帝对于汉人的疑忌。[2]

崔浩最后栽在"国史案"上。

北魏的秘书监是一个学术机构，其下著作局主掌著述之事。有两位著作令史（秘书）闵湛、郗标很会巴结崔浩，崔浩曾注《易》及《论语》《诗》《书》，水平如何，不得而知。这两位下属上书皇上说，马（融）、郑（玄）、王（肃）、贾（逵）所注经书，不

---

[1] 据《魏书》卷三八《王慧龙传》，有传言说王慧龙是东晋尚书仆射王愉家竖，沙门僧彬所通生也，故崔浩坚称其确实是齇鼻王，目的是为了辟谣。

[2]《魏书》卷三八《王慧龙传》云，明元帝曾拜王慧龙为洛城镇将，配兵三千人镇金墉城。"既拜十余日，太宗（明元帝拓跋嗣）崩。世祖（太武帝拓跋焘）初即位，咸谓南人不宜委以师旅之任，遂停前授。"从这里也可以看出北魏高层对汉人的疑忌。

如崔浩注之精微，请收缴境内诸家所注经书，而向全国颁发崔浩所注，并请求国家正式命崔浩继续注《礼传》，"令后生得观正义"。这不是明显给崔浩抬轿子么？马融、郑玄、王肃、贾逵，是东汉以来最著名的经学家，难道都不如崔司徒的经学水平？这种拍马屁的言论，崔浩很受用，于是向朝廷推荐闵湛、郗标有著述之才。拓跋贵族大概不一定能完全搞清经书著述的优劣，可是汉族士人一看就明白是怎么回事，故高允说：闵湛、郗标干的这种事，恐怕会给崔大人找麻烦啊！这两位马屁精还建议把崔浩主持修撰的国史刊刻于石碑，以彰显其直笔。石碑立于郊祀祭坛之东，方圆百步，工程浩大。"浩书魏之先世，事皆详实，列于衢路，往来见者咸以为言。北人无不忿恚，相与谮浩于帝，以为暴扬国恶。帝大怒，使有司按浩及秘书郎吏等罪状。"

北人忿恚什么？"暴扬国恶"啊！把鲜卑族旧日的落后习俗暴露于光天化日之下，已经比较熟悉汉文明的鲜卑贵族，对此高度敏感。之前，在北方统一战争中，鲜卑贵族还需要汉族士人为其谋划统筹，如今天下初定，对于汉族士人的高调行为，必须打压，以儆效尤。崔浩的狂妄自大，招来杀身之祸，这是高允作为旁观者看得很清楚的。

但是，事情还不是如此简单。用牵连到案情中的高允的话来说："浩之所坐，若更有余衅，非臣敢知；若直以触犯，罪不至死。"如果只是书写国史的问题，罪不至死。那么还有什么"余衅"呢？高允说："崔浩孤负圣恩，以私欲没其廉洁，爱憎蔽其公直，此浩之责也。至于书朝廷起居，言国家得失，此为史之大体，未为多违。"可见，崔浩有贪腐和枉法（爱憎蔽其公直）等罪。

魏太武帝太平真君十一年（450）六月初十，平城的夏天，依然凉爽，崔浩的宗族及姻家范阳卢氏、太原郭氏、河东柳氏，并被夷族，其余被杀者数百人。在押送崔浩赴城南行刑的槛车上，卫士数十人往崔浩头上溲尿，呼声嗷嗷，闻于行路。两天之后，太武帝拓跋焘北巡阴山，既诛崔浩而悔之，说："崔司徒可惜！"（《资治通鉴》卷一二五，宋文帝元嘉二十七年）

启示57 崔浩懂得谋事，却不完全懂得谋身。谋身就要懂得既明且哲，审时度势，仁爱待人，知进知退；越是在官运亨通的顺境中，越不要忘乎所以！

天欲其亡，必令其狂！不能说崔浩不懂政治，不能说崔浩不懂谋略。但是，政治有不同的层面，谋略有不同的侧面。崔浩懂得谋事，却不完全懂得谋身。谋身不是说要为自己的私利打算，相反，崔浩就栽在被私利私愤障蔽了自己的双眼和判断力。谋身要懂得既明且哲，审时度势，仁爱待人，知进知退；越是在官运亨通的顺境中，越不要忘乎所以！崔浩倚仗皇帝的宠任，专权狂傲，死于非命。诚如魏太武帝所言：崔司徒可惜！

（参见《资治通鉴》卷一〇六至卷一二五）

第三节　北魏发展的里程碑：
冯太后及孝文帝改革

　　《后汉书·列女传》记载，班固之妹班昭作《女诫》七篇，提倡女子唯美以柔德，可是她的"闺蜜"邓绥邓太后，却是东汉最有权势和政绩的皇太后。可见女性的刚或者柔，端的要看自己身居何位，而不完全由教育决定。北朝女子的强悍能干，在《颜氏家训》中有清楚的记载，其中首屈一指者，非冯太后莫属。在中古历史上，冯太后及孝文帝的改革，是具有里程碑意义的事件。

一、太后是如何炼成的

　　冯太后（441—490），名叫淑仪，长乐信都（今河北衡水冀州区）人，祖父冯跋是北燕（407—436）的开国国君。北魏灭北燕，淑仪的父亲冯朗降魏后，曾任北魏秦州、雍州刺史。冯太后本人出生于长安，大约就是父亲在此任职的时候。母亲王氏，可能是一位出身于高句丽的姑娘，系乐浪郡（治所在今朝鲜平壤大同江南岸）人。

冯氏入宫时，只有14岁，封为贵人，丈夫文成帝拓跋濬（440—465）比她年长两岁。根据北魏的习俗，贵人被选为皇后，需要两个条件。第一个条件是不能生儿子，因为生了儿子，特别是儿子被立为太子，生母就得自尽。这样的事情在汉武帝时就出现过，北魏自道武帝后，却被立成了"家规"。第二个条件是亲自成功地铸造自己的铜像（金人），若不成功，表明神灵不佑。冯淑仪没有子嗣，第一个条件满足了，可是，铸造金人，对于一位稚嫩的女人来说，确实不容易。冯淑仪的亲姑妈在北燕亡国时就没入宫廷，其时为左昭仪。冯昭仪是过来人，对于这种事情自然比一个小姑娘要强。大约有姑妈的帮助，淑仪居然铸造金人成功，因而被文成帝立为皇后。这一年是456年，她刚16岁，丈夫17岁。

文成帝与冯皇后生活美满，这个时候的北魏没有大的战争。465年，26岁的文成帝突然驾崩，不到25岁的冯皇后年轻守寡，悲痛欲绝。按照北魏的制度，皇帝驾崩，其所用之物，都要予以焚烧。面对旧物燃烧的烈焰，冯皇后突然纵身一跳，投入烈火中，要随文成帝而去。左右贵族大臣及宫廷宦者，无不大吃一惊，连忙把皇后救了出来。幸好抢救及时，冯皇后留下了性命。朝野臣僚，无不为冯后的深情和勇敢而震动。这一跳也奠定了冯后在朝廷莫与之争的地位。

献文帝拓跋弘（454—476）继位，冯淑仪被尊为皇太后。其时皇帝只有12岁，孤儿寡母，宰相太原王乙浑"专制朝权，多所诛杀"，甚至图谋不轨，要"为其妻求称公主"，侍中拓跋丕告乙

浑谋反，冯太后果断出手，抓捕了乙浑，诛之。自此，太后临朝
称制。

献文帝拓跋弘逐渐成年，冯太后还政。特别是孙子孝文帝
拓跋宏（467—499）出生之后，冯太后专心教育他，不问朝政。
这时的冯太后年纪尚轻，英俊而有才华的青年军官李奕，是其
内宠，外面颇有风言风语。献文帝大约不仅仅是觉得难堪，而且
担心太后与外臣关系过于密切，会影响其行政，于是找了个借口
把李奕给杀了。

我不问政事，你却要干预我的私事，冯太后心中很是不得
意。于是，471年，冯太后迫使献文帝禅让，传位给年仅5岁的
拓跋宏，即孝文帝。献文帝并没有完全放弃权力，却于476年不
明不白地死去。《魏书·冯太后传》只是说"时言太后为之也"。
《资治通鉴》则干脆说，"魏冯太后内行不正，以李奕之死怨显
祖（献文帝），密行鸩毒"（《资治通鉴》卷一三四，宋苍梧王元
徽四年）。于是，冯太后再度临朝称制，次年（477），改年号太
和。37岁的冯太后，成为当时中国最有权势的女人。

表面上的皇帝是冯太后的孙子孝文帝，但是，冯太后（当
时已是太皇太后）"临朝专政"，史称"高祖（孝文帝）雅性孝
谨，不欲参决，事无巨细，一禀于太后。太后多智略，猜忍，能行
大事，生杀赏罚，决之俄顷，多有不关高祖者"（《魏书》卷一三
《皇后列传·文成文明皇后冯氏》）。《资治通鉴》记述冯太后的
驾驭之术说，她首先是赏罚分明；其次是重用情人李冲、王睿
等，但是，这些人都是优秀的人才，并不仅仅是私宠；第三是既
豁然大度，又严格管控。"太后自以失行，畏人议己，群下语言小

涉疑忌，辄杀之。然所宠幸左右，苟有小过，必加笞棰，或至百余；而无宿憾，寻复待之如初，或因此更富贵。故左右虽被罚，终无离心。"（《资治通鉴》卷一三四，宋苍梧王元徽四年）

在日常生活中，冯太后崇佛，生活节俭，性格宽和。一次厨师进奉的粥里有一个小虫子，孝文帝大怒，欲处以极刑，太后却一笑了之，宽恕了厨师。

二、冯太后改革：抓住了问题的关键

从北魏统一到冯太后执政的时代，经历了将近半个世纪，若从拓跋珪建国算起，则将近百年。现在的北魏，已经不仅仅是一个北方胡族政权，而是统治着广袤北方地区的王朝。但是，北魏的国家制度依然处在草创阶段，从打天下过渡到治天下，需要进一步完善各项基本制度，改革势在必行。这个责任就落在了冯太后身上。

> **启示58** 冯太后的改革从最基本的体制建设入手，包括俸禄制度、均田制度、三长制度，这些制度都是为了解决国家机器运作的机制问题。冯太后改革的成功，不仅因为她身居太后之位，而且因为她的改革触及的是政治与经济体制转换问题，触及了改革的本质。

冯太后的改革从最基本的体制建设入手，包括俸禄制度、均田制度、三长制度，这些制度都是为了解决国家机器运作的机制问题。

太和八年（484），"始班俸禄"，即建立正式的俸禄制度。做官应该有俸禄，就是我们说的薪水。可是，此前北魏官员的收入主要不是工资，鲜卑贵族马上打天下，依靠征战发财，他们的财富主要是抢夺而来，是血红色的。可是要统治中原地区，必须有文官治理，如果没有合理合法的收入，则必然有黑色或者灰色收入，这不利于长治久安。所以，冯太后把建立俸禄制度，即规范官员薪酬制度，放在了改革的首要位置。这年九月，朝廷"仍分命使者，纠按守宰之贪者"（《资治通鉴》卷一三六，齐武帝永明二年），重点打击官吏的贪污枉法行为。

太和九年（485），颁行均田制度，解决耕者有其田的问题。从西汉中后期以来，土地兼并始终是中原王朝最严重的社会问题。王莽曾经用极端的平均主义手段实行"王田制"，试图解决这个问题，结果不具有可行性，反而使问题变得更糟。现在鲜卑入主中原，北方人口大量流失，冯太后从古人的人丁百亩的理念出发，实行均田制。这年十月，她接受了李安世的建议，"诏遣使者循行州郡，与牧守均给天下之田"。制度规定："诸男夫十五以上受露田四十亩，妇人二十亩，奴婢依良丁；牛一头，受田三十亩，限止四牛。"对于"初受田者，男夫给二十亩，课种桑五十株；桑田皆为世业，身终不还"（《资治通鉴》卷一三六，齐武帝永明三年）。这个制度照顾了富裕地主的利益，也为普通农民提供了不再依附豪强的条件。

太和十年（486），推行"三长制"，即重建基层政权。自五胡乱华以来，魏晋时期传统的统治秩序，在北方遭到了极大的破坏，豪强隐蔽民户现象十分严重。十六国到北魏初期的中原地区，"或百室合户，或千丁共籍"，宗主与依附人口居住在坞堡之中，得到隐蔽和保护，这种体制，叫做宗主督护制①。内秘书令李冲建议建立"三长"之制："五家立邻长，五邻立里长，五里立党长，取乡人强谨者为之。"同时，改革赋役制度，减轻农民负担。这项建议下朝廷议论，反对者众，地方豪强反对尤其激烈。最后冯太后拍板决定："立三长则课调有常准，苞荫之户可出，侥幸之人可止，何为不可！"

北魏第一名臣崔浩曾试图"整齐人伦"，用汉文化来促进鲜卑政权的进步，结果丢了性命。这是因为他触及的是敏感的文化与种族优劣问题。现在冯太后的改革，提供的是增量改革，不仅建立薪酬制度，解决了官员的后顾之忧，而且推动均田制改革，促进了经济发展与社会进步。"三长制"和户籍制改革之初，"民始皆愁苦，豪强者尤不愿。既而课调省费十余倍，上下安之"（《资治通鉴》卷一三六，齐武帝永明四年）。

总之，冯太后改革的成功，不仅因为她身居太后之位，有崔浩完全没有的优势，而且因为她的改革，触及的是政治与经济体制转换问题，触及了改革的本质。

三、改革成败：取决于是否后继有人

商鞅改革之所以成功，是因为其人虽亡，其政犹存。秦惠

---

① 《魏书》卷五三《李冲传》："旧无三长，惟立宗主督护，所以民多隐冒，五十、三十家方为一户。"《资治通鉴》卷一三六，齐武帝永明四年二月："魏无乡党之法，唯立宗主督护；民多隐冒，三五十家始为一户。"

文王之后,商鞅的改革政策得到继续贯彻执行。北魏冯太后的改革之所以成功,影响及于隋唐,是因为后继有人。这就是北魏孝文帝拓跋宏。北魏的改革到了孝文帝完全执政时期,达到了高潮。

拓跋宏是献文帝的长子,母亲李氏,中山大族李惠之女。469年,年仅3岁的拓跋宏被立为太子,按照北魏子贵母死的制度,李夫人被赐死,拓跋宏由祖母冯太后亲自抚养。本来临朝称制的冯太后,归政于年已16岁的献文帝,自己以全部精力来培养这个小孙儿。史称"太后以高祖富于春秋,乃作《劝戒歌》三百余章,又作《皇诰》十八篇,文多不载。太后立文宣王庙于长安,又立思燕佛图于龙城,皆刊石立碑"。显然冯太后是在用儒家传统文化教育孝文帝。《资治通鉴》上说,拓跋宏曾吃过太后的罚杖,还一度被关了三天,被威胁要遭废黜。可见,冯太后绝对是既严厉又慈爱的祖母。

家严出孝子。太和十四年(490)九月,冯太后病逝。23岁的孝文帝,对于祖母的去世悲痛欲绝,"勺饮不入口者五日,哀毁过礼"(《资治通鉴》卷一三七,齐武帝永明八年)。十月,葬之于永固陵,这是冯太后本人生前的遗嘱,没有与丈夫文成帝合葬于云中的金陵。①

---

① 冯太后虽然与文成帝有长达九年的婚姻,但是,自从24岁守寡之后,在此后的二十多年中,她的男宠就没有断,先后有李奕、王睿、李冲等。我想这也许是她不愿意与文成帝合葬的原因之一。当年文成帝驾崩时要投火自尽的情感早就已经淡忘了。

启示59 北魏冯太后的改革之所以成功，是因为后继有人，他就是北魏孝文帝拓跋宏。北魏孝文帝下令迁都洛阳，进行大规模的汉化改革。冯太后与孝文帝的改革极大地促进了鲜卑社会的发展。

带着悲痛，孝文帝继续了祖母的改革事业。孝文帝改革最重大的事件，是太和十七年（493）迁都洛阳。迁都中原不仅仅是一个"入主中原"的象征，而且也为进一步推进全面的汉化政策提供了前提。《资治通鉴》详细记载了这次迁都的原委："魏主以平城（今山西大同）地寒，六月雨雪，风沙常起，将迁都洛阳；恐群臣不从，乃议大举伐齐，欲以胁众。"（《资治通鉴》卷一三八，齐武帝永明十一年）这一年九月，大军行至洛阳时，霖雨不止，"时旧人虽不愿内徙，而惮于南伐，无敢言者；遂定迁都之计"。

迁都之后，孝文帝进行了大规模的汉化改革。首先是鼓励胡汉通婚，他自己带头娶崔、卢、李、郑、王汉族高门的女儿充后宫，同时为皇室成员娶汉族高门之女为王妃。其次是禁止说胡语，朝廷官员30岁以下必须讲汉语。要求鲜卑官员穿汉服，禁止穿鲜卑服饰。496年，又改鲜卑姓氏，拓跋氏带头改姓元，其他一百多个鲜卑姓氏都改成汉姓，鲜卑人的籍贯都改为河南洛阳。

南朝齐官员王肃（464—501）北逃，孝文帝如获至宝。王肃是东晋名臣王导之孙，孝文帝重用王肃，用中原政治制度改造鲜卑制度,包括官制仪轨、祭祀典礼、舆服制度等。王肃"自谓君臣之际犹玄德之遇孔明也"(《魏书》卷六三《王肃传》)。

孝文帝改革曾遇到鲜卑贵族的反对。496年,孝文帝南征,太子恂留守洛阳,不耐洛阳暑热,穿胡服,并且逃回平城,成为反对孝文帝改革的鲜卑贵族的"领头羊"。孝文帝回京后,将其从平城抓回,废黜太子之位,不久又赐死。

冯太后与孝文帝的改革极大地促进了鲜卑社会的发展,但也留下了许多问题。太子虽然被处死,可是平城及北方六镇地区鲜卑势力仍然强大。民族融合问题,仍然是困扰北魏社会发展的核心问题。在后来一百多年的岁月中,还经历了很大的波折,经历西魏、北周的磨合,民族融合问题在隋朝才得到解决,从而带来了南北统一。但是,无论如何,巾帼英雄冯太后及其孙孝文帝在这一进程中发挥了难以替代的关键性作用。

(参见《资治通鉴》卷一二四至卷一三八)

第四节　尔朱荣：北朝后期的关键人物

尔朱荣何许人也？一般读者未必详知。可以毫不夸张地说，他是北魏乃至北朝后期政局发展中最关键的人物之一。他曾挽救倾颓的北魏，又种下了北魏王朝分裂乃至覆亡的祸根。他是魔鬼般的奸贼，也是再造王室的功臣！

一、北魏乱局：尔朱荣的机遇

冯太后和孝文帝的改革，把北魏推向了鼎盛。盛极而衰的规律，这个时候又发生了作用。而且盛的原因，恰恰构成衰的因素。北魏孝文帝迁都洛阳，有利于加强对北方地区的统治，俸禄制、均田制、三长制以及后续的汉化改革，都推动了北魏经济与社会的发展。与此同时，迁于内地的鲜卑拓跋贵族，也因为逐渐适应了中原的富庶安逸而变得纸醉金迷，从而埋下了乱亡的种子。

499年，北魏孝文帝崩于南征途中。太子元恪（482—515）

继位,是为宣武帝。宣武帝时期,北魏已经在走下坡路[①],鲜卑贵族竞相奢侈,迅速腐败下去。到胡太后执政时期,奸佞当道,民变迭起,尤其是北方六镇起兵,破坏了北魏的统治秩序。

所谓北方六镇,是指北魏前期在首都平城(今山西大同)北部边塞地区设置的六个军镇,包括沃野、怀朔、武川、抚冥、柔玄、怀荒等,位置在今内蒙古河套地区以东、阴山山脉以南地区。设镇的目的是为了拱卫首都平城,抵御柔然等北方游牧民族的侵犯。

可是,迁都洛阳之后,鲜卑贵族沉湎于醉生梦死的温柔乡,早就忘记了边塞地区的苦寒。边镇与洛阳的鲜卑贵族对于国家的前途有了两种不同的期待。孝文帝南征之际,太子元恂从洛阳逃归平城,反映的实际是鲜卑内部对于国家发展的两种不同路线之争。如果接下来的宣武帝元恪、孝明帝元诩(胡太后掌权)时期,对于各方利益有所平衡,事情也许还有可为。可是,胡太后与孝明帝争权,进一步恶化了朝廷与六镇的关系。

胡太后是宣武帝的宠妃,为他生了长子元诩(510—528)。大约由于佛教的影响,大约由于汉化的缘故,大约出于对胡贵嫔(即胡太后)的宠爱,元恪废除了“子贵母死”的旧规矩。胡贵嫔没有因为生了宁馨儿而被杀,反而受宠有加。515年,元恪死后,其亲信的大臣高肇、王显等被杀,不久,原配高太后被大臣废黜为尼,胡贵嫔从太妃升格为太后,临朝听政。

[①]《魏书》卷九《肃宗纪》记载:“魏自宣武已后,政纲不张。肃宗冲龄统业,灵后妇人专制,委用非人,赏罚乖舛。于是衅起四方,祸延畿甸,卒于享国不长。抑亦沦胥之始也,呜呼!”

在执政初期，胡太后处事尚有章法，小叔子兼情夫元怿主持朝政，与权宦刘腾、妹婿元义等人产生了权力冲突。520年，刘腾等利用胡太后与元怿的暧昧关系，鼓动少年皇帝将太后软禁起来，长达五年之久。525年，胡太后利用母子之情，以及刘腾的去世，采取反制行动，除掉了元义，重新掌握朝政。从此她变得肆无忌惮、为所欲为："自是朝政疏缓，威恩不立，天下牧守，所在贪婪。郑俨污乱宫掖，势倾海内；李神轨、徐纥并见亲侍。一二年中，位总禁要，手握王爵，轻重在心，宣淫于朝，为四方之所厌秽。文武解体，所在乱逆，土崩鱼烂，由于此矣。"（《魏书》卷一三《皇后列传·宣武灵皇后胡氏》）就在这个当口，"铁血帅哥"尔朱荣迅速崛起。

二、河阴之变：尔朱荣乘机而起

尔朱荣（493—530）出身契胡酋长家庭。契胡一般认为就是羯族的一支，世居秀容川（今山西朔州）。传到尔朱荣这一代，为北魏边防镇将。尔朱荣生得皮肤白皙，长相俊美，是一位帅哥，更是一员猛将，"神机明决，御众严整"（《资治通鉴》卷一五〇，梁武帝普通五年）。在抵抗蠕蠕的战争中，倒不见得有何奇功，但是，每次镇压内部胡族的反叛，尔朱荣都频频立功，所得封赏也逐渐提升。在胡太后执政时代，他因为军功已经屡次获得擢升，为使持节、安北将军、都督恒朔讨虏诸军、假抚军将军，进封博陵郡公，食邑1500户。526年，尔朱荣举兵袭取肆州（今山西忻州），自署其从叔父为刺史，"自是荣兵威渐盛，朝廷亦不能罪责也"（《魏书》卷七四《尔朱荣传》），进而任命为镇北将军。

由于胡太后大权独揽，忌惮孝明帝，"由是母子之间，嫌隙日深"。528年，胡太后与情夫郑俨、徐纥等人在清除孝明帝身边的亲信后，又毒死了孝明帝，谎称潘妃所生女儿为太子，继位称帝。几天后又称潘妃所生实为女孩，另立孝文帝之孙、年仅3岁的元钊为帝。这给了一直觊觎朝廷的尔朱荣兴兵问罪的借口。

本来，尔朱荣的部将高欢就曾建议说："今天子暗弱，太后淫乱，嬖孽擅命，朝政不行。以明公雄武，乘时奋发，讨郑俨、徐纥之罪以清帝侧，霸业可举鞭而成。"（《资治通鉴》卷一五二，梁武帝大通二年）孝明帝则把尔朱荣当作对抗母后及郑俨、徐纥的外援，"密诏荣举兵内向，欲以胁太后"。尔朱荣以高欢为前锋，行至上党，帝复以私诏止之。此时，传来孝明帝驾崩的消息，自然给了尔朱荣兴兵靖难的口实。

尔朱荣的抗表写得义正辞严：

第一，"大行皇帝背弃万方，海内咸称耽毒致祸。岂有天子不豫，初不召医，贵戚大臣皆不侍侧，安得不使远近怪愕！"此点指出皇帝死的蹊跷。

第二，"又以皇女为储两，虚行赦宥。上欺天地，下惑朝野。已乃选君于孩提之中，实使奸竖专朝，隳乱纲纪，此何异掩目捕雀，塞耳盗钟！"此点质疑所立君主的合法性。

第三，"今群盗沸腾，邻敌窥窬，而欲以未言之儿镇安天下，不亦难乎！愿听臣赴阙，参预大议，问侍臣帝崩之由，访禁卫不知之状，以徐、郑之徒付之司败，雪同天之耻，谢远近之怨，然后更择宗亲以承宝祚。"

显然，这第一、第二问，是胡太后及其情夫掩盖不了的；这第三问，就是要兴师问罪，改换国君。对于皇室而言，这是比东汉末年董卓进京更强有力的挑战。

尔朱荣率兵向洛阳进发，朝廷乱作一团。胡太后派出的军队不堪一击，情夫们都各自逃命，胡太后自己则削发躲入佛寺，并下令妃嫔们都出家为尼。尔朱荣在进军途中，立长乐王元子攸（507—531）为帝。子攸为献文帝之孙、孝文帝之侄，是为敬宗孝庄帝。尔朱荣自任侍中、都督中外诸军事、大将军、尚书令、领军将军、领左右（即领左右千牛备身，带此头衔掌控皇帝身边禁卫），封太原王。尔朱荣入洛阳后，把胡太后及小皇帝都带到河阴，沉入黄河，又大开杀戒，屠杀了两千多胡汉高官，朝廷为之一空。

三、再造王室：尔朱荣的功绩

此时，北魏六镇起兵与镇民造反，混在一起，如火如荼。起兵的头领们大多出自六镇：破六韩拔陵（？—525），匈奴人，沃野镇民；鲜于修礼（？—526），敕勒人，怀朔镇民，当过镇兵；杜洛周（？—528），高车族人，柔玄镇民，当过镇兵；葛荣（？—528），鲜卑人，曾任怀朔镇将。六镇及流民起兵可分为如下三个阶段：

第一阶段，六镇点火。早在523年，怀荒镇、沃野镇民与镇将冲突，聚众造反，领头者是沃野镇民破六韩拔陵，改元真王，迫使朝廷改镇为州，进行安抚。武川豪强贺拔度拔（贺拔岳之父）、宇文肱（宇文泰之父）被提拔为镇军军官，加以对抗，最后也汇入到造反者的队伍中。524年秋,六镇已经全部为镇民所占领。尔朱荣在这场平叛中,虽然没有与破六韩拔陵正面交锋,却壮大了自己的实力。

第二阶段,河北冒烟。525年,破六韩拔陵主力失败,降户二十多万,被安置在河北冀(治今河北冀州)、定(治今河北定州)、瀛(治今河北河间)三州就食。此时的河北正遭遇水旱之灾,无处觅食。柔玄镇兵杜洛周在上谷(治今河北怀来)再次发动流民起事,接过了真王年号,西围燕州(治今河北涿鹿),南攻幽州(治今北京)。

526年,就在杜洛周据有燕、幽的同时,怀朔镇民鲜于修礼也率流寓当地的六镇兵民于定州造反,建元鲁兴,形成南北呼应之势。后鲜于修礼在内乱中被杀,部下葛荣统领其众,更加勇猛,连连击败强大的魏军。527年初,葛荣攻克殷州(治今河北隆尧),进而攻克冀州,年底逼近邺城(今河北临漳)。

这个时候的尔朱荣,全力在河南经营,扩大自己的队伍,原武川镇基层军官贺拔岳、贺拔胜及其部下都归附于他的麾下。

第三阶段,火并与灭亡。528年初,杜洛周南下攻克定、瀛二州,与葛荣部发生冲突。二月,葛荣杀死杜洛周,并统领其军,队伍号称百万。

此一阶段,尔朱荣于河阴之变后,控制了北魏朝廷,乃调动大军进逼葛荣所部。八月,尔朱荣以侯景为前锋,向河北进发,所率精骑七万(一说七千)在邺城附近与葛荣相遇。尔朱荣利用葛荣排兵布阵中兵力分散的弱点,击散流民部队,生擒葛荣并押至洛阳斩首。为什么尔朱荣带七万众能够打败葛荣百万众?因为葛荣所统率的是乌合之众，而尔朱荣所部乃身经百战的精锐，葛荣造反求生存，没有雄踞天下的志向，不是尔朱荣的对手。

六镇起兵及其引发的流民暴动，就这样被镇压了。但是，这个时候，北魏孝庄帝却被堂兄元颢（494—529）赶出了京城。

这究竟是怎么回事呢？

元颢乃北魏宗室近属，献文帝之孙，孝文帝之侄，在与北魏皇室的血统关系上，与堂弟孝庄帝元子攸等夷，袭父爵为北海王。528年，元颢受命前往邺城镇压葛荣军，恰逢尔朱荣攻破洛阳，发动河阴之变。面对葛荣的强大势力和朝廷的不测事变，元颢为了自保，投降了南朝，梁武帝萧衍封之为魏王。

这一年（528）十月（投降南朝之后四个月），梁朝派大将陈庆之拥护元颢北伐，此时尔朱荣刚刚平定河北的葛荣，南下的河北豪族邢杲又在山东青州发动流民起义[1]，吸引了朝廷军队的主力。梁军势如破竹，529年，元颢在睢阳称帝，五月竟然攻入了洛阳。"颢既入洛，自河以南州郡多附之。"这对孝庄帝政权震动很大。元颢甚至致书孝庄帝，劝其放弃帝位，共同对付尔朱家族，他在诏书中说："朕泣请梁朝，誓在复耻，正欲问罪于尔朱，出卿于桎梏。卿托命豺狼，委身虎口，假获民地，本是荣物，固非卿有。今国家隆替，在卿与我。若天道助顺，则皇魏再兴；脱或不然，在荣为福，于卿为祸。卿宜三复，富贵可保。"

---

[1] 邢杲是河间（今河北河间）豪族，广蓄部曲家兵。由于河北流民势力猖炽，邢杲等豪族举族南下，来到青州北海，朝廷设置河北侨郡县安置之，令豪强充当守宰。流民当时受到土著豪强的欺凌，528年，邢杲利用流民起兵，远近奔赴。邢杲自称汉王，年号天统，势力发展得很快，旬月间，众至十余万。529年，邢杲在济南兵败被杀。

（《资治通鉴》卷一五三，梁武帝中大通元年）元颢后来被称为
北魏建武帝，建武帝说孝庄帝是傀儡，这没有错。但是，让孝庄
帝保全富贵，放弃帝位也是不可能的。于是，身为天柱将军的
尔朱荣，率领百万大军绕开陈庆之军，奇袭洛阳。六月，攻入洛
阳城，元颢出逃，死于途中。尔朱荣迎孝庄帝回洛阳后，毫无疑
问，真正是再造王室，也必然是权倾朝野。

尔朱荣不是没有称帝的企图，只是时机不成熟，加之他四
次铸造金人皆不成功（意味着上天不赞成改朝换代），使他放弃
了称帝的想法。但是，他对孝庄帝的蔑视以及各种胡作非为，已
到了令人发指、难以忍受的地步。回到洛阳一年多，即北魏永安
三年（530）九月，孝庄帝以尔朱皇后（尔朱荣之女）生子为由，
诱使尔朱荣入皇宫庆贺，亲手将其刺杀于御座之前。"于是内外
喜噪，声满洛阳城，百僚入贺。"（《资治通鉴》卷一五四，梁武帝
中大通二年）尔朱荣没有死在疆场上，而是死在了自己拥立的女
婿刀下；死因也不是图谋篡位，而是因为权力太大，跋扈不羁。
可以说他死得实在有些窝囊。

四、盖棺论定：尔朱荣的身后事

尔朱荣死后，北魏出现了权力真空。

六镇起兵的兵民分为两支，一支以怀朔镇的高欢、段荣、尉
景为代表，先在杜洛周麾下，后来逃奔葛荣，不久又离开葛荣，
投奔了尔朱荣。另外一支以来自武川镇的贺拔氏、宇文氏为代
表，主要有贺拔岳、贺拔胜、宇文泰、李虎、独孤信等，也都归附
了尔朱荣。与高欢早先就离开葛荣投奔尔朱荣不同，宇文泰是

在葛荣被擒之后,作为俘虏被尔朱荣收编的。[1]

尔朱荣死后的权力真空就由这两股势力来填补。高欢诛灭尔朱兆等尔朱氏家族势力后,取得了北魏的最高权力。而尔朱荣死前数月派遣贺拔岳、宇文泰等前往关中地区平乱,则孕育出另外一股势力。北魏被这两股势力分裂,高欢是东魏、北齐的开山,宇文泰则是西魏、北周之始祖。仅由此点,即可见尔朱荣在北朝后期发展史上所处的关键位置。

《资治通鉴》没有对尔朱荣做出系统评论,大约认为此人太不靠谱。倒是《魏书》编纂者魏收在《尔朱荣传》后有一段"史臣曰",没有把尔朱荣一棍子打死。这一段长达五百字的评论,先分析了北魏的历史:"太祖抚运乘时,奄开王业。世祖以武功一海内,高祖以文德革天下。世宗之后,政道颇亏。"然后论及当时的时局:"及明皇幼冲,女主南面。始则于忠专恣,继以元叉(即元义)权重,握赏罚之柄,擅生杀之威;荣悴在亲疏,贵贱由离合;附会者结之以子女,进趋者要之以金帛。且佞谀用事,功勤不赏,居官肆其聚敛,乘势极其陵暴。于是四海嚣然,已有群飞之渐矣。"作者尤其点出了525年胡太后重新执政后的乱象:"逮于灵后反政,宣淫于朝。郑俨手运天机,口吐王制。李轨、徐纥刺促以求先,元略、元徽喔咿以竞入。私利毕举,公道尽亡,遐迩怨愤,天下鼎沸。倾覆之征,于此至矣。"

这就是尔朱荣崛起的时代背景。在作者看来,尔朱荣于此

---

[1]《资治通鉴》卷一五二,梁武帝大通二年十月记载:"修礼死,从葛荣;葛荣败,尔朱荣爱泰之才,以为统军。"

时挺身而出，实在是上天之赐啊！"尔朱荣缘将帅之列，藉部众之用，属肃宗暴崩，民怨神怒，遂有匡颓拯弊之志，援主逐恶之图，盖天启之也。"

> **启示60** 《魏书·尔朱荣传》中提出了尔朱荣的两方面功劳：一是匡扶王室，二是平定内外叛乱和阻止南朝攻伐。文中还指出了尔朱荣存在的问题，一是他在没有德望和软实力的条件下，想取魏而代之，二是他在河阴之变中残酷屠杀，把自己推向了北魏皇室和官僚集团的对立面。

作者特别提出了尔朱荣的两方面功劳。一是匡扶王室："于时，上下离心，文武解体，咸企忠义之声，俱听桓文之举。劳不汗马，朝野靡然，扶翼懿亲，宗祐有主，祀魏配天，不殒旧物。"二是平定内外叛乱和阻止南朝攻伐："及夫擒葛荣，诛元颢，戮邢杲，翦韩娄，丑奴、宝夤咸枭马市。此诸魁者，或据象魏，或僭号令，人谓秉皇符，身各谋帝业，非徒鼠窃狗盗，一城一聚而已。苟非荣之致力，克夷大难，则不知几人称帝，几人称王也。"对于这两点，史家当然无法否定。"然则荣之功烈，亦已茂乎！"作者如此赞叹。

那么，问题出在哪里呢？"始则希觊非望，睥睨宸极；终乃灵后、少帝沉流不反；河阴之下，衣冠涂地。此其所以得罪人神，而终于夷戮也。"作者指出了尔朱荣的政治野心和政治短板。政治野心是指尔朱荣曾想取魏而代之，从当时的条件而论，尔朱荣确实没有这个德望和软实力，即使在魏晋乱世，又有哪一个英雄豪杰不是经营了多少年乃至数代，才问鼎成功的？其次，尔朱荣在河阴之变中残酷屠杀，把自己推向了北魏皇室和官僚集团的对立面，人神共愤，即使有再造之功，终难抹平仇恨的鸿沟。

作者进而提出假设："向使荣无奸忍之失，修德义之风，则彭、韦、伊、霍夫何足数[①]？至于末迹见猜，地逼贻毙，斯则蒯通致说于韩王也。"（《魏书》卷七四《尔朱荣传》）前一句是说，假如尔朱荣不是如此残暴奸忍，而是能修德树恩，也许可以与伊尹、霍光媲美；后一句就更深刻了，说孝庄帝之所以诛杀尔朱荣，并不是尔朱荣想篡位，只是兔死狗烹、卸磨杀驴，类似于蒯通当年对韩信的警告。

魏收对于尔朱荣的"两点论"，应该是符合历史事实的。

（参见《资治通鉴》卷一四八至卷一五四）

[①] 按彭、韦，古时指商朝衰微中辅佐王室的商伯。

第五节　菩萨皇帝：梁武帝的多面人生

梁武帝萧衍（464—549），字叔达，小名练儿，南兰陵郡武进县（今江苏镇江丹阳市）人，自称汉初开国丞相萧何的二十五代孙。梁武帝是罕见的长寿皇帝，执政近半个世纪，不但在动荡的东晋南朝无出其右者，即使是承平之君也罕有匹敌。在他的长期执政下，南朝梁达到了鼎盛，晚期经历侯景之乱，不仅萧梁国势迅速由盛转衰，北强南弱的局面也就此形成。

下面，我们就从六个方面来讨论这位帝王：一、得之与失之；二、学者皇帝；三、菩萨皇帝；四、家人皇帝；五、面子皇帝；六、萧衍现象。

一、得之与失之

萧衍是南朝最为传奇的帝王，他是开国皇帝，皇位来自于萧齐的禅让；他也是亡国皇帝，在他死后的七八年，萧梁疆域逼仄，名存实亡。

479年，齐高祖萧道成（427—482）取代刘宋王朝，但只当了不到四年皇帝就驾崩了,太子萧赜(440—493)继位,是为齐武帝。武帝在位十一年,提倡节俭,留心治道,可惜嫡长子文慧太子萧长懋盛年早逝,于是皇太孙萧昭业被立为皇位继承人。从德望和才能看,萧赜次子竟陵王萧子良是皇位的最佳人选。但由于萧子良的优柔寡断,以及辅佐者王融的失误,在齐武帝萧赜弥留之际的接班人争夺中,萧赜堂弟萧鸾支持的皇太孙萧昭业抢得了先机,即位称帝,实际大权掌握在萧鸾手里。萧昭业的昏庸无能,为萧鸾夺位提供了条件。494年,萧鸾在三个月内连续废黜并杀害萧昭业、萧昭文两位傀儡皇帝,当年十月,他又以高祖萧道成第三子的名义即位,是为齐明帝(452—498)。

萧鸾本是萧道成之侄,父母早亡,萧道成把他当亲生儿子看待。高祖萧道成有19个儿子,齐武帝萧赜有23个儿子,无论如何,是轮不到萧鸾继位的。皇位来路不正,是萧鸾的最大心病。即位五年后,萧鸾卧病不起,弥留之际,他最不放心的是高、武的子孙们。"上有疾,以近亲寡弱,忌高、武子孙。时高、武子孙犹有十王,每朔望入朝,上还后宫,辄叹息曰:'我及司徒诸子皆不长,高、武子孙日益长大!'""欲尽除高、武之族。"[①] 在他的暗示下,齐高祖萧道成、齐武帝萧赜的子孙均以莫须有的罪名惨遭杀戮,以致"高、武旧将,心不自安"(《资治通鉴》卷一四一,齐明帝永泰元年)。齐明帝咽气之后,托孤大臣中已经没有萧家王室宗亲近属。这其实为后来的萧衍篡齐提供了某种

---

① 《资治通鉴》卷一四一,齐明帝永泰元年。按胡三省注,所谓"司徒诸子"指齐明帝兄弟之子。

便利。

萧衍的父亲萧顺之，为齐高祖萧道成的族侄，齐武帝萧赜的族兄。在萧道成篡夺刘宋江山之时，萧顺之是重要帮手之一。齐武帝萧赜在东宫为太子时就说过，"非此翁（指萧顺之），吾徒无以致今日"（《南史》卷六《梁本纪上》）。可是，高、武时期，萧顺之并不得志，而且因为一些莫名其妙的原因抑郁而死。萧衍对此怀恨在心。在齐明帝萧鸾篡位的过程中，萧衍是站在萧鸾一边的，并且获得了信任。[①] 萧鸾临终前，出太子中庶子萧衍为雍州刺史（治所在襄阳），大约反映了新的权力中心对萧衍的猜忌。

齐明帝太子萧宝卷（483—501）即位时只有15岁，昏庸冥顽。他不仅诛杀了父亲留下的辅佐大臣，而且杀害了萧衍的长兄、益州刺史萧懿。这就给萧衍起兵提供了口实。其实，萧鸾在位只有五年，他以疏属的身份篡取皇位，已经动摇了朝野上下对于皇室的忠诚；即位后，又对萧齐宗室近亲大肆杀戮，更降低了萧衍谋篡的难度。因此，萧衍起兵，基本没有碰到什么大的阻力。尽管如此，萧衍还是立了齐明帝第八子、萧宝卷的同母弟萧宝融（即齐和帝，488—502）为傀儡皇帝，作为讨伐无道昏君的

---

① 《南史》卷六《梁本纪上》记载："初，皇考（萧顺之）之薨，不得志，事见《齐鱼复侯（萧子响）传》。至是，郁林（萧昭业封郁林王）失德，齐明帝作辅，将为废立计，帝（萧衍）欲助明（萧鸾），倾齐武之嗣，以雪心耻，齐明亦知之，每与帝谋。"意谓萧衍支持萧鸾是与父亲之死有关。关于萧顺之的死，据《南史》卷四四《齐武帝二十三男·鱼复侯子响传》记载，萧子响为齐武帝第四子，在荆州刺史任上谋反，萧顺之奉命镇压，缢杀之。此后，齐武帝思及父子之情，颇为后悔，萧顺之惧，以忧卒。

旗号。

萧衍掌控了朝政大权后，培植自己的势力，诛灭反对派。502年，萧衍在沈约、范云等旧僚的支持下，通过禅让登基，建立了南朝的第三个朝代——梁朝（502—557）。南朝梁一共享祚55年，其中萧衍就在位47年，是中国历史上少有的实际执政接近半个世纪的皇帝之一。

在梁武帝统治期间，正值北魏孝文帝去世之后走向中衰的时期，萧衍曾经多次主动进攻，南北双方有几场大战，但总体说来，南朝梁并没有占到便宜，比如523年萧宏领导的北伐、525年萧综领导的北伐、528年陈庆之护送北朝元颢返洛的北伐，都以失败告终。

萧衍统治的中后期，北朝发生了严重的政治危机。河阴之变中，尔朱荣（493—530）诛杀胡太后及北魏贵族，同时又有六镇起兵引发的混乱。在北魏最后一任皇帝孝武帝元修（510—534）统治时期，北魏分裂为东西两个政权。西魏由宇文泰（507—556）执政，东魏由高欢（496—547）及其子高澄（521—549）执政。这个时候，中国大地又成了南朝梁，北朝东魏、西魏鼎立的"三国"格局。在南朝，正是萧衍最痴迷于佛教的时候。

萧衍统治的最后几年，东魏政权逐渐由高欢交接到高澄手里，统治河南广大地区的侯景（503—552）服从高欢，却蔑视后生高澄。547年，高欢去世，侯景十分不安。执政超过45年的梁武帝，竟然幻想通过接纳东魏叛将侯景的方式，统一北方，不料却中了时年不足25岁的高澄的反间计，导演了一场侯景乱梁的悲剧。不仅梁武帝在这场悲剧中饿死台城，而且山河破碎，生灵涂炭，丢失了淮南大片领土。从此，不可逆转地形成了南弱北强的格局。

在侯景攻进建康城后，梁武帝表现得十分镇定，躺在床上，"上安卧不动，曰：'犹可一战乎？'确曰：'不可。'上叹曰：'自我得之，自我失之，亦复何恨！'"（《资治通鉴》卷一六二，梁武帝太清三年）好一个"自我得之，自我失之"！难道国家的兴衰，只是君主个人的得失吗？学佛的梁武帝，面对国家的破亡，面对个人的死亡，表现得如此镇定，到底是佛学造诣深厚使然，还是缺乏王者应有的责任和担当呢？让我们一起看看梁武帝的多面人生。

二、学者皇帝

梁武帝萧衍是一个才华横溢的文人和学者。就学术和文才而言，萧衍在中国历代帝王中首屈一指。就其生平和著述而言，萧衍是最有学问的皇帝。

南朝的文化事业首推齐、梁。齐武帝的次子竟陵王萧子良（460—494），是一个著名的附庸风雅的王子；"竟陵八友"囊括了当时最著名的文人①，其中就有萧衍。他们除诗文唱和之外，还讨论经史、佛道。萧子良主持编纂长达千卷的《四部要略》，分类编排儒家经传百家著作。萧子良还身体力行地推崇佛学，自称"净住子"，严守佛家戒律，不仅主持佛教文化的学术论坛，而且进入寺院做义工活动。佛教史家汤用彤先生就说：

---

① "竟陵八友"指范云、萧琛、任昉、王融、萧衍、谢朓、沈约、陆倕。

"竟陵王者,乃一诚恳之宗教徒也。"(汤用彤:《汉魏两晋南北朝佛教史》,见《汤用彤全集》第一卷,河北人民出版社2000年,第347页)

"竟陵八友"多是当时文化界的领袖人物。沈约是《宋书》的作者。谢朓是诗坛领袖,史家把同为陈郡谢氏的山水诗人谢灵运称"大谢",谢朓称"小谢",小谢的祖母是著名史学家、《后汉书》作者范晔的姊妹。范云也是当时著名诗人,文坛领袖之一,是著名无神论者范缜(尽管观点未必一致)的从弟。

从这些同侪中可以看出,萧衍的文学才能不同凡响。但是,与他们不同的是,萧衍很有政治韬略。比如,当初齐武帝弥留之际,竟陵王萧子良在王融(东晋开国名臣王导六世孙)等的帮助下竞争皇帝宝座的时候,大家议论成败,萧衍就不看好。他没有站在萧子良一边(尽管他是"竟陵八友"之一),却站在了篡位者萧鸾一边。在萧衍接受禅让的时候,当年的"八友"中,除王融已死外,其余六人多受到萧衍的重用。尤其是沈约和范云,他们是推动和帝禅让的功臣。萧衍对二人说:"我起兵于今三年矣,功臣诸将实有其劳,然成帝业者,卿二人也!"(《资治通鉴》卷一四五,梁武帝天监元年)这说明,萧衍有很高的政治技巧,善于团结和笼络人才。

启示61 萧衍有很高的政治技巧,善于团结和笼络人才。他的治国成就,除了澄清吏治,选拔人才,减轻赋税徭役之外,还突出表现在发展文化学术事业方面。

作为学者皇帝,梁武帝的治国成就,除了建国初期的澄清吏治,选拔人才,减轻赋税徭役之类的措施外,还突出表现在发展文化学术事业方面。

梁天监四年(505)正月初一,梁武帝下诏说:两汉用人,首重儒家经术,服膺儒学,砥砺品行。魏晋浮荡,儒教衰颓,风节罔树,抑此之由。"可置五经博士各一人,广开馆宇,招内后进。"于是,以当世大儒贺玚、明山宾、沈峻、严植之、陆琏补博士,各主一馆,每馆有数百生员,官府提供学生生活费用,考试通过后即任官,据说,"期年之间,怀经负笈者云会"。(《资治通鉴》卷一四六,梁武帝天监四年。又参见《南史》卷七一《儒林传序》)

509年,梁武帝特别提出,要鼓励寒门子弟努力向学,对他们敞开读书做官的大门:"学以从政,殷勤往哲,禄在其中,抑亦前事。"还说"其有能通一经、始末无倦者",通过考试后,即可量加叙录。"虽复牛监羊肆(指出身下层家庭),寒品后门,并随才试吏,勿有遗隔。"(《梁书》卷二《武帝本纪中》)

梁武帝重视礼仪制度的恢复与重建。512年,颁行新编订的五礼,共八千一十九条。南朝齐曾组织五礼修订班子,只因时间短促,未能完成。梁朝建立后,有人建议废黜礼局,是梁武帝坚持重新组织人员编撰,才得以完成。东魏丞相高欢曾说:"江东复有一吴儿老翁萧衍者,专事衣冠礼乐,中原士大夫望之以为正朔所在。"(《北齐书》卷二四《杜弼传》)

梁武帝发展学术文化教育的意义,犹如北魏孝文帝在土地和赋役制度上的改革,对后来隋唐王朝的发展,都产生了十分重要的影响。萧梁时期发展经学教育,考试取士,不仅是对汉代经学的恢复，也为隋唐科举取士制度的产生，提供了一定的基础。梁武帝对礼制的重视，对吉凶军嘉宾五礼制度的完善，为唐代的礼制建设提供了直接的参考。当然，这个时期出现的《昭明文选》《玉台新咏》《诗品》《文心雕龙》等重要文学著作[①]，对于隋唐文化的影响，是如何估计也不会过高的。

三、菩萨皇帝

此外，梁武帝广为人知的，是他在佛学上的痴迷。梁武帝是历代帝王中佛缘最深的皇帝。汤用彤说："南朝佛教至梁武帝而全盛。"（《汤用彤全集》第一卷，第358页）梁武帝对佛教的贡献，一是精研佛教理论，二是编订佛教戒律，三是发展佛教事业，四是推动儒佛融合。

佛理方面。梁武帝在竟陵王"西邸"就对佛教理论有过深入的接触。他即位不久后颁布的《敕答臣下神灭论》，是对范缜《神灭论》的驳难。518年，他召集王公大臣和高僧等讨论"二谛"义理，都深化了汉地教俗信众对于佛学理论的理解和思辨。中年以后，他对佛教典籍有过深入研究，撰写了相关著作："笃信正法，尤长释典，制《涅盘》《大品》《净名》《三慧》诸经义记，复数百卷。"（《梁书》卷三《武帝本纪下》）在他的推动下，涅槃学、成实学、三论学在萧梁时代都得到弘扬和发展。（参见潘桂明《中国居士佛教史》上册，中国社会科学

---

① 刘勰（约465—约520）的《文心雕龙》成书于梁武帝得位初年（501—502），其余都编纂于梁武帝执政时期。

出版社2000年，第191—202页）梁武帝还积极支持和推动佛教翻译工作，来自扶南的僧伽婆罗（460—524）和来自印度的真谛（499—569）都曾在萧梁时期作出重要的译经事业[1]。僧祐编纂的《弘明集》《出三藏记集》都是在梁武帝时期完成的集大成的佛教著作。

戒律方面。梁武帝曾任命释法超（456—526）为都邑僧正（南朝主管佛教僧侣事务的僧官），编订《出要律仪》十四卷，这是一部简明实用的通用戒律汇编。[2]梁武帝还亲自撰写了著名的《断酒肉文》，从佛教本义出发，结合中国文化特点，提出僧尼素食的要求，不仅以身作则，还用政治手段强力推行。我们节选其中一段："弟子萧衍，从今已去，至于道场，若饮酒放逸，起诸淫欲、欺诳、妄语，啖食众生，乃至饮于乳蜜，及以酥酪，愿一切有大力鬼神，先当苦治萧衍身，然后将付地狱阎罗王，与种种苦，乃至众生皆成佛尽，弟子萧衍，犹在阿鼻地狱中。僧尼若有饮酒啖鱼肉者，而不悔过，一切大力鬼神亦应如此治问。增广善众，清净佛道。若未为幽司之所治问，犹在世者，弟子萧衍，当如法治问，驱令还俗，与居家衣，随时役使。"（《断酒肉文》，《广弘明集》卷二六，四部丛刊初编本）梁武帝的虔诚溢于言表。

---

[1] 真谛被梁武帝礼请到首都，虽因侯景之乱未能在武帝时译经，但后来在梁、陈二朝翻译了许多佛教经典。

[2] 〔唐〕道宣《续高僧传》卷二二《梁扬都天竺寺释法超传》记载："武帝又以律部繁广，临事难究，听览余隙，遍寻戒检，附世结文，撰为一十四卷，号曰《出要律仪》。以少许之词网罗众部，通下梁境，并依详用。普通六年，遍集知事及于名解于平等殿，敕超讲律，帝亲临座，听受成规。"

天监十六年（517）四月，梁武帝下诏："以宗庙用牲，有累冥道，宜皆以面为之。"即用面捏的牛羊代替宗庙祭祀的牺牲。此令一出，朝野哗然，"以为宗庙去牲，乃是不复血食"。接着又改"以大饼代大脯，其余尽用蔬果"（《资治通鉴》卷一四八，梁武帝天监十六年）。梁武帝的举措，可以说冒着一定的政治风险，但是，他仍毅然加以推行。宗庙祭祀时用面捏的牛羊代替牺牲的做法，虽然没有被后世帝王遵用，但是，汉地僧众普遍素食，却成为中国佛教的一大特色，保留至今。单就僧侣素食入戒律这一点而言（此前吃三净肉），梁武帝在中国佛教发展史上的地位就足以大书特书。

菩萨戒是在家居士受持的戒律，晋宋之际，十分流行。宋文帝、齐竟陵王都曾受菩萨戒。梁武帝亲自撰写了《在家人出家人菩萨戒法》（敦煌文献伯希和2196号），决定整合当时流行的各种不同的菩萨戒法。其中征引了十四种佛经，完整地叙述了菩萨戒的内容和受菩萨戒时的戒场布置、仪式过程等，对当时存在的各种戒律加以融通取舍，特别是综合了《菩萨地持经》《梵网经》等菩萨戒经典，概括了大乘佛教的一切修行实践，重点是重新定位声闻戒和菩萨戒的关系。具体说来，就是运用具有创新性质的菩萨戒，来整合当时南朝佛教所有的理论和实践，通过提高菩萨戒的地位，进而提高在家信众在佛教界的地位，为印度佛教的中国化做出了切实的贡献。（参见夏德美《梁武帝变更佛教戒律新探》，《世界宗教文化》2016年第3期）天监十八年（519）四月八日，梁武帝受了菩萨戒。在皇帝的示范作用下，"皇储已下，爰至王姬。道俗士庶，咸希度脱。弟子著籍者凡四万八千人"（〔唐〕道宣：《续高僧传》卷六《梁国师草堂寺智者释慧约传》）。

推广佛教方面。梁武帝广建佛寺，扩大僧众员额，弘扬法事，亲自参加并主持四部无遮大会①。且依《资治通鉴》所记，略举数例。

大通元年（527）三月，梁武帝初次舍身同泰寺。初八，"上幸寺舍身"；十一日，"还宫，大赦，改元"（《资治通鉴》卷一五一，梁武帝大通元年）。

中大通元年（529）九月十五，"上幸同泰寺，设四部无遮大会。上释御服，持法衣，行清净大舍，以便省为房，素床瓦器，乘小车，私人执役。甲子（十六日），升讲堂法座，为四部大众开《涅槃经》题。癸卯（二十五日），群臣以钱一亿万祈白三宝，奉赎皇帝菩萨，僧众默许。乙巳（二十七日），百辟诣寺东门，奉表请还临宸极，三请，乃许。上三答书，前后并称'顿首'"。这是三次舍身同泰寺中最闹腾的一次。

同年十月初一，"上又设四部无遮大会，道、俗五万余人。会毕，上御金辂还宫，御太极殿，大赦，改元"（《资治通鉴》卷一五三，梁武帝中大通元年）。

中大通五年（533）二月，"癸未（二十五日），上幸同泰寺，讲《般若经》，七日而罢，会者数万人"（《资治通鉴》卷一五六，梁武帝中大通五年）。

---

① 四部：指出家的僧人、尼姑和在家居士优婆夷、优婆塞等四众。　无遮大会：僧俗信众参加的布施大斋会。

中大同元年（546）三月初八，"上幸同泰寺，遂停寺省，讲《三慧经》。夏，四月，丙戌，解讲，大赦，改元"。这天夜里，同泰寺浮图发生火灾，梁武帝认为这是妖魔所致，"宜广为法事"。"群臣皆称善。"于是下诏：为了抵御妖魔，"当穷兹土木，倍增往日"（《资治通鉴》卷一五九，梁武帝中大同元年）。下令建造十二层佛塔，将要建成，值侯景之乱而止。次年三月初三，即侯景来降前夕，"上幸同泰寺，舍身如大通故事"（《资治通鉴》卷一六〇，梁武帝太清元年）。四月初十，群臣出钱把皇帝赎回，大赦，改元。这是他第三次也是最后一次舍身同泰寺。

在佛教仪轨上，流传至今的《慈悲道场忏法》，就是梁武帝礼请宝志禅师与高僧等十人所集，故俗称《梁皇宝忏》或《梁皇忏法》。该忏法是萧衍为超度自己称帝前去世的夫人郗氏所作。

萧衍是三教合流的早期提倡者之一。儒、道、释在他这里并行不悖，各得其用。因此，萧衍对佛教的贡献，不仅仅在于从形式上把南朝的佛教推向了高潮，而且在实质上推动了儒、释、道合流的实践，他的《中庸讲疏》《私记制旨中庸义》，早在宋儒之前五六百年，很有可能开了用"中庸"来解读佛家"中道"思想的先河。（参见周一良《论梁武帝及其时代》，《魏晋南北朝史论集续编》，北京大学出版社1991年）

著名道士陶弘景，博学多能，好养生之术，是萧衍早年的朋友。萧衍即位之后，对其恩礼甚笃，关系依然密切。虽然陶弘景隐居茅山，不应召出仕，但"国家每有吉凶征讨大事，无不先谘之，月中常有数信"，时人谓之"山中宰相"。陶弘景于梁大同二年（536）三月去世，临终前作诗曰："夷甫任散诞，平叔坐论空。岂悟昭阳殿，遂作单于宫！"夷甫指西晋末年的王衍，字夷甫；平叔指曹魏末年的何晏，字平叔。他们都是清谈误国的代表人物。《资治通鉴》记载说："时士大夫竞谈玄理，不习武事，故弘景诗及之。"（《资治通鉴》卷一五七，梁武帝大同二年）

> **启示62** 梁武帝对佛教的贡献，一是精研佛教理论，二是编订佛教戒律，三是发展佛教事业，四是推动儒佛融合。但他身为皇帝，又想做菩萨，两种角色互相冲突，其结果一定是悲剧。

陶弘景作为隐居世外之人，讽刺当政者"竞谈玄理，不习武事"，是颇值得玩味的。出世与入世不一样，身在庙堂，就应该讲文治武功；遁迹山林，可以空谈玄理。如果身为皇帝，却又想做菩萨，两种角色互相冲突，其结果一定是悲剧。梁武帝不仅自己不务正业，而且在他的"榜样"作用下，朝野都谈释教苦空，面对北方侯景之乱，自然是束手无策，亡国覆身。有史家甚至认为梁武帝已经受制于身边的沙门。"时帝数舍身为奴，拘信佛法，为沙门所制。"（《隋书》卷二二《五行志》"大雨雹"条）沙门干政，使得梁武帝对于乱局的处理，表现得像一个白痴。

四、家人皇帝

梁武帝在家族问题上，基本不把国法当回事。好像他只是萧家的家长，而不是梁朝的皇帝；好像管制好自己的亲属，只是家族的私人事务。

萧衍从雍州谋划起兵，其兄弟在建康者都受到了牵连，大哥萧懿更是死于非命。因此萧衍称帝后，兄弟昆侄，个个高官厚禄，对于违法之事，萧衍也颇为纵容，有罪不惩，反而呵护有加。我们这里举三个例子。

第一个是六弟临川王萧宏（473—526）。

萧宏比萧衍小九岁，长得一表人才，却生活奢靡，贪腐无度。萧宏的妾弟吴法寿杀了人，藏匿在萧宏府中，躲避搜捕，官府也无可奈何。萧宏曾率大军北伐，军队之盛，前所未有，却大败而归，这就是著名的"洛口之败"。他虽长得清秀，却临阵怯懦，被称为"萧娘"。

有一次，梁武帝驾幸光宅寺，有盗贼伏击于车驾所经之地，事发后，说是萧宏指使。萧衍流着眼泪对萧宏说："我人才胜汝百倍，当此犹恐不堪，汝何为者？我非不能为汉文帝，念汝愚耳！"萧宏连连叩头说，绝无此事，绝无此事。

还有一次，有人密告，说萧宏家里内室库房管得很严，怀疑里面藏有兵器，图谋不轨。萧衍也没有去调查，只是假装去他家里赴宴。半醉之后，萧衍起身说要去后房看看。萧宏吓得面如土色，"恐上见其货贿，颜色怖惧"。萧衍更加怀疑了，"上意益疑之"，于是一屋一屋地搜检，发现各个房间里都塞满了钱财，"每钱百万为一聚，黄榜标之，千万为一库，悬一紫标，如此三十余间"。屈指计算，现钱三亿余万，其他的屋子里，"贮布绢丝绵漆蜜纻蜡等杂货，但见满库，不知多少"。

萧衍知道所藏的不是兵器，一下子就放了心，非常开心地说："阿六，汝生计大可！"接着开怀畅饮到深夜，举烛而还。兄弟关系更加亲密敦睦。（参见《资治通鉴》卷一四八，梁武帝天监十七年）

更令人不可思议的是，萧宏居然与萧衍的女儿永兴公主私通，谋行弑逆，约定事成之后，立永兴公主为皇后（萧衍一直没有立皇后）。有一次，皇帝为三日斋，诸公主并受邀参与，永兴公主秘密让两个刺客穿上侍女的衣服，经过门卫的时候，遭到守阁卫士的怀疑。斋事结束后，装扮成侍女的刺客突然冲向梁武帝，幸好被事先安排的八个秘密卫士从身后反抱擒住，梁武帝受惊跌倒，撞在屏风上。经过搜查，刺客身上有刀，说是萧宏指使。梁武帝只是杀死刺客，既不声张，也没有追究。永兴公主惭恚而死，梁武帝拒绝探望，但是，萧宏却仍然逍遥法外。史称"宏性好内乐酒，沈（同"沉"）湎声色，侍女千人，皆极绮丽"（《南史》卷五一《梁宗室上·临川靖惠王宏传》）。永兴公主只是萧宏谋夺皇位的工具而已。

萧宏曾因洛口之败及其他违法之事被撤职，但是不到一个月，又被任命为中军将军、中书监，进而又以本号行司徒。走笔至此，司马光愤然评价道："宏为将则覆三军，为臣则涉大逆，高祖贷其死罪可矣。数旬之间，还为三公，于兄弟之恩诚厚矣，王者之法果安在哉！"（《资治通鉴》卷一四八，梁武帝天监十七年）

第二个是萧衍的儿子萧综（502—531）。525年，他叛逃到北魏，成为轰动性事件。

原来，梁武帝代齐后，纳末代齐帝东昏侯的三个妃子，其中有一个叫吴淑媛的，为他生了儿子萧综。50岁以后的萧衍杜绝了房事，吴淑媛失宠，她告诉儿子萧综说，我怀孕七个月生了你，你是你爸（东昏侯）的遗腹子。母子抱头痛哭。"综由是自疑，昼则谈谑如常，夜则于静室闭户，披发席藁，私于别室祭齐氏七庙。"当年六月，萧综利用在彭城前线统兵的机会，临阵投敌。"军遂大溃。魏人入彭城，乘胜追击梁兵，复取诸城，至宿预而还。"梁军将佐士卒死没者十之七八。梁武帝闻之，大为惊骇，有关部门提出惩处建议："削综爵土，绝属籍，更其子直姓悖氏。"但是，不出旬日，"诏复属籍，封直为永新侯"。

在北魏那边，萧综至洛阳，参见北魏孝明帝元诩，参拜毕，他在所住的馆舍为生父东昏侯举哀，服斩衰三年丧。北魏胡太后以下并就馆吊之，赏赐礼遇甚厚，拜为司空，封高平郡公、丹杨王，更名萧赞。几年后，萧综透露出想回来的念头，萧衍马上派人送去其幼时穿的衣服，希望引起萧综的思乡之情。但是，萧综最终也不曾南归。

第三个是萧宏的儿子萧正德（？—549），更是无耻至极。亲妹妹要出嫁，他制造一场纵火案，用一个丫鬟做替身，谎称妹妹被烧死，却将她藏起来留作自己的夫人。

萧衍称帝之前，养六弟萧宏之子正德为子，当时太子萧统还没有出生。萧衍即位，萧正德期望被封为太子，但是，恰好此前一年萧统出生，正德还本，赐爵西丰侯，他"怏怏不满意，常蓄异谋"。522年，正德竟然投奔北魏，自称废太子避祸而来，但没有受到北魏的待见，次年，复自魏逃归。萧衍并没有追究其叛国之罪，"上泣而诲之，复其封爵"（《资治通鉴》卷一四九，梁武帝普通三年）。525年北伐，萧综投敌，他弃军而逃；在吴郡，他曾杀戮无辜，抢劫钱财，回到京师后，又夺人妻妾，掠人子女。每次犯事，萧衍都会加以惩处，但是，不过旬月，立马就赦免。他恢复职位后，依然"狼心不改"（萧衍语）。

侯景举兵攻打建康，知道萧正德心怀不满，致信说："今天子年尊，奸臣乱国。以景观之，计日祸败。大王属当储贰，中被废黜，四海业业，归心大王。景虽不敏，实思自效，愿王允副苍生，鉴斯诚款！"萧正德得信大喜，报之曰："朝廷之事，如公所言。仆之有心，为日久矣。今仆为其内，公为其外，何有不济！机事在速，今其时矣。"（《资治通鉴》卷一六一，梁武帝太清二年）不仅甘愿为侯景做内应，还要求进城后不得留下二宫（指萧衍和东宫太子），而立自己为皇帝。侯景假装答应，结果在萧正德这个内奸的帮助下，侯景攻入了台城。

侯景得手后，萧正德称帝没几天，"（侯）景更以正德为侍中、大司马，百官皆复旧职"。萧正德这才知道自己被侯景要了一把，"入见上，拜且泣。上曰：'啜其泣矣，何嗟及矣！'"（《资治通鉴》卷一六二，梁武帝太清三年）萧衍没有骂这个引狼入室的侄子，只是平静地说，不要哭了，后悔有什么用呢！要知道，萧衍此刻吟诵的"啜其泣矣，何嗟及矣"，乃是《诗经·王风·中谷有蓷（tuī）》中的名句。

> **启示63** 萧衍在处理家族内部事务时，不仅没有国法，而且缺乏家规。

综合上面的事例，我们发现，萧衍在处理家族内部事务时，不仅没有国法，而且缺乏家规。侯景乱梁之时，把萧衍的几个王子王孙骂了个遍，萧衍竟无言以对。

五、面子皇帝

梁武帝好面子，与他青年时期就一起共事的沈约最了解。有一次，沈约陪梁武帝吃饭，恰逢豫州向皇上进贡栗子，径长一寸半，萧衍觉得很奇特，与沈约一起回忆史书上关于栗子的典故，各自将所记之事分条写下，结果沈约比萧衍少写了三件事。出来后沈约对人说："此公护前，不让即羞死。"（《梁书》卷一三《沈约传》）意思是此公好要面子，不让他三事就会羞死。沈约差点为这句话丢了性命。北朝史家也评论说，梁武帝"好人佞己，末年尤甚"，身边的人"莫敢正言"（《魏书》卷九八《岛夷萧衍传》），即不敢讲真话。

难道就没有人对梁武帝的荒谬行为进行规劝吗？非也。仅《资治通鉴》所载，就有许多条，无奈萧衍一概听不进去。

《资治通鉴》记载，大同二年（536）四月，尚书右丞江子四上封事，极言政治得失。萧衍下诏回复说："古人有言，'屋漏在上，知之在下'。朕有过失，不能自觉，江子四等封事所言，尚书可时加检括，于民有蠹患者，宜速详启！"好像是很虚心听取的样子。但胡三省却看出了门道："江子四所上封事，必不敢言帝崇信释氏，而穷兵广地适以毒民，用法宽于权贵而急于细民等事，特毛举细故而论得失耳。"（《资治通鉴》卷一五七，梁武帝大同二年）

江子四的上书，史书没有留下记载，但是，胡三省的评论却是有根据的,因为江子四后来还是因为耿直而被免职。几年后,贺琛上奏四事,引得梁武帝大怒,可以为证。

545年,散骑常侍贺琛启陈四事,这四点全面反映了当时国家的混乱情况。

其一,百姓贫苦现状堪忧。地方各级官员对百姓刻薄过甚,百姓流离失所,户口空虚,朝廷派出的使节,对地方是严重的骚扰。"如此,虽年降复业之诏,屡下蠲赋之恩,而民不得反其居也。"指出政府优待农民的措施是有名无实。

其二,官场奢靡风气堪忧。地方官普遍贪残,皆因风俗侈靡所致。酒宴豪华,食品琳琅满目,浪费惊人;还有养蓄歌姬舞女的风气。几年地方官当下来,致资巨亿;罢归之日,用不了几年,就因为宴饮之物、歌谣之具而挥霍精光。于是变得更加贪得无厌。奢靡之风,习以成俗,愈演愈烈,怎么能使人安守清廉?"诚宜严为禁制,道以节俭,纠奏浮华,变其耳目。"指出豪华奢靡的生活方式会带来腐败。

其三,皇帝身边奸佞堪忧。陛下十分勤政,您身边那些奸猾小人,"既得伏奏帷扆,便欲诡竞求进,不论国之大体,心存明恕;惟务吹毛求疵,擘肌分理,以深刻为能,以绳逐为务"。难免有人乘机自作威福。"诚愿责其公平之效,黜其谗慝之心,则下安上谧,无徼幸之患矣。"指出皇帝身边有小人弄权。

其四,政府过度兴作征取堪忧。要从上而下"省事、息费",征发徭役的事情少了,百姓就能休养生息;各种奢靡的开支少了,财政收入才能改善。建议首都和地方各种不必要的兴作、征求,能不做的就不要做,能减省的一律减省。不要因为每次开支和劳役规模不大就去做，积少成多，也足以害财、劳民。指出要节省费用，减少开支。

年过八旬的梁武帝览奏大怒，当即把身边秘书官找来，口授敕书，就贺所说的问题，一一进行了反驳：

我自有天下以来四十多年了，不知道听了多少直言极谏的话，说的与你差不多。可是，你把自己混同于那些普通人，尽说些套话，图个虚名，只为对外面说，我给皇上上书了，可是皇上不采纳。你为什么不直接说，"某刺史横暴，某太守贪残，尚书、兰台某人奸猾，使者渔猎，并何姓名？取与者谁？明言其事，得以诛黜，更择材良"。

现在你又说士民饮食豪华过度，"若加严禁，密房曲屋，云何可知？倘家家搜检，恐益增苛扰。若指朝廷，我无此事"。过去祭祀用牛羊，现在早就不宰杀了，朝中开会用餐，吃的都是蔬菜而已。至于供养佛事活动的用品，都是菜园中自产之物，变一瓜为数十种，治一菜为数十味；变着花样弄了许多菜肴，"何损于事！"

至于我自己，若非公宴，不食国家之食，很多年都是如此；乃至宫人，亦不食国家之食。凡所营造的建筑，不用材官及国匠，都是花钱雇人完成的。

百官的勇怯、贪廉，各有不同，并不是朝廷有意引导的结果。你以为是朝廷的错，那么错在哪里呢？"卿云'宜导之以节俭'，朕绝房室三十余年，至于居处不过一床之地，雕饰之物不入于宫；受生不饮酒，不好音声，所以朝中曲宴，未尝奏乐，此群贤之所见也。"我每天三更起床处理政务，事情不多的话，上午就能处理完，事情一多，太阳偏西才能吃饭，一天只吃一顿；过去我比较胖，腰腹十围，如今瘦得只有二尺多，旧的腰带还在呢，不是我妄说。我如此辛勤地工作为谁呢？不都是为了百姓吗？

你又说"百司莫不奏事，诡竞求进"，如果不让百官奏事，那么让谁担其事任！应该找什么人专任其事？怎样才能得到这种人才？古人云："专听生奸，独任成乱。"秦二世之专委赵高，汉代王政君专付王莽，他们指鹿为马，值得效法吗？"卿云'吹毛求疵'，复是何人？'擘肌分理'，复是何事？"治、署、邸、肆等机构，何者宜除？何者宜减？何处兴造非急？何处征求可缓？"各出其事，具以奏闻！富国强兵之术，息民省役之宜，并宜具列！若不具列，则是欺罔朝廷。"我等待你的新奏章，我会予以公布，"庶惟新之美，复见今日"。

贺琛但谢过而已，不敢复言。

确实，梁武帝生活节俭，工作勤奋。平日不吃荤腥不喝酒，一日只吃一餐，还是蔬菜、粗饭而已，有时候忙起来，中午只能喝口水。穿的是布衣简衫，盖的棉被两年才换，戴的冠帽三年一换。但是，这种在严守佛教戒律下的道德自律，能够作为帝王治国的评价标准吗？"都下佛寺五百余所，穷极宏丽。僧尼十余万，资产丰沃。所在郡县，不可胜言。……天下户口，几亡其半。"（《南史》卷七〇《郭祖深传》）举国崇佛，得蠹耗多少财富！

梁武帝为人整饬、自敛，但过度优待士族门阀，"牧守多浸渔百姓，使者干扰郡县。又好亲任小人，颇伤苛察。多造塔庙，公私费损。江南久安，风俗奢靡"。贺琛谈的全是实情。"上恶其触实，故怒。"贺琛的上奏，恰恰打到了梁武帝的痛处，梁武帝故而恼羞成怒。

司马光在这一条记载下面,有一段犀利的评论:蔬食之俭不可以算"盛德",日昃之勤不能当"至治",梁武帝其实在用这些私德麻痹自己,认为"君道已备,无复可加,群臣箴规,举不足听。如此,则自余切直之言过于琛者,谁敢进哉! 由是奸佞居前而不见,大谋颠错而不知,名辱身危,覆邦绝祀,为千古所闵笑,岂不哀哉"(《资治通鉴》卷一五九,梁武帝大同十一年)。

司马光这里所说的"奸佞居前而不见,大谋颠错而不知",指的是朱异与侯景之乱。这场大乱也是梁武帝刚愎自用的结果。

梁武帝萧衍85岁那年(547)的正月十七日,梦见"中原牧守皆以其地来降,举朝称庆"。天一亮,他就把此事告诉了宠臣中书舍人朱异:"吾为人少梦,若有梦,必实。"朱异奉承道:"此乃宇内混壹之兆也。"两个月后,侯景派人前来约降,他说侯景定计投降那天正是正月乙卯(十七日),"上愈神之"。但是,梁武帝意犹未决,于是交朝臣商议,大多数人表示反对。

梁武帝心中也有些犹疑。有一次他散步时自言自语地说:"我国家如金瓯,无一伤缺,今忽受景地,讵是事宜? 脱致纷纭,悔之何及?"在这种情况下,朱异应该讲出真话,分析利弊,但是,史称"朱异揣知上意",拍马屁说:"圣明御宇,南北归仰,正以事无机会,未达其心。今侯景分魏土之半以来,自非天诱其衷,人赞其谋,何以至此! 若拒而不内,恐绝后来之望。此诚易见,愿陛下无疑。"梁武帝"乃定议纳景"(《资治通鉴》卷一六〇,梁武帝太清元年)。后来侯景举兵向阙,进攻建康,朝野都把责任算在朱异头上,朱异忧愤而死。其实,说白了,这事还得梁武帝负责,因为朱异是揣摩着梁武帝的心思发言的。

侯景在萧正德的内应下打进石头城后，给萧衍上陈"十失"，直接指责梁武帝的为政过失："陛下崇饰虚诞，恶闻实录。"说他行事如王莽和赵王司马伦。说他大肆修建浮图，使四民饥馁，像后汉笮融、后秦姚兴时代。"建康宫室崇侈，陛下唯与主书参断万机，政以贿成，诸阉豪盛，众僧殷实。"指出他的家人，豫章王萧综、邵陵王萧纶，无父无君；皇太子以下的萧家王侯，珠玉是好，酒色是耽，贪纵不法，都是沐猴而冠之辈。"亲为孙侄，位则藩屏，臣至百日，谁肯勤王！"（《资治通鉴》卷一六二，梁武帝太清三年）众多的子侄儿孙为藩王，我侯景起兵百日，有谁来救你呢？看了侯景的上奏，萧衍惭愧无言。为什么？因为句句是实话。

六、梁武帝的多面现象

　　什么叫梁武帝的多面现象？就是什么都想要。身为皇帝，享受今日之轩冕，却想出家当和尚，而享受明日的涅槃；帝王应该虚己受人，虽有允文允武的才华，却养成了好胜之心；国君应该赏罚严明，却亲情泛滥，加上佛家的慈悲，导致有罪不诛的放任。这些矛盾现象的本质，是梁武帝的角色冲突。那么，在现实中，他如何化解角色冲突呢？两个关键词：虚伪和昏聩。用虚伪来伪装自己，然后用昏聩麻痹自己。

> **启示64**　面对角色的冲突，萧衍用虚伪来伪装自己，又用昏聩来麻痹自己，从而造成了他的悲惨结局。

先说虚伪。

萧衍并不是一个岩穴隐居之士，他生于官宦人家，追求功名利禄，而且心机颇深。他怀恨于父亲萧顺之的冤死，不惜暗助萧齐宗室疏属萧鸾夺位，齐明帝萧鸾死后，他夺得江山，杀尽萧鸾一系，却善待萧道成嫡系子孙，还假惺惺地说，齐梁禅代，江山并非从你家夺得。可见其阴险与虚伪。

他天天高谈佛理，不惜舍身寺院为奴，但是，对于红尘世界，他也无限眷恋。昭明太子萧统本来已经为其生母丁贵嫔找到一块墓地，宦官俞三副受人贿赂，硬是劝梁武帝让太子购买另外一块地，说这块墓地对皇上比较吉利，"上年老多忌"，乃命太子换了墓地。葬礼完毕，有道士说："此地不利长子。"于是，太子命人把蜡鹅之类的东西埋于墓侧长子位，以为厌胜。这件事被秘密举报到梁武帝那里，说有人"为太子厌祷"。梁武帝派人去调查，果然挖到蜡鹅等物，十分震怒，想彻底追究此事，后因大臣极谏而止，只是诛杀了出主意的道士。可是，太子却背上了黑锅，"终身惭愤，不能自明"，郁郁而终。按照常理，太子亡故，应该立皇太孙为嗣，梁武帝也曾征萧统的长子、南徐州刺史、华容公萧欢至建康，欲立以为嗣，但是，他心中一直记恨着这件事，犹豫了许久，还是让萧欢还镇，另立太子同母弟晋安王萧纲为皇太子。"朝野多以为不顺。"[1] 萧衍的阴暗心理，在太子问题上表现得淋漓尽致。

---

[1]《资治通鉴》卷一五五，梁武帝中大通三年。大约梁武帝也觉得此举不妥，当年六月，立萧欢为豫章王，其弟枝江公誉为河东王，曲阿公詧为岳阳王。"上以人言不息，故封欢兄弟以大郡，用慰其心。"

雍州起兵之时，在建康的兄弟颇受牵连，大哥萧懿甚至被处死，萧衍称帝后对兄弟颇为倚重，尤其是对六弟萧宏简直是纵容。但是，之所以容忍其胡作非为，甚至萧宏有谋逆嫌疑也不深究，是因为他知道萧宏是个十足的愚人。

但是，佛教的苦空却又严重影响到他的施政行为。《隋书》记载："梁武暮年，不以政事为意，君臣唯讲佛经、谈玄而已。朝纲紊乱，令不行，言不从之咎也。"（《隋书》卷二二《五行志上》"木沴（lì）金"条）《资治通鉴》也说："上年老，厌于万几。又专精佛戒，每断重罪，则终日不怿；或谋反逆，事觉，亦泣而宥之。由是王侯益横，或白昼杀人于都街，或暮夜公行剽劫，有罪亡命者，匿于王家，有司不敢搜捕。上深知其弊，溺于慈爱，不能禁也。"（《资治通鉴》卷一五九，梁武帝大同十一年）

对此，胡三省有一段深刻的评论：平心考察梁武帝一生，"自襄阳举兵以至下建康，犹曰事关家国，伐罪救民。洛口之败，死者凡几何人？浮山之役，死者凡几何人？寒山之败，死者又几何人？其间争城以战，杀人盈城，争地以战，杀人盈野，南北之人交相为死者，不可以数计也。至于侯景之乱，东极吴、会，西抵江、郢，死于兵、死于饥者，自典午南渡（指永嘉司马氏南渡）之后，未始见也。驱无辜之人而就死地，不惟儒、道之所不许，乃佛教之罪人。而断一重罪，乃终日不怿，吾谁欺，欺天乎！"（《资治通鉴》卷一五九，梁武帝大同十一年）胡三省把萧衍佛家慈悲的伪善面目，揭露无遗。

再说昏聩。

唐朝政治家魏徵对萧衍的评价，收入唐人所编《梁书》中。

他一方面承认萧衍"允文允武，多艺多才"，肯定他收合义旅、讨伐独夫的雄才大略；肯定他执政几十年来，大修文教，阐扬儒业，声振寰宇，泽流遐裔，"魏、晋已来，未有若斯之盛"。但是，魏徵同时指出其"慕名好事，崇尚浮华，抑扬孔、墨，流连释、老"的虚妄行为。魏徵更严厉地指斥萧衍："或经夜不寝，或终日不食，非弘道以利物，惟饰智以惊愚。"是糊弄民众的愚人之举。"且心未遗荣，虚厕苍头之伍；高谈脱屣，终恋黄屋之尊。"明明心有虚荣，却与奴仆为伍；高谈虚空，始终留恋着帝王尊位。魏徵还奚落他，"夫人之大欲，在乎饮食男女，至于轩冕殿堂，非有切身之急。高祖屏除嗜欲，眷恋轩冕，得其所难而滞于所易，可谓神有所不达，智有所不通矣"。难道这不是愚蠢昏聩吗？著名学者钱锺书对此评论说："魏徵论曰：高祖'屏除嗜欲，眷恋轩冕'，八字如老吏断案。"是深切洞察萧衍人性的诛心之论。

虚伪与昏聩，在梁武帝晚年身体精力不济时更加突出，"惑于听受，权在奸佞，储后百辟，莫得尽言。险躁之心，暮年愈甚。见利而动，愎谏违卜，开门揖盗，弃好即仇，衅起萧墙，祸成戎羯，身殒非命，灾被亿兆，衣冠毙锋镝之下，老幼粉戎马之足"。梁武帝作为开国皇帝，执政数十年，却落得如此悲惨的下场，"自古以安为危，既成而败，颠覆之速，书契所未闻也"（《梁书》卷六《敬帝本纪》）。魏徵的批判，今天看来仍然是十分犀利、切当的。

（参见《资治通鉴》卷一四一至卷一六二）

第六节　理想与现实：高欢的奋斗史

尔朱荣镇压了六镇暴动中的兵民，先后收留了两个六镇骁将：怀朔镇的高欢和武川镇的宇文泰。北魏就分裂在这两个枭雄的手里。对于他们建立的霸业来说，尔朱荣不过是为他人做嫁衣的匆匆过客。

高欢（496—547）主政的朝廷叫东魏，他的对手宇文泰（507—556）主政的朝廷叫西魏。同样是枭雄，二人风格并不一样。

那么，高欢有着怎样的奋斗史呢？

一、高欢的起家

高欢本来是汉人，自称出身渤海士族高氏，可是，他的生活习俗，几乎与鲜卑族相同。

史家给他家编的谱系是："六世祖隐，晋玄菟太守。隐生庆，庆生泰，泰生湖，三世仕慕容氏。及慕容宝败，国乱，湖率众归魏，为右将军。湖生四子，第三子谧，仕魏，位至侍御史，坐

法徙居怀朔镇。"(《北齐书》卷一《神武帝纪上》)

高欢六世祖高隐，是西晋玄菟郡太守，五胡乱华时，其家族三世为鲜卑慕容政权的燕国服务，后燕皇帝慕容宝失败，归于北魏。高欢的祖父高谧，官至侍御史，遭贬安置在边地，从此家居怀朔镇。到了高欢这一代，出路就是去当兵。史称，其"累世北边，故习其俗，遂同鲜卑"。高欢的鲜卑名叫"贺六浑"。

高欢长得帅："目有精光，长头高颧，齿白如玉，少有人杰表。"当地一个殷实的鲜卑族娄家的女儿看上了他。这个姑娘每次经过城门，都会对在城门站岗的高欢多看几眼。姑娘姓娄[①]，叫娄昭君（501—562）。平日里她没少让丫鬟给高欢送东西，最后又倒贴嫁妆，嫁给了高欢。结婚后，靠着妻子的陪嫁，高欢有了一匹自己的马。凭着这点本钱，高欢当上了队主。

千万不要以为娄姑娘是一个"好色之徒"，只看中了高欢的长相，她本人也是有见识的非凡之辈。在高欢倾产交结英豪之际，密谋计策，娄氏都参与其中。高欢曾经在怀朔镇被打得半死，娄昭君日夜照料，无微不至。跟着六镇兵逃难到并州时，穷困之下，娄氏烧马粪做饭，夫妻俩相濡以沫。后来高欢掌握朝廷大权，被封为晋王，娄氏都是配合支持夫君的内当家。有一次，高欢率兵西讨，娄昭君怀了龙凤胎，发生难产，左右主张立即告诉高欢。娄氏制止说，大王带兵在外，怎么能因为家事而离开军旅，死生有命，大王回来了又有什么用？打仗回来后，高欢抱着一对儿女，对娄氏处变不惊的表现赞赏不已。娄氏为高欢生

---

① 据姚薇元《北朝胡姓考》（修订本），娄氏本为鲜卑匹娄氏。

下了六个儿子、两个女儿。

总之，高欢找了一个贤内助。镇将段长非常赏识高欢，总是鼓励他说，君有济世之才，将来一定能干一番事业。高欢从队主转为到京城洛阳送信的通讯兵。这件差事虽然很苦，却开阔了他的眼界。有一次，在洛阳，高欢因为当着上司的面坐着吃饭，被对方抽打了一顿。高欢忍辱负重，下定决心要出人头地。他发现北魏朝廷十分腐朽，天下将乱，于是倾其所有，结交豪杰，身边很快有了一批铁哥们，如司马子如、刘贵、尉景、段荣、孙腾、侯景等，后来这些人都成为辅佐他建立霸业的股肱之臣。

二、跟对了带头人

无数历史事实证明，对于高欢这样的社会底层人士来说，天下大乱就是他们的机会。同样是乱世，有的人一开始造反就有一支自己的队伍，这就是资本。可是，高欢没有。六镇起兵之时，高欢与他的兄弟们只是跟着大家一起往前走，走到哪算哪。他们没有自己的目标。但是，跟着谁走，高欢却不断窥伺着。

高欢与娄氏结婚时，正是北魏胡太后临朝称制时期。523年，六镇起兵之时，高欢等一班兄弟都裹挟其中，最初追随的领导者是杜洛周。高车人杜洛周，善于动员，不善于领导，最多是秦末陈胜的水平。高欢的几个兄弟都不满意杜洛周的领导，想实施暗杀，但没有成功，反而被杜洛周派人追杀。高欢带着老婆孩子（长子高澄和长女都年幼），坐着牛车逃命，投奔了另外一个首领葛荣。鲜卑出身的葛荣，有一定的领导能力，吞并了杜洛周，声势浩大，但是缺乏谋略。高欢觉得葛荣也不是值得追随的人，就与几个兄弟投奔了尔朱荣这个手握重兵并窥伺着发展方向的地方军阀。

尔朱荣开始没有看上高欢。高欢的发小、老友刘贵是秀容川人，与尔朱荣同乡，早先就归于尔朱荣。他极力向尔朱荣推荐高欢，说高欢是不可多得的人才。尔朱荣见高欢一脸憔悴、衣衫不整的样子，对他并不看好。但是，两件事改变了尔朱荣对高欢的看法：一是高欢的驯马功夫，一是高欢对时局的分析。《资治通鉴》卷一五二记载："是时，车骑将军、仪同三司、并·肆·汾·广·恒·云六州讨虏大都督尔朱荣兵势强盛，魏朝惮之。高欢、段荣、尉景、蔡儁先在杜洛周党中，欲图洛周不果，逃奔葛荣，又亡归尔朱荣。刘贵先在尔朱荣所，屡荐欢于荣，荣见其憔悴，未之奇也。欢从荣之马厩，厩有悍马，荣命欢翦之，欢不加羁绊而翦之，竟不蹄啮，起，谓荣曰：'御恶人亦犹是矣。'荣奇其言，坐欢于床下，屏左右，访以时事。欢曰：'闻公有马十二谷，色别为群，畜此竟何用也？'荣曰：'但言尔意！'欢曰：'今天子暗弱，太后淫乱，嬖孽擅命，朝政不行。以明公雄武，乘时奋发，讨郑俨、徐纥之罪以清帝侧，霸业可举鞭而成，此贺六浑之意也。'荣大悦，语自日中至夜半乃出，自是每参军谋。"

尔朱荣是边塞军人出身，尤其擅长骑马。高欢在马厩里，对一匹没加羁绊的悍马进行调驯之时，从容娴熟，悍马不踢不叫，让尔朱荣十分惊讶。更令尔朱荣震惊的是，高欢说对付恶人，也要用这个办法。仅比高欢年长四岁却手握大军的尔朱荣，发现自己遇到了高人，乃延入室内，访以时事。高欢问，你豢养这么多马匹究竟想干什么呢？尔朱荣说，你只管说出你自己的意思。高欢说，如今天子暗弱，胡太后淫乱，男宠窃威弄权，朝政不行。这正是您的时机啊！您只要高举清君侧的大旗，以讨伐嬖臣郑俨、徐纥的名义举兵，霸业举手可成！这就是我贺六浑的意思。尔朱荣大悦，两人从中午谈到夜半。这段对时局的分析，就成为高欢的"投名状"，从此他成了尔朱荣的心腹。

528年，孝明帝元诩被胡太后毒死，尔朱荣举兵向阙，高欢就是前锋。河阴之变后，高欢又辅佐尔朱荣打败了葛荣的百万大军，成为尔朱荣麾下最得力的猛将。尔朱荣曾经问左右，我死之后，谁可以代替我主军？大家都推尔朱荣的族侄尔朱兆。尔朱荣摇头说，尔朱兆虽然勇猛，但是最多只能带三千骑兵，再多就乱了。能代替我主军的，唯有贺六浑（高欢）而已。这个时候，高欢已经升为晋州刺史了。

三、抓住了一支军队

高欢虽然擅长打仗，但是缺少自己的军队，他只是一个为别人打工的"职业经理人"。没有军队就没有独立行动的能力。中古时代，军阀的私兵一般来自两个途径：一是军阀自己豢养的部曲，一是胡人的部落兵。可是高欢既没有钱收养私兵部曲，自己又不是鲜卑部落的首长。高欢将目标瞄准了葛荣死后留下的军队。这支军队虽然归降了尔朱荣，但受尔朱家族的嫡系契胡兵欺侮，屡屡反叛。尔朱荣死后，尔朱兆掌控着尔朱家族的军队。

《资治通鉴》记载："初，葛荣部众流入并、肆者二十余万，为契胡凌暴,皆不聊生,大小二十六反,诛夷者半,犹谋乱不止。兆患之,问计于欢,欢曰:'六镇反残,不可尽杀,宜选王腹心使统之,有犯者罪其帅,则所罪者寡矣。'兆曰:'善!谁可使者?'贺拔允时在坐,请使欢领之。欢拳殴其口,折一齿,曰:'平生天柱时,奴辈伏处分如鹰犬。今日天下事取舍在王,而阿鞠泥敢僭易妄言,请杀之!'兆以欢为诚,遂以其众委焉。欢以兆醉,恐醒而悔之,遂出,宣言:'受委统州镇兵,可集汾东受号令。'乃建牙阳曲川,陈部分。军士素恶兆而乐属欢,莫不皆至。"

高欢建议对于六镇降兵反叛,不可尽杀,应该安排专人统领,如果有反叛,可以问责。这样,所罪者寡矣。尔朱兆问,谁可以统领?在座的高欢密友贺拔允说,高欢就可以。这正中高欢下怀呀,可是他故作愤怒地说,当初天柱(指尔朱荣)在世时,你们像鹰犬一样听从指令,今日之事由大王(指尔朱兆)说了算,你怎敢妄自说话?请大王杀了这家伙!高欢一拳打过去,打落了贺拔允的一颗门牙。尔朱兆觉得高欢对自己忠心耿耿,于是就把这支军队交由他统领。高欢怕尔朱兆醒酒之后反悔,立马出了营帐,号令部众,拉出了自己的队伍。后来尔朱兆有所后悔,但是悔之晚矣。高欢以率部到山东就食的名义,离开了尔朱氏的掌控,开始了自己的独立行动。

三年后,高欢消灭了尔朱兆及其家族的势力。正如尔朱荣所预料的那样,尔朱兆不是高欢的对手。532年,高欢拥立孝武帝元修(510—534)为帝,自己成为大丞相,控制朝政。孝武帝不愿做高欢的傀儡,想利用关中的宇文泰,削弱甚至消灭高欢,被高欢识破。孝武帝被迫逃亡到关中,投奔宇文泰。于是,高欢另立孝文帝之孙元善见（524—552）为帝，是为孝静帝，并将首都迁到邺（今河北邯郸临漳县），他自己的霸府却仍在晋阳（今山西太原），遥控着东魏朝廷。

四、对高欢的评价

高欢实际执政了十五年，建立了偏霸事业。在高欢统治期间，就内政而言，他要处理好这样几个关系：第一是霸府与朝廷的关系。孝武帝的出逃，对于他是一个很直接的打击。二是胡族与汉族的关系。如何调和胡汉，是对高氏政权的最大考验。三是反贪与稳定的关系。后面两个问题，实际上涉及到胡族政治文化与华夏政治文化的对接和转型问题。

> **启示65** 相比于西魏宇文泰的大规模改革，高欢治国却以维持现状为主。而且在政策上缺乏扎实推进，又不敢大力反腐，更没有认清孝文帝改革以来的时代趋势。

在东西魏分裂之初，东魏军队以鲜卑骑兵为主力，至少有二十万，远远强过西魏。东魏政权继承了前朝的两个遗产：一是继承了原北魏政权的主体，二是继承了六镇起兵的成果，即对于孝文帝以来的汉化政策的反动。可是，从历史发展的趋势来说，民族融合是不可阻挡的潮流，也是东魏政权长治久安的根本。但是，高欢的政策整体上是反潮流而动的。他自己经常用鲜卑语说话，说汉人是鲜卑人的奴仆。他有时候虽然也从语言上安慰汉族百姓，试图缓和矛盾，但是，在政策上却缺乏扎实的推进。在反腐败问题上，他也采取睁一只眼闭一只眼的态度，怕得罪了文官，使他们跑到萧梁去；怕得罪了武将，使他们跑到西魏去。相比于西魏宇文泰重用苏绰整顿吏治、吸收汉族豪强、充实军旅、建立府兵制的大规模改革来说，高欢治国理政以维持现状为主的特点，就更加明显了。

难道高欢就没有自己的政治理想吗？

东魏武定五年（547）正月初八，"东魏勃海献武王欢卒"。高欢打了一辈子仗，一个多月前，他还拖着病体坚持在对阵西魏的战场上。当时，他命敕勒人大将斛律金领唱《敕勒歌》："敕勒川，阴山下。天似穹庐，笼盖四野。天苍苍，野茫茫。风吹草低见牛羊。"高欢一边唱和，一边老泪纵横。他知道自己来日无多，一代枭雄，在即将离开这个世界之前，心中不知道有多少感慨！他虽然不见得有统一华夏的豪情，可是统一黄河流域的政治抱负还是有的。可惜的是，他不能认清十六国以来的时代潮流，不能认清孝文帝改革以来的时代趋势。这让我想起了项羽和刘邦。项羽不正是因为认不清秦始皇以来大一统的趋势，走分封的回头路，所以才从整个政治格局上输掉了楚汉之争的吗？

《资治通鉴》在高欢去世后写了一段评论："欢性深密，终日俨然，人不能测，机权之际，变化若神。制驭军旅，法令严肃。听断明察，不可欺犯。擢人受任，在于得才，苟其所堪，无问厮养；有虚声无实者，皆不任用。雅尚俭素，刀剑鞍勒无金玉之饰。少能剧饮，自当大任，不过三爵。知人好士，全护勋旧；每获敌国尽节之臣，多不之罪。由是文武乐为之用。"（《资治通鉴》卷

一六〇,梁武帝太清元年)

这段评价中,突出了高欢几个方面的才能:一是领导才能,主要表现是用人务实,不尚浮华,重实干,不重出身,赏罚分明,重视气节,爱护勋旧。二是军事才能,军令严肃,掌控能力强。三是性格深沉缜密,机权变化,人莫能测;同时,他生活节俭,自我约束能力强。然而,与领导者对于国家发展方向的把握相比,高欢的这些技能最多只能算南面之术,在中古历史发展的转折关头,就显得很不够了。

最终,高欢的政权还是输给了西边的宇文氏。虽然这是他死后三十年的事,但根子却不能不从开国者高欢身上寻找。

(参见《资治通鉴》卷一五七至卷一六〇)

第七节　承上启下:
　　　宇文泰及其家族的事业

在北朝历史上,宇文泰(507—556)是一个关键性的过渡人物。他奠定的西魏、北周政治制度,上承北魏孝文帝改革之未竟事业,下启隋唐大一统时代的兴盛。

北朝后期的几位风云人物,或是出身平民(如高欢、宇文泰、侯景),或是基层军主(如贺拔胜、贺拔岳),也许他们很雄豪,但绝对都是"草根"人物。鲜卑族的头面人物、拓跋贵族,都到洛阳做官去了。宇文泰出身于鲜卑宇文部落,早在北魏道武帝拓跋珪天兴(398—404)初年,其家族就迁徙到了武川(今内蒙古武川县)。到宇文泰的父亲宇文肱时,已历四世,但未有官爵。宇文肱娶乐浪(今属朝鲜)女子王氏为妻,生有四个儿子,宇文泰排行第四。他跟随父亲一起参加六镇起兵时,年仅18岁。十年后,他接棒贺拔岳,统领关中的鲜卑军团。这成为他成就辉煌事业的重要转折点。

一、宇文泰的改革事业

宇文泰统领贺拔岳军后，第一个动作就是击败并杀死侯莫陈悦，为贺拔岳报仇，如此方能巩固他在关中的地位。其次，他成功地拉拢了孝武帝入关，从而取得了割据关中的政治合法性。接下来就是要在军事上顶住高欢的压力。

537年初的潼关之战，东魏的前锋主帅窦泰被宇文泰击败后自杀。同年十月，高欢亲率二十万大军，渡过黄河、洛水，直逼长安，要报潼关失败之仇。宇文泰乘高欢大军尚未完全集结之际，渡过渭水，在沙苑以东渭曲地区，背水而阵，同时派赵贵、李弼埋伏在两侧。待东魏军队进入伏击圈后，宇文泰发起猛烈进攻，赵贵、李弼的伏军乘势而起。由于渭曲地区芦苇丛生，道路泥泞不堪，不利于东魏骑兵大规模展开行动，结果东魏军被切成两段，伤亡惨重。高欢损失军队八万，而且还失去了三荆、洛阳、河东等地。此后双方还有多次互有胜负的战争，但这次的沙苑之战，保住了新成立的西魏政权，宇文泰总算在关中站稳了脚跟。

> **启示66** 宇文泰能够遏制住实力数倍于己的东魏，一个重要原因是他进行了成功的军事和政治改革。改革焦点集中在解决民族之间的矛盾、中央集权体制，以及政治清明、惩治贪腐等问题。

宇文泰能够在战场上遏制住实力数倍于己的东魏，一个重要原因是他进行了成功的军事改革——建立府兵制。同时，宇文泰还进行了一场政治改革，即任用苏绰（498—546）进行变法。无论是军事改革还是政治改革，聚焦的都是解决民族之间的矛盾问题、中央集权体制问题，以及政治清明、惩治贪腐等问题。

先说军事改革。宇文泰的军队，大约有三种成分：武川镇走出来的镇民或镇兵[1]，其他各胡人部族的部落兵，关陇地区汉族豪强的乡兵部曲。如何将他们统合为一支听命于中央且能战斗的军队，民族融合与组织体制建设都是不容回避的问题。

宇文泰的府兵制，模仿鲜卑八部，设立八柱国，柱国大将军是宇文泰、元欣、独孤信、赵贵、李虎、李弼、侯莫陈崇、于谨等八人，军士隶属于八柱国下。一说，实际统领军队的是六大柱国，宇文泰本人及宗室元欣不亲自带兵，这样实际带兵的六柱国，相当于《周礼》中天子的六军之数。每个柱国统领两大将军，共十二大将军。554年，宇文泰进一步改革，恢复鲜卑姓氏，皇室元氏恢复为复姓拓跋氏。其他孝文帝时期改为单姓的，皆复其旧。"魏初统国三十六，大姓九十九，后多灭绝。泰乃以诸将功高者为三十六姓，次者为九十九姓，所将士卒亦改从其姓。"[2]比如，赵贵家族改乙弗氏，李虎家族改大野氏，李弼家族改徒河氏，杨忠家族改普六茹氏，杨忠的儿子杨坚（隋文帝）就被称作普六茹坚。显然，这种做法表面上是满足了鲜卑部族对于孝文帝改革的反感情绪，这种情绪也是六镇反叛的原因。

---

[1] 根据高敏先生的研究，镇民就是府户，就是镇兵。见高敏《魏晋南北朝兵制研究》，大象出版社2000年，第306页。

[2]《资治通鉴》卷一六五，梁元帝承圣二年。胡三省的注文里详列了诸位豪族改姓的情况。

但是，在实际操作层面，人为制造的部落组织，不可能形成真正的独立性，反而会因这种整齐划一的安排，强化了其作为中央禁军的特点，即所谓"泰任总百揆，督中外诸军"。十二军都是听命于相府的，这绝对不是鲜卑原来的部落兵。

当年贺拔岳带到关中的鲜卑部众并不多，北魏时代，在关中地区的胡人以氐、羌为主，汉人的乡兵更是在数量上占有巨大优势。因此，宇文泰的府兵制改革，名义上是恢复鲜卑"八部大人制度"，实际上是"挂羊头卖狗肉"，建立一支属于中央的天子六军，目的是改变军队系统的散乱状况。后来广泛招募汉人乡兵入军，实际上改变了鲜卑部落军制的传统。

军事改革的成功不可能离开政治改革。早在西魏立国之初，宇文泰就任用汉族士人苏绰设计改革方案，像最早施行的"二十四条新制"，包括文书程式、记账户籍之法。其后，宇文泰提出了进一步的改革要求，除大力减省官员、开展屯田外，苏绰还根据宇文泰强国富民的总体目标，梳理出六条改革总纲要，即所谓六条诏书：一曰清心，二曰敦教化，三曰尽地利，四曰擢贤良，五曰恤狱讼，六曰均赋役。包括整顿吏治、发展生产、擢用贤良（破除门阀制度）、公正刑法、均平赋役等内容的这"六条诏书"，受到了宇文泰的高度重视，将其置诸座右，还要求各级政府和相关部门贯彻落实，凡牧守令长有不通"六条"及新财会制度的，不得居官任职。与高欢在治理官吏贪污时总是和稀泥不同，宇文泰对于苏绰的肃贪工作批示说："杀一利百，以清王化，重刑可也。"（《周书》卷二三《苏绰传》）

宇文泰在西魏的这些改革，在宇文护主政时期得到了进一步的贯彻和推进。

二、宇文护完成了政权交接

宇文氏家族统治的西魏（535—556）、北周（557—581）的历史，共有四十六年。宇文泰、宇文护、宇文邕是其中三个最关键的人物。宇文泰与北周武帝宇文邕的功业没有争议，比较有争议的是宇文护。

西魏恭帝三年（556）十月初四，宇文泰病死在泾州云阳，临死前招来宇文护（513—572）托付后事。北齐文宣帝高洋（526—559）是一个强劲的对手，宇文泰请宇文护出山，原因是"外寇方强"。宇文泰看中的是宇文护的政治和军事经验。宇文护早年的经历有几点值得注意。第一，他19岁就帮助宇文泰料理家政，"内外不严而肃"，宇文泰认为这个青年才俊的志向气度像自己。第二，宇文泰出任夏州刺史时，宇文护被留在贺拔岳身边。这不仅体现了宇文泰对他的信任，而且宇文泰最后能够被推荐出来主持军务，宇文护的表现至少是加分的。第三，宇文护是靠自己的战功升迁上来的。他曾因战争失利被免除过职务，也曾因在与于谨合作灭掉江陵梁政权的过程中军功卓著而得到封赏。但是，宇文护一直保持低调。

"中山公护，名位素卑，虽为泰所属，而群公各图执政，莫肯服从。"这句话告诉我们，宇文护平素十分低调，宇文泰虽然属意于他，但并没有为他的接任做足够的铺垫。而朝中与宇文泰等夷的老将们则蠢蠢欲动，"群公各图执政"。难道此时会再一次出现换将的局面不成？就像当初贺拔岳死，换上宇文泰一样。

这种局面，难道宇文泰完全没有察觉？应该说，宇文泰是觉得自己的孩子们不足以当大任，才请宇文护来维持局面的。

《资治通鉴》再现了当时的场面："（宇文）护问计于大司寇于谨，谨曰：'谨早蒙先公非常之知，恩深骨肉，今日之事，必以死争之。若对众定策，公必不得让。'明日，群公会议，谨曰：'昔帝室倾危，非安定公无复今日。今公一旦违世，嗣子虽幼，中山公亲其兄子，兼受顾托，军国之事，理须归之。'辞色抗厉，众皆悚动。护曰：'此乃家事，护虽庸昧，何敢有辞！'谨素与泰等夷，护常拜之，至是，谨起而言曰：'公若统理军国，谨等皆有所依。'遂再拜。群公迫于谨，亦再拜，于是众议始定。护纲纪内外，抚循文武，人心遂安。"（《资治通鉴》卷一六六，梁敬帝太平元年）

宇文护先用问计请教的方式，让曾与自己共同打过仗的老臣于谨出面。于谨的话最值得回味。他首先表彰宇文泰的功德："昔帝室倾危，非安定公（宇文泰封安定公）无复今日。"强调这一点是为了排除"群公各图执政"的选项。然后再说宇文护接受宇文泰的顾托，具有继任掌握军国大政的合法性。宇文护也很会说话，说自己出来主政，这是家事，不敢推脱，等于是把继续由宇文泰家族来掌控军国大政作为理所当然的前提确定下来，同样是对"群公各图执政"的公开否定。接着，于谨带头作出表态："公若统理军国，谨等皆有所依。"其他人也被迫作出"再拜"的拥护姿态。结果怎么样呢？宇文护"纲纪内外，抚循文武，人心遂安"，顺利渡过了权力交接的危机。

次年，宇文护废掉了西魏恭帝，立宇文泰世子宇文觉为帝，国号大周，史称北周。大臣赵贵有除掉宇文护的意图，独孤信则表现得骑墙，周帝宇文觉本人及身边的亲信李植（其父李远当初力主立宇文觉而不是宇文毓为世子）等，也都想杀害宇文护。因此宇文护在杀害赵贵等人后，接连废黜并杀害了宇文觉（542—557）、宇文毓（534—560）两个皇帝（加上西魏恭帝拓跋廓就是三个了）。

宇文泰的一些改革事业是他去世前不久提出的。比如，556年初，宇文泰按照《周礼》六官设立中央官制："魏初建六官，以宇文泰为太师、大冢宰，柱国李弼为太傅、大司徒，赵贵为太保、大宗伯，独孤信为大司马，于谨为大司寇，侯莫陈崇为大司空。自余百官，皆仿《周礼》。"（《资治通鉴》卷一六六，梁敬帝太平元年）这个名单，与八柱国相比，只有元欣、李虎（？—551）不在其中，当因二人已经去世。[①] 几个月后，宇文泰也去世了。这个制度的落地和推行，都是在宇文护时期完成的。

那么，在宇文护擅权下的北周整体政局的发展如何呢？事实证明，与宇文泰临终前担忧"外寇方强"不同，经过宇文护长达十六年的经营，北周与北齐的势力已经发生了很大的反转。过去在高洋时期，北周冬季凿冰，以防止北齐趁冰封时节进攻；如今反过来了，是北齐凿冰，以防止北周偷袭。[②] 因此，宇文护死后四年多时间，周武帝就完成了灭齐大业，宇文护时期打下的

---

① 元欣生卒年不详。554年，恭帝立，元欣进位大丞相，大约此时死亡。从这里也可以推测出，当年的八柱国府兵领导体系，其实也是汉制（天子六军）的翻版。
②《资治通鉴》卷一六九，陈文帝天嘉五年："初，齐显祖（指文宣帝高洋）之世，周人常惧齐兵西渡，每至冬月，守河椎冰（指凿破黄河冰冻）。及世祖（指武成帝高湛）即位，嬖幸用事，朝政渐紊，齐人椎冰以备周兵之逼。"

基础是不能忽略的因素。

三、宇文邕的未竟事业

560年,周武帝宇文邕(543—578)继位,时年18岁,史称其"沉毅有谋"。宇文护依然掌握着军政大权。如果说当初宇文泰去世时,需要宇文护出来稳定局面,现在宇文护逐渐成了绊脚石,掌权时间长了,难免会野心膨胀,甚至萌生不轨之心。周武帝接受前面两位哥哥的教训,对于宇文护的专权装聋作哑,"深自晦匿,无所关预,人不测其浅深"(《资治通鉴》卷一七一,陈宣帝太建四年)。经过周密策划,572年春天,宇文邕在密室里用玉珽击倒宇文护,并杀之。这一举动没有引起骚动,因为朝野上下都认为,周武帝已经登基十二年,现年30岁了,年届七十的宇文护确实该交班了。

周武帝亲政后,主要进行了两个方面的改革。首先是大力扩充汉族人加入府兵,灭齐前夕,府兵人数已经达到二十万,不仅加强了军事力量,也有利于消弭民族矛盾。其次是通过限制和整顿佛教、道教,增强国家的财政力量。此外,周武帝继承乃父的政策,提倡儒学,重视《周礼》。甚至北齐亡国之时,博通"五经"的北齐学者熊安生,就预见到周武帝会来邺城家中拜访,因为他知道周武帝"重道尊儒"。①

从575年开始,周武帝就连年攻伐北齐。当时北齐国君高纬

---

① 《资治通鉴》卷一七三,陈宣帝太建九年:"齐国子博士长乐熊安生,博通'五经',闻周主入邺,遽令扫门。家人怪而问之,安生曰:'周帝重道尊儒,必将见我。'俄而周主幸其家,不听拜,亲执其手,引与同坐;赏赐甚厚,给安车驷马以自随。"

（556—577），称帝时年仅10岁，到太上皇高湛（537—569）死时也只有14岁。高湛父子都是高欢取得东魏执政权后出生的，无法与高欢的另外两个在患难中出生的儿子高澄、高洋相比，在母后胡太后执政和后来高纬亲政期间，任人唯亲，朝野解体。经过两年多的战争，577年，周武帝统率的大军攻入北齐首都邺城，北齐灭亡。黄河流域终于在分裂将近半个世纪后，再次统一。此时南方的陈朝，基宇狭小，完全不具备与北方争雄的能力。距离全国的统一，只有一步之遥。

阅读北朝历史，会给人一个强烈的印象：无论是北魏拓跋氏政权，还是东魏、北齐高氏政权，西魏、北周宇文氏政权，帝王中，只有高欢（52岁）、宇文泰（50岁）活到了半百的年纪（均为虚岁），其余大多在二三十岁就死亡。拓跋珪（39岁）、拓跋焘（45岁）被杀身亡，已经算是比较长寿的了。为什么北朝的帝王们都短寿呢？除了政变原因之外，多数史家认为他们酒色过度，奢靡而亡。我认为这是有道理的。北朝政权虽然不断地汉化，但是，太子的培养、保傅的约束、大臣的规谏，基本上不能改变这些从草原走向中原的帝王们的行为方式。游牧民族的性格没有了，中原文化的菁华还没有学会，无上的权力和无边的享乐，腐蚀了他们的灵魂和身体。[1] 相反，那些奠基开国者，多数寿命比较长，他们生命力的强大是与其建功立业的成就相一致的。遗憾的是，

---

① 《资治通鉴》卷一六九，陈文帝天嘉四年：北齐宠臣和士开对齐帝高湛说："自古帝王，尽为灰土，尧舜、桀纣，竟复何异！陛下宜及少壮，极意为乐，纵横行之。一日取快，可敌千年。国事尽付大臣，何虑不办，无为自勤约也！"高湛大悦，认为说得很对。

也有一些伟大的帝王，比如北魏孝文帝（33岁）、北周武帝（36岁），也在大好年华，中途崩殂，令人惋惜。北周武帝节俭自律，身衣布袍，寝布被，无金宝之饰，禁雕文刻镂、锦绣纂组，"后宫嫔御，不过十余人"（《周书》卷六《武帝纪下》）。

北周宣政元年（578）六月初一，年仅36岁的武帝宇文邕突然重病，从前线回到长安，当天就在病榻上撒手人寰了。七天前，他还雄心勃勃地统率大军讨伐突厥，接下来的目标就是平定江南。两个月前他宣布改元宣政，就是期待在北方统一之后，能有一番更大的作为。现在，他出师未捷身先死，距离北齐皇帝高纬被押解到长安仅仅一年零三个月。

西魏、北周在宇文家族两代三人的经营下，已经为全国的统一大业奠定了良好的基础。但是，统一大业的最终完成，还需要合适的时机与合适的人。

（参见《资治通鉴》卷一五四至卷一六九）

隋纪

（《资治通鉴》卷一七七至卷一八四）

隋代画家展子虔绘《游春图》，现藏于北京故宫博物院。
画端有宋徽宗题写的"展子虔游春图"六个字。

第一节 时势·机遇·人事：
杨坚称帝的三大要素

　　隋朝在中国历史上的意义可以媲美秦朝。可是秦国存在了五百多年，秦孝公之后，秦为了统一天下，经过了六七代人长达百余年的努力。隋朝却不一样，其开国皇帝杨坚（541—604）从辅政到登基称帝，只用了不到十个月的时间。清代著名史学家赵翼就说："古来得天下之易，未有如隋文帝者，以妇翁之亲，……安坐而攘帝位。"（〔清〕赵翼：《廿二史劄记》卷一五《隋文帝杀宇文氏子孙》）

　　事实上，如果仔细考察杨坚称帝前后的形势和细节，我们就会发现，问题远远比赵翼想象的复杂。杨坚得国，是时势、机遇与人事等诸多因素的结果。

一、时势造英雄

　　"时"就是时代，"势"就是势位。那么，是什么时势造就了隋文帝呢？

369

先说时代。东汉末年军阀混战，以189年董卓进京为标志，天下大乱长达数百年，其中只有西晋短暂的统一。在分裂的各种因素中，民族矛盾是其中之一。五胡乱华之后，统一的北魏政权在不断推进汉化，特别是冯太后和孝文帝统治时期，北魏在制度和文化层面进行了全面的改革。

> **启示67** 民族融合和南北统一是时代的大趋势。

其间有反复，有波澜，六镇起兵就是对孝文帝改革的反拨。但是，六镇起兵之后，民族融合以关陇集团的构建为标志，更加深入地进行着。即使在高洋统治下的北齐时代，南朝与北朝之间使节的往还，都在比赛各自的文化修养。王肃、颜之推、庾信等南朝文人在北方得到了很好的礼遇。总之，到了六世纪八十年代，北方民族融合已到了水到渠成的程度。由一个汉人出身的关陇集团核心人物杨坚来建立新王朝，已经是各民族可以接受的事实。反对杨坚的人不少，包括尉迟迥等人的起兵、赵王招等宗室贵胄的反扑，但是，他们都没有打出胡汉分别的旗号。总之，民族融合和南北统一是时代的大趋势。

再说势位。虽然处在这个时代，但是，如果没有有利的势位，机会的窗口也不会向你打开。

杨坚的父亲杨忠，是从武川镇走出来的军将。杨坚的妻子独孤氏就是杨忠的老领导、曾为八柱国之一的独孤信（502—557）的女儿。杨坚的女儿杨丽华（561—609）是周宣帝宇文赟的正宫皇后，是周静帝宇文阐的嫡母（生母是朱皇后）。杨坚曾在太学接受教育，身为将门之子，他多次出征北齐，立有战功。总之，年届四十、风华正茂的杨坚，正处在关陇集团的核心人物圈中。

580年端午节这天，杨坚因为受到周宣帝的猜忌，要求外调扬州刺史（驻寿州）并获准，却突然因为脚病不能成行。五天后的一个夜晚，周宣帝出幸城外的天兴宫，次日因病返回，口不能言，无法安排后事，当天驾崩。北周政权出现了权力真空。

究竟由谁出来辅政，托孤大臣刘昉、郑译、颜之仪三人的意见产生了分歧。颜之仪主张迎请赵王宇文招（宇文泰之子），以德以亲，都是合适的人选。但是，这恰恰不是周宣帝生前的意思。强势的皇叔是周宣帝最担心的。因此，在周宣帝弥留之际，刘昉、郑译主张迎请外戚杨坚侍疾辅政，这符合当时的政治局势。

杨坚入宫辅政，几乎没有竞争对手，原因在于宇文家族自己的内斗。

宇文泰是奠定西魏政权的功臣，但是，在宇文泰去世后，上层集团发生了挑战宇文家族执政权的权力争斗，赵贵、独孤信、李植死于非命。北周建国，宇文护专政，宇文觉、宇文毓两位国君被弑。572年，经过长期隐忍和周密准备，周武帝终于除掉宇文护，掌握了全部的权力。他在此后的六年中，平定了北齐，进行了一系列改革，却于578年突然去世。

继位的周宣帝宇文赟，致力于打击全部的挑战者。周武帝诸弟中，宇文宪最优秀，他也是宇文家族中最早怀疑普六茹坚（即杨坚）貌有反相的人。周宣帝在继位的当月，就杀掉了这位最能干的叔父宇文宪。同时,又把赵王宇文招等几位皇叔安排到封地去任职。此前北周的三位国君宇文觉、宇文毓、宇文邕都是兄弟相继的,北齐的皇帝们也是四个兄弟——高澄、高洋、高演、高湛相继的。宇文赟对此自然十分敏感,防范出现兄终弟及的继位模式,是他首先要考虑的问题。

二、杨坚的机遇

周宣帝其实对杨坚也不放心。579年,周宣帝同时娶了两位美女——元氏和陈氏,并且都被封为皇后;在夺得宇文温的妻子尉迟氏后,对她更是宠爱有加。于是,他立了五个皇后。其中,皇后朱满月(547—586)出身低微,年龄偏大,是太子宇文阐的生母。真正的皇后是发妻杨丽华(561—609)。周宣帝之所以立五位皇后,除了荒淫之外,也是为了降低皇后杨丽华的地位,冲淡外戚杨坚的身份。周宣帝威胁杨皇后,要族灭其家,甚至要将她处死,幸亏独孤氏哭泣请求才得免。这反映了周宣帝对于杨坚的疑忌。

周宣帝突然驾崩,给了杨坚出头的机会。他是杨皇后的父亲,在五位皇后当中,只有杨皇后的身份最无可与争。宗室的人有危险,外戚的人来主政,这在当时是情理之中的事。

史书记载说,杨坚不是没有犹豫过。他不能确定周宣帝的病情如何。万一天元(周宣帝自称天元)病情好转,那么他出面辅政是祸还是福呢?我想这只是他短暂的迟疑,因为周宣帝病得很急,而且当时已不能说话。"天元召(刘)昉、(颜)之仪入卧内,欲属以后事,天元暗,不复能言。"(《资治通鉴》卷一七四,陈宣帝太建十二年)周宣帝当天就驾崩了。此时,杨坚不会再犹豫了,他对当时的政治局势看得很清楚,现在,他的机会来了,他出面主持朝政具有合法性。

从十一日皇帝驾崩到二十三日发丧的十几天时间,杨坚完成了这样几件重要的事情:草拟了一份遗诏,由杨坚辅政,总知中外兵马事。"诸卫既受敕,并受坚节度。"署敕的时候,颜之仪拒绝,但没有用。接着,杨坚想掌控玺印,又遭到颜之仪的反对,杨坚把他调出了朝廷。

宰相当然不能掌玺印,但是,杨坚现在不只是宰相,他是代皇帝执政的"周公",因为杨丽华并没有以皇太后的身份执政。西汉霍光辅政时有一次也是要掌玺印,符玺郎表示拒绝,但这并没有大的用处。因为符玺郎作为执事人员,是没有权力限制霍光在什么事情上用或者不用玺印的。史书记载霍光褒奖坚持原则的符玺郎,其实只是作秀而已。

现在可以发丧了。以周武帝宇文邕之皇后阿史那太后为太皇太后,周宣帝宇文赟之生母李太后为太帝太后,杨后杨丽华为皇太后(为宇文赟生有一女),小皇帝宇文阐的生母朱后为帝太后,这是合乎逻辑的。另外三个皇后陈后、元后、尉迟后因未生育,一并送入尼寺为尼,这是惯常的规矩。

在辅政班子方面,公布了三个人选:以宇文邕之子汉王赞为上柱国、右大丞相,"尊以虚名,实无所综理";以杨坚为假黄钺、左大丞相;宇文邕的另一子秦王贽为上柱国。"百官总己以听于左丞相。"两位皇叔、一位外戚,这样的安排足以给人一个交代。就连皇太后杨丽华也认为,由父亲出来辅政,比他姓出面强。杨坚请苏威出山辅佐自己，苏威来了，后来发现杨坚有禅代之意，又逃离了。这说明，苏威虽然不想掺和改朝换代的事情，但他并不认为杨坚辅政为非法。

当然，政治敏感人士和试图下注的官僚，是能看出杨坚之野心的。

杨坚请教李德林（532—592）关于人事的问题。当时，郑译、刘昉提议，"欲授高祖冢宰，郑译自摄大司马，刘昉又求小冢宰"（《隋书》卷四二《李德林传》）。周武帝之弟宇文宪曾任大司马兼小冢宰。可见，郑、刘二位内臣想与杨坚共掌执政权。大约杨坚也感觉到有些不妥，就私下问李德林的意见，李德林认为："宜作大丞相、假黄钺、都督中外诸军事，不尔，无以压众心。"李德林是北齐名臣，为周臣不过三载。他支持杨坚出来，没有任何思想障碍。发丧之时，就按照杨坚为大丞相、假黄钺、都督中外诸军事的安排发布。这在西魏、北周历史上是只有宇文泰才有的头衔，宇文护的最高职位也只是太师、都督中外诸军事。

三、杨坚平定叛乱

杨坚辅政期间，在普惠性政策上有一些动作，比如恢复佛、道二教，减轻百姓负担。"革宣帝苛酷之政，更为宽大，删略旧律，作《刑书要制》，奏而行之；躬履节俭，中外悦之。"（《资治通鉴》卷一七四，陈宣帝太建十二年）这些虽然重要，但是，还不够。一来见效不速，二来解除军事威胁才是最急迫的事情。毕竟许多在中央发生的政权变更，都是被军事力量所击败的。

杨坚下诏调相州总管尉迟迥进京，试图解除地方的军事威胁。尉迟迥举兵反叛，连带着郧州总管司马消难、益州总管王谦，也先后反叛。军事问题是否措置得宜，考验着杨坚的智慧和行动能力。

杨坚派韦孝宽（509—580）带兵出征。韦孝宽是西魏、北周的老将，与杨坚的岳丈独孤信关系密切，他们在荆州是同事，政术俱美，被人号为联璧。受韦孝宽节制的总管有梁士彦（515—586）、宇文忻（523—586）、崔弘度①。

韦孝宽的长史（幕僚长）李询，是李穆之兄李贤的儿子，密启丞相杨坚云："梁士彦、宇文忻、崔弘度并受尉迟迥饷金，军中慑慑，人情大异。"杨坚深以为忧，与内史上大夫郑译商量取代此三人的人选，李德林说了一番非常重要的话："公与诸将，皆国家贵臣，未相服从，今正以挟令之威控御之耳。"所谓"挟令之威"就是挟天子以令诸侯之威。李德林看得很清楚，诸将是遵从天子之令平叛，而不是为了帮助你杨坚打天下。他又说："前所遣者，疑其乖异，后所遣者，又安知其能尽腹心邪！又，取金之事，虚实难明，今一旦代之，或惧罪逃逸；若加縻絷，则自郧公以下，莫不惊疑。且临敌易将，此燕、赵之所以败也（指战国时期燕国以骑劫代乐毅为将而败于田单，赵国以赵括代廉颇领兵而败于白起）。"李德林很清楚，杨坚在短时间内，不可能找到那么多心腹之人去取代诸将。"前所遣者，疑其乖异，后

① 崔弘度的生卒年不详。《隋书》本传云，宇文护为大冢宰时，崔弘度17岁，炀帝即位不久病卒。宇文护加大冢宰是在560年。

所遣者,又安知其能尽腹心邪"一句话切中要害。后面点出的三条都是不宜临阵换将的理由。

最后,李德林建议:"如愚所见,但遣公一腹心,明于智略,素为诸将所信服者,速至军所,使观其情伪。纵有异意,必不敢动,动亦能制之矣。"提出派遣一位监军去前线督察军事。

李德林的这番话令杨坚如醍醐灌顶。在长安,杨坚第一次去东宫辅政履职,官员们犹豫欲有去就,是卢贲胁之以武、杨坚诱之以利,方才得逞。[①] 可以想见,在前线领兵的将领态度犹疑,一定与此类似。李德林认为,杨坚现在需要利用自己辅政的合法性、正当性,打击尉迟迥"犯上作乱"的反叛行为,而不必计较前线诸将的态度是否忠于杨坚个人。何况诸将接受尉迟迥之贿赂,毕竟是无根之言,未必可信。若轻易临阵换将,难保此将会更加忠诚,反而扰乱军心。"坚大悟,曰:'公不发此言,几败大事。'"

> **启示68** 大臣的能耐是能说服君主,君主的能耐是能够听从正确的进言。

这就是杨坚的过人之处。君不必贤,但是一定要有一副好耳朵和好脑筋,能够听,能够判断。"臣以能言为能,君以能听为能。"(〔三国魏〕刘劭《人物志》)大臣的能耐是能说服君

---

① 《资治通鉴》卷一七四,陈宣帝太建十二年,记载杨坚第一次去东宫辅政就职的情形:"时众情未壹,坚引司武上士卢贲置左右。将之东宫,百官皆不知所从。坚潜令贲部伍仗卫,因召公卿,谓曰:'欲求富贵者宜相随。'往往偶语,欲有去就。贲严兵而至,众莫敢动。出崇阳门,至东宫,门者拒不纳,贲谕之,不去;瞋目叱之,门者遂却,坚入。"

主，君主的能耐是能够听从正确的进言。杨坚与李德林在最关键的时候，达到了最好的合作。

那么，派谁去呢？"乃命少内史崔仲方往监诸军，为之节度。仲方，猷之子也，辞以父在山东。又命刘昉、郑译，昉辞以未尝为将，译辞以母老。坚不悦。"杨坚很不开心。换作谁，谁都会不开心。于是，"府司录高颎请行，坚喜，遣之"。众人不行，因为吉凶未卜、成败难知。但是，高颎"受命亟发，遣人辞母而已"。高颎是杨坚的铁杆支持者，而且非常能干。

经过68天的战斗，尉迟迥被杀，三处叛乱先后被平定。为什么地方起兵败得这么快？因为当时朝廷内外的人，都认为周室气数已尽。

李穆（510—586）自称汉将李陵的后代，实际是在边塞鲜卑人中生活的汉人，随拓跋氏南迁。李穆本人追随宇文泰入关，北周时随杨坚之父杨忠出征北齐，并取得胜利。李穆家族是铁杆的亲皇派，尉迟迥派人联络他以反对杨坚，他的儿子李荣也有相应的主张。但是，李穆反对："及尉迟迥举兵，穆子荣欲应之。穆弗听，曰：'周德既衰，愚智共悉。天时若此，吾岂能违天。'乃遣使谒隋文帝，并上十三环金带，盖天子之服也，以微申其意。时迥子谊为朔州刺史，亦执送京师。"[1]

南朝西梁的使臣柳庄也有类似的看法。他出使长安后回到江陵，就是否响应尉迟迥起兵一事，回答梁主萧岿说："周朝将

---

[1]《周书》卷三〇《李穆传》。按，《资治通鉴》记载了李穆送给杨坚十三条金环的事情，但是没有"周德既衰，愚智共悉"之类的话。司马光是不愿意写这类话的。

相，多为身计，竞效节于杨氏。以臣料之，迥等终当覆灭，随公（即杨坚，后将"随"改为"隋"）必移周祚。"（《资治通鉴》卷一七四，陈宣帝太建十二年）于是，南朝西梁也作壁上观。

当杨坚以大丞相、假黄钺、都督中外诸军事的身份主持朝政的时候，距离宇文护废掉西魏皇帝、拥立宇文觉为帝建立北周，不过二十三年。北周的统治，仅仅过了一代人。不是周德既衰，而是周德并不巩固。因此，隋公移周祚成为智愚皆知的共识，也就是自然而然的事了。

（参见《资治通鉴》卷一七三至卷一七五）

第二节　名臣高颎：隋朝兴衰的关键人物

打天下需要人才，像杨坚这样用禅让方式得江山的，同样需要人才的帮衬。其中，有两个被杨坚委以重任的关键人物，一个是高颎，另一个是苏威。这两个人，在隋文帝前期的执政团队中，很有代表性。

一、高颎与苏威

高颎（541—607），渤海蓨（今河北景县南）人，早年在北周齐王宇文宪麾下任职。由于父亲高宾的缘故，他与杨坚有了一层特殊的关系。在别人还对杨坚辅政持犹疑态度的时候，高颎就跟杨坚说："即使你将来事情不成，我也赴汤蹈火，在所不辞。"高颎为什么能说出这样的话来呢？原来他的父亲高宾是独孤信家族的门客，曾改姓独孤（也许与宇文泰时期府兵改从军将之姓的政策有关），后来虽恢复高姓，但杨坚有时候还叫他独孤，而不直呼其名。高颎跟杨坚是有私人关系的——高颎是杨坚妻子的娘家人，所以用高颎就等于是用自家人。

苏威（542—623）是西魏名臣苏绰之子，高颎全力推荐他来辅佐杨坚。苏威被礼请出山后，受到大丞相杨坚的重用，可是刚过了一个多月，他听说杨坚要受禅取代北周，就辞职不干了，他不愿意参与这些事。苏威其人，一贯在政治上不冒险。他年轻时就很有名，权臣宇文护硬要把女儿嫁给他，但宇文护专权，他怕卷入其中，就弃官而逃，躲到山中读书，隐居起来。后来，宇文护被杀，苏威也没受影响。现在杨坚要受禅取代北周，他又逃避了。高颎想把他拉回来，杨坚说："他明摆着是不想掺和咱们的事，你且放过他，等咱们事成了，再请他出山。"后来杨坚做了皇帝，大隋的江山稳定了，才把苏威请出来，让他担任各种职务，像太子少保（太子的师傅）、纳言（宰相）、度支尚书（管财政），后来还担任大理寺卿（掌刑狱的最高长官）、京兆尹（首都事务的一把手）、御史大夫（最高监察官），五六个重要职务兼于一身。杨坚重视苏威的才干，给他的权力很大很集中。

> **启示69** 让新人攀附，让旧臣效忠，这就是杨坚用人的一套手法。

苏威的再度出山，意味着什么呢？它代表着西魏、北周的旧官僚体系对杨坚政权的支持。重用高颎，表示启用无资历的新人，这就等于示范于世人，即使资历较浅也不要紧，只要忠于杨坚，就能够当上宰相；重用苏威，则是要告诉那些忠于西魏、北周的旧臣，即使像苏威这样的人——宇文家族的女婿，也能受重用，既往不咎。让新人攀附，让旧臣效忠，这就是杨坚用人的一套手法。

高颎曾经参加平定尉迟迥在山东的叛乱，又参加了消灭陈朝的统一战争。他与苏威的合作，对于内政的诸多改革，都有巨大的贡献，是促成开皇之治的重要功臣。

二、高颎得罪了谁

公元589年，杨坚灭了陈朝，此前又平定了突厥，江山坐稳了，挑战者也都收拾了，本该励精图治。然而，此时却出了问题：先是苏威下台；不久，高颎也下台了。

苏威下台，是因为朋党。大约苏威的作用已经用完用足了。那么，高颎为什么会下台呢？这事情就复杂了。

首先跟杨坚的妻子独孤氏有密切关系。对于杨坚来说，高颎在外，独孤后在内，两人相得益彰地辅佐他。独孤后14岁时嫁给了仪表非凡的杨坚，相夫教子，为了杨坚的前途，广结人脉。她喜欢读书，跟杨坚讨论时政，大多能符合杨坚的心思；而且她很节俭，从而带动宫中的生活风气都十分朴素，宫中不收藏奢侈物品。独孤后还很有见识，有时帮助杨坚出出主意，颇受肯定。因为她威信很高，所以皇帝和皇后合称"二圣"。

但独孤后又以善妒著称，每次杨坚上朝，她都陪送着去，下朝时就在门口等候，所谓"同反燕寝"。虽然讲起来是夫妻情深，但也把皇帝看得太紧。杨坚的五个儿子，都是独孤后所生。杨坚没跟别的女人生过孩子，这在历代皇帝中，是比较少见的。

概括起来独孤氏有三大特点：第一睿智，第二嫉妒，第三节俭。睿智能辅佐夫君，节俭也能跟皇帝合得来，因为杨坚也是一个非常节俭的人。但是嫉妒心强，有时就难免出事。有一次，杨坚亲近一个妃嫔，是早年入宫的尉迟迥的孙女，独孤皇后知道后就趁杨坚上朝的时候，把她给害死了。杨坚为此大怒，觉得当皇帝没意思。但他又不便对独孤氏发火，就独自骑着马到郊外的山谷间乱跑，最后是高颎等人把他找回来，"扣马苦谏"。杨坚叹息道："吾贵为天子，不得自由！"我当皇帝都没有自由，没有喜欢别的女人的自由。高颎劝他说："陛下岂以一妇人而轻天下？"您怎么能因为一个女人连天下都不要了呢？杨坚慢慢明白过来，等到半夜回宫，夫妻俩又和好如初了。当然，此后独孤皇后可能也有所收敛了。不料，高颎劝说杨坚的话被传了出去，大约还有添油加醋的成分，说皇后是"一妇人"，让皇帝不要跟妇人一般见识。独孤皇后觉得高颎太不把自己放在眼里了，从此她就怀恨在心，一心想除掉高颎。至少《资治通鉴》中就是这么说的。

> **启示70** 隋文帝废太子、罢高颎是他执政的转折点，是他晚年昏政的标志性事件，而这两件事是有密切关系的。

三、摊上了太子的事情

更重要的是，高颎的下台还涉及到太子废立的问题。隋文帝当了二十三年皇帝，废太子、罢高颎是他执政的转折点，是他晚年昏政的标志性事件，而这两件事是有密切关系的。

高颎和太子杨勇是儿女亲家，高颎的儿子娶了太子的女儿，高颎自然就被视为太子党。其实，这段政治婚姻，当初还是隋文帝为了表达对高颎的重视而结成的，是一种政治考量。可现在高颎成了杨勇的亲家，皇帝便把对高颎和太子的不满，叠加到了一起。

有几件事促成了太子杨勇被废。

第一，杨坚不愿意过早地把皇位传给太子。在历史上，太子这个位置是非常尴尬的。作为皇帝，会怎么看太子呢？他发现太子实质上就是一个在等自己死以便接班的人。所以身为太子，要特别小心，皇帝要是看太子不顺眼，就会产生疑忌了——认为太子盼着自己早死，好早点儿接班。

早在开皇初年，就有人上书，建议隋文帝让位做太上皇，把皇位传给太子。隋文帝非常不高兴，说："朕承天命，抚育苍生，日旰孜孜，犹恐不逮。"我还年轻，奉天承命抚育苍生，努力工作还来不及呢，怎么能效法近代的皇帝，把皇位交给儿子，自己去享福呢？因为这种事情在隋文帝所处的"近代"确实很多，比如他的女婿周宣帝，二十多岁就让位了，去当太上皇，把皇位交给六七岁的儿子。又如，北齐高湛也是早早地把皇位让给了太子高纬，以便将其扶上马送一程。杨坚很忌惮这事，不会去效仿。此后不久，杨坚就让太子杨勇出镇洛阳了。

从此，杨坚对太子的许多事情都特别敏感。比如东宫的宿卫队，杨坚下令把壮勇的士兵都挑走，只留下些老弱之人。宰相高颎提出异议说："健壮的卫士都挑走了，东宫宿卫力量太弱了。"杨坚不高兴地回应道："我进进出出，需要壮勇的卫士护卫，太子是储君，他要这么多身强力壮的卫士干什么？前朝的各种陈规陋习，我见得多了，你不需要跟我说这个。"高颎没有注意到自己已经被打上太子党的记号了，他越是坚持为太子说话，就越引起杨坚的猜疑。

第二，太子杨勇没有多少心机，不懂得琢磨父母的心思，也就无法让父母高兴，最终难以使自己顺利接班。据史书记载，太子杨勇生了许多孩子，有一次隋文帝封了七八个王，都是杨勇的孩子，可这些孩子没有一个是他和太子妃生的。我们前面提到过，独孤皇后把丈夫管得很严，使丈夫没有跟别的女人生孩子，她也最讨厌大臣跟自己的小妾生孩子。现在自己的儿子与姬妾们生了那么多孩子，却没有跟正妻（太子妃）生一个，她本能地产生反感。何况这个儿媳元氏，是独孤氏亲自为太子选定的。孰亲孰疏啊？太子的作为，严重违背了独孤后的价值观，使她这个做母亲的非常不高兴。

更要命的是，高颎也有一件类似的事触犯了独孤皇后，并因此和杨坚产生了芥蒂。高颎的妻子去世后，隋文帝和独孤皇后打算给他续个弦，杨坚对高颎说："皇后让我给你再娶个妻子。"高颎流着泪辞谢说："我年纪大了，现在就是吃斋念佛，不愿再续弦了。"人家不愿娶，文帝只好作罢。可不久，高颎的侍妾生了个孩子。杨坚开始还挺高兴的，和皇后商量要送礼物祝贺，但独孤皇后却沉下脸来，不高兴地对杨坚说："陛下，你还能相信高颎吗？你想为他娶媳妇，他说自己天天信佛念经、持斋吃素，不愿续弦了。实际上他是已经有爱妾在身边了，高颎是心存爱妾，面欺陛下啊，他这个人爱说谎，这事已经很清楚了。"隋文帝听后觉得有道理，从此就更疏远高颎了。

隋文帝之所以罢免高颎，史书上还记载了其他几件事。比方说隋文帝打高丽，虽说是让小儿子杨谅当元帅，但那是挂名的，高颎名义上是幕僚长（长史），实际主持前线的军务。高颎一开始就反对打高丽，认为当前不是适当的时候，但隋文帝不听。结果那次远征无功而返，独孤皇后就更添油加醋了，说："我就知道这次出征不会成功，高颎本来就不想去，是你强迫他去的，怎么能成功呢？"偏偏杨谅回去还跟父母哭诉，说自己差点儿被高颎所杀，因为高颎在前线擅作主张，不听他的。杨坚听后更不高兴了。再如，高颎带兵去打突厥，乘胜追击时，曾要求文帝增兵。文帝心里嘀咕：高颎是要造反吗？还增什么兵？就在朝廷还没回应的时候，高颎已经打败突厥，班师回朝了。隋文帝对这件事就有点疑虑了。再加上凉州边军的司令官犯罪，审问时供出了很多事，说是从高颎那里听来的，隋文帝更是大吃一惊：一个朝中宰相，怎么跟边军统帅有这么密切的往来呢？怎么能泄露朝廷机密呢？这样查来查去，最终把高颎革职为民，让其以白衣身份回家了。

高颎被除名为民，他自己倒丝毫不介意。他的母亲曾经告诫过他：富贵到极点，就离遭遇祸患不远了，你一定要谨慎。高颎从此做事小心谨慎，总怕出事。现在是个平常老百姓了，"欢然无恨色"，一点都不遗憾。可是高颎被罢免后，杨素执掌了大权，太子杨勇就危险了。

四、废勇立广

太子杨勇被废，除了受到高颎的影响外，也有他自己的原因，即失去了父皇的宠任。

杨勇身为储君不知节俭，私自检阅部队，破坏宫规，而且冬至节令，东宫百官朝贺，场面张扬，大有朝贺天子之势。相比于太子，晋王杨广那边却大不一样。杨广善于伪装，跟别的女人生的孩子都不抚养，始终只跟萧妃在一起。只要是独孤皇后或隋文帝派去的人，不管身份高低，他都高接远迎，送礼讨好，皇帝皇后身边的人，都说杨广好。时间长了，隋文帝越来越喜欢杨广而厌恶杨勇了。

废太子事件里，还有一些家长里短的生活琐事。比如杨勇的宠妃云儿生了个儿子，这个孩子按年龄排序是杨坚家的长孙，爷爷奶奶喜欢得不得了，就抱去逗着玩儿。可是没多长时间，太子夫妇就派人把儿子抱了回来，这下可惹杨坚夫妇不高兴了：想看看孙子，在这儿没待多长时间就抱走，什么意思嘛！就是这些生活琐事，以及隋文帝对杨勇想早日登基的疑惧，使文帝产生了废太子的想法。

心里有事，就会疑神疑鬼。杨坚对太子杨勇心存疑惧，总觉得有人想害他，连上厕所都害怕。他甚至说，从郊外回到宫中，就像进入敌国一样。文帝的疑惧加上杨广的离间计，使得杨坚更加坚定了废太子杨勇而立晋王杨广的决心。

杨广用的什么离间计呢？他要去扬州做总管的时候，向独孤皇后辞行，哭着说："母后呀，不知道我哥哥为什么总想加害于我，我很害怕哪一天会被他毒死。"独孤皇后听了很生气，她早就对太子不满意了，现在觉得不能再拖下去了，所以下决心加快步伐，废勇、立广。废立太子一事在杨素等人的推波助澜下急速发展，杨广又收买了东宫的官员，让他们诬告太子。最终杨勇被废,杨广被立为太子。

毛泽东曾经点评这段历史,认为是"蕴藏大乱"。唐太宗也讲"隋之兴亡,系(高)颎之存没",认为罢免高颎,是隋文帝政治由明到昏的转折点。

(参见《资治通鉴》卷一七四至卷一七九)

第三节 从"意气风发"到"纸醉金迷"：隋炀帝的"大业"时代

隋文帝仁寿四年（604）七月，杨广（569—618）如愿以偿，在他父亲隋文帝驾崩之后，顺利登基，历史上称其为"隋炀帝"。隋炀帝在位14年，大体可以分成两个时期：前期即大业七年（611）以前，是他意气风发、颇有作为的时期；后面七年，即从大业八年开始，杨广连续三次发兵远征高丽，陷入战争的泥淖，其后在席卷全国的动乱风暴中，他无可奈何地龟缩在江都，每天过着纸醉金迷的颓废生活，终使自己于大业十四年（618）三月被身边的禁军所杀，死在扬州。他的坟墓也在扬州被发现。

一、意气风发的杨广

仁寿四年十月，隋文帝下葬完毕，炀帝就下诏，除去妇人及奴婢、部曲的课税，男子22岁成丁。关于这个诏书，史家历来有不同的解读，大体来说，应该是减轻了这些人的负担。妇人、奴婢、部曲都不交课税了，男子推迟成丁年龄（通常男子成丁是在20—21岁，22岁算是比较晚的），成丁晚，意味着承担赋役的时间就晚。因此，这个政策总体上说还是减轻了百姓的负担。

> **启示71** 隋炀帝继位以后，下诏减轻百姓的负担，并进行了一系列制度方面的改革，包括机构的改组、设立进士科、注重对官吏的任命和考核等。

隋炀帝继位以后，还进行了一系列制度方面的改革。比如改组殿中省，使它成为一个纯粹的皇家侍从机构，把一些宫官和朝官的职能做了更清楚的厘定。炀帝的官制改革还为唐代执事（职事）官和散官制度的完善奠定了基础，即将掌握实权的职事官和体现特权的散官分为二途，这是秦汉以来官制演变的重大成果。

设立进士科。隋文帝开始分科选人，隋炀帝增加了进士科。进士科跟汉朝察举征辟制最大的区别，一是考试形式比较程式化，有利于选人标准的客观性；二是对考生的要求，于策论之外增加了文学的分量，而减少了背诵的分量。唐朝的科举就是在隋炀帝科举制度的基础上发展完善的。宋朝以后的科举，考试更加规范化。

从隋文帝到隋炀帝，还有一件值得一提的事，就是中央集权的进一步加强。加强的具体措施，是以官吏的任命和考核为中心的。《资治通鉴》和《隋书》记载了吏部尚书牛弘跟学者刘炫的一段对话。牛弘问，《周官》所载，古时候职官的构成，士多而府史少，也就是官多而吏少，府史是吏，指从事助理、文秘工作的人。可是现在不一样了，官府配置的令史百倍于前，如果减少这些文秘人员，事情就做不成，这是为什么呢？

刘炫回答说，这是因为古今的治理机制不一样。古人委任责成，年终考核，经办的文案无需一次次核校，文牍也不那么繁杂，从事文秘工作的府史，仅仅登录事件、掌管要目而已。现在不一样了，官府中卷宗文簿一摞一摞的，总是担忧这件事不符合规范，那件事不符合制度，繁文缛节，弄得每一步都程序谨严，有一点不严密的话，麻烦就大了，甚至要到万里之外去追踪百年前的旧案。如此，文秘的工作自然就忙啊。俗话说"老吏抱案死"，事繁政弊就是这个原因。

牛弘又问，魏、齐之时，这些文秘人员的工作也很从容，可是现在特别忙碌，不遑宁处，这又是为什么呢？

刘炫回答说，那个时候州郡的主要官员由中央任命，县里只有县令是中央任命的，其他的僚佐都由这些主要官员自行辟署，按照要求聘任。受诏赴任的，一个州里不过数人而已。现在不一样了，"大小之官，悉由吏部，纤介之迹，皆属考功"，大大小小的官，都由吏部来任命，官员的所有行为，都要由中央的考功司来考核，所以事情多。事情一多，怎么能省官呢？

牛弘虽然知道刘炫的话是对的，但是也不能采纳。

牛弘与刘炫的这段对话很有名。它告诉我们，从北周、隋开始，官吏管理制度更加严密、苛细了。第一个变化，以往是目标管理，现在则强调过程管理。《周官》的记载姑且不论，汉魏以来，地方官的权力比较独立，总的管理原则是委任责臣，岁终考核，程序比较简单。现在管理程序变得复杂起来，每一个行政作为，必须有很多的步骤，还有很繁密的文书来考核、审查和管理。哪一步不严密，出了问题，就要追责。过程管理就要规范负责人，防止出漏洞，因此程序繁琐。第二个变化，过去中央只是任命主要干部，幕僚由长官自己选任。现在是州（郡）县官员，都要由中央任命。既然官员由吏部任命，就要知道此人的功过，于是，考功司需要考察其政绩，事情自然就多了。这两个变化告诉我们什么呢？就是到隋朝的时候，中国的官僚体制更加严密、规范和繁琐了，中央对地方的掌控也更加具体了。

> **启示72** 隋炀帝在大业年间的作为，最为人所关注的，是大型工程的建设，主要有重建东都洛阳、修运河。

隋炀帝在大业年间的作为，最为人所关注的，是大型工程的建设。

有人跟隋炀帝讲，陛下是木命，雍州五行属金，破木之冲，对您不利，有传言说，"修治洛阳还晋家"。洛阳是西晋的首都，杨广在当太子之前，被封为晋王。杨广听信了这句话，决定重建东都洛阳。其实，东都的修建，是因为"南服遐远，东夏殷大""关河悬远，兵不赴急"，为的是解决大一统政权的巩固问题。

仁寿四年（604）十一月，杨广到洛阳，封其长子杨昭为晋王，留守长安。隋炀帝常住洛阳，在长安待的时间大约不到两年。洛阳宫的修建，工程浩大，却在短短的一年时间内就完成了。东都洛阳地位的加强,有助于强有力地掌控帝国的南部和东部。这跟西周灭商,特别是平定"三监之乱"后,周公旦营造洛邑(即洛阳),有着相同的考虑。这是一个伟大的工程。

还有一个伟大的工程,就是修运河。隋炀帝修成的运河,我们现在叫京杭大运河。隋炀帝修运河有对旧河道的疏浚拓展,也有新河道的开挖,主要是把古代各朝开凿的地方性运河连成一体。605年,开挖通济渠,把洛水、黄河、汴水、泗水打通,一直通到淮河。608年,炀帝又下令由洛阳附近凿永济渠通至黄河,北达涿郡(今北京)。610年,又进一步疏浚江南运河,以达杭州。运河全长约2700公里。唐代的漕运仰赖东南,又多次对运河加以疏浚。运河的修建,漕运的发展,使运河沿岸出现了一些新兴城市,如开封、苏州、杭州、镇江、淮安等等。但是,像运河这样的大工程,非常损耗民力物力,给百姓带来极大的负担。

二、炀帝经营西域

世人皆知隋炀帝对于江南的爱慕,却不知道他对西域的热情实不亚于江南。他是历代帝王中第一个到过河西走廊的人,第一个在海拔三千多米的高山上率军征战的人。推动隋炀帝西巡的是隋唐名臣裴矩(约547—627)。

裴矩与突厥有过多年的交往经验,隋炀帝任命他以重臣的身份主持西域工作。他对前来张掖("河西四郡"之一)参加互市的胡商进行采访,并搜集书传记载,撰写了三卷本的《西域图记》,大约成书于606年初。他将此书献给炀帝,激发了炀帝经营西域的热情。

这本书有两方面的意义：一是推动了隋朝对于西域的经营。《隋书·西域传》称："炀帝规摹宏侈，掩吞秦、汉，裴矩方进《西域图记》以荡其心，故万乘亲出玉门关（实际上炀帝并没有出玉门关，他最远到达燕支山，即今甘肃永昌西、山丹东南之焉支山），置伊吾（今新疆哈密）、且末（位于塔里木盆地东南，今仍称且末县），而关右暨于流沙。"这段话包含了唐初对于隋炀帝的批评，却也道出了炀帝的雄心因为裴矩的《西域图记》而得到满足这一事实。

当时，阻碍丝绸之路交通的是地处青海地区的吐谷浑部族。西域胡商之所以只能在张掖互市，一个原因就是吐谷浑的势力威胁到了内地与张掖之间的通道，所谓"为其拥遏，故朝贡不通"（《隋书》卷六七《裴矩传》）。裴矩联络铁勒（西北游牧民族，一度成功反叛突厥），击溃吐谷浑，并设立西海、河源、鄯善、且末四郡，其中西海郡治所在吐谷浑故都伏俟城（今青海湖西的铁卜恰古城），郡下设宣德、威定二县，威定县的治所大约在今青海都兰县境，就是今天的格尔木地区。格尔木以东是西宁，以北是敦煌，以南是拉萨，地理位置十分重要，是通往新疆、西藏等地的枢纽。在这种情况下，609年，隋炀帝西巡张掖，才有了安全保障。隋炀帝在张掖召开的西部地区"丝绸之路博览会"，吸引了二十七个国家的君主出席。次年，这个盛会又搬到了洛阳，推动了丝绸之路沿途国家和地区与中原政权的政治互信和经贸文化关系的发展。隋朝政府采取多种措施鼓励西方商人来长安，比如要求沿途各地要热情接待外国商贾，并为他们提供种种费用。在丝路要冲还设立军政机构，并大量屯田，以保证丝路行旅的供应。

《西域图记》的另外一个意义就是保留了关于陆上丝绸之路的交通路线。书中记载了四十四个西域国家，并且附有地图和图画，所记诸国多为丝路商人"周游经涉"的地方，以及"利尽西海，多产珍异"。这部三卷本的文献，我们今天已经看不到了，只是《隋书·裴矩传》中留下了"序言"，其中道出了裴矩对于丝绸之路三条西行路线的走向。序文云："发自敦煌，至于西海，凡为三道，各有襟带。"即由敦煌至"西海"的三条路线。这里的"西海"究竟何所指，从《隋书·裴矩传》中残存的内容看，应该是指地中海、阿拉伯海、波斯湾或者印度洋。

裴矩所记三道分别是：北道从伊吾（今新疆哈密）出发，经蒲类海（今新疆巴里坤湖），至拂菻国（东罗马），达于西海（地中海）。中道从高昌（今新疆吐鲁番）、焉耆、龟兹、疏勒，经塔里木盆地，越过葱岭（帕米尔高原），经过中亚，至波斯（伊朗），达于西海（波斯湾或阿拉伯海）。南道从鄯善（今新疆若羌）、于阗（今新疆和田），西行越过葱岭，又经阿富汗、巴基斯坦，至北婆罗门（印度），达于西海（印度洋）。其三道诸国，亦各自有路，南北交通。

在军事外交方面，隋炀帝三打高丽：第一次被对方打败了；第二次碰到杨玄感起兵，赶紧撤兵；第三次高丽实在承受不住，表面上是投降了，实际上是给隋炀帝留了个面子，隋朝损失巨大，丢掉了里子。

隋炀帝做事的风格是大张旗鼓，风风火火。修长城，修渠道，修洛阳城，修大运河，西巡河右，东打高丽，太耗民力了，完全改变了隋文帝当初休养生息的政策。史家这样评论道：炀帝"慨然慕秦皇、汉武之事。乃盛理宫室，穷极侈靡。召募行人，分使绝域。诸蕃至者，厚加礼赐；有不恭命，以兵击之。盛兴屯田于玉门、柳城之外。课天下富室分道市武马，匹直十余万。富强坐是而冻馁者，十家而九"（《北史》卷一二《隋本纪下》）。劳民伤财的结果，就是隋炀帝把自己放在了火山口上。

三、炀帝的性情

隋炀帝的性格是好大喜功，虚荣心强烈。这在他的外事活动中，体现得淋漓尽致。

大业六年（610）正月，在洛阳召开盛大的庆典，庆祝新年，同时还有个盛大的"商品博览会"，西域各国的首领都来参加，大约还有参加丝绸之路贸易的胡商。庆祝会场设在洛阳城端门外的广场上，灯火通明，通宵达旦，吹奏音乐，表演马戏，据说参加演出的有万人之多。商品交易则在洛阳东市——丰都市进行。店铺里琳琅满目，各种珍奇物品，美不胜收。据说前来参加交易的胡商,可免费享用各种美味佳肴。胡商们都惊叹中国的物产丰盛,也有一些胡人说,你们树上都缠着丝绸,可是街头不也有没衣服穿的穷人吗,为什么不给他们衣服穿呢?百姓听了这话都很尴尬。演出和交易活动持续了一个月的时间。

> **启示74** 隋炀帝的性格是好大喜功,虚荣心强烈。再者就是心胸狭窄,不能容人,不喜欢人家给他提意见。

虚荣之外,就是狭隘。隋炀帝心胸狭窄,不能容人,不喜欢人家给他提意见。他的身边不是没有人才,比如,苏威、杨素、高颎。高颎在文帝的时候被除名为民,隋炀帝又加以任用,但是,不久就因为直言谏诤而被诛杀。杨素是帮助杨广上台的功臣,也遭怀疑,郁郁而终。苏威则处于没有实权的顾问位置。

隋炀帝的文才出众,诗作也是一流,可是他心胸狭隘到了难以想象的程度。他的父亲隋文帝有一个"笔杆子"叫薛道衡,也是个学者。薛道衡的诗文出众,他死后,据说炀帝特别开心,心想你终于死了吧,看你还能写出"空梁落燕泥"这样的佳句吗?王胄也是一个出名的诗人,王胄死了,隋炀帝读着他的佳句"庭草无人随意绿",说看你还能写出这样的诗句吗?炀帝觉得自己的文学才能很高,他说,天下都以为我是靠我父亲当皇帝的,其实假如跟你们一起考试,挑选天子,那也应该是我。在中国古代的君主理论中,都说君王不应该心胸狭隘,不应该自负才学,《贞观政要》里面唐太宗君臣之所以反复谈论这一点,隋炀帝的反面典型是重要原因。

隋炀帝本人的家事，也值得谈谈。

炀帝的太子杨昭（584—606），年纪轻轻就病逝了，次子齐王杨暕（585—618）应该被立为太子，可是太子杨昭有三个儿子，到底是立皇太孙，还是立皇次子，隋炀帝并没有明确的态度。种种迹象表明，炀帝是想培养皇次子的。比如，炀帝把太子的两万多属兵都划归给杨暕，还为他精心挑选宫中的僚属，让光禄少卿柳謇之做齐王府长史，并对他说，如果齐王德业修备，那你自然富贵，如果不行，你也有罪。可见，炀帝是把杨暕作为重点培养对象的。

但杨暕身边有很多小人，做了很多不法之事，连累到了杨暕。《资治通鉴》列举了这么几件事。杨暕派身边的人去搜寻美女，结果这些人放纵，见了美女就假杨暕之名，将其抢走，送到杨暕的府第，因而败坏了杨暕的声誉。杨暕的属官在陇县蹂躏胡人，强迫他们交出骏马，杨暕命令属官把马还给主人，不要胡来，但是属官诈称马是齐王赐给他的，牵回了自己家，并没有还给胡人，杨暕却不知情。

还有一件事，杨丽华被封为乐平公主，她原本是北周宣帝宇文赟的皇后，老父亲夺了夫君家的江山，她如今寡居在家。有一次，她对自己的兄弟隋炀帝讲，柳家有个姑娘长得很标致，炀帝当时未置可否。后来乐平公主就把这个姑娘介绍给了杨暕，杨暕纳之为妾。可是有一天，炀帝忽然问，柳家的姑娘现在在哪里呢。公主说在你儿子齐王府上。炀帝听后很不开心。其实这也不能怪杨暕，杨暕也不知道，原来姑妈最早曾把这位姑娘介绍给了自己的爸爸隋炀帝。

还有一次，炀帝、杨暕父子俩一起去狩猎。杨暕打到了很多麋鹿，收获颇多；炀帝却什么也没打到。炀帝身边的官员为了推脱责任，说陛下您没打到猎物的原因，是因为齐王杨暕身边的人拦住野兽，不让野兽往您这边来，都在他们那边，所以他打得多。炀帝听后很生气。从这两件事来看，炀帝是个很小心眼的人。

因为与儿子在这些生活的事情上产生了矛盾，后来炀帝就找茬把杨暕给处置了。找的什么茬呢？按照当时的规定，县令不能无故出本县的县境，杨暕却违背了这个制度，将自己宠信的伊阙令带到汾阳宫。有御史向炀帝弹劾杨暕，炀帝于是派了一千名甲士，大肆搜索杨暕的府第，彻底追究这件事，把杨暕弄得灰头土脸的。杨暕有个妃子韦氏早死，他跟韦氏的姐姐私通，生下一个女儿。有善于看相的人说韦氏的这个姐姐有皇后之相，将来有可能当皇后。杨暕就想韦妃的姐姐将来能当皇后，如果娶了她自己就能当皇帝了。可是杨暕有块心病，他已故的兄长有三个儿子，父皇到底是立皇太孙还是立他，他心里没底。于是他听信人言而做巫蛊诅咒，然而事情败露，炀帝大怒，杀了很多杨暕身边的人，并赐韦妃之姊死刑。当时赵王杲年纪还小，炀帝对身边的侍臣讲，我只有杨暕一个儿子，不然的话我就把他处死，以明国法。杨暕从此恩宠日衰，隋炀帝还专门派一个禁军将军看住他，实际上就是将其软禁了。这似乎重复了当年杨坚软禁废太子杨勇的故事。

隋炀帝特别担忧杨暕会发动兵变，因此杨暕身边的卫士都是老弱之人。太史令庾质的儿子是齐王府的属官，隋炀帝问庾质,你为什么不能一心侍我,却让你的儿子在齐王手下做事呢?你怎么如此心怀两端?庾质觉得很奇怪,说我在陛下身边当太史令,而让我的儿子侍奉您的儿子齐王,这是一心,怎么是二心呢?炀帝很生气,就把他安排到外面去当县令。隋炀帝的多疑与心胸狭隘,跟他父亲何其相似。

历史学家有时候不用通过宏大的叙事来表达对一个政治人物的评价。这里的家事,父子之间没有由头的种种猜忌,特别能看出一个政治家的胸襟气度。贞观四年(630),唐太宗问身边的大臣萧瑀(隋炀帝皇后萧氏的弟弟)说,爱卿啊,你在隋朝的时候,能够常常见到你的皇后姐姐吗?萧瑀回答,他们自己的儿女都见不着父母,我怎么能见得着呢?就是说隋炀帝的家庭关系是冰冷的。魏徵在旁边说,我听说隋炀帝不相信齐王,总是让宦官观察他,齐王杨暕宴饮,炀帝就会问他有什么事这么高兴,需要喝酒庆贺。齐王表情忧郁,说自己有心事,忧心忡忡。父子之间如此隔膜,何况他人乎?

四、炀帝的末路

隋炀帝的一生可以分为三个阶段。35岁之前是皇子、太子时期;35岁当皇帝之后到大业十二年(616)七月从洛阳南下江南之前,是建功立业时期;最后在江南的不到两年时间,则是被杀前的颓废时期。

611年,动乱最早从山东发起,王薄起兵,作《无向辽东浪死歌》,反对辽东之役对百姓的残害。随后各地反叛此起彼伏。616年秋,隋炀帝下江南的时候,农民起义军,官僚的起义,已经把隋朝江山搞乱了。没有人能够理解，一向强悍、刚愎自用的隋炀帝，为什么不在都城长安，更不在他精心建造的洛阳组织平定各地的反叛，而是跑到江都去。炀帝年轻时在江都工作多年，他曾经担任多年的扬州总管，他的妻子萧皇后也是江南人，他本人在江都接受了智颛大师所授的菩萨戒。但是，这些能构成炀帝躲避到江都的理由吗？

《资治通鉴》记载，隋炀帝在宫中建了一百多间屋子，让美人去住，每天到某一房做客，宴饮不绝，每日长醉，说天下危乱，扰扰不安，他要抓紧时间享受。他夜里喝酒的时候，看着天象，对萧皇后说，外面歹人要算计我，但即使这样，我也不失为长城公，你也不失为沈后，咱们好好快乐快乐吧。长城公指的是陈后主陈叔宝，他的皇后是沈后，意思是说大不了我们在新的朝代里过悠闲的日子。

> **启示75** 前期的隋炀帝，意气风发，但在三次打高丽失败后，他一下子就泄气了。这特别像一个冒冒失失的年轻人，开始干劲冲天，干着干着，碰到钉子了，一下就消沉了，意志力严重不足。

当然，隋炀帝是否真是这样想的，我们无从得知。但是隋炀帝晚年，确实是面对乱局不想作为，只想像缩头乌龟那样躲起来。前期的隋炀帝，意气风发，营造东都，修运河，搞各种外交活动，而且还有很多的改革政策；三次打高丽失败之后，他一下子就泄气了。这特别像一个冒冒失失的年轻人，开始干劲冲天,干着干着,碰到钉子了,一下就消沉了,意志力严重不足。

隋炀帝最后是怎么死的呢?跟着隋炀帝在江南的禁军,大都家在关中。这些禁军离开家乡,妻子也不在,家人也不在,时间长了,看不到回家的日子,便思乡心切,加之待遇也不行,就要谋反。一个叫司马德戡的禁军将领拥戴宇文化及等发动政变,杀死了隋炀帝。在要杀隋炀帝的时候,隋炀帝说天子自有死法,不得加锋刃,应该饮毒酒而死。他此前就准备好了毒酒,可是等他索要的时候,连保管毒酒的人都跑了。如果这件事情是真的,那么隋炀帝的荒唐和颓废,真就是无可救药了。

宇文化及杀害了炀帝及皇室人员,只有萧后没有死。宇文化及立炀帝之侄秦王浩为傀儡皇帝。杨暕被杀时,以为是父皇派人下的手,说孩儿无罪;炀帝死前也以为是儿子杨暕在背后作乱。父子至死不相明。

五、对炀帝的评价

隋炀帝与秦二世一样,都是被历史钉在耻辱柱上的亡国之君。也有史家为他抱不平,说他虽然亡国了,却不失为一位很有作为的皇帝。在他统治的大业年间,确实有几件大事业不能不说。比如,营建东都洛阳,修京杭大运河,西巡出塞,开拓疆土,开设进士科。还有一些不为公众所关注的成就。比如,他曾下诏大力发展教育和学术事业,"君民建国,教学为先。移风易俗,必自兹始"(《隋书》卷三《炀帝纪上》)。隋末大学者王通(584—617)在炀帝继位时刚20岁,房玄龄、杜如晦、魏徵、李靖等都是他的学生,王通的教学活动主要是在大业时期。

后世批评隋炀帝的人，好指责他的私生活。类似《迷楼记》（鲁迅推测是北宋人的作品）中的记载，我觉得添油加醋的成分偏多。隋炀帝杨广早婚，582年，即隋建立的第二年，年方14岁的杨广就迎娶了比自己大两岁的后梁公主萧氏（567—647）。萧氏次年怀孕，584年初生下大儿子杨昭，585年生下次子杨暕，586年生下女儿南阳公主。几乎一年生一胎。

炀帝被杀时50岁，共有四个儿子（一人早夭）、两个女儿。在活下来的五个孩子中，至少有两子一女是萧皇后所生。说隋炀帝荒淫，不知从何说起。相比较而言，李世民（599—649）活了51岁，留下14个皇子、21个公主，是35个孩子的父亲。隋炀帝的子女只是李世民的一个零头，说炀帝荒淫好色，至少从这一点来看，是不真实的。萧皇后是炀帝一生的最爱，没有人能编排出隋炀帝在萧皇后之外，还有特别青睐哪个妃子。

那么，隋炀帝失败的主要原因是什么呢？

隋炀帝雄心虽大，能力却跟不上。隋炀帝的雄心是想追随秦皇汉武，建立伟大功业。但是，他的能力却不体现在这里。隋炀帝的能力是什么呢？他"美姿仪，少敏慧，高祖及后于诸子中特所钟爱"（《隋书》卷三《炀帝纪上》）。炀帝的文学水平也是很高的，他说凭科举考试，自己也可以当上天子。炀帝也有不错的战功。589年平陈之役，21岁的杨广是全军总司令。虽然高颎、杨素是实际的军事指挥，贺若弼、韩擒虎是前线军将。但是，杨广的功劳显然不能被抹杀。可是，即便如此，隋炀帝作为隋朝的最高统治者，还是亡国了。这又是为什么呢？

贞观二年（628）唐太宗谈到隋炀帝时说，看了隋炀帝的文集，他的文辞很好，也懂得尧舜之道，怎么做的事那么悖谬呢？魏徵回答说，人君即便是圣哲，也应该谦虚，应该容人，要用谦卑、虚怀若谷的态度来待人接物，"故智者献其谋，勇者竭其力"。炀帝不是这样，他自视甚高，自认为是俊才，便骄矜自用，故而败亡。魏徵批评隋炀帝太高傲了，太自以为了不起了，太看不起别人了，所以口诵尧舜之言，而身为桀纣之行，他自己都不知道自身的缺点和不足，以至于覆亡。唐太宗说"前事不远，吾属之师也"。这段对话讨论的是隋炀帝失败的原因。

> **启示76** 不管有多大的本事，都应该谦虚谨慎。谦虚不仅仅是一种美德，而且是应有的工作态度和为人处事的方式。

一个帝王，不管有多大的本事，都应该谦虚谨慎。谦虚不仅仅是一种美德，而且是应有的工作态度和为人处事的方式。因为天下之大，世界之复杂，一个帝王再有本事，也不可能事事都应对得体，都能够拿出相应的政策和方案来处理复杂局面，只有谦虚低调，才能够凝聚人才，使智者献其谋，勇者竭其力。隋炀帝作为一个国家的领导者，是缺乏领导力的。他有治理天下之智，却没有治理天下之才。他文采斐然，他的个人能力，作为一个专家可以，但要做一个帝王，治理好天下，首先应该对自己有准确的定位，其次是要做出正确的决策。而要做出正确的决策，必须集思广益，如此才能激励部下去做事。

（参见《资治通鉴》卷一八〇至卷一八五）

第四节　新星陨落：李密为何会失败

乱世出英雄。李密（582—619）是龙一样的英雄，还是蛇一般的狗熊？隋唐之际的王世充曾经这样发问。李密何许人也？答曰：中原地区最大的反隋首领。

隋炀帝末年，天下大乱，当时有三支重要的反隋力量：一个是在河北的窦建德（573—621），再一个是在江南的杜伏威（？—624），第三个就是河南洛阳附近瓦岗寨的李密，当然还有李密的前任翟让。

河北曾是北齐的地盘，江南曾是陈朝的地盘，尤其是洛阳地区，是北齐的心脏。也就是说隋朝像西晋一样，统一时间很短暂，原来割据的那些地区，还没有完全服膺隋的统治。豪强之人蠢蠢欲动，很容易拉起造反的旗帜，就像秦亡以后，六国贵族纷纷起兵一样。现在形势严峻，好像天下又三分了，形成了河北、河南和江南三大割据势力。

一、李密的身世

与窦、杜二人均出身草莽不同，河南瓦岗军的领导者李密的家族是北朝后期的统治阶层——关陇集团的重要成员。

李密的曾祖父李弼，是西魏宇文泰创建的八大柱国之一，跟杨坚的岳父独孤信、李渊的祖父李虎是同僚，是西魏、北周的显贵，传到李密已经是第三代了。据说李密相貌非常，在当禁卫兵的时候，隋炀帝觉得此人不凡，不能让他宿卫，说他眼神机灵，非同常人。宇文化及（就是后来杀了隋炀帝的人）的父亲宇文述暗示李密：你就回家认真读书吧，不要当宿卫了。据说李密回家后发奋读书，有时把《汉书》挂在牛角上边走边读，留下了"牛角挂书"的佳话。

杨素也非常欣赏李密，认为他的才华超过了自己的儿子，于是让长子杨玄感跟李密交朋友。杨玄感自恃富贵，有时候对李密不大尊重。李密说，咱们要说实话，不能说虚的，决战两阵之间，暗鸣咄嗟，我比不上你；但是如果驱策天下贤俊，你未必如我。你不能由于地位比我高，就不把我当回事。杨玄感笑而服之。杨玄感有勇，李密有谋，大约就是这个意思。

613年，隋炀帝二征高丽之际，杨玄感奉命督运粮草，可是走到黎阳（今河南浚县）时竟然举兵反叛。

杨玄感为什么反叛呢？《隋书·杨玄感传》说他见天下人心思乱，隋炀帝征讨辽东的政策不得人心，于是蠢蠢欲动。又说他父亲杨素自恃功高，对皇帝颇有不敬，因而晚年受到隋炀帝的疑忌，忧郁而死。总之，杨玄感有野心、有怨恨，他想趁天怒人怨，在举国反对朝廷对高丽用兵的时候，起兵造反。这个时候，恰好李密也投奔过来了，杨玄感大喜，便让他做谋主，说你不是善于运筹帷幄吗，计将安出？

李密给他出了上中下三策。上策是，天子出征，远在辽东，离幽州尚且相距千里。官军北边有强胡，南边有大海，中间只有一条道路，通行非常艰难，如果你长驱入蓟，扼其咽喉，断其归路，高丽一定会配合行动。隋炀帝要回军救援，高丽就会在后面追击，旬月之间，粮草皆尽，官军不降则溃，不战而擒。

杨玄感问，何为中策？中策是径取关中。关中地区是天府之国，虽然有一部分守军，但不足为虑，我们鼓行而西，经城不要攻取，目标直取长安，收其豪杰，据险守之。天子回来也没用，因为他失掉了根本，我们可以徐图后计。

杨玄感说，你再说说还有什么策略。李密说，挑选精锐之师，昼夜兼程，西取东都，号令四方。但东都固若金汤，可能一时打不下来，这样的话，天下兵力就会从四面而来，结果就很难预料了。此为下策。

杨玄感说，不对！如今百官家口都在洛阳，我们攻取了洛阳就能动摇其心。且经城不拔，何以示威！你的下策正是我的上计。杨玄感于是率军奔向洛阳。洛阳城经过隋炀帝的修缮，固若金汤，储备丰足，哪里是短时间就能攻下的。隋炀帝闻讯立即放弃打高丽，挥师入关平乱，杨玄感抵挡不住，兵败被杀，李密也被抓。但在押解的过程中，李密居然逃脱了，辗转来到了瓦岗军中。

二、作为瓦岗军领袖的李密

瓦岗军的创建人是翟让。大业十二年（616），翟让在东都起兵，以韦城的瓦岗寨（今河南滑县南部）为据点，史称瓦岗军。李密前来献计说，现在主上失道，天下大乱，此乃刘、项兴起之机，建议攻取长安，争夺天下。翟让虽然没有采纳这个意见，但是经李密指点，翟让的发展也很顺利。过去大家看不起李密这位书生，后来发现这个人好像不错，贵族之后，大难不死，必有后福，吉人自有天相，再加上他的一些主意还挺靠谱。李密在瓦岗军中慢慢受到重视，并有了些名气。

有一个叫贾雄的人，懂得阴阳占候（视天象变化以附会人事，预言吉凶），翟让特别信任他，让他做军师。像翟让这样的草莽英雄，用阴阳占候比讲大道理更能让他信服。李密深入结交贾雄（李密确实不简单，想结交谁就能结交得上），他让贾雄以术数说服翟让，贾雄答应了。

有一次翟让与贾雄谈话，贾雄说，您的相貌吉不可言，可您自己当不了皇帝，如果拥戴李密这个人，无往不利。翟让冷笑着说，照你这么说，他能当皇帝，怎么来投奔我呢？怎么在我手下做事呢？贾雄说，这当然是有原因啦！您姓翟，翟者泽也，就是山川水泽；他是蒲山公，蒲者芦苇也，芦苇一定要依附在水泽中，李密必须通过您才能获得成功。总之，您是水泽，他是芦苇，芦苇在水泽里面才能生长。这些神神秘秘、真真假假的话，翟让这样的人就真的信了。此后，翟让与李密的关系一天比一天好，他还让李密单独率领一支军队。

李密治军很有章法，军队的战斗力也很强。在一次战斗中，他率军打败了隋朝东都的主力，获其辎重，声威大振。

616年，李密被推举为瓦岗军首领，号魏公，翟让为首席辅佐，号称司徒。其他将相还有王伯当、单雄信、徐懋功（徐世勣），后来还有秦叔宝、程咬金等猛将加入，部队很快发展到几十万人。当年九月，攻下黎阳粮仓，李密开仓赈济，民众归之如流水，瓦岗军声威大震！此时，翟让手下有人不舒服了，对翟让说，你不能把大权让给别人，你应该把权力从李密那里收回来。声势大了，有人眼馋了，说不应该白白把这个政权让给外人，这是正常情况。可是，这蛋糕确实是李密把它做大的。翟让为人粗犷，缺少心机，没有听这些闲言碎语。

翟让的哥哥叫翟弘，是比他还粗的人，对翟让说，天子你要自己当，怎么能给别人呢？如果你不当，那我来当。翟让只是笑笑，并没有当回事。

李密听说后，便怀恨在心。这年十月的一天，李密请翟让吃饭，他拿出一张好弓让翟让看，翟让拉开弓正想试试，李密的部将蔡建德一刀砍在翟让的身上，翟让发出牛一样的吼声，就这样不明不白地死了。翟让这一死，其部下有点动摇了，李密很快将他们稳定下来。在东都洛阳的王世充曾预测，李密跟翟让两人，一山容不了二虎，想看他们火并，没想到李密很快就解决了翟让，而且笼络了他的部下。王世充觉得很失望，他是隋炀帝专门从江都调来东都对付李密的。

尽管消弭了内部的不稳定因素，但是，用这种办法对付瓦岗军的创始人翟让，也使李密的信誉受到了损害。瓦岗军的将士们对他也不能没有一点疑虑。

三、李密的战略误判

李密摆脱了掣肘，进一步攻打东都洛阳。他发布了慷慨激昂的讨隋檄文。檄文历数隋炀帝的暴虐，说"罄南山之竹，书罪无穷；决东海之波，流恶难尽"。看这架势，李密要甩开膀子跟隋对抗了。东都城高池深，很不容易攻下，虽然多次击败东都军队，但就是打不下城池。但李密的声威已经广布天下了，窦建德、朱粲、孟海公、徐圆朗这些在河南、河北、山东造反的草莽英雄，都归附了李密，而且奉表劝进，希望他正位号当皇帝。李密说，东都未平，不可以称帝。他没有像当年的刘秀那样，在乡间即位，先正位号，徐图天下。李密没有这样做，对他来说，是好事还是坏事呢？从后来的发展看，并不见得是件好事。

此时，李渊、李世民父子已经在晋阳起兵。在翟让被杀的十月稍早几天，李渊攻下了长安。随后，李建成、李世民的军队也在河南地区活动，可是他们一直没有直接攻打东都，甚至东都有人发出愿意内应的信息时，他们还是往后撤。他们知道，就当时的情况而言，拿下了东都也守不住，不如把这个摊子留给李密，让李密去吸引东都的军队，自己坐山观虎斗。而李密倒是担忧李世民会跟自己来抢东都。

隋义宁二年（618）三月，江都政变，隋炀帝被杀。宇文化及被政变的将士簇拥着北还，李密在中原的地盘是北上的必经之路。此时，东都隋政权越王杨侗（604—619）称帝，他是隋炀帝的孙子，年号皇泰，故称皇泰帝。皇泰政权不仅担忧李密的势力，还担心宇文化及的叛军，更担心这两支武装会联合起来。有人出主意说，应该赦免李密之罪，让他跟我们合作，去抵抗宇文化及。先让两人互相争斗,我们徐观其变。宇文化及如果被打败,李密也会受损,待两败俱伤,我们就容易下手了。

皇泰帝派人去联络李密,许诺事成之后,让李密执掌朝政。李密闻之,大喜过望,上表乞降,说我要讨灭宇文化及以赎罪。最后,东都皇泰政权给了李密一个空头名号:太尉、尚书令、东南道大行台行军元帅,封魏国公,让他先平定宇文化及,然后入朝辅政。

李密的属下将领,皇泰政权也都安排了职位,如徐世勣为右武候大将军,并下诏说用兵的机略都由魏国公李密决定。

你看看,李密本来是反隋的,他的檄文斥责隋炀帝,"罄南山之竹,书罪无穷;决东海之波,流恶难尽"。宇文化及除掉一个罄竹难书的昏君,不是完成你李密的心愿了吗?那你现在为什么要给隋炀帝报仇呢?

> **启示77** 李密尽数隋炀帝的过错,却又归降皇泰政权,攻打杀死隋炀帝的宇文化及。可见李密的战略目标是混乱的,战略判断是错误的,真不知道他的智慧去哪了!

可见,李密的战略目标是混乱的,战略判断是错误的。你到底是反隋,还是扶隋?你到底是想改朝换代,还是想在即将崩盘的隋朝当辅政大臣?你当初跟着杨玄感是为了什么?你对翟让又说过些什么?总之,李密拉起造反大旗的目标空前混乱。不是说李密有智慧吗?真不知道他的智慧去哪了!

李密接受了皇泰政权的招降,北面拜受诏书。七月,李密以最精锐的兵力对付宇文化及，结果弄得两败俱伤。就在李密跟宇文化及拼杀的时候，东都的实权派王世充灭掉了异己，独揽了洛阳的朝政。王世充跟李密是冤家对头，过去两人在疆场兵戎相见，现在李密知道王世充专权，他入朝自然没希望了。

唐武德元年（618）五月，李渊在长安称帝。九月，王世充趁李密与宇文化及大战疲惫之际，率精兵精骑，直逼李密驻守的金墉城。一方面，李密兵士疲敝；另一方面，李密也不够体恤将士。瓦岗军将士离心离德，最后李密被王世充打败。

失败以后，李密手下的很多人投降了王世充，瓦岗军遭到重创，李密只好投奔长安的李渊，瓦岗军其他将领如秦叔宝、徐懋功等也都降唐了。由于对李密有所防范，李密投奔李渊后很不得志，又企图叛唐自立，最后被唐朝军将所杀。曾经纵横数年，还不曾完全升起的新星——李密，就这样陨落了。

李密控制强大的瓦岗军以后，为什么会陷入困境呢？我们可以从战略和战术两个方面进行分析。战略上，李密的目标模糊，既然说隋炀帝的罪恶"罄竹难书"，为什么又要降隋呢？你的正气何在？跟着你干的人，目标在哪？是为了做富家翁，还是有一个改朝换代的奔头？可见，李密的战略目标是模糊的。

第二是策略上的失误。腹背受敌，不仅使自己为李渊"塞成皋之道，缀东都之兵"，而且为东都作挡箭牌，阻止宇文化及，同时又承受王世充的打击。孤军奋战，多面受敌。瓦岗军本来一盘好棋，被李密下得一塌糊涂。

（参见《资治通鉴》卷一八二至卷一八九）

唐纪

（《资治通鉴》卷一八五至卷二六五）

唐代画家阎立本绘《步辇图》，现藏于北京故宫博物院。

第一节　贞观之治：千古一帝唐太宗

　　唐太宗李世民，一个名垂青史、家喻户晓的皇帝；一个与秦皇汉武齐名、有文韬武略的皇帝；一个曾经被封为法家代表人物的皇帝；一个因执行所谓"让步政策"而开创了贞观之治的皇帝；一个因为在各种电视剧中热播、在通俗作品中细说或戏说，而被老百姓在街头巷尾议论的历史人物。但是，若问是什么成就了唐太宗，迄今为止似乎并没有现成的答案。

　　历代文人学者和政治家中推崇唐太宗者大有人在。明宪宗朱见深于成化元年（1465）八月初一为新版《贞观政要》作序时就说："朕惟三代而后，治功莫盛于唐；而唐三百年间，尤莫若贞观之盛。诚以太宗克己、励精图治于其上，而群臣如魏徵辈感其知遇之隆、相与献可替否以辅治于下。君明臣良，其独盛也宜矣。"

　　朱见深认为三代以下以唐代为最盛，而唐代近三百年的统治中，又以唐太宗及其"贞观之治"为最盛。在明朝的这位皇帝看来，唐太宗李世民不啻为千古一帝！

李世民是唐高祖李渊的第二个儿子，在"玄武门之变"中取得帝位，难免屠兄夺位之讥，其情形大体与隋炀帝杨广得位相类。唐太宗当皇帝不过二十三年（与汉文帝、明宪宗在位时间相当），比他享祚久长的皇帝大有人在；贞观时期的全国人口不过三百万户，远远不及隋炀帝和唐玄宗时期九百万户左右的规模，这反映出当时的经济发展水平依然处在恢复期。那么，唐太宗凭什么被推为千古一帝呢？

一、从马背到龙座

隋朝末年，天下分崩离析，官逼民反，又到了一个该改朝换代的时代。

识时务者为俊杰。唐太宗就是一个识时务的俊杰。晋阳起兵前，老谋深算的李渊曾对提出起兵反隋建议的年轻小伙子李世民说：今化家为国，或破家灭族，都由汝而起。现在的史家大都认为起兵是唐高祖李渊蓄谋已久的行动，并非李世民的首谋，李渊的话只是对自己的掩饰和对后生的勉励之辞。做这个翻案文章的关键证据出自温大雅的《大唐创业起居注》，该书封笔于李渊在位之时。论者咸谓此乃第一手资料，未经太宗时的史官篡改。但是，谁又能保证当时人记当时事，不是取悦高祖的附会之辞呢？不管如何，18岁的李世民已经察觉到天下可为，坚定了父亲起兵的决心；嗣后他东征西讨，功勋冠于诸王子及诸武将，是无可置疑的。

无论是进军长安途中，清除河西肘腋之患，还是在平定山东、河北劲敌的战争中，李世民不仅身先士卒，勇猛顽强，而且运筹帷幄,指挥若定,以善用骑兵、集中优势兵力等战术,经常出其不意地打败强敌,表现出杰出的军事才能。后来击败突厥与征服高昌,也都表现出他的雄才大略和远见卓识。

但是,有一件事令这位枭雄心情难平,那就是他平定山东不久,窦建德旧部刘黑闼在河北地区再次举兵,山东旧地,大体皆叛。倒是李建成采纳魏徵以招抚为主的怀柔政策,才稳定了山东地区。这件事几乎是当年隋朝平定江南的重演。隋朝灭陈后不久,出现反复,"陈之故境,大抵皆反"。后来杨广恩威并用,才稳定了对南方的控制。

本朝的经验和前朝的教训,对转变李世民的观念影响很大,那就是不能完全靠武力征服天下。唐太宗即位后就宣布说:"朕虽以武功定天下,终当以文德绥海内。"(《旧唐书》卷二八《音乐志》)还说:"戡乱以武,守成以文,文武之用,各随其时。"(《资治通鉴》卷一九二,唐太宗贞观元年)这就是很识时务的看法。

> **启示78** 李世民根据本朝的经验和前朝的教训,提出"戡乱以武,守成以文,文武之用,各随其时"这一识时务的看法。他广纳贤才,使文臣武将各得其所;又推行以民为本的政策,轻徭薄赋,关心民瘼,澄清吏治,从而为稳定唐初社会秩序、恢复经济制定了正确的政治路线。

为了适应从马上打天下到马下治天下的转变,唐太宗推行了一系列偃武修文的政策。他广纳贤才,表现得比任何一个前代帝王都重视文士。早在藩邸时，他就招集了大批文人学士，设立文学馆，馆中著名的十八学士如房玄龄、杜如晦、于志宁、褚亮、姚思廉、陆德明、孔颖达、虞世南等都是一代英才。他们或以政治韬略见长，或以才学盖世见用。同时，李世民还设有天策上将府，安置随己征战的武将们。文臣武将，各得其所，对于贞观年间政治和文教事业的发展，起到了重要作用。

太宗即位之初有一次关于治国方略的大讨论。议题是：大乱之后，究竟是用重典惩治刁民，还是"抚民以静"，与民休息。

在关键时刻，这个纵横疆场十余年的统帅做出了英明的决策，他说："凡事皆须务本。国以人为本，人以衣食为本。凡营衣食，以不失时为本。"（〔唐〕吴兢：《贞观政要》卷八《务农》）因此，他推行以民为本的政策，轻徭薄赋，使民以时；他关心民瘼，澄清吏治，为稳定唐初社会秩序、恢复经济制定了正确的政治路线。

> **启示79** 唐太宗治国，有许多过人之处，其中尤以善于用人为世人所称道。敢于用曾经反对自己的人，体现了他的胆识。用人如器，各取所长，不求全责备，反映了他的明智。

二、治国与用人

唐太宗治国，有许多过人之处，其中尤以善于用人为世人所称道。他曾经与大臣讨论隋文帝施政的得失。有大臣认为隋文帝是一个兢兢业业的君主，太宗却对隋文帝以察察为明很不以为然。他认为隋文帝之失在于不懂得放权，不信任臣下，有大事小事一把抓的毛病。他说："以天下之广，四海之众，千端万绪，须合变通，皆委百司商量，宰相筹画，于事稳便，方可奏行。岂得以一日万机，独断一人之虑也。且日断十事，五条不中，中者信善，其如不中者何？以日继月，乃至累年，乖谬既多，不亡何待？"又说："广任贤良，高居深视，法令严肃，谁敢为非？"因而下令诸司"若诏敕颁下有未稳便者，必须执奏，不得顺旨便即施行，务尽臣下之意"（〔唐〕吴兢：《贞观政要》卷一《政体》）。

敢于用曾经反对自己的人，体现了唐太宗的胆识。其典型事例是重用魏徵。魏徵在隋末诡为道士，初投瓦岗军，曾效力于李密帐下，后归依窦建德。所投皆为李世民平定山东时的敌对势力。等到窦建德为唐军所破，魏徵又在太子李建成的东宫效力，官至太子洗马（掌东宫经籍之事），职位虽不高，却自称曾经劝谏李建成在与李世民的争斗中先下手为强。这样一个几乎处处与李世民为敌的人，李世民却能因爱惜他的旷世奇才而摒弃前嫌，委以重任。又如，范阳卢承庆虽然是参加晋阳起兵的元从功臣，但其父、祖皆为隋官。贞观中，太宗任卢承庆为民部侍郎和兵部侍郎并兼选举，卢承庆自辞"越局"。太宗不允："朕今信卿，卿何不自信也？"太宗能够团结曾经是自己敌对阵营的人才，这对于稳定唐朝初年的政治局面，笼络人心，减少反对势力，具有重要作用。

太宗说："朕以天下为家，不能私于一物，惟有才行是任，岂以新旧为差。"又说："今所以择贤才者，盖为求安百姓也。

用人但问堪否，岂以新故异情？……才若不堪，亦岂以旧人而先用？今不论其能不能，而直言其怨嗟，岂是至公之道耶？"（〔唐〕吴兢：《贞观政要》卷五《论公平》）这样的话在今天仍具有现实意义。

用人如器，各取所长，不求全责备，反映了唐太宗的明智。他说："人才有长短，不必兼通。是以公绰优于大国之老，子产善为小邦之相。绛侯木讷，卒安刘氏之宗；啬夫利口，不任上林之令。舍短取长，然后为美。"（《全唐文》卷一〇，太宗《金镜》）他对于大臣的长处和短处，了如指掌。如评长孙无忌，"善避嫌疑，应对敏速。……而总兵攻占，非所长也。"（《旧唐书》卷六五《长孙无忌传》）又评高士廉，"涉猎古今，心术聪悟，临难既不改节，为官亦无朋党；所少者，骨鲠规谏耳"（《旧唐书》卷六五《长孙无忌传》）。他评房玄龄、杜如晦，不善于理狱，不擅长处理杂务琐事，长处是多谋善断。他说戴胄的短处是"无学术"，但敢于犯颜执法。他说崔敦礼，"深识蕃情，凡所奏请，事多允会"（《旧唐书》卷八一《崔敦礼传》）。总之，唐太宗懂得"人之行能，不能兼备。朕常弃其所短，取其所长"（《资治通鉴》卷一九八，唐太宗贞观二十一年）。

三、克己与纳谏

如果只是上述这些，唐太宗只能算是众多帝王当中的杰出者之一，还谈不上千古一帝。

宋朝史家范祖禹评价唐太宗说："迹其性，本强悍，勇不顾亲，而能畏义而好贤，屈己以从谏，刻厉矫揉，力于为善，此所以致贞观之治也。"（〔唐〕范祖禹：《唐鉴》卷六）意思是说，唐太宗本来是一个彪悍勇武之人，可是他能够畏义好贤、屈己从谏，"刻厉矫揉，力于为善"。这几个词值得深加玩味，用现代的话说就是对道义保持敬畏，对贤者保持尊敬，不固执己见，能听从臣下的谏诤，努力改过迁善。总的意思就是明宪宗总结的"克己"二字，即对自己的欲望、偏见保持克制的态度。

启示80 "克己"是评点太宗的点睛之笔！即对自己的欲望、偏见保持克制的态度。

"克己"才是评点太宗的点睛之笔！

最能体现唐太宗治国思想的文献，首推吴兢所撰的《贞观政要》一书。这是一部帝王的教科书。该书的重心，无论是处理君臣关系，还是阐明帝王之道，其要害都是"克己"：

——"君，舟也；人，水也。水能载舟，亦能覆舟。"对人民的力量表示敬畏，所以要约束自己的行为。"天子者，有道则人推而为主，无道则人弃而不用。诚可畏也。"敬畏方能克己。

——"每商量处置，或时有乖疏，得人谏诤，方始觉悟。若无忠谏者为说，何由行得好事？"忠言逆耳，有自知之明方能接受谏诤，约束自己。

"克己"当然包括克制自己的物质欲望。唐太宗自己就说："朕每思伤其身者，不在外物，皆由嗜欲以成其祸。若耽嗜滋味，玩悦声色，所欲既多，所损亦大，既妨政事，又扰生人。……朕每思此，不敢纵逸。"从社稷苍生的角度考虑，不敢放纵自己的口腹之欲、声色之欲，就是克己。这一点值得每一个位高权重者引以为鉴。

一个皇帝要做到"克己",前提是要有自知之明。贞观初,太宗曾经用亲身经历举例说:"朕少好弓矢,自谓能尽其妙。近得良弓十数,以示弓工。乃曰:'皆非良材也。'朕问其故。工曰:'木心不正则脉理皆邪,弓虽刚劲而遣箭不直,非良弓也。'朕始悟焉。朕以弧矢定四方,用弓多矣,而犹不得其理。况朕有天下之日浅,得为理之意,固未及于弓。弓犹失之,而况于理乎?"自是诏京官五品以上,更宿中书内省。每召见,皆赐坐与语,询访外事,务知百姓利害、政教得失焉。唐太宗从对于弓箭的认识误区,体悟到自己缺乏治理天下的经验与才识,因而需要访问群臣的意见,从而丰富自己的见识。为此,太宗对臣下说:"人欲自照,必须明镜;主欲知过,必藉忠臣。……公等每看事有不利于人,必须极言规谏。"人们都说魏徵有奇才,他的奇才主要表现在敢于向皇帝说真话——谏诤。

进谏是中国古代政治中一项很特别的制度。国家设置了一批谏臣,其职责是给皇帝提意见,号称"言官"。朝廷做出决策,必须先听他们的意见,其他官员如果先于谏官而言事,则被视为举事不当。魏徵向太宗进谏,前后二百多条。他不仅在唐朝以休养生息、注重教化这一基本国策的辩论上,在废除分封制度、完善郡县制度这一政治方针的施行上,提出正确的见解,而且在许多生活细节上,也给太宗以很好的规谏。特别要提到的是魏徵的《谏太宗十思疏》:"君人者,诚能见可欲则思知足以自戒,将有作则思知止以安人,念高危则思谦冲而自牧,惧满溢则思江海下百川,乐盘游则思三驱以为度,忧懈怠则思慎始而敬终, 虑壅蔽则思虚心以纳下, 想谗邪则思正身以黜恶, 恩所加则思无因喜以谬赏, 罚所及则思无因怒而滥刑。"

这十条几乎都是针对人性弱点的, 意在告诫太宗在方方面面要约束自己。魏徵总是言人之所难言, 即使太宗不能一下子全部接受, 事后也总能做出妥协, 克制自己的脾气与欲望, 最终成就了求谏纳谏的佳话。太宗说魏徵"随事谏正, 多中朕失, 如明镜鉴形, 美恶毕见", 还总结了"以铜为镜, 可以正衣冠; 以古为镜, 可以知兴替; 以人为镜, 可以明得失"的千古名言。

四、克己与"帝范"

中国古代从秦始皇建立皇帝制度以来, 就实行中央集权的专制制度。在近代以前, 广袤的国土中, 各地经济联系有限, 而施行统治的通讯手段和技术工具也都比较落后, "溥天之下莫非王土, 率土之滨莫非王臣", 中央集权的皇帝专制制度, 对于维护中华民族的统一和发展有其历史作用。但是, 皇帝制度也有与生俱来的内在缺陷, 那就是缺乏制度化的权力约束机制。唐朝开始逐渐完善的谏官制度, 对此可以说是一个补救措施。但是, 谏官拿什么来说服皇帝呢? 由商周时代的"天命"思想演变而来的"天意"有一定作用; 孟子以来特别强调的"民贵君轻"的民本思想(民意)也有一定作用; 东汉以来大行其道的谶纬及衍生出的祥瑞与灾异, 也成为警示帝王行为的一种约束力量; 宋代以后, 祖宗之法又成为限制守成君王的一种规范工具。

但是, 以上所有这些都不是制度化的约束手段。于是, 皇帝的行为只能靠皇帝自己来约束。这就是皇帝制度中强调"克己"的重要性。范祖禹提出："人主之所行，其善恶是非在后世，当其时不可得而辨也。"皇帝是至高无上的权威，皇帝行事的是非对错，当时怎么能够辨别呢？由谁来判断呢？集权制度下，倾听谏官的意见能解决问题吗？谏官的言论，皇帝不听怎么办？因此，皇帝的准确判断和自我约束就显得格外重要。在《贞观政要》中，唐太宗表现出的最充分的一点就是强调皇帝要有自知之明，要克制自己、约束自己。

唐朝的三省制度在一定程度上体现了权力制约的理念。首先，中书省取旨，门下省审议，尚书省执行。尚书省上报的工作，也要在门下省审议，比如吏部的铨选（官员任命），就要在门下省"过官"（审查是否合格、是否违规），门下省送到中书省批复的工作，中书省的官员（如中书舍人）也有审议和发表意见的程序。

贞观元年（627），唐太宗特别对主持门下省工作的黄门侍郎王珪说："中书所出诏敕，颇有意见不同，或兼错失而相正以否。元置中书、门下，本拟相防过误。人之意见，每或不同，有所是非，本为公事。或有护己之短，忌闻其失，有是有非，衔以为怨。或有苟避私隙，相惜颜面，知非政事，遂即施行。难违一官之小情，顿为万人之大弊。此实亡国之政，卿辈特须在意防也。"唐太宗还特别指出隋朝的问题所在："隋日内外庶官，政以依违，而致祸乱，人多不能深思此理。当时皆谓祸不及身，面从背言，不以为患。后至大乱一起，家国俱丧，虽有脱身之人，纵不遭刑戮，皆辛苦仅免，甚为时论所贬黜。卿等特须灭私徇公，

坚守直道,庶事相启沃,勿上下雷同也。"(〔唐〕吴兢:《贞观政要》卷一《政体》)

贞观三年,唐太宗又告诫房玄龄等身边的重臣说:"中书、门下,机要之司,诏敕有不便者,皆应论执。比来唯睹顺从,不闻违异。若但行文书,则谁不可为,何必择才也!"房玄龄等皆顿首而谢。按照规定:"凡军国大事,则中书舍人各执所见,杂署其名,谓之五花判事。中书侍郎、中书令省审之,给事中、黄门侍郎驳正之。"这个制度大约是隋唐三省制设计的初衷。唐太宗特别强调要按照规矩办,"由是鲜有败事"(《资治通鉴》卷一九三,唐太宗贞观三年)。

唐太宗要求中枢机关的决策要互相制约、互相监督,实际上就是对唐代的诏令要进行审查复核,不可简单照发。他要求对判处死刑的命令,必须覆奏三次才可以施行。

启示81 唐太宗的高明之处在于:除了对皇帝本人品德、作风的探讨,还包括对皇帝行为的规范和权力的约束。这是他超迈历代帝王成为千古一帝的原因所在。

中国历史上,国祚绵延三百年左右的统一皇朝并不多见,汉、唐、明、清而已矣(两宋逾三百年,但未统一全国),其中尤以汉、唐为盛世。"秦皇汉武,略输文采;唐宗宋祖,稍逊风骚。"假如说秦始皇建立了第一个统一的郡县制中央集权的国家;汉武帝独尊儒术,确立了皇权时代的正统意识形态。那么,唐太宗的贡献在哪里呢?那就是除了对于皇帝本人品德、作风的探讨，还包括对皇帝行为的规范和权力的约束。他给儿子留下的《帝范》一书，凡《君体》《建亲》《求贤》《审官》《纳谏》《去谗》《戒盈》《崇俭》《赏罚》《务农》《阅武》《崇文》十二篇，篇篇都是讨论皇帝的行为规范的："此十二条者，帝王之纲，安危兴废，咸在兹焉。"（《全唐文》卷一〇，太宗《帝范后序》）而其中的核心不是如何约束臣下，而是如何克制、警示皇帝自己："战战兢兢，若临深而驭朽；日慎一日，思善始而令终。"（《全唐文》卷一〇，太宗《帝范序》）

遗憾的是，唐宋以后的皇帝制度尽管仍在继续，但是它的发展和完善都是注重于如何控制臣下，而不是如何约束皇帝。从宋太祖到明太祖，乃至清朝的康、雍、乾诸帝，无不在驾驭之术上处心积虑，而不愿在皇帝的自我约束上花心思。相反，一部《贞观政要》的君臣论治，重心不是如何驾驭臣下，而是如何约束皇帝，如何进谏纳谏。

这正是唐太宗的高明之处，也是他超迈历代帝王成为千古一帝的原因所在，更是他留给后人的一份政治遗产。

（参见《资治通鉴》卷一八四至卷一九九）

第二节　通向权力之路：一代女皇武则天

　　武则天（约624—705），自己取名为武曌，唐高宗永徽六年（655）十月，被立为皇后。此前她曾是唐太宗的才人，并被赐号武媚娘。唐高宗死后，武则天的两个儿子中宗、睿宗相继继位，她以母亲的身份，当了几年"太上皇"（正式的名头是皇太后），后来又当了十五年的大周皇帝。

　　从当皇后算起，武则天在大唐历史上活跃了半个世纪，超过了任何一位唐朝皇帝。陈寅恪有个说法，武则天执政，是比安史之乱还要重大的历史事件。他认为，武则天作为一个庶族出身的政治人物登上历史舞台，彻底打击了关陇贵族集团。关陇集团是陈寅恪提出的一个概念，是说西魏、北周、隋、唐的统治集团大都来自关陇地区，尽管统治了全国，其权力的核心还是出自关陇地区的官僚贵族。为了适应大一统国家的需要，关陇集团势必逐渐衰退。可是无论隋朝一统，还是唐朝一统，都没有做到这一点。武则天的崛起加速了贵族门阀制度的衰退。

　　我们这里不从宏大的视野进行分析，只是集中谈谈武则天个人登上权力巅峰的人生之路。

一、武则天的家世

在中古门阀制度下，并州文水的武氏家族，从世家谱系来说，不算高门。她的父亲武士彟，只是山西文水的一个商人，在太原与李渊是老朋友。李渊在太原起兵，武士彟是元从功臣，立有大功。李渊统治的武德年间，武士彟官至工部尚书，属于大唐新贵。

武士彟的前妻相里氏曾留下两个儿子。李渊又给武士彟做媒，娶了弘农杨氏，也就是武则天的母亲。说起来弘农杨氏的开宗之祖，乃著名史学家司马迁的女婿杨敞，杨家在东汉出过杨震等名人，是一个名门望族。

杨氏给武士彟生了三个女儿，老二就是武则天。武则天出生之年，史无明载，根据推测应该是武德七年，即公元624年。父亲武士彟去世后，母亲杨氏带着子女，扶柩回到故里山西，并州都督李勣奉诏为武士彟举行了葬礼。武士彟去世后，武家家道有些衰落了，更要命的是武则天母女受到了武士彟前妻生的那两个儿子的欺负，孤儿寡母的，过得很艰辛。

唐太宗的妃嫔里，有好几个出身弘农杨氏的，她们都跟唐太宗讲，武则天长得漂亮，人也聪明，就这么半公开、半托人情的，武则天进宫当了才人。史书上讲，"则天年十四时，太宗闻其美容止，召入宫，立为才人"（《旧唐书》卷六《则天皇后本纪》）。入宫时间大概是在贞观十一年（637）。

二、武则天的才人生涯

才人是什么地位呢？才人一般都比较年轻，或者有貌，或者有其他长处，"才"嘛，可以是各种才能。在女官系统里，才人为正五品职级。

隋唐时代的妃嫔，贵妃、淑妃、德妃、贤妃各一人，四妃叫夫人，正一品；昭仪、昭容、昭媛，修仪、修容、修媛，充仪、充容、充媛，各一人，号称九嫔，正二品；婕妤九人，正三品；美人九人，正四品；才人九人，正五品。下面还有宝林、御女、采女，各有名额二十七人，分别是六品、七品、八品。才人正好在五品这个唐代各种政治身份的分界线上，是管皇帝的居室陈设、寝食安排的女官。

当初，武则天入宫的时候，妈妈杨氏有点伤感，女儿出嫁，不管如何，母亲都会因不舍而难过。可是武则天却豪气万丈地安慰眼圈发红的母亲说：见天子安知非福！

然而，没想到的是，进宫十二年，从14岁到26岁，在少女最浪漫的青春年华里，武则天的生活是十分枯燥的，唐太宗似乎对她并不感兴趣，她既没有生下皇子，也没有职位的升迁。在她入宫以后，唐太宗跟别的女人是生过孩子的。

历史上就一件事，说唐太宗跟她有关系，这还是武则天自己讲的。唐太宗有一匹烈马，叫狮子骢，没人可以驯服，武则天自告奋勇地说她能驯服，但需要给她三件东西：一是铁鞭，二是铁棒，三是匕首。问她要这三件东西干什么。武则天蛾眉一扬，狠狠地说，它不听话我就用铁鞭抽它，再不听话我就用铁棒打它的头，还不听话我就用匕首把它的喉咙割了。你看武则天狠不狠。

如果对比一下比武则天还小两岁的徐妃,我们就能发现问题了。徐妃进宫大约比武则天要晚,从小聪慧过人,能诗文,也被封为才人。不久就受到太宗的宠幸,升为婕妤,再迁充容。婕妤正三品,充容正二品。人家从正五品直接跳升到正三品,然后又升到正二品。一个年龄比你小,入宫也很可能比你晚,资历还比你浅的人,竟如此神速地得到升迁,如果你是武则天,会有何感想呢?可见武则天在当时是很不得志的。

有一次,唐太宗召见徐姑娘,徐姑娘磨磨蹭蹭很晚才到,唐太宗十分恼怒。徐妃嫣然一笑,当即写了一首诗,递给太宗:"朝来临镜台,妆罢暂徘徊。千金始一笑,一召讵能来?"意思是说,清晨起来临镜梳妆打扮,涂脂抹粉,难免耽误点时间,可是,千金才能买我一笑呢,你怎么说招我来我就来了呢?唐太宗读罢,扑哧一笑,刚才的气自然就化解了。你发现了吧,徐姑娘犹如女神般调皮可爱。

武则天的性格,唐太宗这种雄才大略的人未必喜欢。可是,唐太宗的儿子李治(即后来的唐高宗)却偏偏喜欢武则天。李治的性格有点懦弱,对于有主见又比较刚烈的女子,反倒会心生爱慕。在宫中侍奉父皇的时候,他见武则天处事果断,办事利落,大概就有点喜欢上她了。

唐太宗一直让李治与自己住在一起。在终南山翠微宫养病期间,空间相对狭小封闭,李治便有更多的机会近距离接触武才人。武才人掌管皇帝的饮食起居,两人有机会加深了解,也就是说,李治跟武则天在宫中悄悄地恋爱了。

这个时候，武则天其实没有跟男人有很实质的接触。李治生第一个儿子的时候才15岁，现在虽然只有二十多岁，却是六个孩子的爸爸，生有四个儿子，两个女儿。女生有憧憬，男生有经验。但是，恋爱这种感觉，对于李治来说，也是陌生的。

当然，我们不好猜测，在太宗驾崩之前，李治和武则天的关系到了什么程度。我们只能说，李治很喜欢武才人，至少双方已经是暗通情愫，武才人甚至芳心暗许了。《全唐诗》第五卷收了武则天的一首诗："看朱成碧思纷纷，憔悴支离为忆君。不信比来长下泪，开箱验取石榴裙。"红颜色都看成绿的了，看朱成碧思纷纷，脑子乱了；憔悴支离是因为思念君，思念你。如果你不相信我说的话，不相信我经常暗中垂泪，那你打开箱子看看，我的石榴裙上都是斑斑泪迹。你看，写得非常有感情，但绝对不是思念唐太宗，她跟唐太宗不会有这样的感情。这分明是一个恋爱中的女人写给自己日夜思念的情郎的，这个情郎只能是李治。

太宗驾崩以后，武则天跟其他所有先帝的女人一样，都是按照制度来安排出路的。有孩子的就跟着孩子生活，没有孩子的就被打发了。武则天被打发到感业寺为尼，不知道这是武则天自愿的呢，还是被迫安排的。在感业寺的日子里，整日面对青灯黄卷，武则天很可能想起了与李治相爱的日子。

三、"二进宫"的风风雨雨

永徽二年（651），28岁的武则天被从感业寺接进宫中。这件事是唐高宗李治的王皇后极力促成的。王皇后为什么要招这个已经"过气"的女人入宫呢?

话说唐太宗驾崩以后,武则天进了皇家寺院——感业寺为尼。太宗去世一周年的时候,高宗到感业寺去烧香,见到了武则天。"武氏泣,上亦泣。"武则天流泪,皇上也流泪了。两个人相对而泣,这是什么场景?女生哭是可以理解的,男生怎么也哭呢?男生掉眼泪,说明两个原因:第一个,唐高宗这个人有点软,有点柔,多愁善感。第二个,男儿有泪不轻弹,李治对武则天还是有真感情的,触景生情,就流泪了。

这个事让王皇后知道了,"阴令武氏长发",暗暗让武氏蓄发,说你不要当尼姑了。然后又跟皇上主动提出来,让他把武则天接到后宫去。

王皇后这么做可不是为皇上的感情操心,而是为自己打小算盘。当时萧淑妃有宠,唐高宗的六个孩子中,有三个是跟她生的——两个女儿、一个儿子,其他三个孩子都是与无名分的宫人生的。王皇后没有生下一儿半女。萧淑妃作为一品的夫人,对王皇后的地位威胁很大。

王皇后想,把武则天引到宫中,可以离间唐高宗跟萧淑妃的关系。武则天比唐高宗大三四岁,肯定也比王、萧二人年长,在年龄上是大姐的辈分。

永徽二年,就是唐太宗去世后两年多一点,武则天再度进宫,立为昭仪,昭仪是二品了。第二年七月,她生了第一个儿子李弘,永徽四年(653)生下个女儿,永徽五年(654)二月,第三度怀孕,年底生下第二个儿子。三年半生了三胎,几乎一年生一个,而其他妃嫔都没有生育的记录。唐高宗一共有八个儿子、四个女儿：在武则天二度入宫前，他跟别的女人生有四个儿子、两个女儿；入宫后，他的四个儿子、两个女儿，都是跟武则天一个人生的。武则天生的最后一个孩子是太平公主（约665—713），当时她已经42岁了。

武则天进宫以后，刚开始对皇后卑躬屈膝、低眉顺眼，皇后很喜欢她；柔曲不耻以就大事，她对皇帝也很温顺，所有的人都说她好。不久她就得到了皇上的大幸，否则怎么会生这么多孩子呢。王皇后、萧淑妃失宠，尤其是王皇后，肠子都悔青了，于是王、萧二人团结起来攻击武则天，说武则天的坏话，可皇上不听她们的，"上皆不纳"。皇上心中只有武昭仪。

四、一波三折的皇后梦

永徽六年（655）十月，原来拉武氏入宫的王皇后被贬为了庶人，武则天被立为皇后，册封仪式是十一月举行的。31岁的武则天用了不到四年半的时间，便梦想成真，从一个尼姑摇身一变成了大唐的皇后。

武则天为什么能够取代王皇后呢？原因要从两方面去找。一是王皇后的不足，二是武则天的优势。

王皇后的不足是缺乏政治经验。她出身太原王氏，先祖是东汉末年的司徒王允，就是结交吕布、杀死董卓的那个人。王皇后的祖父王思政，在西魏、北周时期担任大将军、都督河南诸军事的要职。王皇后从小锦衣玉食，当然谈不上什么政治经验。可是，皇后在后宫实际担任的是领导职务，后宫中的女人都由她领导。

> **启示82** 当领导意味着你有制度化的权力，你可以定人升降、予人赏罚；但你还得善于笼络人心，这是软的影响力。而后面一条往往为人所忽视。

当领导意味着你有制度化的权力，你可以定人升降、予人赏罚；但你还得善于笼络人心，这是软的影响力。而后面一条往往为人所忽视。王皇后就是这样，不能"曲事"皇帝的左右，不能放下身段，善待皇帝身边的人。皇帝身边有什么人？不就是宫女和宦官嘛。皇后的母亲和舅舅中书令柳奭，见了六宫也不为礼。他们一定以为，我女儿是皇后，你们都是她的属下，你们巴结我还来不及呢。这样就给了武昭仪笼络这些下人的机会。凡是皇后所不礼待的宫人，武氏都倾心接纳，自己得的赏赐基本都分给宫人。由此她就掌握了王皇后、萧淑妃的动静。从后来萧淑妃骂武则天的态度来看，我估计萧淑妃也是很有个性的人。

武则天跟她们不一样。武则天的心机，不仅来自她的多谋略，而且来自她的人生经验。她是在宫廷的政治风云中长大，在勾心斗角的夹缝中生存下来的人。那些年不为人道的辛酸，让她意志坚强。人生至此，她已经输不起了。

《资治通鉴》和两《唐书》，都有这样的记载，说王皇后之宠虽衰，但是高宗并没有下决心要废她。653年，武昭仪生下个女儿（前面说过，武则天跟高宗共生有两个女儿，最小的就是大名鼎鼎的太平公主。前面这个女儿是儿子李弘之后的第二胎）。王皇后得知此事，礼节性地过来看望，皇帝有了孩子，不管是跟哪个女人生的，皇后总得来看看。王皇后逗了逗小宝宝，也就走了。据说武昭仪暗中把这孩子扼死了，然后用被子盖上。皇帝下朝，武昭仪假装说还不来看看你的宝贝女儿。但揭开被子一看，这个小女儿已经死了。武昭仪马上嚎啕大哭，怎么回事啊，怎么回事啊！左右宫人都说，刚才皇后来过这里。于是，王皇后就成了弄死武昭仪女儿的最大嫌疑人。

高宗大怒，说皇后居然杀我的女儿，真是可恨！武昭仪趁机一把鼻涕一把泪地诉说皇后如何对自己不好。皇后也没法证明自己的清白。皇帝遂有废后之志。

我本人对于这件事是很怀疑的。古代孩子夭折的事并不少见，说武则天扼杀自己的女儿，不仅过于残忍，更重要的是充满疑窦。因为在后来废黜王皇后的过程中，从来没有提及这个罪名，只是说"王皇后、萧淑妃谋行鸩毒"（《资治通鉴》卷二〇〇，唐高宗永徽六年）。即使这个鸩毒包括对武则天的女儿下手，但"谋行"二字说明并未遂行。那么，王皇后无子，是不是废掉她的一个很大的理由呢？高宗前三个儿子的母亲都是宫女，第一个儿子陈王忠（643—664）出生时，高宗才15岁。第四个儿子李素节（648—690）的母亲是萧淑妃，淑妃的职位为正一品，要高于昭仪，为什么不立萧淑妃为皇后呢？所以，因为武昭仪有子而被立为皇后，理由并不充分。何况王皇后已经母养李忠，并且在永徽三年（652）立李忠为皇太子。拿无子来解释废后一事，实在不足以服众。大臣们反对，也是可以理解的。尤其是长孙无忌、褚遂良，坚决不同意皇帝废后。他们认为这样就太对不起先帝唐太宗的重托了。

于是，武则天陪同唐高宗一起到长孙无忌家去说情，还送上十车金银珠宝、绫罗绸缎，当场许诺给长孙无忌诸宠姬尚在襁褓中的孩子，拜授五品散官。皇帝这样做，无非是希望长孙无忌能网开一面，支持他废王立武。可是，长孙无忌完全不理会皇帝的心意，故意顾左右而言他，搞得皇帝和武昭仪都不开心。武昭仪又让母亲杨氏到长孙无忌府上说情，长孙无忌也没有给她这个面子。

这么一来，唐高宗就很难堪了。唐高宗亲自到舅舅家去谈废后的事，可这个舅舅不给面子，客观上造成了这样一个局面，唐高宗废王立武，不仅是对武则天的支持和宠爱，还是挣脱舅舅控制的一个象征。高宗比较懦弱，登基以来，一直依赖着舅舅长孙无忌，长孙无忌也大包大揽，不把自己当外人。长孙无忌以太尉的身份检校中书令，同时还知门下省事，又以同中书门下三品的身份参与宰相之职。[1] 这等于是掌管了决策、审议和行政的全部权力，说是一手遮天，也不为过。永徽元年（650），有洛阳人控告长孙无忌谋反，大概就是这个缘故。

唐高宗无疑很倚仗长孙无忌，可是，再懦弱的人，也是有尊严的，何况还是皇帝。当自己的感情生活也要受舅舅约束时，在武则天的怂恿下，唐高宗心中的不满和怒火，是可想而知的。总之，现在要废黜王皇后、立武则天为后，不再只是高宗的情感问题，而是成了他的情绪问题。他要摆脱这些老臣的控制，不仅是

---

[1] 贞观二十三年（649）六月，即高宗登基的当月，便任命长孙无忌知尚书省事，后长孙无忌辞去知尚书省事，仍加同中书门下三品。

为了武则天，更是为了赢得自己的面子，赢得自己的尊严，赢得做皇帝的权力。不知不觉，唐高宗就被这件事给绑架了，他下不来台了。现在的唐高宗，不顾一切地跟武昭仪站在一起了，两人现在有了共同的目标，表面看是为武则天争皇后，背后的情绪则来自为皇帝争权力。

武则天首先以王皇后的母亲入宫为巫祝厌胜之事，禁止皇后的母亲入宫；又以皇后母舅中书令柳奭泄露禁中语之名，将其贬出朝廷。这其实是敲山震虎。可是皇帝想给武昭仪提升一级，立为宸妃（正一品），却遭到了老臣们的一致反对："故事无之！"（《资治通鉴》卷一九九，唐高宗永徽六年）皇帝吃了个闷棍。

五、转机来自李义府

转机发生在李义府（614—666）身上。

李义府是中书舍人，正五品上的职级，掌管皇帝的机要事务。但是长孙无忌不喜欢李义府，要左迁他到外地——四川壁州（今四川巴中通江县）任司马，这是一个毫无实权的闲职。从中书舍人左迁壁州司马，可以说是罕见的重贬。李义府是唐太宗李世民为李治的晋王府选用的幕僚；李治为太子，李义府升为太子舍人；李治即位，李义府立即被提拔为中书舍人；永徽二年（651）还任命李义府兼修国史，加弘文馆学士。总之，李义府是跟随高宗二十年左右的旧臣[①]，也是高宗身边少有的红人。

---

① 李义府于贞观八年（634）被荐入中央任职，不久就以监察御史随侍晋王府，到永徽六年（655）被长孙无忌贬黜，侍从李治前后有二十年左右的时间。

现在,李义府没有犯明显的错误,只是为长孙无忌所厌恶,就遭如此重贬,可见长孙无忌做事的颟顸,以及对高宗的蔑视。

李义府打听到了这件事,忧郁地和同僚商量对策。同僚中书舍人(中书舍人满员为六人)王德俭提醒他说,皇上要立武昭仪为皇后,就怕宰相不同意。如果这时候你能够顺着皇上的意思,上书表示赞同,那就可以转祸为福了。李义府茅塞顿开,立刻上表,请废黜王皇后,立武昭仪为皇后。这下可说到皇帝的心坎上了。

皇帝立即召见李义府,赏赐珍珠一斗,并留居旧职。这等于是与长孙无忌对着干啊!这种情况下,长孙无忌应该知道风向标了。这位懦弱的外甥皇帝通常是不敢这么得罪舅舅的!武昭仪还暗中派人去给李义府打气鼓劲。不久,李义府超拜中书侍郎,官升一级。中书侍郎是正四品,若加一个同中书门下平章事,就是宰相职级了。这件事一下子就让很多官员明白皇帝需要什么了,他们纷纷出来表态支持废后。

有了众多朝臣的支持,皇帝胆子壮了起来,最后高宗摊牌,说皇后无子,武昭仪有子,要立武昭仪为皇后,尽管长孙无忌、于志宁、褚遂良、韩瑗统统反对,高宗也不予理睬。最后让高宗下定决心的是李勣,大唐军方的最高代表。李勣说,这是陛下自家的事,您不用问外人,自己决定就行了。这是最贴心的一句话。皇帝就是想自己能够决定自己的事情。小时候是妈妈决定自己的事情,妈妈没了,是爸爸决定自己的事情,李治就没离开过父亲单独生活过。当了皇帝,由舅舅包揽一切,舅舅决定自己的事情。现在李勣说,您可以自己决定立谁为皇后,这不是最贴心的一句话吗？

十月二十日，唐高宗正式下诏，废黜王皇后。二十六日，百官上表请立中宫。于是，皇帝下诏立武则天为皇后，诏书是这么写的："武氏门著勋庸，地华缨黻，往以才行选入后庭，誉重椒闱，德光兰掖。朕昔在储贰，特荷先慈，常得侍从，弗离朝夕，宫壸之内，恒自饬躬，嫔嫱之间，未尝连目，圣情鉴悉，每垂赏叹，遂以武氏赐朕，事同政君，可立为皇后。"（《资治通鉴》卷二〇〇，唐高宗永徽六年）

这是什么意思呢？就是说武氏出自"老革命"家庭，过去是因为才华被选入后宫，在后宫中颇有声誉。我过去当太子的时候，经常侍奉先皇左右，由于武氏在宫中的优异表现，先皇对她的为人处事十分赞赏，就把她赏赐给了我。就像当年的西汉宣帝把王政君赐给他的儿子汉元帝刘奭一样，故可立武氏为皇后。

西汉宣帝刘询，身边有很多宫女，他担忧太子刘奭无子嗣，就将一个叫王政君的宫女赏赐给他做太子妃。刘奭当了皇帝，即汉元帝，王政君为他生下个儿子叫刘骜，就是后来的汉成帝。王政君也当上了皇后。武则天尽管是太宗身边的才人，却没有为太宗生育，她甚至不一定有过侍寝的经历。因为普通宫人不好说，但有才人身份的，如果有过与皇上侍寝的经历，笃定会给她提升一到二级，武则天入宫十二年都没有获得晋升，就很说明问题了。

武则天的册封大典，是李勣以司空身份主持的。其他的老臣都逐渐被贬黜到地方去了，大多死在了贬所。

六、武则天尝到了权力的快感

武则天当了皇后，理当心满意足。但有两件事让她必须继续努力。一是丈夫的身体使她不得不出来工作，协理朝政。一是有人要把她掀翻在地，她必须自保。

显庆五年（660），唐高宗患病，头晕、头重、头疼，视力模糊。按照现在医学的看法，这可能是心血管的疾病。李世民家族有心血管的病史。百司奏事，皇上有时候就让武皇后帮助处理。武则天聪明敏锐，有一定的文史基础，处理起朝政来，并不外行，甚至还能得到高宗的赞赏。因为帮助皇帝处理朝政，需要的不单是专业能力，更是综合判断和决断能力。干练果决，这一点武则天是强项。高宗既然身体不好，皇后处理政事又得心应手，就索性放手让她处理，"由是始委以政事，权与人主侔矣"（《资治通鉴》卷二〇〇，唐高宗显庆五年）。武则天真正尝到了权力带来的快感。对于唐高宗决定的事情，她可能也有自己的意见；有时候重大的事情，她不请示皇帝就自行决断了。

这样一来，难免引起高宗的不快，也引起了朝臣的不满。

启示83 武则天是有政治才能的，她辅佐高宗时期，无论朝廷的事、民生的事、外交的事，还是军事方面的事，应该说都处理得不错。

从后来的执政实践看，武则天是有政治才能的，她辅佐高宗时期，无论朝廷的事、民生的事、外交的事，还是军事方面的事，应该说都处理得不错。

麟德元年（664），有一次唐高宗跟宰相上官仪（608—665）议论朝政，流露出对武后揽权的厌恶。据说是武则天专作威福，"上欲有所为，动为后所制，上不胜其忿"（《资治通鉴》卷二〇一，唐高宗麟德元年）。就在这个时候，有一个叫王伏胜的宦官，告发武则天引道士出入禁中，行厌胜之术。

皇帝乃召上官仪等人来商讨这个事。上官仪建议把武皇后废黜，皇帝也同意了。按照程序，是与宰相大臣商量，然后草拟诏书，皇帝批准之后，就对外公布。

但是皇宫中许多太监宫人都向着武则天，他们成为皇帝身边的暗探。善待皇帝身边的人，这是宫廷生活的基本功，武则天最会的就是这一手。于是，有人赶紧去给武皇后报信，武皇后马上找皇帝解释，一看那张起草的诏书还在皇帝的案子上呢。

这下高宗有点不好意思了，本来夫妻感情挺不错的，有可能武则天这时候还挺着大肚子呢（他们的孩子太平公主，大约生于次年，即665年）。唐高宗不该在外人面前流露出对皇后的不满。他怕皇后不高兴，赶忙哄着武则天说，"我没有这个意思，都是上官仪教我的"，把责任全推给了上官仪。

这件事情最终的结果是，上官仪和王伏胜都以谋逆之罪被杀。武则天发现，上官仪跟王伏胜，都是陈王李忠的旧部。

唐高宗的大儿子李忠，最早被封为陈王，永徽三年（652）被立为太子。656年，即武则天当皇后的次年，太子李忠被废，改封梁王，同时立武则天的大儿子李弘为太子。660年，李忠进一步被废为庶民，安置在黔州。上官仪过去曾是李忠的幕僚，王伏胜也曾是李忠身边的宦官。于是，武则天指使许敬宗指控上官仪、王伏胜企图勾结李忠谋反。

这个指控是有一定说服力的。你们过去都是李忠的部下，现在你们俩联合起来废黜皇后，皇后如果被废，不就动摇现任太子李弘了吗？动摇了太子，不就为陈王李忠翻案了吗？这么一挂连，上官仪等人可以说是百口莫辩。于是上官仪一家和王伏胜都被处死，李忠也在流放之地被赐死。上官家的女眷，包括孙女上官婉儿等，都被没入宫中为奴。

从此以后，武则天的权力更大了。史书上说，此后皇帝每次处理政事，皇后都在后面垂帘，政事无大小，皆预闻之，天下大权，悉归中宫，天子拱手而已，中外谓之“二圣”。674年，皇帝称天皇，皇后称天后，这就是真正的“二圣”了。683年底，高宗驾崩，武则天走到了台前。690年，她干脆改唐为周，自称皇帝，这其实是“二圣”格局的自然延续而已。

（参见《资治通鉴》卷二〇〇至卷二〇七）

第三节　舞蹈教练：安禄山的另一种身份

稗官野史都喜欢记载名人的绯闻轶事。大唐天宝盛世年间，最有名的女人非杨贵妃莫属；最有名的男人之一，当属节制三镇、拥兵十五万的安禄山了。于是，关于杨贵妃与安禄山之间的绯闻也就不胫而走。连《资治通鉴》这样严肃的史书也说安禄山经常往杨贵妃宫中跑，"颇有丑声闻于外"。

那么，安禄山与杨贵妃究竟有什么关系呢？

一、史家严谨的考订

《资治通鉴》中记载，唐玄宗天宝十载（751）的正月二十日，是安禄山的生日。唐玄宗与杨贵妃给安禄山送了很多生日礼物。为了笼络安禄山，唐玄宗将其收为养子，杨贵妃便成了养母。当时，民间有生子第三日，给孩子洗澡的风俗，谓之"洗三朝礼"。洗过之后，要给婴儿穿上新衣服。

司马光很重视这件事，他在"考异"中引用了许多资料加以辨析。其中引《安禄山事迹》说："正月二十日，禄山生日，玄宗及太真赐禄山器皿衣服，件目甚多。后三日，召禄山入内，贵妃以锦绣绷缚禄山，令内人以彩舆异之（宫人用彩色的轿子抬着安禄山），宫中欢呼动地。玄宗使人问之，报云：'贵妃与禄儿作三日洗儿。'玄宗就观之，大悦。因赐贵妃洗儿金银钱物，极欢而罢。自是宫中皆呼禄山为禄儿，不禁其出入。"又引《天宝乱离西幸记》云："禄山诣约杨妃，誓为子母；自虢国（夫人）已下，次及诸王，皆戏禄儿，与之促膝娱宴。上时闻后宫三千合处喧笑，密侦则禄山果在其内。贵戚猱杂，未之前闻；凡曰钗鬓，皆唼厚利；或通宵禁掖，昵狎嫔嫱。"《天宝遗事》甚至说"禄山常与妃子同食，无所不至"。

综合这些史料（司马光说"今略取之"），《资治通鉴》留下了这样一段记载：说给安禄山过生日后的第三天，安禄山应召入宫，"贵妃以锦绣为大襁褓，裹禄山，使宫人以彩舆异之"。唐玄宗发现后宫中欢声笑语不断，问是什么情况，"左右以贵妃三日洗禄儿对"，身边的人回答说，贵妃娘娘在给儿子安禄山"洗三朝"呢。皇上亲自前往观看，也觉得非常开心，赐给贵妃洗儿金银钱，又厚赐安禄山，"尽欢而罢"。于是大家都叫安禄山为"禄儿"。除此之外，司马光还综合了许多史料，说："自是禄山出入宫掖不禁，或与贵妃对食，或通宵不出，颇有丑声闻于外，上亦不疑也。"这不就是绯闻了吗？连给《资治通鉴》作注的宋末元初人胡三省也在这里说，玄宗如此对待安禄山，连自己的妻子与安禄山不清不楚的关系都不怀疑，如此昏庸，"殆天夺之魄也"，是上天夺了皇上的魂魄了。

> **启示84** 杨贵妃与安禄山之间也许有一种师徒关系，安禄山很可能是杨贵妃的舞蹈"教练"。

二、究竟是怎么回事

杨贵妃与安禄山有没有关系？当然有。问题是哪一层关系。母子关系，那是唐玄宗笼络安禄山的手段，他当然不疑。我的猜测是，两人之间也许有一种师徒关系，安禄山很可能是杨贵妃的舞蹈"教练"，至少，安禄山向杨贵妃传授过舞蹈技艺。

我们知道，杨贵妃之所以得宠于唐玄宗，一个很重要的原因是二人在音乐歌舞方面有着共同的爱好。早在开元二年（714），唐玄宗就设置了左右教坊，教授民间俗乐，同时又选了数百名歌舞演员，"自教法曲于梨园，谓之'皇帝梨园弟子'"（《资治通鉴》卷二一一，唐玄宗开元二年）。今日我们称戏曲演员为梨园子弟，典即出于此。当时，有人进谏说皇上春秋鼎盛，不可沉迷于郑卫之音。玄宗便没有把心思都放在音乐爱好上。但是，五十岁之后，特别是有了杨贵妃这个音乐知音后，玄宗的艺术热情就被激发出来了，他们合作的一部歌舞剧叫做"霓裳羽衣舞"。

史书记载，该曲是河西节度使杨敬述所献《婆罗门曲》，然唐代著名诗人刘禹锡有诗云："开元天子万事足，唯惜当时光景促。三乡陌上望仙山，归作《霓裳羽衣曲》。"可见，该曲原本是唐玄宗依据自己观察仙山（道家"羽衣"大约与此有关）的灵感，创作出来的。起初可能只有一个乐曲的大概，后来吸收了由丝绸之路东传来的《婆罗门曲》，最终改编而成。所谓《婆罗门曲》，大约就是中亚地区的舞曲。也就是说，《霓裳羽衣曲》是丝绸之路上中西文化交流的产物。

杨贵妃是霓裳羽衣歌舞的主演。舞蹈的最后，是杨贵妃出场，以快速旋转的优美舞姿，把剧情推向高潮。

唐代盛行的中亚舞曲是什么呢？最有名的是胡旋舞。白居易有《胡旋女》诗为证："胡旋女，胡旋女，心应弦，手应鼓。弦鼓一声双袖举，回雪飘飖转蓬舞。左旋右转不知疲，千匝万周无已时。人间物类无可比，奔车轮缓旋风迟。曲终再拜谢天子，天子为之微启齿。"白居易说，胡旋舞来自西域，可是中原也有人早就会了。"胡旋女，出康居，徒劳东来万里余。中原自有胡旋者，斗妙争能尔不如。天宝季年时欲变，臣妾人人学圆转。中有太真外禄山，二人最道能胡旋。梨花园中册作妃，金鸡障下养为儿。禄山胡旋迷君眼，兵过黄河疑未反。贵妃胡旋惑君心，死弃马嵬念更深。从兹地轴天维转，五十年来制不禁。胡旋女，莫空舞，数唱此歌悟明主。"其中的"中有太真外禄山，二人最道能胡旋"一句，明确指出杨贵妃与安禄山都是胡旋舞高手。

安禄山本出自西域，史书上说他是突厥人，后来其母亲嫁给了粟特胡人安延偃，因而姓安。最初他在幽州边境任"互市牙郎"，就是边境丝路贸易的捐客。《旧唐书·安禄山传》记载，安禄山晚年身体肥壮，腹垂过膝，体重三百三十斤，行动不太方便，但却很善于跳胡旋舞。他曾经在玄宗面前跳胡旋舞，"疾如风焉"。为什么安禄山会跳胡旋舞呢？因为胡旋舞本来就出自他的故乡西域。粟特人的城邦国家如康国、安国、石国的商人们，沿着丝绸之路东行，甚至大量迁居中原地区。安禄山家族就是其中的一员。盛唐边塞诗人岑参有诗咏叹道："美人舞如莲花旋，世人有眼应未见。……此曲胡人传入汉，诸客见之惊且叹。……忽作《出塞》《入塞》声，白草胡沙寒飒飒。翻身入破如有神，前见后见回回新。始知诸曲不可比，《采莲》《落梅》徒聒耳。世人学舞只是舞，恣态岂能得如此。"中原的歌舞，似乎不能与胡旋舞姿比美啊（"始知诸曲不可比"）。如果杨贵妃要学跳舞的话，肯定是要学胡旋这种高级的舞蹈了。

史籍中并没有杨贵妃善跳胡旋舞的记载，陈寅恪《元白诗笺证稿》认为，"此舞为唐代宫中及贵戚所爱好"，因而推断说："太真既善歌舞，而胡旋舞复为当时所尚，则太真长于此舞，自亦可能。乐天之言，或不尽出于诗才之想象也。"陈寅恪也认为杨贵妃是擅长跳胡旋舞的。我觉得寅恪先生的这个推断很有道理。白居易是唐朝人，他的记载比《旧唐书》的成书时间还要早百年。他说杨贵妃擅长跳胡旋舞，其可信度一点儿也不比《旧唐书》说安禄山善于跳此舞低。

我要进一步推测的是，杨贵妃对于大腹便便的安禄山，未必会有兴趣，但可以肯定的是，杨贵妃对于胡旋舞高手安禄山的舞技一定是感兴趣的。美女对善于歌舞的男子感兴趣，史书中有一个旁证。《旧唐书·外戚传》记载，安乐公主的驸马武崇训有个堂弟叫武延秀，"久在蕃中，解突厥语，常于主第，延秀唱突厥歌，作胡旋舞，有姿媚，主甚喜之"。后来武崇训被杀，安乐公主就主动要求嫁给武延秀。

安禄山是亲自在唐玄宗面前表演过胡旋舞，并且得到玄宗高度赞赏的。因此，与唐玄宗一起编导"霓裳羽衣舞"的杨贵妃,向安禄山学跳胡旋舞是很自然的事。唐代丝绸之路上传来的西域舞蹈,有胡旋舞、胡腾舞、柘枝舞。其中胡旋舞的表演者多是女演员,而胡腾舞的表演者则多是男演员。至于柘枝舞,原是女子独舞,后来变成女性双人舞。正如前文所说,武延秀在突厥生活很久,也善于跳胡旋舞,并引起了安乐公主的爱慕之情。安禄山的生父是突厥人,养父是粟特人,他的情形与武延秀很相似。男子指导女子舞蹈,特别是作快速旋转的动作时,难免会有肢体接触。大约因为这个缘故,就有了"或与贵妃对食,或通宵不出,颇有丑声闻于外"这些流言蜚语。

> **启示85** 唐玄宗沉湎于歌舞升平,荒废政务,而胡旋舞高手安禄山却从未停止攫取权力的脚步。安史之乱,令唐王朝元气大伤。

"渔阳鼙鼓动地来,惊破《霓裳羽衣曲》。"杨贵妃、安禄山因为丝绸之路上的胡旋舞而结缘,但不能像白居易诗中所写的那样把乱离的责任推给胡旋舞。关键是,唐玄宗沉湎于歌舞升平,荒废政务,而胡旋舞高手安禄山却从未停止攫取权力的脚步。猝不及防的安史之乱,令陶醉于歌舞中的唐王朝元气大伤。玄宗仓皇逃蜀,贵妃丧命马嵬坡。帝妃之间的爱情故事终以悲剧收场,《霓裳羽衣曲》跳珠撼玉的辉煌、胡旋舞翩若游龙的舞姿也随之失传。今天,我们只能从文人墨客的吟哦中,去追想盛唐气象的恢宏,发掘宫廷逸事的隐微了。

(参见《资治通鉴》卷二一六)

第四节　从明皇到昏君：
　　　　　玄宗政治的借鉴和警示

　　唐玄宗，又称唐明皇，是一位家喻户晓的皇帝。玄宗是李隆基（685—762）的庙号，明皇是李隆基去世后的谥号，全称是"至道大圣大明孝皇帝"，简称"唐明皇"。

　　唐玄宗28岁即位当皇帝，71岁因为安史之乱而退位做太上皇，78岁去世。他统治的前半期，即开元年间（713—741），是中国历史上艳称的黄金时代，史称"开元盛世"。但是，天宝（742—755）末年，却爆发了一场几乎倾覆唐朝江山的安史之乱。为什么治世之后，乱世相随？其根源何在？唐朝君臣当时已探讨过这个问题："玄宗之政，先理而后乱，何也？"（《资治通鉴》卷二四一，唐宪宗元和十四年）另外，这个"先理而后乱"的事实对今天又有哪些借鉴和警示意义呢？

一、玄宗其人——生于忧患
　　唐玄宗李隆基并非生下来就注定要成为天子的。相反，他本是一个普通的皇室子弟，没有当皇帝的份儿。为什么这么说呢？因为从辈分上讲，唐玄宗的父亲李旦是唐高宗的第八子，也是武则天最小的儿子。李隆基在李旦的六个儿子中排行第三，按照嫡长子继承皇位的制度，这父子二人都没有当皇帝的资格和机会。但是，事情就是这么蹊跷，大唐自开国以来，还没有人以皇长子的身份登上帝位的，太宗排行第二，高宗排行第六，中宗、睿宗排行第七、第八，玄宗排行第三。

那么，李隆基是如何当上皇帝的呢？这就要从他的祖母女皇武则天谈起了。武则天的丈夫唐高宗饱受病痛之苦，朝政便掌控在武则天手中。高宗56岁去世，太子李显（中宗）当了两个月皇帝，就被武则天废黜。性格懦弱的李旦继位（睿宗），这是在公元684年。当然，权力完全掌握在母后武则天的手中，睿宗只能居于便殿。就在李旦当"挂名"皇帝的第二年，即垂拱元年（685）八月初五——一个多事之秋，李隆基出生于东宫窦妃的卧室。

李隆基3岁被封为楚王，8岁那年——这时武则天改唐为周已届两年，李隆基在车马的簇拥下，来朝拜女皇。负责禁卫的金吾将军武懿宗对其乘骑大声呵斥，意欲"折之"。李隆基毫不示弱，说："吾家朝堂，干汝何事！"据说武则天很是赞赏孙儿的霸气行为。但是，李隆基的生母窦氏却因得罪了武则天而被暗杀。失去了母亲，李隆基幼小的心灵第一次感受到了生活的残酷和生命的无常。

公元705年，张柬之等发动政变，恢复了唐朝，迎中宗李显复位。中宗是一个昏庸的皇帝，既怕皇后，又不能约束女儿，纵容母女二人胡作非为。据说皇后韦氏与其奸夫武三思坐在龙床上赌博，中宗还在一旁帮着数筹码。韦氏想步婆婆武则天的后尘当女皇，于是害死了自己的丈夫。这就给早在一旁侧目、伺机而起的李隆基及其姑母以可乘之机。李隆基的姑母就是武则天的掌上明珠太平公主。又是一场残酷的宫廷喋血！李旦在妹妹和儿子的保驾下，再次登上皇帝的宝座，李隆基因功被立为太子。两年后，李旦倦于政事，让出皇位，李隆基继位为皇帝。由于此前李旦曾分别让帝位于母后及兄长，这次又让位于儿子，所以史书说他三登大宝，三以皇帝让。

自神龙元年（705）武则天失权起，至先天元年（712）玄宗即位，七年之间，六次政变，五易皇位，帝后妃嫔、公主王孙、将相大臣，多有惨死。唐玄宗即位之初，面临的时局之艰难，从这段错综复杂的宫闱斗争中可见一斑。于是，协调上层统治者内部关系，稳定政局，是当时最紧迫的任务。

此时的唐玄宗，头脑很清醒，这从他在任命姚崇为宰相之前，姚崇与其约定十件事，他件件应允，就可以看出来。姚崇是一位极富政治经验的正直之臣，他之所以没有立即接受玄宗的委任，就是想测试一下新皇帝是否有勇气改弦更张。姚崇提出的十件事，实际是开元初年的施政十纲领，以下是他们的对话（参见《资治通鉴》卷二一〇，唐玄宗开元元年十月之"考异"）。

姚崇：垂拱以来（武则天掌权时年号），深刑苛法，请行仁义之政，可乎？

玄宗：朕深心有望于公也（这就寄厚望于你了）。

姚崇：先朝屡兴边功，请休养生息，勿滥用武力，可乎？

玄宗：当然可以。

姚崇：太后临朝以来，以阉人为喉舌，请宦官不预公务，可乎？

玄宗：朕早就想这么做了！

姚崇：武、韦等皇室成员，窃据清要之地，请求从此以后皇亲不任政务高官，废除斜封、员外等官（即不可随意任命官员），可乎？

玄宗：正合朕意！

姚崇：先朝近臣犯罪，皆以宠幸而逍遥法外，请一概绳之以法，可乎？

玄宗：对此朕切齿已久了！

姚崇：近来豪家戚里、封疆大吏，争相贡献（即给皇帝送钱送物）求媚，除正常租税之外，请悉杜塞进献之风，可乎？

玄宗：朕愿行之。

姚崇：太后以来，大造寺观宫殿，劳民伤财，请今后止绝建造，可乎？

玄宗：朕每睹之，心甚不安，岂敢再为！

姚崇：先朝亵狎大臣，请接之以礼，可乎？

玄宗：本该待大臣以礼，有何不可？

姚崇：先朝谏臣得罪，请凡在臣子，皆得触龙鳞、犯忌讳，可乎？

玄宗：朕非但能容之，且能行之。

姚崇：外戚干政，史有前鉴，请永为殷鉴，为万代法，可乎？

玄宗潸然良久：此事真可为刻肌刻骨者也！

以上十件事，件件都针对先朝的弊政而发，涉及内政、军事、选官、用人、法制、纳谏以及限制外戚等诸多方面，无不切中时政要害。从玄宗应允的急切语气看，其求治之心溢于言表，铲除积弊之决心也不可谓不大。

二、灿烂的开元盛世——盛世有多盛

除了太平公主干政的短暂波折外，玄宗初年的政治，一切都基本按照既定方针进行。从开元元年（713）到开元八年，姚崇、宋璟相继为宰相，他们大力改革弊政，短短几年，就做到了"赋役宽平，刑罚清省，百姓富庶"（《资治通鉴》卷二一一，唐玄宗开元四年）。开元时期著名的宰相还有卢怀慎、韩休、裴耀卿、张说、张九龄等，或以清慎、或以才干、或以耿直、或以文学而知名。

> **启示86** 唐玄宗继位后，任用姚崇、宋璟为相，大力改革弊政。玄宗本人也倡导节俭，并能听取不同的意见，从而造就了"开元盛世"的局面。

玄宗本人也很注意克制自己的欲望，大力倡导节约。他首先从自身做起，毁弃宫中的豪华设施，废除织锦坊（皇家精品服装加工厂）的编制；其次，约束宗室诸王，简省公主的封户。玄宗说："百姓租赋非我有，士出万死，赏不过束帛，女何功而享多户邪？"（《新唐书》卷八三《诸帝公主传》）百姓租赋，非帝王之所有。这是颇具民生意识的观念。根据这种认识，玄宗即位初

年，便反对铺张浪费。有一次，一个卫士把吃剩下的饭倒掉了，差点被玄宗处以极刑。

这个时候的玄宗也能听取不同的意见。韩休每事谏净，有人说，这样陛下会很辛苦。玄宗说："吾貌虽瘦，天下必肥。……吾用韩休，为社稷耳。"相反，如果像萧嵩那样一味顺着我的话，我反而会寝食不安了。

总之，生于忧患之中的唐玄宗，当了四十三年天子，创造了举世闻名的开元盛世。这里，我举几个数字来说明开元盛世究竟有多盛。

第一个数字，7000万口。

这是唐玄宗天宝年间的全国人口数。官方资料显示，天宝十三载（754）全国人户约962万、人口约5288万。学者们综合各方面史料推测，8世纪中叶，唐朝全国实际人户在1300万至1400万，实际人口超过7000万。

那么，当时世界上其他国家的人口是多少呢？8世纪的时候，东法兰克王国从塞纳河到莱茵河之间的人口是200万至300万。直到16世纪，地中海地区的人口才有5000万至6000万（西班牙800万，法国1600万，意大利1300万，总共3700万。土耳其的欧洲部分800万，亚洲部分800万。北非的人口300万）。而同时期的印度处于分裂状态，阿拉伯世界正处在扩张阶段。当时的日本与朝鲜也都是人口寡少的小国。在农业经济为主的时代，人口就是生产力。唐玄宗时期人口繁盛，反映了当时中国总的经济实力是独步于世界民族之林的。

第二个数字，6.6亿亩。

这是唐玄宗时期全国的耕地面积。唐朝的版图，较之于汉代，又有新的拓展；特别是西域与中原地区的关系，较之汉代，更加密切；南方地区也获得了更好的开发，大运河将黄河流域与长江流域更密切地联系在一起，促进了全国经济的发展。农民的劳动热情空前高涨，史称："开元、天宝之中，耕者益力，四海之内，高山绝壑，耒耜亦满，人家粮储，皆及数岁。"根据现有史料推算，当时全国实际耕地面积约850万顷，折合今亩达6.6亿亩，人均占有达9亩多。

第三个数字，70余国。

这是《唐六典》列举的开元时期前来朝贡的蕃国数。这些蕃国，从东亚的日本、朝鲜，到东南亚诸国，从当时边疆少数民族政权到中亚、西亚乃至地中海地区的一些国家，都与唐朝建立了一种朝贡的政治关系。开元时代，长安、扬州、广州等城市，云聚着从海、陆丝绸之路来华的胡商蕃客，这是沟通中外经济、文化的重要渠道。亚洲各国留学生来华留学，络绎于途。西安曾发现井真成的墓志，这位日本留学生就是开元年间来华学习的；还有与李白结下深厚友谊的晁衡，也是一位日本留学生。不少外国人还在玄宗时期的朝廷中任职。

中国化的佛教——禅宗的真正创建人慧能和尚，在玄宗即位那年圆寂。此后，在玄宗统治的四十多年时间里，禅宗迅速兴起，儒、佛、道三家合流成为历史潮流，玄宗就曾亲自为《孝经》《老子》《金刚经》作注。所谓三夷教，即祆教、景教、摩尼教，也在华得到传播。正是这样一个开放的社会，使唐朝在社会风气上显得雍容大度，李白充满自信的诗句"天生我材必有用，千金散尽还复来"，就是那个时代精神的写照。

第四个数字，53915卷。

这是开元年间"国家图书馆"的藏书数。玄宗时代，唐朝的文教事业也有很大发展。今天我们常说的四部（四库）图书分类法，正式被国家官方图书馆所采纳，就是在唐代："藏书之盛，莫盛于开元，其著录者，五万三千九百一十五卷，而唐之学者自为之书者，又二万八千四百六十九卷。呜呼，可谓盛矣！"（《新唐书》卷五七《艺文志一》）诗仙李白、诗圣杜甫都主要生活在这个时代。我们可以举几件文化建设上的典型事例。第一件事，唐玄宗曾组织鸿儒硕学，在集贤书院校勘四部图书。第二件事，开元二十年（732）编《大唐开元礼》，这是当时最完备的礼制巨著。此后不久又编纂完成了《大唐六典》，这是当时最完备的行政法典性质的著作。第三件事，大力提倡教育，广泛设立公私学校。开元二十一年五月敕："许百姓任立私学，欲其寄州县受业者，亦听。"（《唐会要》卷三五《学校》，上海古籍出版社点校本）开元二十六年下令，天下州县每乡都要设置学校一所，以教授学生。如此推行政教的结果是："于时垂髫之倪，皆知礼让。"（《旧唐书》卷九《玄宗本纪下》）可以说教化大兴。

最能形象说明开元时期繁荣局面的，是杜甫的那首《忆昔》诗：

> 忆昔开元全盛日，小邑犹藏万家室。
>
> 稻米流脂粟米白，公私仓廪俱丰实。
>
> 九州道路无豺虎，远行不劳吉日出。
>
> 齐纨鲁缟车班班，男耕女桑不相失。

宫中圣人奏云门，天下朋友皆胶漆。

百余年间未灾变，叔孙礼乐萧何律。

这虽然是文学的描述，但仍属纪实，是符合历史记载的。根据杜甫的族人、曾任宰相的杜佑记载，开元十三年（725）东封泰山之时，"米斗至十三文，青、齐谷斗至五文。自后天下无贵物，两京米斗不至二十文，面三十二文，绢一匹二百一十二文"。杜佑进一步描述说："东至宋、汴，西至岐州，夹路列店肆待客，酒馔丰溢。每店皆有驴赁客乘，倏忽数十里，谓之驿驴。南诣荆襄，北至太原、范阳，西至蜀川、凉府，皆有店肆，以供商旅。远适数千里，不持寸刃。"（《通典》卷七《食货·历代盛衰户口》，中华书局标点本）这里说的是私人客栈，而供官方使用的驿站（公费招待所），每三十里一驿，全国共有1643所。交通便捷，道路安全，国家的粮仓、老百姓家中的粮食都满满的，真是一派歌舞升平的盛世景象。

三、盛世的危机——问题出在哪里？

在"开元盛世"这样一幅欣欣向荣的图景背后，究竟潜藏着何种危机呢？为什么会有这种危机呢？有道是，幸福的家庭都是相似的，不幸的家庭各有各的不幸；走向盛世的道理都是相似的，由盛转衰的隐忧各有各的不同。就唐玄宗时代的情况来看，主要是制度创新不足引起的失序问题。具体地讲，就是土地兼并之后引发的"逃户"问题、兵役问题没有得到很好的解决，由此引发的内外军事失衡，更直接酿成了大祸。

所谓"逃户"问题，是指唐朝自武则天时代以来出现的大量农民离开原住地，到新的地区去谋生。他们脱离了原来的户籍所在地，却又不在新居住地落籍，从而造成了人口迁徙的失控。

唐朝政府实行严格的户口政策，规定户口不能随便移动。实行这个政策的目的主要是便于管理和征发赋役。但是，唐朝社会经济的发展，却在挑战这个刻板的户籍制度。为什么这么说呢？唐朝建国初期，贞观年间全国户口只有三百多万户，到了玄宗开元年间，账面数字就有七百多万户，天宝末年更达到了将近九百万户，也就是说较贞观年间翻了两倍，若按照实际人户一千三四百万户来计算，增长幅度就更大了，怎么可能再按照老办法去管理呢？另一方面，许多农民离开土地贫瘠的故乡，到新的地区开垦了新的土地，并定居下来，建立了新的家园。朝廷若不承认这些"新移民"，政府就无法从他们身上获得税收；若用强制的办法，把他们赶回老家去，不仅无法完全做到，而且会引起阶级矛盾和社会动荡。于是，唐玄宗采用了宇文融的建议——"括户"，开始整顿流动人口。

开元九年（721）正月二十八日，监察御史宇文融奉命到地方上清查户口，他前后共物色了二十九个判官（相当于稽查分队负责人），负责检查"籍外剩田"以及色役伪滥的情况。以后又多次出使，仅开元十二年六月这一次就检括到客户八十万户（一谓百万户），相当于当时全国官方统计户口七百多万户的11%—14%，检括出的隐漏不报的土地亦与此大体相当。所有被检括出的逃户享受免征六年租税的优惠待遇，仅每年纳钱一千五百文。这个税额相对比较轻，受到老百姓的欢迎，玄宗自己也说

"老幼欣跃，惟令是从，多流泪以感朕心，咸吐诚以荷王命"（《旧唐书》卷一〇五《宇文融传》）。王夫之对此也给予了高度评价，认为是利国利民之举（参见〔清〕王夫之《读通鉴论》卷二二《玄宗》）。

> **启示87** 满足于形式上的完备，罔顾现实中的社会变迁，不能在制度的创新中向前迈进，反而陶醉于盛世之中，毫无忧患意识，造成了唐玄宗的悲剧下场。

但是，这个做法其实也有问题，那就是新检括出的土地和人口，政府还是按照均田制的办法来进行管理。开元二十五年（737），唐玄宗甚至颁布了最详尽的均田法令，严格限制地产的转移。但是，"虽有此制，开元之季，天宝以来，法令弛宽，兼并之弊，有逾于汉成、哀之间"。满足于形式上的完备，罔顾现实中的社会变迁，不能在制度的创新中向前迈进，造成了唐玄宗的悲剧下场。

虽然开元盛世表面上很光鲜亮丽，但危机却潜伏了下来。此外，人口管理政策的变动，势必对兵役制度产生重要影响，要求其做出相应的调整。唐朝自太宗以来，实行府兵制度。这是一种建立在耕战相兼、兵农合一基础上的兵役制度。当农民稳定地占有一块耕地，当大规模统一战争结束后不需要长年征战时，实行府兵制度有很大的优越性，不仅国家节省了大量的养兵费用，农民免除了长年征战之苦，而且解决了军阀拥兵自重的问题。可是，当商品经济的发展、人口的增加和迁徙、地产的频繁转移使老百姓无法固守丘园的时候，当边疆战争频仍需要武装力量长期镇守的时候，这个制度就不合时宜了。

> **启示88** 在帝国体制之下，均势的失衡，外重内轻局面的出现，是影响国家安全的致命隐患。

改变首先从中央卫戍部队开始。开元十三年（725），张说建议招募长从宿卫的兵士，叫做彍骑。开元二十五年，边军体制也进行了改革，配置了长征健儿名额，号召凡兵士家属随军者，可就近分配土地屋宅，以使其安心在边疆服役。这一规定最适合那些不习惯于农业生产的游牧民族，包括大量来自中亚地区的粟特人等胡人。于是，天宝年间，在沿边设置的八大军区（节度使）中，驻屯了四十九万军队，其中多数统帅由胡族首领担任。尤其是安禄山身兼范阳、河东、平卢（今河北、山西、北京、天津及河南、山东的部分地区）的节度使，拥兵二十万，成为唐朝立国以来最有势力的军将。大家想想看，常年卫戍京师的军队只有八万人，而边疆统帅手中的军队却有四十九万，是朝廷直接掌控军队的六倍多。在帝国体制之下，均势的失衡，外重内轻局面的出现，是影响国家安全的致命隐患。

四、浪漫天子"风流债"

苏东坡《晁错论》说："天下之患，最不可为者，名为治平无事，而其实有不测之忧。坐观其变，而不为之所，则恐至于不可救。"面对前面所说的危机，本当通过制度上的创新来加以解决，不幸的是，唐玄宗陶醉于盛世之中，毫无忧患意识。有关这个问题，笔者想就唐玄宗在50岁前后所经历的一场心理危机谈谈看法。

开元十三年（725）十月，41岁的唐玄宗东封泰山。古代帝王的封禅之礼，是表示大功告成之意。此时的玄宗，渐渐迷信道家的长生不老之术，生活日益奢侈。"开元天子万事足，惟惜当时光景促。"开元二十二年正月，玄宗的五弟薛王李业去世。此前，玄宗的二哥、四弟已相继去世，这些朝夕相处的兄弟的离世，不仅使玄宗失去了饮酒、击球、唱歌的伙伴，更让他的心里蒙上了一层人生无常的阴影。薛王的丧礼刚过，50岁的玄宗就派人礼请著名道士张果到洛阳宫中，访以长生不死之术，并封他为"通玄先生"。同样受到优待的道士还有罗功远等人。

开元二十五年十二月，玄宗的爱妃武惠妃（699—737）突然去世，进一步给玄宗以沉重打击。武惠妃自15岁入宫始，服侍天子二十五年，宠冠后宫，到去世时，皇上始终眷顾不衰。是什么原因使53岁的玄宗皇帝如此迷恋这位中年女人，以致于在她死后食不甘味，寝不安席，后宫数千美女，无一当意者呢？难道是后宫佳丽都不如武惠妃美丽吗？显然不是。我推测，这与不久前玄宗三个儿子的死亡有关。

开元二十五年四月，在李林甫外推、武惠妃内助之下，玄宗毅然废太子瑛为庶人，并将其与受牵连的鄂王、光王一同赐死。按道理，接下来就要立武惠妃的儿子寿王李瑁为太子了。但武惠妃病死，使这个计划成为不可能。这等于是杀了儿子又折了妃子，玄宗所受的打击可以想见。史称玄宗"自念春秋浸高，三子同日诛死，继嗣未定，常忽忽不乐，寝膳为之减"（《资治通鉴》卷二一四，唐玄宗开元二十六年），可为明证。可见，玄宗感到后宫无当意者，并不是没有美女，而是因为措置失宜，"赔了夫人又折兵"。玄宗心理失衡，乃至出现精神恍惚的心理疾患。

正是在玄宗心灵空虚的时候，杨玉环来到了他的身边。杨玉环本来是寿王李瑁之妃。玄宗是如何看上杨玉环的呢？史书上的记载闪烁其词，或谓是高力士所推荐。我认为可能性很小，高力士即使与玄宗的关系再好，也没有胆量公然向皇帝推荐其儿媳妇入宫。只有玄宗自己看上了儿媳妇，才敢暗使诸如高力士之流出面作出安排。史书记载，正式颁诏度玉环为道士是在开元二十八年（740）正月，那么两人开始接触当在开元二十六年左右，此时距武惠妃的死不过半年到一年光景。

终于，情欲战胜了理智，唐玄宗把儿媳妇接进了宫中，不久封为贵妃，在宫中位比皇后。朝廷专门为贵妃服务的织绣工达七百人。贵妃欲得荔枝，皇帝便命岭南用快马传送，至长安后，色味不变。皇帝在华清池专门为贵妃建造了新的温汤，玄宗年年携贵妃到这里来度过浪漫的时光，甚至干脆在温泉附近办公，于是华清池周围建起了许多"办公楼"。贵妃受宠，鸡犬升天，杨家兄弟姐妹皆门列棨戟，朱紫盈庭，以致于民间出现了"遂令天下父母心，不重生男重生女"的慨叹。

玄宗宠信杨贵妃，除了贵妃天生丽质、善解人意之外，还与他们有着共同的音乐爱好密切相关。唐玄宗即位不久，就设置了专门教习俗乐的左右教坊（相当于皇家戏曲学院），当即有大臣劝谏他放弃对音乐的热诚，"上虽不能用，咸嘉赏之"（《资治通鉴》卷二一一，唐玄宗开元二年）。说明玄宗此时尚清楚玩物丧志的道理，能够克制自己。能歌善舞的杨贵妃入宫之后，极大地触发了玄宗的音乐热情。他与杨贵妃在音乐歌舞上的合作，最为人艳称的是《霓裳羽衣曲》的编排。该曲本来是印度传来的《婆罗门曲》，玄宗把它改编为大型歌舞剧，经过杨贵妃的导演排练，搬上了舞台，可以说是珠联璧合。玄宗是一个特别钟情于戏曲和音乐的皇帝，此时他完全放纵了自己的欲望，把个人兴趣置于政事之上，沉湎于音乐歌舞的世界："骊宫高处入青云，仙乐风飘处处闻。缓歌慢舞凝丝竹，尽日君王看不足。"

假如对比一下此前玄宗在姚崇接受入朝为相时约定的十件事，我们就会发现，唐玄宗完全忘记了他当初的承诺，昔日所革除的弊政，如今借尸还魂，而且变本加厉。

玄宗的曾祖父唐太宗在与大臣魏徵讨论创业与守成问题时，有如下一段对话：

贞观十五年，太宗谓侍臣曰："守天下难易？"侍中魏徵对曰："甚难。"太宗曰："任贤能、受谏净即可。何谓为难？"徵曰："观自古帝王，在于忧危之间，则任贤受谏。及至安乐，必怀宽怠。……言事者惟令兢惧，日陵月替，以至危亡。圣人所以居安思危，正为此也。安而能惧，岂不为难？"（〔唐〕吴兢：《贞观政要》卷一《君道》）

这里值得注意的有两点：第一，太宗认识到"任贤能、受谏净"是治理好天下的前提；第二，魏徵特别强调，帝王们在忧危之时，固然可以"任贤受谏"，但是很少能居安思危。这是公元641年的对话，不幸的是，一百年之后，唐太宗担心的问题在自己的曾孙李隆基身上出现了。唐玄宗统治后期不仅不能居安思危，而且在用人和纳谏上，犯了严重的错误。

> **启示89** 唐玄宗统治后期，不仅不能居安思危，而且在用人和纳谏上，犯了严重的错误。他任用奸究乱国的李林甫和昏庸乱政的杨国忠执掌权柄，从此谏诤之路禁绝，玄宗成了闭目塞听之君。

先说用人。主要是选拔什么样的大臣主持重要事务。50岁以后，玄宗对那些给自己找麻烦的骨鲠之臣越来越不耐烦。开元二十四年（736）之后，他最信任的宰相就是李林甫。李林甫是如何被提拔的呢？史书记载说："林甫面柔而有狡计，能伺候人主意，故骤历清列，为时委任。而中官妃家，皆厚结托，伺上动静，皆预知之，故出言进奏，动必称旨。"（《旧唐书》卷一〇六《李林甫传》）从史家"伺候人主意""伺上动静""动必称旨"的措辞来看，李林甫窜红的秘诀就是用一切手段、挖空心思讨玄宗皇帝的欢心。而玄宗杜绝逆耳之言，恣意行乐，正需要这样的宰相。

李林甫其实是个不学无术之人。《诗经·唐风》有《杕（dì）杜》篇。作为"五经"之一，《诗经》本是官员的必读之书，可是，作为宰相的李林甫却不认识"杕"字，他指着这个字问别人道："此云杖杜，何也？"他又祝贺人家生子为"弄獐之喜"（实为弄璋之喜），他所提拔的大臣还把"伏腊"读成"伏猎"。这样一个人，却因为极力讨好玄宗而获得重用。

　　李林甫之后，执掌权柄的是杨国忠。杨国忠是杨贵妃的堂兄，依靠裙带关系而被重用。如果说李林甫以奸宄乱国，那么杨国忠则是以昏庸乱政，史书上说他"强辩而轻躁"，他自己则说："吾本寒家，一旦缘椒房至此，未知税驾之所，然念终不能致令名，不若且极乐耳！"（《资治通鉴》卷二一六，唐玄宗天宝十二载）这个时候，唐朝在西南地区频有战事，身兼剑南节度使的杨国忠有不可推卸的责任，可是，他一手遮天，前方战败，反以打胜仗的消息向皇帝报告。

　　再说纳谏问题。"择臣取谏工，而讲以多物"（《国语·郑语》），鼓励进谏，其实就是鼓励不同意见的表达与上达，防止决策失误。而李林甫当朝，却是"谏争路绝"（《新唐书》卷二二三上《李林甫传》）。李林甫对朝官们说，你看这些仪仗队里的马匹，只要不嘶鸣，就能享受上佳的饲料，受到很好的待遇；只要它嘶鸣一声，立刻被拉下去，再想吃上佳的饲料就不可能了。言下之意是让大臣们闭嘴。

　　杨国忠秉政后，唐玄宗干脆听不到外面的真实消息，云南前线打了败仗，却被说成是胜仗。唐玄宗闭目塞听，"以为天下无复可忧"：

　　上尝谓高力士曰："朕今老矣，朝事付之宰相，边事付之诸将，夫复何忧！"力士对曰："臣闻云南数丧师，又边将拥兵太盛，陛下将何以制之！臣恐一旦祸发，不可复救，何得谓无忧也！"上曰："卿勿言，朕徐思之。"

　　胡三省对此评论说："高力士之言，明皇岂无所动于其心哉！祸机将发，直付之无可奈何，侥幸其身之不及见而已。"

（《资治通鉴》卷二一七，唐玄宗天宝十三载）这真是诛心之论！法王路易十五面对风雨飘摇的形势，也曾一意孤行地说过类似的话："我这辈子已经够了，我死后哪怕它洪水滔天！"专制帝王们这种自私的侥幸心理真是国家民族的灾难！

> **启示90** 唐玄宗用人不淑，进取之志衰，谏诤之路绝，对于社会情势的变化穷于应付，了无创新，都是促使安史之乱爆发的直接或间接因素。

五、盛世的终结

天宝十四载（755）十一月，安禄山举兵向阙，"渔阳鼙鼓动地来，惊破《霓裳羽衣曲》"。安禄山反叛的原因是多方面的，制度上的漏洞，使其有了拥兵自重的可乘之机；与杨国忠的不睦，使其失去了安全感；特别是杨国忠居然采取各种手段，促使安禄山造反，为的是向玄宗证明自己有先见之明；甚至还有说安禄山是垂涎于杨贵妃的美貌而起兵，当然这属于小说家之言。但是，有一点是可以肯定的，唐玄宗用人不淑，进取之志衰，谏诤之路绝，对于社会情势的变化穷于应付，了无创新，都是促使变乱爆发的直接或间接因素。

唐朝中原内地，已经几十年不闻战鼓声了。在叛军的进攻下，仓促组建的唐朝官军节节败退，很快潼关失守，玄宗被迫逃离长安，到成都避难。车驾途经马嵬坡，杨国忠被哗变的兵士所杀，玄宗被迫令杨贵妃自缢。玄宗到四川不久，又被迫宣布退位，因为皇太子李亨（即唐肃宗）已经在将士的拥戴下于灵武即位。八年之后，虽然战乱终于结束，但昔日大唐盛世的辉煌却一去不复返了。

伏尔泰说："国家的繁荣昌盛仅仅系于一个人的性格，这就是君主国的命运。"（〔法国〕伏尔泰：《路易十四时代》，商务印书馆1982年，第233页）唐玄宗以及大唐帝国由盛而衰的道路，不正是这句话的最好注脚吗？

（参见《资治通鉴》卷二〇八至卷二一七）

第五节　短暂新气象：
　　唐德宗初年的改革

　　唐德宗李适，是代宗的长子，母亲为睿真皇后沈氏，天宝元年（742），他生于长安大内之东宫。李适的少年时代，正值大唐帝国昌盛繁荣的辉煌时期，但好景不长，他14岁那年即天宝十四载（755）的十一月，爆发了安史之乱。在唐帝国由盛转衰的过程中，李适和其他皇室成员一起饱尝了战乱和家国之痛，也亲身经历了战火的洗礼和考验。他做过天下兵马大元帅，封鲁王、雍王，后因讨平安史叛军有功而兼尚书令，广德二年（764）被立为皇太子，大历十四年（779）五月即位，时年38岁。

一、更换宰相

　　德宗继位不久就要换宰相。当时的宰相常衮"性刚急，为政苛细，不合众心"（《资治通鉴》卷二二五，唐代宗大历十四年）。有一个叫崔祐甫的官员，对常衮有一些不满，两人发生了争执，"声色陵厉"。常衮不能忍受，就说崔祐甫"率情变礼"，要将其贬为潮州刺史。德宗以为惩罚太重，便将崔祐甫改贬为河南少尹。

这个时候正赶上郭子仪等人入朝。郭子仪也是宰相，但他是使相。什么叫使相呢？就是凡担任节度使、枢密使、留守的重臣，其检校官兼三省长官（侍中、中书令、尚书令）或兼同中书门下平章事者，为使相（出使在外的宰相）。使相不在中央为官，而是在地方处理政务。按照此前的规矩，凡是宰相提出的报告，由首席宰相签名，并且代使相签名，就是说不需要通报使相，因为使相在地方上，那时候也没电话，通报起来很麻烦，容易耽误要事，因此代签就行了。

对于崔祐甫被贬官一事，郭子仪等人入朝时"言其非罪"。德宗觉得很奇怪，就问道："你们自己不也是同意的吗？为什么又说他不该被贬呢？"郭子仪等人回答说我们不知道这件事。原来，当时常衮独居政事堂，他代郭子仪等人签了名来弹劾崔祐甫。

德宗刚继位，认为常衮欺罔，大骇，觉得你身为宰相怎么能这么做，怎么可以没有跟别的宰相商量就以个人名义贬逐崔祐甫。当天德宗便下旨，贬常衮为潮州刺史，而将崔祐甫提拔为门下侍郎、同平章事。对于这件事，"闻者震悚"。德宗大骇，"骇"的是什么？就是常衮"欺罔"。德宗这种人不容许别人欺骗他，很有点神经质的紧张，他的这个性格特点，从这件事上可以看出来。

二、处理宦官问题

德宗继位后还着手治理的一个弊病，就是宦官问题。肃宗、代宗优宠宦官。宦官到地方出使,向地方官索要财物,皇帝也不禁止。有一次,代宗派一个宦官到一位妃子家中送赏赐。回来之后,代宗问宦官,这家人给了你多少回礼?回答是给得很少。代宗听后很不高兴,认为这是看不起自己的使者。这个妃子得知此事,十分害怕,赶紧把自己的珍宝送给这个宦官。从此以后,宦官更加猖獗,到哪里出使都公然索要礼物。到宰相那里,也照收不误,因此当时宰相的办公室必须经常存点钱,宦官来了,就要送上,不能让他们空手回去。这种做法,在今天看来就是公开鼓励贪腐啊!德宗素知其弊,所以他继位以后就用严厉的手段加以纠正,受贿的宦官将被处死,这使得当时出使的宦官纷纷把接受的礼物扔掉。宦官索贿、受贿之风由此得到遏制。

与此同时,德宗还剥夺了宦官的兵权。神策军是当时一支重要的军队,统领者王驾鹤是个宦官,德宗让一个叫白琇珪的朝官来替代王驾鹤的职位,而让王驾鹤做东都园苑使,负责看管皇家园林,就是让他去做宦官应该做的事。

> **启示91** 德宗遏制了宦官索贿、受贿之风,剥夺了宦官的兵权,并对财政制度、税制进行了改革,著名的"两税法"就是在这个时期得到推行的。

三、整顿财政

德宗还对财政进行了整顿。他让刘晏做转运使。转运使是什么呢?就是中央派到地方去的财经官员,主要负责盐铁的专卖和漕运的事务。盐铁专卖和漕运，是当时国家收入的主要来源，占到全国总收入的一半。德宗让刘晏对征收体制进行了改革。

另外，就是改革国库制度。此前，国库和宫中的用度是分开的，就是说国家的钱是国家的，皇帝私用的钱是皇帝自己的，二者不相掺和。可是安史之乱期间，这个制度被破坏了。当时负责财政的官员，顶不住那些军将不断地索要军饷，所以他们干脆把赋税送到皇家的内库里，由宦官来掌管，这就是以天下公赋为人君私藏。到后来，财政部门的人根本不知道天下收了多少钱、支出多少钱。而"宦官领其事者三百余员，皆蚕食其中，蟠结根据，牢不可动"（《资治通鉴》卷二二六，唐代宗大历十四年）。

德宗继位的时候，宦官不仅掌军，还管财，这都是肃宗、代宗惯下的毛病。当时，一位财经官员叫杨炎，他跟皇上讲了一段关系国家命运的话："财赋者，国之大本，生民之命，重轻安危，靡不由之，是以前世皆使重臣掌其事，犹或耗乱不集。今独使中人出入盈虚，大臣皆不得知，政之蠹敝，莫甚于此。请出之以归有司。度宫中岁用几何，量数奉入，不敢有乏。如此，然后可以为政。"（《资治通鉴》卷二二六，唐代宗大历十四年）就是希望皇帝把国库交给国家的财政部门掌管，宫中每年需要多少，确定数字之后留下来，绝对不敢有缺。皇帝当天就下诏，所有的财赋归左藏库，完全按照安史之乱前的规矩，从中挑三五千匹上好的绢——绢就是钱财，纳入大盈库。杨炎对税收还做过一个改革，就是推行两税法。两税法其实酝酿于代宗时期，但成就在德宗时期。两税法就是把过去按人头征税,变成按财产征税,每年分两次征收,这反映了新的财产关系的变化,是一种进步。两税法对后来明朝的一条鞭法,乃至清朝的摊丁入亩都有很大影响。人头税逐渐减少,财产税逐渐增加,这是比较合理的税制改革。

对于财政的改革,还有一点值得一提。在代宗的时候,遇到皇帝的生日,或是逢年过节,都鼓励地方给皇帝送礼,送得越多,皇帝越高兴,所以地方官员经常以这个名目进行加税。德宗继位后,把这种送礼之风也废除了,反映出了一种新气象。

四、惩治腐败

对于官员的腐败,德宗自然是不能容忍的,但在反腐败方面,却暴露出他在政治上的幼稚。史书记载:"大历以前,赋敛出纳俸给皆无法,长吏得专之。"(《资治通鉴》卷二二六,唐德宗建中元年)朝廷不反腐败已经有二十年了。

> **启示92** 惩治贪腐不能靠文官、武官或者宦官来决定,而是要靠一套反腐的措施和制度。

现在,德宗对那些腐败的官员,无论是中央的还是地方的,都加以惩处。可是,在反腐的过程中,德宗发现了一个问题,就是他刚继位的时候,疏斥宦官,亲近朝士,像"张涉以儒学入侍,薛邕以文雅登朝",但后来,他发现这些朝士先后因腐败被弹劾。于是,宦官和武将们就有了借口,他们说:"你看这些文臣动不动就贪污这么多钱，还说是我们把天下搞乱了，这不是欺骗蒙蔽皇上吗？"史书中用了"欺罔"一词，对于这个词，我们应该不陌生，前面德宗在批评常衮时就说他"欺罔"，于是"上心始疑，不知所倚仗矣"。就是说皇帝此时也有些犹豫了，我到底应该信任宦官、武将，还是文臣呢？他刚继位的时候，一心想疏远宦官、武将，现在他发现自己亲近的文臣也这么贪腐，于是开始举棋不定。这说明什么？说明德宗虽已是不惑之年，但在政治上还是比较幼稚的。文官有贪腐的，也有不贪腐的，惩治贪腐不能靠文官、武官或者宦官来决定，而是要靠一套反腐的措施和制度。

五、德宗削藩

德宗初年的改革，还有一项重要内容，就是重新整顿各地藩镇。

关于唐朝的藩镇割据，还应从安史之乱以后的政局说起。公元763年，安史之乱以史朝义自缢、其党羽纷纷投降唐朝而结束。但朝廷无力彻底消灭这些势力，便以赏功为名，授之以节度使的称号，由其分统原安禄山、史思明所占之地。于是，朝廷任命李怀仙为幽州节度使，统治今河北东北部；李宝臣为成德节度使，统治今河北中部；田承嗣为魏博节度使，统治今河北南部、山东北部；薛嵩为相卫等州节度使，统治今河北西南部及山西、河南部分地区。其后，薛嵩为田承嗣所并，四镇变成了三镇，史称"河北三镇"。这三镇名义上虽服从朝廷，实际则处于独立状态，军中的主帅，或父子相承，或由大将代立，朝廷无法过问。为了防范河北的藩镇，朝廷又在中原建立了很多藩镇，边疆地区设置的藩镇也不能撤掉，因为边疆形势也很严峻，于是就形成了藩镇割据的局面。所以我们说从唐代宗初年到唐德宗末年，是藩镇割据形成和发展的时期。

德宗继位后，主要有三个方面的藩镇关系必须要理顺：

首先是河北藩镇，这些都是安史之乱的余孽。德宗的父亲代宗迫于当时的政治形势，接受了河北藩镇的投降，可是这些藩镇对于朝廷并不恭顺。幽州节度使朱泚可以放弃帅位，到首都地区防边，但是，这并不意味着他们对朝廷绝对忠诚。

其次，首都地区由于要防备吐蕃的军事压力，朝廷便调动各地军队前来"防秋"（秋天是吐蕃进攻的最佳时节，故需防备）。这些军队成分复杂，凤翔、泾原在长安的西面，邠宁、鄜坊在长安之北，总称为京西京北诸镇。更往北的河套地区，则有灵盐和振武等军镇。这些军镇如果不掌控在唐朝中央的手中，便会成为一把悬在唐廷头上的利剑，让其寝食难安。

再有一部分就是中原地区设立的藩镇，他们对保护漕运的畅通，阻遏河北藩镇的南下，具有重要意义。假如中原藩镇不掌握在唐廷之手，便会成为唐朝的心腹之患。为此，德宗在外交上甚至采取与回纥、吐蕃交好的温和政策。《册府元龟》卷九五六《外臣部·总序》记载："德宗即位，与回纥和亲，归吐蕃俘虏，置和蕃使与之盟誓，以纾边难。"

那么，德宗手上有什么实力，能够保证他可以平定、安抚这些藩镇势力呢？中央政府的实力分为硬实力和软实力两个方面。硬实力就是军事实力和财政实力；软实力来自中央政府的合法性，并且要得到认可。而任命和罢免节度使，收取地方赋税以供中央调用，是中央政府软硬实力得以实施的表现。所以，德宗的强硬首先在这些方面表现出来。

大历十四年（779）五月，德宗即位的当月就开始着手解决朔方军过大的问题。平定安史之乱，最重要的一支力量就是朔方军（治所在灵州，今宁夏吴忠），那么当时的朔方军统帅是谁呢？他就是大名鼎鼎的郭子仪。郭子仪担任的职务，史书记载为"司徒、中书令领河中尹、灵州大都督、单于·镇北大都护、关内·河东副元帅、朔方节度、关内支度·盐池·六城水运大使、押蕃部并营田及河阳道观察等使"，可谓"权任既重，功名复大，性宽大，政令颇不肃"，因而"代宗欲分其权而难之，久不决"（《资治通鉴》卷二二五，唐代宗大历十四年）。德宗继位后，尊郭子仪为尚父，胡三省对"尚父"一词解释说："太公望为周师尚父。说者谓可尚可父，天子师也。"（《资治通鉴》卷二二五，唐代宗大历十四）这是给予郭子仪极高的尊荣。此外，还"加太尉兼中书令，增实封满二千户，月给千五百人粮、二百马食，子弟、诸婿迁官者十余人"。朝廷给了郭子仪这么高的待遇，换来的是将其"所领副元帅诸使悉罢之"，并把他所领的军区一分为三：设邠宁节度使，下辖河中及邠（今陕西咸阳彬县等地）、宁（今甘肃庆阳宁县）、庆（今甘肃庆阳附近）、晋、绛、慈、隰等府州；设灵盐节度使，下辖灵州都督府（今宁夏吴忠）、西受降城、定远、天德、盐（今陕西榆林定边县）、夏（今陕西榆林靖边县境内）、丰等军州；设振武节度使，下辖单于大都护府、东·中二受降城、振武（今内蒙古和林格尔县）、镇北、绥（今陕西榆林绥德县）、银（今陕西榆林米脂县）、麟、胜等军州。（参见《资治通鉴》卷二二五，唐代宗大历十四年）年过八旬的郭子仪爽快地接受了这一安排。但是，朔方军内部却发生了内讧。

宰相杨炎决定加强西北边陲的防御工事，筑城原州（今宁夏固原原州区），引起了朔方军的内讧。李怀光取代郭子仪任朔方邠宁节度使（朔方军番号加在邠宁节度使头上），内部有五位将领名望素高，表示不服，李怀光在监军翟文秀（代表朝廷监察军政）的支持下，悉数将其诛杀。这件事朝廷并未追究，却引起了其他军队的不满和恐惧。建中元年（780），当朝廷派李怀光兼任泾原（治今甘肃泾川县）节度使时，受到了士兵的抵制，留后刘文喜利用士兵的情绪对抗中央的调动命令，拒不受代。

邠宁节度使、灵盐节度使、鄜坊节度使、振武节度使，都属于朔方军系统，而泾原节度使却是安西、北庭行营军改组而成。此外，凤翔（今属陕西宝鸡）节度使来源于原河西、陇右行营军以及朱泚从幽州带来的防秋军。现在让朔方军系统的李怀光兼统泾原军，刘文喜拒绝接受命令，是可想而知的事情。德宗做出妥协，任命朱泚兼四镇、北庭行军、泾原节度使，取代李怀光。刘文喜不受诏，要求朝廷任命自己为帅。德宗派李怀光、朱泚讨伐之；六月，刘文喜被内部将士所杀。这件事对于其他藩镇是一个很大的震动。

真正考验德宗削藩政策的是河北藩镇。建中元年初，朝廷派遣黜陟使到各地落实两税法。两税法不单单是一个中央财政征收体系的变化；即将以人丁为本的租庸调制改为以资产为宗的户税地税制，而且是中央对于地方财政收支制度的规范行为,即按照地方实际开支确定财政留成比例。最大的一笔地方开支就是军费,于是,确定地方兵额就成为实行两税法的第一道难题。魏博节度使田悦采取阳奉阴违的态度,表面上裁撤军队,按照新定兵额计算赋税分成,但是,被裁撤的兵员实际都被他私下养护了起来。史书上没有记载其他藩镇推行两税法的情况,估计阳奉阴违者居多。《资治通鉴》建中元年(780)岁末有一个统计:"天下税户三百八万五千七十六,籍兵七十六万八千余人,税钱一千八十九万八千余缗,谷二百一十五万七千余斛。"(《资治通鉴》卷二二六,唐德宗建中元年)统计的数字包括纳税户数、在籍兵员数、钱粮总额,从中可以看出这几个数据的相关性。

六、藩镇连兵

建中二年正月,成德节度使李宝臣卒,其子李惟岳要求代父继位,德宗坚决拒绝,说:"贼本无资以为乱,皆藉我土地,假我位号,以聚其众耳。向日因其所欲而命之多矣,而乱日益滋。是爵命不足以已乱而适足以长乱也。然则惟岳必为乱,命与不命等耳。"(《资治通鉴》卷二二六,唐德宗建中二年)当初魏博节度使田承嗣死的时候,传位给侄子田悦,那时代宗在位,是同意了的。现在德宗要改变节度使父死子继的状况。德宗说,这些贼人本来没有资本来割据,就靠我的土地,借我的位号,聚众作乱。我给爵命,他们会作乱;不给,他们也会作乱,所以我不同意节度使父死子继。

魏博节度使田悦也为李惟岳请求。当初田悦继承叔父田承嗣之位时，李宝臣是帮过忙的。但德宗依然不许。德宗抑制藩镇势力的举措，让魏博田悦、成德李惟岳以及淄青节度使李正己、山南东道节度使梁崇义感到了威胁，他们便着手做战争准备。七月，淄青节度使李正己死，其子李纳亦请袭父位，德宗依然不许；同时，朝廷调兵遣将，加强东方前线的防守。

在这种情况下，李纳就与田悦、李惟岳联合反叛。

为了集中力量解决河北的问题，德宗先是企图笼络山南东道节度使梁崇义，梁反而更加恐惧不安，于是德宗听从淮宁（即淮西）节度使李希烈之议，调其攻打梁崇义。宣武、淮南等藩镇也投入了讨伐叛乱的战争中。于是，战火在中原地区展开了。

在河北方面，朝廷调动河东节度使马燧、昭义节度使李抱真、神策军将李晟等征讨魏博田悦，调动幽州节度使朱滔讨伐成德李惟岳。

以上是第一个阶段。

接下来第二个阶段，是河北藩镇内部发生变乱。成德镇内部发生王武俊杀李惟岳一事。不久，王武俊又和幽州节度使朱滔联合反叛。其中的关键因素是德宗在处理藩镇利益的时候，没有满足他们的愿望。

建中三年（782）元月，成德大将王武俊杀死李惟岳，传首京师，朝廷封其为恒冀节度使。同时，朝廷对河北藩镇区域的划分，作了一些新的安排，招致王武俊的强烈不满。于是，他与平叛功臣、同样不满于朝廷安排的幽州节度使朱滔联合起来叛乱，反而把矛头对准官军，救援魏博节度使田悦。德宗乃调朔方邠宁节度使李怀光率军征讨朱滔和王武俊。这样，河北的战火日益扩大。由于为朝廷出征的军队，只要一出境，就享受朝廷提供的优厚待遇，这便造成了中央财政的紧张。但是，对藩镇来说，战争旷日持久，却不见得是坏事。同年十一月，王武俊自立为赵王、朱滔自立为冀王、田悦自立为魏王、李纳自立为齐王，这就是著名的"四王"事件。他们还遣使奉上表笺，愿意尊奉李希烈为帝。唐朝讨伐藩镇的战争，一发不可收拾。

七、奉天之难

战争的第三个阶段，是淮西李希烈的叛乱导致整个局面失控，引发了泾原兵变，李希烈、朱泚甚至分别称楚帝、秦帝。

淮西节度使李希烈打败梁崇义之后，本想占据山南东道之地，德宗却另派人出任节度使，从而引起了李希烈的不满。建中四年（783）正月，李希烈反叛，自称建兴王。整个关东地区一片混乱。

德宗先是派哥舒曜去讨伐；又任命亲王出任荆襄、江西、沔鄂等行营兵马都元帅，协调诸道兵马援救襄城，其中包括泾原兵五千人。朱泚以宰相之职遥领泾原节度使，节度留后姚令言主管实际工作。现在朱泚因其弟朱滔谋反而被软禁于京城，姚令言率领泾原兵路过长安。这一年的十月特别寒冷，将士们又累又饿，朝廷赏赐微薄，饭菜更是粗劣，于是士兵们扬言，我们吃不饱，怎么能去前线打仗呢？他们听说国库里有很多钱，于是发动了叛乱。乱兵向民众宣传说："汝曹勿恐，不夺汝商货僦质矣！不税汝间架陌钱矣！""商货僦质""间架陌钱"是指朝廷为了筹措军费而征收的各种税，包括交易税、房产税、商品专卖税等。德宗率领妃嫔和皇子皇孙逃往奉天,重演了当年安史之乱时唐玄宗出逃的一幕。叛军推举朱泚为首领,自称秦帝。朱泚在给弟弟朱滔的信中说:"三秦之地,指日克平;大河之北,委卿除殄,当与卿会于洛阳。"(《资治通鉴》卷二二八,唐德宗建中四年)

朱泚率叛军攻打奉天一个月未下。朝廷急召在河北平叛的朔方邠宁节度使李怀光、神策行营节度使李晟来救,朱泚退守长安。不久李怀光与朝廷发生矛盾,反而与朱泚勾结,不去收复长安。德宗被迫又逃往梁州(今陕西汉中)。这期间,德宗下了一道罪己诏,说自己长于深宫之中,暗于经国之务,说自己不懂得政治,不懂得稼穑艰难,不懂得真正的劳苦,最后才导致变乱。除了朱泚暴陵寝庙、自立为帝,罪恶太大,不能赦免外,其余参与叛乱的李希烈、田悦、王武俊、李纳这些人,都可以赦免,随从叛乱的将士百姓,只要趋于效顺,也都既往不咎。为了筹备军费,德宗曾经在长安收房产税、交易税,还收商品的专卖税,这时候为了收买人心,也下令停止征收。

兴元元年(784)五月,神策军将李晟等攻克长安,德宗于七月返回。朱泚被部下所杀,李怀光后来兵败自缢。在河北方面,朱滔病死。朝廷赦免了叛乱的藩镇,一切不问,息事宁人。

八、贞元以后的德宗

德宗虽然平定了叛乱,回到长安,但天子的威严却完全扫地了,中央的权威进一步削弱。德宗后来还在位二十年,与前期相比,最显著的变化是他更加重用宦官,更加猜忌大臣,拒绝纳谏,刚愎自用,频繁更换宰相,刚继位时的那种鼓舞人心的新气象完全没有了。新建的左右神策军,由宦官担任长官——神策中尉,他还向地方上的各个藩镇派出宦官作为监军。

> **启示93** 经历了藩镇的反叛和皇室的出逃,德宗刚继位时的新气象完全没有了,力主削藩的勇气也烟消云散。处理大唐面临的政治难局,已超出了德宗的能力范围。

德宗刚继位时力主削藩的勇气也烟消云散,现在是一味地姑息藩镇。藩镇节度使死了,朝廷就派人去了解一下情况,有想继位的就同意,于是父死子继成为了常态。

过去德宗很节俭自律,禁止地方进献;现在则是一心敛财,号召地方进献珍宝,还派中使直接向各个部门索取财物。德宗甚至告诉官员们,不要太清廉了,拒绝人家送礼,多不通人情啊。原来反腐反得那么厉害,宦官收礼要被处以极刑,使得他们都不敢把礼物带回去,在路上就得扔掉;现在反而劝官员收礼。这完全是在纵容贪污受贿,后果不堪设想。

不过,德宗的改革以及姑息之政也带来了一些积极的变化,主要表现在两个方面。第一是由于新税制两税法的实施,中央财政得到了稳定;第二是禁军神策军的扩充和强化,使中央军事实力强大了起来。

在唐德宗晚年,禁军人数达10—15万,也就是说,国家的财政充足了,禁军在不断地扩充。另外,德宗积攒的地方上进奉的财物,为他的儿孙平定藩镇提供了物质基础。

德宗施政风格的巨大反差，一方面反映了这位自幼生于安逸、后又饱经离乱的天子的脆弱；另一方面也反映出大唐这个时期所处的政治困境。如何走出这种困境，已经超出了德宗的政治能力。

（参见《资治通鉴》卷二二六至卷二三一）

第六节　唐朝的"百日维新"：
永贞革新为何会失败

　　王叔文（753—806），浙江绍兴人，自称是前秦苻坚的丞相王猛的后裔，但其父祖在唐朝却没有任何仕宦经历。王叔文因为善于下棋，做了翰林待诏，侍奉太子李诵（761—806），即后来的唐顺宗。平民出身的王叔文，因此机缘得以接触到唐朝的权力核心，并且成为李诵的智囊。在顺宗朝的几个月里，他成为叱咤风云的改革派。

一、智囊与"太子党"

　　唐顺宗李诵是德宗的长子，做了二十六年的太子，对当时朝政有着一套自己的看法，眼见父亲晚年的不作为，他有点着急。李诵身边有两个重要的小人物，一个叫王伾，一个叫王叔文。说他们重要，是因为二人与太子关系亲密，对太子有影响力；说他们是小人物，是因为二人的官职都比较低微，身份是"翰林待诏"。

翰林待诏是个什么职位呢？就是在翰林院等待皇帝、太子召见的人，所以叫待诏。李白在唐玄宗时期，也曾做翰林待诏，皇帝有雅兴，便召他来谈论诗歌艺术。按道理，翰林待诏是侍奉皇帝的，但是东宫太子有时候也跟这些待诏们有往来。王伾善书法，王叔文善下棋，都是翰林待诏，出入东宫。

史书上说王叔文谲诡多计，自言读书知治国安邦之道，大概是远祖王猛的事迹激励了他。在还没有发迹之时，他就常说钱谷乃治国之根本，抓住财权才能够控制军费，操控士人。

王叔文不满足于只陪太子下棋，在与太子研讨棋艺的时候，他也谈论民间疾苦、政事得失，这引起了憧憬执政的太子的注意。有一次，太子跟身边的侍从论及当时的一个弊政——宫市。宫市就是宫中在外面的采办活动。白居易的诗《卖炭翁》中形象地描绘过，一个卖炭的老人拉着一车炭，"千余斤"，那些采办人员拿出"半匹红纱一丈绫，系向牛头充炭直"。实际上就是强买强卖，扰民甚剧。谈到宫市的弊端，太子说：我想跟父皇认真地谈谈这事。"众皆称赞"，大家都说：对对对，您得赶快说。"独叔文无言"，王叔文这时却不说话。

等大家都退了下去，太子留住王叔文说：刚才我们谈起宫市的事，你为什么不说话呢？难道有什么想法吗？王叔文回答说：我蒙太子宠幸，有所见怎敢不说出来呢？只是太子的职责应该是视膳问安，即应该问候父皇吃饭还好吗？身体还好吗？睡觉还好吗？"不宜言外事"，不应谈外面的政事。为什么呢？原来皇上在位时间已有二十多年了，如果他怀疑太子提出这些弊政是为了收买人心，太子怎么能够解释得清楚呢？皇帝会认为太子你是不是等不及了,要早日夺权继位?

王叔文这话讲得很剀切。因为在那个时代,储君不应该对政事说三道四,这样很容易给别人以口实,甚至受到皇帝的怀疑。隋文帝对百官冬至日朝贺太子杨勇不满,最终废掉了他。当储君的应该有个基本的处事原则。太子听后非常吃惊,感动得掉下眼泪,说"非先生,寡人无以知此",如果不是您阻拦我,我真没想到事态将会如此严重,所以"大爱幸",而王伾也一并受到太子的重视。

为什么太子会因这件事就对王叔文宠爱而信任呢?第一,他觉得王叔文这个人有智慧;第二,他觉得王叔文是真心为他好;第三,他感到这件事如果不是王叔文指出来,可能对他继位有影响。所以通过这件事,他感到王叔文是一个可信任的人。此后,在李诵这位太子身边逐渐形成了一个以王叔文为中心的"太子党",像陆淳、吕温、李景俭、韩晔、韩泰、陈谏,还有柳宗元、刘禹锡、凌准、程异,这些人其实都是当朝有名的才俊之士。王叔文跟太子讲,他们谁可以当相,谁可以当将,希望太子登基后能重视并任用这些人。

启示94 在德宗病重期间,太子李诵身边逐渐形成了一个以王叔文为中心的核心班子,他们酝酿着新朝廷的人事安排。

在德宗病重期间,太子周围出现了以王叔文为首的这样一批人,他们之间互相往来,"踪迹诡秘,莫有知其端者"(《资治通鉴》卷二三六,唐德宗贞元十九年)。也就是说,这位等待继位的太子身边有了一个秘密的核心班子，他们酝酿着新朝廷的人事安排。

二、顺宗朝的权力网络

贞元二十一年（805）正月初一，皇室的亲属们都向德宗祝贺新年，只有太子生病不能前来，德宗涕泣悲叹——做父皇的难免有些伤感，由此生了病，而且越来越严重。此后二十多天"中外不通"，就是宫中和宫外的消息都不流通，外面不知道宫内的事，不知道东宫太子和皇上是否安康。不久，德宗驾崩，内廷的翰林学士还有宦官们赶紧起草遗诏。那么，由谁来继位呢？大家不知道怎么办才好。

这事很有意思，有太子在，为什么还没定继位者呢？我想主要就是人们认为太子身体不太好，他能继位吗？于是问题又来了，谁能继位呢？宦官说还没定。这时候，戏剧性的事情发生了，翰林学士卫次公大声说太子虽然有病，可是他居太子之位，是名正言顺的继承人，中外都期待着。不得已的话，那也应该立太子的长子广陵王，不然天下必将大乱，你还有什么别的选择吗？翰林学士郑絪等认为此话有理，于是就这么定了。

太子听说这些事后，知道人情犹疑，于是他披麻带孝，穿着紫衣麻鞋，出九仙门召见诸军使，人心才稍稍安定。诸军使主要指以神策军为首的各支禁卫军统帅，这些人都是由宦官控制的，从德宗时期就是这样。军队安定了，太子的心也算放下了。于是宦官宣读遗诏，太子穿着孝服出来见百官，即皇帝位于太极殿，是为顺宗，于是人心乃定。

顺宗确实病得不轻，自去年九月以来，就失音不能说话。不能说话怎么在朝上处理政事呢？所以只能在宫中、在帷帐下决策。决策程序是这样的，顺宗贴身的宦官李忠言、妃嫔牛昭容把外面的话传给皇上，顺宗把自己的意见通过他们传到外面去。所以百官奏事，王叔文在翰林院中做决策，王伾进宫将王叔文所做的决策告诉宦官李忠言，李忠言再去告诉牛昭容，牛昭容领到皇帝的旨意，然后就颁行天下。可见，只有李忠言、牛昭容能够接近皇帝，而王伾又直接跟这两个人——主要是跟宦官李忠言接洽，王叔文又隔了一层，不能直接见皇帝，要通过王伾和李忠言、牛昭容。我们从这个描述当中可以发现，新皇帝顺宗的这个权力网络不太顺畅。

通常情况下，一个老皇帝驾崩，应该有个前朝的重臣来做顾命大臣，主持朝政。可是为什么顺宗继位时看不到这种情况呢？这跟德宗晚年的朝政有关系。德宗晚年不信任大臣，什么事都自己决定，因此没有有威信、有影响力的大臣能够主持政权交接的事。所以出现了新的皇帝带病和身边的秘书班子或者助理班子掌握朝政的现象。这样，新的权力系统在与前朝留下的政令系统和官僚队伍的对接上就出现了问题。

接下来的情形是，王叔文等人不仅掌了权，而且要革新。首先是人事上的安排，王叔文在内朝决策，王伾负责上下传达，以吏部郎中韦执谊为同平章事，负责执行。

除此之外，他们还对弊政进行了改革。京兆尹李实残暴，剥削百姓，赋敛繁重，引起民众的怨恨。王叔文等揭露他贪残的行为，将其贬到地方去。整个首都地区为此欢呼雀跃，有的人袖子里藏着瓦砾, 在路上等着李实要去砸他, 李实就从小道跑了。

进一步的人事安排, 其关键就是以王叔文为起居舍人、翰林学士。

王叔文原来的职务是苏州司功, 翰林待诏是个差遣官。此时, 他由苏州的一个地方官变成了中书省的起居舍人。起居舍人只有六品的职位, 但翰林学士才是他实际做的事情。

翰林学士是在宫中替皇帝起草诏书的咨询文秘人员, 实际上是参与了最核心的朝政决策, 名额六人, 其中一人是承制秉笔学士, 担任具体起草制诏的工作, 就是首席学士。王叔文资格虽浅, 但应该是坐在首席学士的位置上。

王伾是杭州人, 说一口吴语, 举手投足, 有"笑星"的样子。皇上与他的关系显得比较随便, 史书上讲"素为太子之所褒狎", 意思是说二人常常开玩笑, 没有多少礼数。王叔文则有些以帝师自居, 又爱谈国家大政, 皇上对他会稍稍敬重一些; 他在见皇帝时, 进进出出也不像王伾那样随便。

大体决策程序如同前面所说, 王叔文到翰林院处理政事, 做出的决策通过王伾送到柿林院——就是皇帝住的地方, 去见李忠言、牛昭容。王伾是中间人, 负责在李忠言、牛昭容和王叔文中间传达。李忠言、牛昭容代表皇帝, 他们传达的就是皇帝的意思。皇帝的回复先下翰林院, 也请王叔文写成文书, 然后交给中书门下, 就是外朝的宰相韦执谊去执行。如果外朝有什么事反馈到宫中, 也是先由王叔文提出建议性意见, 再通过王伾报告给李忠言和牛昭容, 有些他们会请示皇上, 有些也许不请示皇上就做出决定了。这是内朝决策系统。

在外朝还有一个执行系统，也是他们的"同党"，来处理各种朝政，大都是些年轻的官员，比如韩泰、柳宗元、刘禹锡。他们给内朝决策提供资讯、建议，采听外事，谋议唱和。这批年轻人的改革热情很高，"汲汲如狂"，而且互相推奖。可以说，当时这些年轻人和位卑却以国事自任的王叔文等人，在脆弱的皇权（所谓脆弱是指皇帝身体不好）的支持下，进行着人事和制度上的改革。因为是改革，因为是新进之辈，所以他们在一些人事安排上，在一些事情的决策上，都不按传统的程序走，往往是迅速决策，果断实施。很多官员对这些人都比较畏惧，但由于担心自己的前途受到影响，因此不敢公开批评。

三、权力的博弈

永贞革新的时间虽然不长，但是留下了很多新政的措施，比如大赦天下，蠲免租税；又如除了正常的贡赋之外，停止德宗晚年时向朝廷进奉、送礼的陋习，完全撤掉宫市和五坊小儿。五坊小儿仗着皇家的特权，做了很多残酷无理的事，来诈取百姓的财物。有的把网张在人家门前不许人进出，有的张在井上不让人打水，谁要是接近，五坊小儿就说："你惊吓了用于进奉的鸟雀。"说完便痛打人家一顿，被打之人还不得不拿出财物来谢罪。有的五坊小儿聚集在酒馆里大吃大喝，酒足饭饱后抬脚就走，一些店家不知道他们的身份，上前去要酒饭钱，就会遭打骂。有时候五坊小儿还会留一袋蛇，说："这些蛇是用来捕捉鸟雀的，现在留下来给你，希望你好好饲养，不要让它们饿着了。"店家害怕，上前央求，他们才带着蛇离开。把宫市、五坊小儿这些扰民的事都禁止了，社会上便少了一些怨声。德宗晚年还有一项弊政，盐铁转运使每个月要给宫中送钱，其实这是把国家的钱变成皇帝私人的收入，此次革新也把它去掉了。

另外，在人事上也采取了一些新政，除了提拔王伾担任翰林学士之外，德宗晚年十年无赦，官员犯了一点小错误，就被贬逐到地方，此后很少能被重新起用。经过改革，规定这些过去犯了轻微过失的人，可以根据其功绩再往上升迁。德宗朝的几位名臣，如翰林学士陆贽和郑余庆、韩皋、阳城，都因事被贬到了地方，顺宗这时候下诏，让他们返回朝廷，可惜陆贽和阳城还没有接到诏书就去世了。

在人事制度安排上，权力向王叔文等人集中，主要是抓财权和兵权。财权主要归度支盐铁转运使，加"度支使"头衔是说其掌管中央的财政出纳；加"盐铁使"是说其掌控盐铁专卖事宜；加"转运使"是说将盐利收入用作漕佣，转输江淮各地的物资。王叔文让资深财经专家杜佑为度支使，兼诸道盐铁转运使。可是杜佑的年纪大了，王叔文便担任他的副手，任度支盐铁转运副使，实际掌握权力，这样就把赋税掌握在改革派的手上了。

除此之外，还要掌握兵权。改革派以右金吾大将军范希朝为左右神策京西诸城镇行营节度使。神策军分左右，是中央最重要的一支军队，大概有十五万人，这些人都由宦官左右中尉来领导，但不可能把十五万人都集中在京城里，所以神策军的军士主要驻扎在首都西北的城镇，也就是说在京西地区有很多神策军行营。这些行营部队驻扎在十三个城镇，这十三个行营的统领叫行营节度使。现在任命老将范希朝担任左右神策京西诸城镇行营节度使，让度支郎中韩泰为行军司马，行军司马相当于副司令兼参谋长，负责军队的调动和军令的发布，实际上掌管军权。王叔文担心自己手上没有兵权，政权会不巩固，所以他要夺宦官的兵权以自固。跟杜佑的角色类似，老将范希朝只是挂名，与王叔文一派的韩泰实掌其权。

为什么王叔文等人急于掌控兵权呢？原因在于皇上的身体越来越不好，大家很难见到皇上，以宦官为代表的一些反对派想要早立太子，王叔文等人担心立了太子后，会大权旁落。宦官分为两派，李忠言是顺宗为太子时从东宫带来的，属于新的权贵，但势力单薄；俱文珍、刘光琦、薛盈珍等是宫中的老人，掌握着禁军，权势强大。

俱文珍等宦官发现王叔文、李忠言一上来就大权在握，排斥异己，自己这些先朝老人倒靠边站了，所以他们就召集翰林学士里面的那些老学士，如郑绹、卫次公、李程、王涯等入金銮殿起草立太子诏，企图把权力夺过来。当时有六个翰林学士，除了王伾、王叔文外，还有郑绹、卫次公、李程、王涯，他们资格比王叔文老，看到王伾、王叔文手握重权，很不满意，所以与俱文珍、刘光琦、薛盈珍等人站在了同一战线上。当时顺宗已不能说话，俱文珍等人与四位学士草拟了立太子诏，立嫡以长，皇上点了头，就立长子李纯为太子。

对于顺宗来说，改革固然重要，但作为皇帝，不会顾及到王叔文等人考虑的争权问题。他现在身体不好，从家国传承来讲，当然要立太子，何况太子已经二十多岁，是成年人了。可是一立太子,就对王叔文等人构成了威胁。不光是翰林学士、宦官,朝中的宰相大多也对王叔文等人不满,除了韦执谊是王叔文引荐做宰相的,朝中还有其他的宰相如贾耽、杜佑、高郢、郑珣瑜,贾耽、郑珣瑜不愿意与王叔文等人合作,杜佑等人只是挂名,起不了实际作用。由此,反对王叔文等人的势力越来越大了。

册封太子以后,大家都觉得有了希望,皇上万一有个三长两短,社稷就有人继承了。史书上说,中外大喜,一类人觉得皇位传承不会出问题了,还有一类人可能就是王叔文的反对派,他们觉得王叔文的势力不会长久了。王叔文当然知道这种情况,所以面有忧色,口不敢言,只是吟杜甫题诸葛亮祠堂里面的诗句"出师未捷身先死,长使英雄泪满襟"来表达自己的心迹。正是出于这种顾虑,王叔文等人才想把兵权掌控住,作为自己安全的保障。

同时,王叔文等人也去做争取太子的工作。他们让同党陆淳从给事中转任太子侍读,陆淳为了避太子讳而改名陆质,希望在做太子侍读的时候,能够做做太子的工作。陆质正要为王叔文等人解释,太子就生气了:陛下令先生给我讲经义,你为什么谈其他的事呢?看到太子不买账,陆质不敢再为王叔文等人说话了。从这里已经看出问题的严重性。

从贞元二十一年(805)正月德宗去世,到五月王叔文等人想掌兵权,老的宦官、老的翰林学士、老的宰相都站在了王叔文等人的对立面。王叔文用新人掌财权、掌兵权的动作有点急,而急的原因就是册立太子,他们想在此之前完全掌握政权、财权、兵权。可是宦官们并不那么容易就范,更不会轻易让王叔文等人把权力都夺了去。

首先王叔文担任户部侍郎，还任度支盐铁转运副使，这是握有实权的实职，而翰林学士相对而言是个虚职，但翰林学士负责谋划，能在禁中参与中枢决策。在这种情况下，王叔文担任户部侍郎和度支盐铁转运副使后，翰林学士之职一般都应该卸掉。于是，俱文珍等老宦官就把王叔文翰林学士的职务给免去了。也就是说，王叔文并没有完全控制皇帝诏书的传递系统，因为这个系统不光是王叔文、王伾、牛昭容、李忠言这条线，还有另外一条线，由宦官俱文珍和其他翰林学士控制。诏书一下来，王叔文得知自己翰林学士之职被去掉，傻眼了，因为不担任翰林学士，就不能进入决策层，就没有权力进行决策了，让他单纯管财务，也就没有了意义。因此王伾一再请求恢复王叔文的翰林学士职务，但得不到皇帝的答复，也就是说王伾这个系统得不到答复，现在就连顺宗还能不能正常行使决策权，都值得怀疑了。可以说王叔文、王伾一方的决策系统瘫痪了。

大概由于王伾的反复请求，王叔文被准许每隔三五天进翰林院来参议谋划，可是不能担任翰林学士。至此王叔文明白，他的这个政令系统出了问题，他处理朝政的权力来源出了问题。当然，宦官更不会把兵权交给王叔文一派的人，所以当范希朝、韩泰去接管神策军行营的时候，那些神策军的军将秉承宦官的意思，根本不听范希朝、韩泰的命令，他们二人也无可奈何。

四、屋漏偏逢连夜雨

就在这时候，王叔文跟韦执谊也产生了矛盾。因为他们两个人在处理政事上产生了分歧。据说王叔文有点睚眦必报，韦执谊希望缓和一点。

举个例子，宣歙节度使的属官羊士谔到长安来办事，公开批评王叔文，王叔文听后大怒，要请诏斩之，宰相韦执谊说不可以；王叔文提出把他杖杀，这是比斩首低一等的刑罚，韦执谊又说不可以，最后把羊士谔贬到地方上去当县尉。就这件事情本身来说，王叔文肯定是不对的，批评政事就要杀头，有点过分，所以韦执谊做得和缓一些，也无可厚非。但是王叔文就非常生气，开始讨厌韦执谊，两个人由此产生了矛盾。

史书记载，王叔文还得罪了地方上的节度使。剑南节度使韦皋派部将刘辟到朝廷走门路，求王叔文把荆南三川等地都划归剑南节度使统领，其实就是为增加地盘。韦皋说如果这件事做成了，我们就会支持你，否则我们也会找你麻烦。王叔文没有答应韦皋的要求，甚至要把他派来的部将刘辟给斩了。韦执谊没有同意，这样两人又产生了矛盾。

应该说王叔文坚持原则是对的，但斩韦皋的部将则不太合适。这件事使王叔文不但得罪了地方实力派剑南节度使韦皋，而且让王叔文跟韦执谊之间的矛盾越来越深了。韦执谊虽然是被王叔文推荐到宰相位子上的，可是他慑于舆论，也不想完全对王叔文亦步亦趋。当时的舆论都说王叔文是小人得志，所以韦执谊故意要跟王叔文保持一点距离，他派人跟王叔文解释说：我不是辜负你，故意跟你过不去，是想用更好的办法来成就你的事业。王叔文不相信他的话，两人竟然像仇人一般。

这种事也是导致改革难以推进的重要原因。反对派的实力那么强大，改革派的根基这么浅，内部还不和，这肯定是有问题的。不久，韦皋就上书说陛下身体不好，应该把权力交给东宫，其他一些人，如荆南节度使、河东节度使也都附和韦皋的说法，要求皇上让太子监国。

王叔文等人计无所出。一方面，地方节度使要求皇上让太子监国；另一方面，他接管兵权的安排根本得不到落实，宦官明确告诉京西神策行营的军将，不要听范希朝的，要听我们的，不要把兵权交出去。王叔文等人处于坐以待毙的境地。屋漏偏逢连夜雨，在这关键时刻，王叔文的母亲病重，生命垂危，这种情况下他要请假回去侍奉母亲。

王叔文请假之前设了一桌酒宴，把各位学士、宦官，包括李忠言、俱文珍、刘光琦等人都请来吃饭。王叔文说我的母亲病重，我身任国事不能亲奉汤药，现在想请假回去侍奉母亲。我最近竭尽心力不避危难，都是因为朝廷对我有恩，但我离开以后，各种诽谤肯定会纷至沓来，希望大家能够为我说几句话。根据《旧唐书·王叔文传》的记载，王叔文特别解释了羊士谔和刘辟的事情，说我根本不认识刘辟，他却直接闯进门来，想抓我的手腕，为韦皋求领三川，"岂非凶人耶？"又说自己兼领度支事务，如何有功劳，如何辛苦。俱文珍对他的话予以驳斥，王叔文说一句，俱文珍就驳一句。宴会最终不欢而散。

王叔文利用与顺宗接触的机会，得到信任，"阴构密命，机形不见，因腾口善恶进退之。人未窥其本，信为奇才"。待到他实际主持盐铁转运使的工作时，在与外朝众人接触后，无论智愚都说："城狐山鬼，必夜号窟居以祸福人，亦神而畏之；一旦昼出路驰，无能必矣。"（《旧唐书》卷一三五《王叔文传》）这段话虽然是针对王叔文被解除翰林学士之后的情形说的，但是，从王叔文举办这次宴会和在宴会中的表现看，他确实是志大才疏、言过其实的一个人。在复杂的政治局面下，他确实是"无能必矣"。

不久，王叔文的母亲就去世了。王叔文现在已经不是重要官员了，翰林学士被免，户部侍郎兼度支盐铁转运副使虽掌握着财权，但是要把这个财权运作到凝聚人心的地步，也不是一天两天的事。王叔文既然遭遇母丧，就应该弃官在家守制，所以他现在就是没有官职的布衣了，韦执谊更不会听他的了。王叔文很着急，希望能够再起为官，并要先斩韦执谊，再杀那些不服气的人。史书中就是这样记载的，但王叔文究竟是不是动辄就要杀伐那些骂他、批评他以及和他意见不合的人，事实真相不得而知。

王叔文日夜盼着起复。王伾每天到宦官那儿去，再找宰相杜佑，谋求让王叔文夺情起复，然后当宰相，而且总领北军（北衙禁军）；如果不行，那就谋求担任威远军使、同平章事。威远军是南衙一支小的军队，但即便如此还是得不到批准。改革派不知怎么办才好，作为翰林学士，王伾上了三次奏疏都没得到回应，他知道事情完了，于是当天半夜声称自己中风，第二天被抬回家里不再出来，这时候改革派真的大势已去了。

五、最后的失败

朝廷下旨，以太子李纯监国。

太子监国后，把人事都调整了，罢掉一些不管用的宰相。不久，顺宗禅位为太上皇，太子即位，就是唐宪宗，改元永贞，永贞革新的永贞便由此而来。实际上王叔文他们实施改革那一年，还是贞元二十一年（805），这是德宗的年号，因为德宗是在正月去世的，到八月初五才把年号从贞元改为永贞。

根据《资治通鉴》的记载，太子监国得到了地方军阀的普遍支持。早在六月十六日，剑南节度使韦皋就率先上表，以为陛下哀毁成疾，重劳万机，故久而未安，请权令皇太子亲监庶政，等待皇躬痊愈，再令太子复归春宫（即东宫）。他还说，"臣位兼将相，今之所陈，乃其职分"。同时韦皋还给太子上笺，说皇上"委政臣下，而所付非人。王叔文、王伾、李忠言之徒，辄当重任，赏罚任情，堕纪紊纲。散府库之积以赂权门。树置心腹，遍于贵位；潜结左右，忧在萧墙。窃恐倾太宗盛业，危殿下家邦，愿殿下即日奏闻，斥逐群小，使政出人主，则四方获安"（《资治通鉴》卷二三六，唐顺宗永贞元年）。《资治通鉴》说韦皋自恃重臣，远处西蜀，度王叔文鞭长莫及，奈何他不得，于是极尽攻击之能事。"俄而荆南节度使裴均、河东节度使严绶笺表继至，意与皋同，中外皆倚以为援。"显然，在藩镇和宦官的双重逼迫下，顺宗交出了权力。

宦官得势后，王叔文、王伾就遭到贬逐，还有八个同党也被贬到地方上当司马。司马有点像地方上的巡视员，是没有实权的空职，是唐朝专门给那些被贬到地方的官员安排的职务，所以这次改革也叫"二王八司马"改革。王伾不久病死，王叔文被贬到地方后，第二年被赐死，这是"二王"的结局。其他"八司马"是韦执谊、韩泰、陈谏、柳宗元、刘禹锡、韩晔、凌准、程异。

王叔文集团掌权大概不到半年时间，尽管八月初新皇帝才即位，但实际在五月份的时候他们就出了问题。刘禹锡说王叔文主事有146天。

> **启示96** "永贞革新"有着积极意义，比如革新者想抑制宦官集团、改革德宗朝弊政、重振朝纲。可是他们利用脆弱的权力靠山，完全否定前朝的官僚系统，有些措施操之过急，改革派内部又有矛盾，更缺乏分化敌对阵营的谋略，失败也是必然的。

"永贞革新"不能说没有积极意义，比如革新者想抑制宦官集团、改革德宗朝弊政、想重振朝纲，可是其失败也是必然的。

王叔文等人利用脆弱的权力靠山，完全否定前朝的官僚系统，抛弃内朝的宦官、翰林学士，以及外朝的宰相朝官系统，这显然是很难运作的。再加上皇帝病体缠身，他们的权力基础很薄弱，有些措施操之过急，急于掌握兵权、财权，不能循序渐进，改革派内部还有韦执谊跟王叔文的矛盾不能化解，更缺乏分化敌对阵营的谋略。

前朝有弊政，新即位的皇帝和他周围的人想改革，这是常情。但从"二王八司马"的能力和策略来看，即使他们没有被剥夺权力，即使没有太子监国，他们的改革能否成功也是值得怀疑的。因此，对于"永贞革新"，一方面要肯定改革派做了一些有意义的事情，另一方面也要认识到，他们的改革即使真正推行，也不一定能成功。因为这时候唐朝的各项制度已经沉疴难除了。但是有一条不能否认，王叔文集团里面有些重要干部的节操和能力值得肯定。王伾、王叔文被贬不久就去世了，很难细致地去考察，可是柳宗元、刘禹锡这些人，都是中国历史上值得称赞的廉能之士。尤其是程异，虽然不算文人，但也是"二王八司马"里面的核心人物，他被贬到郴州当司马，元和初年，他受到当时财政最高长官盐铁使李巽的重视和提拔，说要用其所长，要宽容他过去犯过的错误，就是指他参加过"二王八司马"的改革。因为程异善于理财，于是让他在元和年间担任地方上的财政官，就是盐铁留后，在征讨藩镇、平定淮西吴元济叛乱的过程中，他为朝廷调配粮饷，做得非常出色，有力地支持了朝廷的平叛行动，所以唐宪宗不计前嫌，任命他为盐铁转运使兼御史大夫。程异为国家管理钱财十几年，死后家无余资，可以说相当清廉了。像程异这样的人，是"二王八司马"队伍里的骨干，因此很难说"永贞革新"是一群小人当政，是小人在那里争权夺利、以权谋私。客观地说，"二王八司马"改革的失败，其实也预示着唐朝后期政治的险恶以及改革推行的艰难。

（参见《资治通鉴》卷二三六）

第七节 人格与风范：
"元和中兴"贤相裴度

在中国历史上，无论是开国明君，还是中兴英主，其彪炳史册的文治武功，总是与一批贤明宰臣的辅弼分不开。唐宪宗元和年间（806—820），中央对割据藩镇的战争取得了巨大胜利，号称"中兴"，而佐助这一中兴事业的著名宰辅就是裴度。

> **启示97** 怀经济之策、负济世之才的裴度，并不甘心随时俯仰，做一个尸位素餐、庸碌无为的官僚。他对当时藩镇跋扈、凌轹王室的局面痛心疾首，对宦官窃威弄权更是忿懑不平。他决心为振兴皇室而付出努力。

裴度（765—839），字中立，河东闻喜（今山西闻喜东北）人。祖、父曾任县丞、县令之类的小官。裴度自幼饱读经史，博览群籍，能诗善文。德宗贞元五年（789）进士及第，后登博学宏词科，授校书郎，又以制策高等迁河阴尉，旋入为监察御史。这是唐代士人最理想的一条入仕路径。生在积衰动乱时代的裴度，怀经济之策，负济世之才，并不甘心随时俯仰，做一个尸位素餐、庸碌无为的官僚。作为一个正统封建士大夫，他对当时藩镇跋扈、凌轹王室的局面痛心疾首，对宦官窃威弄权更是忿懑不平。他决心为振兴皇室而付出努力。

一、亲临前线，讨伐叛镇

宪宗元和初年，在武元衡、李吉甫的主持下，中央对闹事的藩镇采取了严惩不贷的方针。西川刘辟、夏州杨惠琳、浙西李锜先后被平定。但是，当时真正割据一方与朝廷分庭抗礼的是盘踞在两河地区的成德、卢龙、魏博、淄青、淮西等藩镇。他们擅地自专，不输贡赋，表里依托，桀骜不驯。代宗、德宗二朝时，他们甚至多次弄兵玩侮朝廷，气焰十分嚣张。因此，能否降服这些骄藩，成为解决藩镇割据问题的关键。可是，大历、建中、贞元时的讨伐战争，朝廷均遭失败；元和四年（809），朝廷更是派出近二十万大军围剿成德镇，最终也以师老兵疲、饷费不继而告终。因此，是继续伐叛、扫平割据，还是偃旗息鼓、容忍姑息，一直是元和一朝中央官僚内部矛盾的焦点。

元和七年魏博镇发生内讧，田弘正被拥立为留后，向朝廷输款效诚，表示"欲守天子法，举六州版籍请吏于朝"（《新唐书》卷一四八《田弘正传》）。这是瓦解河朔诸镇联盟的一个绝好机会。此时，裴度已入朝，累迁司封郎中、知制诰。朝廷派他前往魏博宣慰抚纳。这位"劲正而言辩"、能"感动物情"的演说家，"遍至属州，布扬天子德泽，魏人由是欢服"（《新唐书》

卷一七三《裴度传》)。使还称旨,拜中书舍人,迁御史中丞,于是越来越受宪宗的信重。

在两河割据藩镇中,唯淮西镇蔡、申、光三州孤悬在外,不与其他叛镇毗连,是整个骄藩"肱髀相依""急热为表里"的联盟中最薄弱的一个环节。元和初年,宪宗平刘辟后,就想收复淮西,只因用兵成德,故未得行。元和九年(814),淮西节度使吴少阳死,其子吴元济握兵不迎敕使,并且出兵劫掠,"关东震骇"。朝廷遂发宣武等十六道兵马讨伐,元和时最激烈的一场恶战由此打响。

在宰相武元衡的主持下,唐朝的讨伐战争来势很猛,引起了成德、淄青等骄藩的恐惧。正当唐朝与淮西艰苦作战之时,成德王承宗再度寻衅,淄青李师道也乘机闹事。他们一面上表朝廷反对用兵淮西,一面派兵"劫都市,焚宫阙",搞得"所在盗贼窃发"。唐中央在河阴转运院贮存的三十余万缗匹钱帛和三万余斛谷物均遭焚毁,"于是人情恇惧,群臣多请罢兵"(《资治通鉴》卷二三九,唐宪宗元和十年)。可是元和十年(815)五月,裴度奉命去前线视察形势,归来后极力主战,并向宪宗详细分析了"淮西必可取之状",从而坚定了宪宗的讨叛决心。

武元衡、裴度的积极主战,遭到了割据藩镇的切齿痛恨。他们先是行贿收买,继而公开威胁,但都不能达到迫使朝廷罢兵的目的。于是,"王承宗、李师道俱遣刺客刺宰相武元衡,亦令刺(裴)度"(《旧唐书》卷一七〇《裴度传》)。元和十年六月三日,武元衡于早朝时被害于靖安坊。裴度亦于通化坊被刺,身中三剑，头部斫伤，因从人王义舍身救护才幸免于难。这一严重暗杀事件，使不少官僚吓破了胆，京城里人心惶惶。主和派乘机要求"罢度官以安恒（成德）、郓（淄青）之心"。但是，裴度"以平贼为己任"的决心丝毫没有改变，宪宗当即拜他为中书侍郎、同平章事，"悉以用兵事委度，讨贼甚急"（《资治通鉴》卷二三九，唐宪宗元和十年）。

裴度虽然得到了宪宗的支持，但面临的局势却十分险恶。首先是朝中有一大批主和派官僚日唱休兵之策，其中包括外朝宰相和号称"内相"的翰林学士，势力不容低估。明末清初的王夫之论及此事，甚至怀疑这些反对派曾接受淮西、成德、淄青三镇的贿赂，所谓"皆醉饱于三寇之苞苴，而为之唇舌者也"（〔清〕王夫之：《读通鉴论》卷二五《宪宗》）。在一次宪宗召开的"诏群臣各献诛吴元济可否之状"的御前会议上，"朝臣多言罢兵赦罪为便，翰林学士钱徽、萧俛语尤切。唯度言贼不可赦"（《旧唐书》卷一七〇《裴度传》）。可见裴度已有孤军作战的危险。其次，在前线，监军与监阵宦官控制了指挥权，诸将互相观望，不肯力战；中央兵食供馈负担沉重，旷日持久的战争势必会给朝廷带来灾难性的后果，而这些又给反对派以罢兵的口实，他们交章论奏，屡屡以"用兵累岁，供馈力殚"为辞。宪宗虽然不想中途撒手，但对前方战事的不顺利也是一筹莫展。显然，这时唯一的办法是迅速打破僵持的局面，尽快结束这场战争。于是，裴度挺身而出，毅然请求亲往淮西督战，表示出"臣誓不与此贼俱生"的坚定决心。宪宗欣然同意。

元和十二年（817）八月，裴度以门下侍郎、同平章事兼彰义节度使①，仍充淮西宣慰招讨处置使的身份亲赴前线。临别辞行时，他向宪宗立下"军令状"："贼灭，则朝天有期；贼在，则归阙无日。"（《资治通鉴》卷二四〇，唐宪宗元和十二年）宪宗听后感动得流下了眼泪。

> **启示98**　裴度不顾个人安危亲临前线的行为大大鼓舞了士气，将领们斗志高昂；他又奏罢在战场上胡乱指挥的监阵宦官。战争形势迅速向有利于朝廷的方面转变。

八月二十七日，裴度抵达郾城（今河南郾城）。他常常冒着被敌骑劫持的危险，到阵地前沿宣慰将士，视察战情。有一次，裴度正在观察军士筑城，叛军骁将董重质出骑邀击，"注弩挺刃，势将及度"，多亏唐将李光颜、田布眼疾手快，力战拒之，才使裴度免遭毒手。裴度不顾个人安危亲临前线的行为大大鼓舞了士气，将领们斗志高昂，"士奋于勇"。裴度又奏罢在战场上胡乱指挥的监阵宦官，"诸将始得专军事，战多有功"（《资治通鉴》卷二四〇，唐宪宗元和十二年）。战争形势迅速向有利于朝廷的方面转变。

在前线作战的将领中，唐邓节度使李愬是一位智勇双全的人物。还在裴度于朝中主持兵务时，李愬打算偷袭吴元济老巢蔡州的计划就得到了朝廷的同意，并且添拨昭义、河中、鄜坊等镇步骑二千人相助。裴度亲临督师，唐军攻势遂加凌厉。吴元

---

① "彰义"为淮西军号。

济内部空虚, 只有招架之功, 没有还手之力, 这为李愬的偷袭计划创造了有利条件。后来, 李愬派人把行军方案"密白裴度", 再次得到了裴度的鼓励和支持。十月十一日, 李愬偷袭蔡州成功, 吴元济就擒。其余各地叛军多所降附。裴度至前线督师仅两个月, 就取得了淮西大战的胜利。

> **启示99** 内不虑身计, 外不恤人言, 古之所难也。晋公(裴度封晋国公)能之, 诚社稷之良臣, 股肱之贤相。元和中兴之力, 公胡让焉!

淮西的平定, 不仅清除了唐王朝的一个腹心之患, 而且使其他割据藩镇闻风丧胆。于是, 裴度运用攻心战术, 使人讽动成德王承宗, "故兵不血刃, 而承宗鼠伏"(《旧唐书》卷一七〇《裴度传》), 迫使他献出了德、棣二州。不久, 王承宗死, 朝廷调田弘正任成德节度使, 调李愬任魏博节度使。元和十四年(819)二月, 在裴度的主持下, 朝廷平定了助纣为虐、反复无常的淄青李师道。稍后, 卢龙节度使刘总也吓得主动让出了帅位, 请求落发为僧, 朝廷派张弘靖前往镇守。至此, "自肃、代以来, 河北割据跋扈之风, 消尽无余, 唐于斯时, 可谓旷世澄清之会矣"(〔清〕王夫之:《读通鉴论》卷二六《穆宗》)。这在唐代藩镇割据史上, 可以说是空前绝后的壮举。故史称"唐室中兴, 章武而已"①。而在这一中兴事业中, 裴度置生死于度外, 立下

---

① 宪宗死后谥号"圣神章武孝皇帝", 宪宗为其庙号。

了不可磨灭的巨大功勋。无怪乎史臣赞叹道："内不虑身计，外不恤人言，古之所难也。晋公（裴度封晋国公）能之，诚社稷之良臣，股肱之贤相。元和中兴之力，公胡让焉！"（《旧唐书》卷一七〇《裴度传》）

二、三起三落，声名远扬

在封建专制时代，一个大臣在阶级和时代条件允许的范围内，其政治才能和抱负能否得到施展和实现，很大程度上取决于他与皇帝的际遇。因此，君明而臣贤，可以演一出威武雄壮的剧；君暗而臣贤，却只能导致一场"长使英雄泪满襟"的悲剧了。裴度这位"中兴"贤相的晚年就是如此。自平定淮西以后，宪宗进取之志日衰，变得奢靡起来，裴度也逐渐被疏远。他"执性不回，忠于事上，时政或有所阙，靡不极言之"的赤胆忠心，反而成为奸臣皇甫镈陷害打击他的"罪证"，裴度因而被贬为河东节度使。穆宗朝，他又受到宦官魏弘简和大臣元稹的排挤；敬宗朝，他则受到李逢吉及"八关十六子"的构陷；文宗朝，他又受到牛僧孺、李宗闵的嫉妒。因此他三起三落，几度入相，又几度出藩。但是裴度在人们心中享有极高的威望，以至"凡命将相，无贤不肖，皆推度为首"。其声名远播于周边少数民族及外国，"时有奉使绝域者，四夷君长必问度之年龄几何，状貌孰似，天子用否"。因而，地方藩镇一有风吹草动或寻衅闹事，朝廷中正直的大臣便纷纷要求起用裴度。史官评价说："用之则治，舍之则乱"，"以身系国之安危、时之轻重者二十年"。

裴度以垂暮之年，"累为奸邪所排，几至颠沛"（《旧唐书》卷一七〇《裴度传》），虽然不免有"危事经非一，浮荣得是空"的无限感慨，但他仍胸襟开阔，乐观旷达，在被贬到地方藩府任职时，还唱出"白头官舍里，今日又春风"（《全唐诗》卷三三五，裴度《太原题厅壁》）的豪迈诗章。他时常与白居易、刘禹锡等吟诗作赋，保持着高尚的情趣。至文宗开成四年（839）三月四日，裴度逝世于长安，时年75岁。这位生前不为奸佞所容的儒雅大臣，在去世后，他的文武兼备，他的非凡胆识，他的卓著功业，受到后人的敬仰，"天下莫不思其风烈"（《新唐书》卷一七三《裴度传》）。此后，人们还立庙祭祀，以表达对这位先贤的怀念之情。

（参见《资治通鉴》卷二三七至卷二四一）

第八节 权力的掌控与争夺：
唐后期的宦官专权

我们在读《资治通鉴》这类史书时会发现，唐代的宦官十分嚣张。但是，他们好像又很容易被除掉，像吐突承璀、仇士良、王守澄、杨复恭，曾经飞扬跋扈、不可一世，后来却被轻易地除掉了——退休或者处死。此外，我们知道宦官内部会有矛盾，这种矛盾一定程度上影响到了外朝的斗争，那么，这种内部矛盾是如何形成的呢？有什么规律可循吗？

一、从敬宗之死谈起

唐敬宗昏聩而冥顽，有许多资料可以证明。在他即位之后，就有一些官员冒死谏诤其不理政不早朝的怠政行为。宰相牛僧孺主动要求离开朝廷，就是因为敬宗的昏庸不作为；李德裕也上书谏诤，但都是对牛弹琴。

在敬宗即位当年（824）的四月份，就发生了一起暗杀皇帝的事件。参与谋杀者都是宫中不正派的人，为首的是卜者苏玄明、供役于染坊的张韶。

苏玄明对张韶说:"我给你算了一卦,你当升殿坐,与我共食。"还说:"如今皇上昼夜击球、打猎,多不在宫中,大事可图也。"

张韶竟然信以为真。于是,他与苏玄明暗中联络染工无赖百余人,准备起事。苏玄明负责出主意,张韶等人大概因为是做工出身,人多且有勇力,所以被苏玄明发动了起来。

这一天,他们把兵器藏在紫草里,装到车上,从大明宫东面的银台门(北边就是玄武门)进宫,准备夜间动手。入宫不久,有巡逻者发现拉紫草的车怎么这么沉重,便上前盘查。张韶一下子慌了,杀死了盘查的人,换上衣装,仓促动身。他们举着武器扑向禁庭。敬宗此时正在清思殿击球,宦官们见状,惊恐万分,急忙关闭殿门,跑去告诉皇帝。叛乱分子斩关而入。皇帝狼狈而逃,想逃往右神策军营,有人提醒说右神策军营太远,途中恐怕会遇到强盗,不如到左神策军营。皇帝又急忙逃到了左神策军营驻地。

平日里两军竞技比赛,敬宗总是偏向右神策军,因为右神策中尉梁守谦得宠于皇帝。现在敬宗气喘吁吁地跑到左神策军营,左神策中尉马存亮急忙出来迎驾,亲自背起皇帝,跑入军中,并遣大将康艺全率兵入宫讨贼;马存亮又以五百骑迎二太后(太皇太后郭氏、上母太后王氏)到军营。

皇宫这边,张韶升清思殿,坐御榻,与苏玄明同食,说道:"果然如你所言!"苏玄明惊曰:"事止此邪!"张韶惧而走。恰好康艺全与右神策军兵马使尚国忠引兵至,合击之,杀张韶、苏玄明及其党徒，死者狼藉。散匿在禁苑之中的其余党徒，也在次日悉数被擒获。

时宫门皆闭，皇帝宿于左神策军，中外不知皇帝所在，人情惶骇。不久，皇帝还宫，宰相率百官到延英门祝贺，来者不过数十人。起事者所经历诸门，监门宦者三十五人依法当死。敬宗下诏并以杖刑罚之，仍不改职任。同时，厚赏了两军立功的将士。

> **启示100** 敬宗是一个很不称职的皇帝。他有三大问题：一是喜欢游玩，二是无节制地赏赐，三是动辄就虐待身边的侍从。

从以上事件中我们可以基本判定，敬宗是一个很不称职的皇帝。他有三大问题：一是喜欢游玩，尤其是喜欢击球、摔跤、掰手腕；二是无节制地赏赐；三是动辄就虐待身边的侍从，包括宦官。

"上游戏无度，狎昵群小，善击球，好手搏，禁军及诸道争献力士，又以钱万缗付内园令召募力士，昼夜不离侧。又好深夜自捕狐狸。性复褊急，力士或恃恩不逊，辄配流、籍没。宦官小过，动遭捶挞，皆怨且惧。"（《资治通鉴》卷二四三，唐敬宗宝历二年）这是司马光惯用的笔法，在某事发生之前，要集中谈谈事情的原委。这里谈的原因是：第一，敬宗游戏无度，狎昵群小，身边有一些不三不四的力士；第二，敬宗性格偏激，这些力士如对皇帝不顺从、不恭敬，就会受到严重处罚，包括流配、籍没为奴；第三，敬宗身边的宦官若有小的过失，也会挨打，他们与力士一样对敬宗既怨恨又恐惧。

敬宗被杀的这天，犯了同样的恶习。宝历二年（826）十二月初八，敬宗夜猎还宫，与宦官刘克明、田务澄、许文端及击球军将苏佐明、王嘉宪、石从宽、阎惟直等二十八人饮酒。皇上酒醉醺醺，入室更衣，殿上烛火忽灭，苏佐明等弑皇帝于室内。

皇帝与身边的侍从游玩、喝酒，最后竟被侍从杀死。更重要的是，刘克明等矫称上旨，命翰林学士路隋起草遗制，"以绛王悟权句当军国事"。次日，宣遗制，绛王见宰相百官于紫宸殿外廊。可以想见，如果没有事先的周密准备，一天多时间内就换了一个天子，简直不可思议！

然而，政变最终夭折了，因为刘克明等低级宦官想要换掉当时内侍中的掌权派——"四贵"（唐末对两枢密使、两中尉的称呼），这谈何容易。"克明等恃功，将易置左右，自引支党颛兵柄。"（《新唐书》卷二〇八《宦者下·刘克明传》）于是，枢密使王守澄、杨承和，中尉魏从简、梁守谦议定，以禁卫兵迎江王涵入宫，发左右神策、飞龙兵进讨贼党，尽斩之。刘克明也被斩杀。绛王为乱兵所害。

显然，刘克明等是敬宗为太子时的身边宦官[1]。而枢密使王守澄等人则是体制内先皇时期留下的宦官。当时，担任枢密使和中尉，必须有一定的资历，太子身边的小宦官一般不会有机会升任到如此高的职位。换掉皇帝，是利用其贴身近侍的条件，容易得手，也容易封锁消息。但是，要换掉执掌军政大权的权

---

[1]《新唐书·刘克明传》云："刘克明亦亡所来，得幸敬宗。"刘克明的身世不清楚，但他是敬宗在东宫时身边的宦官则无疑。

阉，就不容易了。

敬宗之死告诉我们，太子的贴身宦官成为戕害皇帝的人，先帝时期的权阉成为决定皇帝人选的人。

二、两股宦官势力

关于东宫宦官与先帝时期权阉发生冲突的事件，我们还可以举出如下例子。

顺宗即位，他身边的宦官是李忠言，王叔文等人正是通过李忠言而获得皇帝旨意的。俱文珍等谋夺王叔文的权力，奏立太子，就是剥夺李忠言在皇帝身边代言的权力。

"俱文珍，贞元末宦官，后从义父姓，曰刘贞亮。……顺宗即位，风疾不能视朝政，而宦官李忠言与牛美人侍病。美人受旨于帝，复宣之于忠言；忠言授之王叔文。叔文与朝士柳宗元、刘禹锡、韩晔等图议，然后下中书，俾韦执谊施行，故王之权振天下。"在这个权力运作系统中，俱文珍等完全靠边站了。"叔文欲夺宦者兵权，每忠言宣命，内臣无敢言者，唯贞亮（即俱文珍）建议与之争。"李忠言（背后是王叔文）与俱文珍的冲突，就是新老宦官的冲突。俱文珍"知其朋徒炽，虑隳朝政，乃与中官刘光琦、薛文珍、尚衍、解玉等谋，奏请立广陵王为皇太子，勾当军国大事"（《旧唐书》卷一八四《宦官·俱文珍传》）。即通过拥立新太子来剥夺李忠言、王叔文一派的权力。

再看宪宗时期的例子。吐突承璀是宪宗在东宫时的宦官，元和时期权力最大。"吐突承璀，幼以小黄门直东宫，性敏慧，有才干。宪宗即位，授内常侍，知内省事，左监门将军。

俄授左军中尉、功德使。"(《旧唐书》卷一八四《宦官·吐突承璀传》)元和朝平定藩镇的战争,宪宗最信任的军事统帅就是吐突承璀。不管朝臣如何交章论奏,宪宗赋予其军权之意不改;即使后来吐突承璀的部下发生了贪腐不轨之事,皇帝被迫将其贬到地方任职,依然恩顾不衰。李绛反对吐突承璀,元和八年(813),"欲召承璀还,乃罢绛相位。承璀还,复为神策中尉"。

宪宗在东宫时还有一个宦官是仇士良,"顺宗时得侍东宫。宪宗嗣位,再迁内给事,出监平卢、凤翔等军"(《新唐书》卷二〇七《宦者上·仇士良传》)。有一次出使时,仇士良与御史在驿站住宿问题上发生了冲突,宪宗坚定地偏袒仇士良。但是,对于拥立有功的宦官,宪宗则是"终身无所宠假"(《新唐书》卷二〇七《宦者上·刘贞亮传》)。宪宗对于谁是自己人,谁不是自己人,分得很清楚。元和时期,正因为宪宗从东宫带来的宦官掌控着朝廷大权,加上宪宗本人尚能掌控大局,才有了"元和中兴"的事业。

然而,在立太子问题上,吐突承璀与宪宗意见不一致。吐突承璀建议立澧王宽,宪宗坚持立遂王宥,即穆宗。穆宗即位,吐突承璀因此被加罪诛杀。王守澄等人则是支持立穆宗的,因而掌权。

三、事情发生了变化

穆宗因服用丹药而驾崩,敬宗以太子身份继位,却被自己身边的贴身宦官所杀。敬宗之后的皇位继承之事在悄然发生变化，即太子东宫的宦官被排除在外。为什么呢？因为文、武、宣、懿、僖诸帝的即位，都不是先帝的意志，而是从王宅迎立的王子。这些临时找来的嗣君，身边没有可以利用的宦官势力。敬宗之后的文宗就是这样被拥立的。

> **启示101**　如果说文宗之立，并非宦官预谋的话，那么武宗、宣宗、懿宗、僖宗的登基，无一不是宦官刻意排除既定接班人的结果。

　　如果说文宗之立，尚属事起仓促，并非宦官预谋的话，那么武宗、宣宗、懿宗、僖宗的登基，无一不是宦官刻意排除既定接班人的结果。

　　文宗的两个儿子都不得天寿而终，继嗣人选有皇弟安王溶，但宰相李珏等反对；开成四年（839）十月十八日，乃立敬宗少子陈王成美为太子。

　　转年正月初二，又诏立颍王瀍为皇太弟，应军国事权令句当。而且说太子成美年尚冲幼，未渐师资，可复封陈王。

　　这份诏书是宦官矫诏而发，"时上疾甚，命知枢密刘弘逸、薛季稜引杨嗣复、李珏至禁中，欲奉太子监国。中尉仇士良、鱼弘志以太子之立，功不在己，乃言太子幼，且有疾，更议所立"。宰相李珏说："太子位已定，岂得中变！"这样的话，在德宗驾崩的时候也有人说过，当时就震慑住了宦官，故顺宗得以顺利继位。可是，现在情况不同了，在帝位继承这件事上，完全由宦官说了算。仇士良、鱼弘志遂矫诏立瀍为皇太弟。"是日，士良、弘志将兵诣十六宅，迎颍王至少阳院，百官谒见于思贤殿。瀍沈（同"沉"）毅有断，喜愠不形于色。与安王溶皆素为上所厚，异于诸王。辛巳，上崩于太和殿。以杨嗣复摄冢宰。癸未，仇士良说太弟赐杨贤妃、安王溶、陈王成美死。"（《资治通鉴》卷二四六，唐文宗开成五年）

由此可见，权阉最在乎的是太子（嗣君）是否为自己拥立。这种情况下即位的武宗，与文宗一样，都没有自己的宦官系统。因而，体制内的宦官成功地控制住了挑战者。

再看唐武宗的情况。武宗至少有五个儿子，都不曾被立为太子。在武宗病危时，"诸宦官密于禁中定策"，然后下诏称："皇子冲幼，须选贤德，光王怡可立为皇太叔，更名忱，应军国政事令权句当。"（《资治通鉴》卷二四八，唐武宗会昌六年）

这里的"诸宦官密于禁中定策"，把什么都讲清楚了。宣宗即位后，没有自己宠信的宦官。

宣宗末年，他属意的夔王滋不得立，因为左军中尉王宗实不同意。王宗实拥立懿宗继位。

值得提出的问题是，武宗、宣宗为什么不早立太子呢？很可能是宦官故意阻挠其事。如果立了太子，就需要有东宫的配置，包括宦官的配置。这样，太子继位之后，会再度威胁到现有宦官的权力体制。

懿宗在咸通十四年（873）驾崩，同样未立太子。懿宗有八个儿子，僖宗排行第五，宦官舍长立幼，僖宗的拥立也是宦官们的主意。

再看僖宗的情况。文德元年（888）三月初五，僖宗病危。皇弟吉王保，长而贤，群臣属望。但是，十军观军容使杨复恭对此不顾，而立懿宗第七子寿王杰为皇太弟，李杰（后改名李晔）继位，是为昭宗。杨复恭因此执掌大权。

四、宦官与昭宗之废黜

昭宗之立，是宦官的主意，已如上述。其后，昭宗对杨复恭的专权跋扈颇为不满，剥夺了其军权，迫使其退休，这主要是利用了凤翔节度使李茂贞等的外力作用。杨复恭愤然说，哪有门生天子废黜定策国老的！藩镇的介入，说明这个时候宦官在中央权力体系中的位置发生了很大变化。

昭宗是一个很想有所作为的皇帝，这一点要超过懿宗和僖宗。昭宗是立了太子的，但他自己却被两军中尉废黜，被迫禅位给太子。宦官的权力陡然强悍起来，不再遵行此前的权力规则了。

这又是什么缘故呢？

昭宗本来就很憎恨宦官，宰相崔胤与枢密使宋道弼、景务修在内廷议政之时冲突颇多。光化三年（900）六月十一日，在任命崔胤为宰相的同时，把宋、景二人派到地方作监军，两天后又下诏将二人流放赐死。这是因为有宣武节度使朱全忠在背后支持崔胤。宦官专权体制由于藩镇势力的介入而发生了新的变化。崔胤的行动，特别是两位枢密使的下场，引起了宦官们的恐惧。史称："上自华州还，忽忽不乐，多纵酒，喜怒不常，左右尤自危。于是左军中尉刘季述，右军中尉王仲先，枢密使王彦范、薛齐偓等阴相与谋曰：'主上轻佻多变诈，难奉事；专听任南司,吾辈终罹其祸。不若奉太子立之,尊主上为太上皇,引岐、华兵为援,控制诸藩,谁能害我哉!'"

当宦官需要引外兵为援的时候,他们自身的权力基础已经发生了根本变化。

十一月初的一天,皇上在禁苑打猎,猎后置酒宴,喝酒到深夜,酩酊大醉而归,手杀黄门、侍女数人。次日上午十点多(辰时、巳时),宫门还没有打开。于是,左军中尉刘季述到中书省,对宰相崔胤说:"宫中必有变,我内臣也,得以便宜从事,请入视之。"乃率禁兵千人破门闯入宫中,了解到昭宗醉酒滥杀无辜之事,出来后对崔胤说:"主上所为如是,岂可理天下!废昏立明,自古有之,为社稷大计,非不顺也。"崔胤畏死,不敢违抗。不久,刘季述出面召集百官,陈兵殿庭,拿出一份以崔胤等领衔的连名状,请太子监国,让崔胤和百官签名,崔胤及百官不得已皆署名其上。昭宗退位,皇太子登基。据说,把昭宗囚禁在少阳院(太子所居处)时,"季述以银树画地数上曰:'某时某事,汝不从我言,其罪一也。'如此数十不止"(《资治通鉴》卷二六二,唐昭宗光化三年)。这形象地展示了宦官对于不听话的皇帝的极度不满。很显然,这次宦官的得手与凤翔节度使的干预有关,而宣武节度使朱全忠则拒绝了刘季述的联络,他采纳李振的意见,在昭宗被废时暂且作壁上观。

昭宗退位大约有两个月。在这期间,刘季述、王仲先等大搞恐怖活动,杀了很多皇帝的亲信,本来也想杀宰相崔胤,但是他们怕因此而招致崔胤背后的朱全忠的报复。于是,崔胤暗中联络神策军将孙德昭(即李继昭)设计杀死了王仲先、刘季述,使昭宗复辟。

刘季述、王仲先死后，崔胤、陆扆上言收回宦官兵权："祸乱之兴，皆由中官典兵。乞令胤主左军，扆主右军，则诸侯不敢侵陵，王室尊矣。"皇上犹豫两日未决。凤翔节度使李茂贞闻之大怒，认为"崔胤夺军权未得，已欲翦灭诸侯！"

皇上召李继昭、李继诲、李彦弼（"三使相"）谋之，他们都表示反对，说"臣等累世在军中，未闻书生为军主；若属南司，必多所变更，不若归之北司为便"。昭宗乃对宰相崔胤、陆扆说："将士意不欲属文臣，卿曹勿坚求。"（《资治通鉴》卷二六二，唐昭宗天复元年）于是以枢密使韩全诲（前任凤翔监军使）、凤翔监军使张彦弘为左、右中尉，以袁易简、周敬容为枢密使。

刘季述等废黜昭宗时，就曾联络宣武节度使朱全忠，而朱全忠采取观望态度；刘季述等被杀之后，崔胤等想由南衙统领禁军，不仅遭到北军将士的反对，也为凤翔节度使李茂贞所忌惮。也就是说，藩镇干预了朝廷禁军的设置，不再只是宦官内部的问题了。后来昭宗之死和哀帝之立，都是朱全忠主导的，已经与宦官没有关系了。崔胤引朱全忠诛杀宦官，也只是顺势而为罢了。

> **启示102** 唐代宦官专权以掌握兵权、废立皇帝，而区别于东汉和明代。这种情况从德宗时期开始制度化和常态化。

五、综论

唐代宦官专权以掌握兵权、废立皇帝，而区别于东汉和明代。这种情况从德宗时期开始制度化和常态化。德宗所亲信的两位宦官窦文场、霍仙鸣就是他在东宫的旧属。

最初，新老皇帝更替之际，会发生宦官之间的冲突，即掌控着大权的两中尉和后来的"四贵"，与新继位的皇帝从东宫带来的宦官发生冲突。顺宗时期，这种情况已经表露无遗。宪宗朝受到重用的宦官不是把宪宗推上皇帝宝座的中尉们，而是他在东宫时的宦官吐突承璀、仇士良。

敬宗死后的皇位继承，已经展现出皇帝身边宦官与"四贵"之间的冲突。因此，文宗、武宗、宣宗、懿宗、僖宗时代，六十多年间有五次皇位更替，没有一次是按照先帝的意志安排的，宦官完全控制了皇位继承人的选择权。他们会选择没有背景的王子继位，从而杜绝了东宫宦官执掌政权的可能性。

昭宗之后，唐朝进入了风雨飘摇的末世，最大的变化就是黄巢起义被镇压之后兴起的藩镇裹挟着朝廷的政治势力，宰相和宦官都要依附于藩镇才能保全自己。尽管宦官利用藩镇的势力一度废黜了唐昭宗，但是，这只是宦官势力灭亡前的猖狂一跳罢了。掌权的宦官随后被全部歼灭，而唐朝也随之灭亡。昭宗的被弑和哀帝时代的政治，都是朱全忠操纵的。

（参见《资治通鉴》卷二四三至二六二）

第九节　错综复杂：
唐代藩镇类型及动乱特点

　　唐后期的政治与社会问题，除宦官外，还有藩镇。

　　唐代藩镇的设置，是由开元、天宝时期的周边节度使和内地采访使，在安史之乱这一特定历史条件下演化形成的行政实体。它们演变的渊源不同，在整个藩镇形势中的地位各异，因而形成了若干各具特色的类型。

　　首先，安禄山起兵于河朔，战乱平息后，河北地区仍由安史旧部统领，并出现了割据称雄的局面，迄唐亡不改，流风及于河南部分地区；同时，为抗击安史叛乱，中原地区亦相继置镇，战后不仅未能罢去，反而作为与河朔抗衡的武装力量而长期存在。战争期间，边防军悉师赴东，吐蕃、党项乘虚而入，战乱甫平，唐廷调集大批兵力驻守西北，遂成重镇，后南诏勃兴，西南边陲亦为军事要区。以上三处都是重兵集结之地，唯东南诸道，战时虽亦设镇，但因无重大军事需要，养兵不多，故成为唐朝的财源之地。

一、藩镇的四种类型

《资治通鉴》记载晚唐杜牧的《战论》《罪言》，分藩镇为四类：河北诸镇为一类，是割据的中心地带；防遏河北骄藩的中原诸镇为一类；西北边镇及东南诸藩则构成另外两种类型，所谓"咸阳西北，戎夷大屯，嚇呼膻腥，彻于帝居，周秦单师，不能排辟，于是尽铲吴、越、荆楚之饶，以啖兵戍"（《樊川文集》卷五）。

杜牧描述的这种藩镇形势，在中唐名相李吉甫《元和国计簿》中亦有体现。他所说的"皆藩镇世袭"的易定、魏博、镇冀、范阳、沧景、淮西、淄青等镇，即杜牧所言河北镇；"皆被边"的凤翔、鄜坊、邠宁、振武、泾原、银夏、灵盐、河东等镇，即杜牧所言"咸阳西北"诸镇；东南八道四十九州即杜牧所言"吴、越、荆楚"等镇；此外，他未提及的藩镇，则多为杜牧所言的中原藩镇。

上述带有明显地域差别的藩镇分类，比较实际地体现了各类藩镇与唐中央的政治、军事和财政关系，也大体符合自安史之乱平定迄黄巢起义爆发这一时期的藩镇形势。根据这种分类，可将九世纪初《元和郡县志》所列四十四个藩镇分别归类如下：

第一，河朔割据型（简称河朔型）：魏博、成德、卢龙、易定、沧景、淮西、淄青。

第二，中原防遏型（简称中原型）：宣武、忠武、武宁、河阳、义成、昭义、河东、陕虢、山南东、河中、金商。

第三，边疆御边型（简称边疆型），分西北疆与西南疆两部分。西北疆有：凤翔、邠宁、鄜坊、泾原、振武、天德、银夏、灵武。西南疆有：山南西、西川、东川、黔中、桂管、容管、邕管、安南、岭南。

第四，东南财源型（简称东南型）：浙东、浙西、宣歙、淮南、江西、鄂岳、福建、湖南、荆南。

当然，上述分类只代表一种基本趋向，具体到某个藩镇的归属，有的可能有两重性，有的可能因藩镇的废置、合并及割据形势的变化而有所变化，但一些典型藩镇的基本特点则是明显而稳定的。因此，我们主要就这些典型藩镇的基本状况及其与中央的关系作一考察。

二、河朔型藩镇的特点

首先研究河朔型。在前举元和时期河朔型藩镇中，除幽州（卢龙）镇为开元时"缘边十镇"之一外，成德、魏博、淄青、淮西皆安史之乱期间或平定后所置，易定、沧景建置更晚，约在德宗初年。其典型代表为河北平原上的魏、镇、幽三镇。元和以后，其他藩镇或灭或附，唯此三镇绝而复苏，强梁迄于唐末。

河朔型藩镇有三个基本特征。政治上，藩帅不由中央派遣而由本镇拥立。如魏博、成德、卢龙三镇节度使前后凡五十七人，唐廷所任者仅四人，其余都是父死子继、兄终弟及或偏裨擅立。财政上，赋税截留本镇而拒不上缴中央。军事上，养蓄重兵，专恣一方，并倚之作为与中央分庭抗礼的凭借。大历、建中、贞元、元和、长庆时，唐廷皆与河朔诸镇发生过激烈战争，均以唐廷的失败告终。据《资治通鉴》记载，从广德元年（763）

到乾符元年（874）的一百一十余年间，共发生过一百七十一起藩镇动乱，河朔凡六十五起，在四类藩镇中居首位。

但是，我们能否因此就视河朔诸镇为"其政治、军事、财政等与长安中央政府实际上固无隶属之关系，其民间社会亦未深受汉族文化之影响，即不以长安、洛阳之周孔名教及科举仕进为其安身立命之归宿"的夷狄之邦，从而得出"当时大唐帝国版图以内实有截然不同之二分域"（陈寅恪：《唐代政治史述论稿》）的结论呢？显然不能。因为这样就把河朔割据绝对化了，就抹煞了它与中央千丝万缕的联系。

大量事实表明，唐朝的政策法令在河北地区亦有施行。比如，河北地区州县行政区划的改易和废置、官吏员额的增减，唐廷的敕令就起到一定作用。甚至河北官员也有从中央调进或征出的。只因时人对河朔的歧视，关于这方面的情况，在一般公私记载里大都削而不载。元和末，克定两河，乌重胤针对河朔"刺史失其职，反使镇将领兵事"的情况上奏说："所以河朔六十年能拒朝命者，只以夺刺史、县令之职，自作威福故也。"（《旧唐书》卷一六一《乌重胤传》）这从侧面反映出河朔地区的刺史、县令并非都与节度使同流合污。是否因为他们的任免与中央关系密切些，值得探讨。

进士科也是河朔型藩镇文人的仕途。幽州人王仲堪于大历七年（772）举进士及第。卢龙节度使刘怦的儿子刘济"游学京师，第进士"。魏州人公乘亿"以辞赋著名"，垂三十举而及第。淄青郓州人高沐贞元中应举进士科。

河朔型藩镇不输王赋，但仍实行两税法。建中元年（780），黜陟使洪经纶在河北推行两税法期间，还曾在洺州树立碑铭，在魏博裁减官卒。贞元八年（792），朝廷派秘书少监雷咸往恒、冀、德、棣、深、赵等州，中书舍人奚陟往申、光、蔡等州宣慰赈济诸州遭水灾的百姓，敕令其赈给与赐物"并以所在官中两税钱物、地税充给"（《全唐文》卷五二，德宗《遣使宣抚水灾诏》）。贞元十八年七月敕又云："蔡、申、光三州言：春大水，夏大旱。诏其当道两税除当军将士春冬衣赐及支用外，各供上都钱物已征及在百姓腹内者，量放二年。"（《册府元龟》卷四九一《邦计部·蠲复三》）这些材料都是河朔型藩镇亦按两税法征税的有力证据。

> **启示103** 河朔型藩镇既企图游离于中央统治之外，又不能彻底否定中央政权，因而具有游离性与依附性并存的特点，不能把它们的割据绝对化。

唐中央在各镇设有监军院，各镇在长安亦置进奏院。唐廷不能任派河朔型藩镇节度使，但诸镇藩帅的拥立，毫无例外地都要得到监军使的认可，并由他们奏报中央批准。监军院与进奏院不仅构成了中央与骄藩之间联系的桥梁，而且也成为唐廷在割据地区实行统治以及骄藩在政治上奉事朝廷的象征。唐廷与河朔藩镇的战争多围绕藩帅的任命、旌节的授予展开，建中年间如此，元和时亦然，故王夫之说："（吴）元济岂有滔天之逆志如安、史哉？待赦而得有其旌节耳。王承宗、李师道亦犹是也。"（〔清〕王夫之：《读通鉴论》卷二五《宪宗》）这一事实说明河朔诸镇既企图游离于中央统治之外，又不能彻底否定中央政权。总之，如果我们把前述河朔型藩镇企图摆脱中央集权的政治倾向称为游离性的话，那么，它们这种不否定中央统治的特点则可称为依附性了。可见，河朔型藩镇具有游离性与依附性并存的特点，不能把它们的割据绝对化。

三、复杂的中原型藩镇

河朔型以外的中原、边疆、东南型藩镇都是非割据性藩镇。其中仅泽潞刘稹（中原型）、夏州杨惠琳（边疆型，西北边）、西川刘辟（边疆型，西南边）、浙西李锜（东南型）曾有短暂叛乱。总的来说，这里是"顺地"，而非"反侧之地"。在这一点上，它们具有一致性。然而，它们之间又有很多不同，其中尤以中原型藩镇最为复杂。

中原型藩镇以宣武、武宁、忠武、昭义（又称泽潞）、河阳、义成等为典型代表。这一带在安史之乱期间是厮杀最激烈的战场，这些藩镇一般是由战争期间临时所置的军镇分合变化而来的。

从地理位置上看，河朔、东南、关中犹如三角形的三个顶点，中原型藩镇正居于三角形的中心，具有控扼河朔、屏障关中、沟通江淮的重要战略地位。平时这一带"国家常宿数十万兵以为守御"，"严备常若有敌"，战时则受唐廷调遣去征讨骄藩。武宁、陕虢等处在漕运干线上，"东南纲运输上都者，皆由此道"（《资治通鉴》卷二五二，唐僖宗乾符三年之"胡三省注"）。因而它们在保护中央财源上也有重要意义。

这种客观状况势必要求中原诸镇保持强大的军事防务。由于"兵寡不足惮寇",其兵力甚或时有所增。大历末,马燧经营河东,"选兵三万"。元和时,因讨成德王承宗,"耗散甚众",及朝廷派王锷去"缉绥训练",一年后,"兵至五万人,马有五千匹,器械精利,仓库充实"(《资治通鉴》卷二三八,唐宪宗元和五年),受到表彰。贞元初,徐州一度罢镇,地迫于寇,经费困顿,宰相李泌陈述利害说:"东南漕自淮达诸汴,徐之埇桥为江、淮计口",徐州若失,"是失江、淮也"。他建议置重镇于徐州,"夫徐地重而兵劲,若帅又贤,即淄青震矣"。这个意见被德宗采纳,"繇是徐复为雄镇"(《新唐书》卷一五八《张建封传》)。这些例子充分说明中原诸镇重兵驻防的现实必然性。否则,"苟不修其军政,合其大势,制其死命,则不足以辍东顾之忧"(《全唐文》卷五二七,柳冕《答徐州张尚书论文武书》),担起"实制东夏"之责。

军事上的重镇必然造成经济上的重负,中原型藩镇的情况正是这样。虽然在战争状态下,按规定朝廷要付一笔"出界粮",但本道军费并不因此而减,还要另加"资遣",故而耗费更巨。所以杜牧说:"河东、盟津、滑台、大梁、彭城、东平,尽宿厚兵","六郡之师,厥数三亿,低首仰给,横拱不为,则沿淮已北,循河之南,东尽海,西叩洛,经数千里,赤地尽取,才能应费"(《樊川文集》卷五)。"赤地尽取,才能应费",正是李吉甫在《元和国计簿》的中央预算中,于中原型藩镇只字不提的原因所在。

军事上、财政上的这些特点,使中原型藩镇动乱具有复杂性。由于这里是用武之地，节度使多系武人，因而不可避免地出现一批骄悍的藩帅，如刘玄佐、韩弘等。他们在讨伐叛镇的战争中获得帅位，乘机发展了自己的军事实力，又利用朝廷借之镇遏骄藩的需要而拥兵自重，"逢时扰攘"，"乘险蹈利"。但它们仍不失为朝廷制遏河朔型藩镇的武力屏障。如刘玄佐在宣武，淄青"（李）纳惮其心计"（《旧唐书》卷一四五《刘玄佐传》）。韩弘在那里也是"镇定一方，……威望甚著"（《资治通鉴》卷二三九，唐宪宗元和十年之"考异"）。于顿在襄阳，"时吴少诚张淮西，独惮顿威强"（《新唐书》卷一五四《李晟附宪传》）。柳宗元曾一针见血地指出中原型藩镇的复杂情形："将骄卒暴，则近忧且至，非所以和众而乂民也；将诛卒削，则外虞实生，非所以捍城而固圉也。"（《柳宗元集》卷二二《送杨凝郎中使还汴宋诗后序》）

中原型藩镇动乱凡五十二起，仅次于河朔而居第二位，其中兵变达三十二起。

四、边疆型藩镇的特征

边疆型藩镇的前身是开元、天宝时缘边节度使中朔方、河西、陇右、剑南、岭南等镇，故设置最早。在此我们主要以京西、京北诸镇为典型进行考察。

安史之乱以前，西北边疆就是军务繁剧之地。天宝末年，哥舒翰身兼河西、陇右二帅，统重师以镇之。战乱期间，边防军悉师东讨，吐蕃、党项步步进逼，形势十分紧张。后来一直是"边羌挈战不解"。唐廷除了大力巩固这里的军镇外，又征山东防秋兵以资守备,大历九年(774)征以备边的幽蓟、魏博、成德、淄青、汴宋、河中及江黄申息等军队达二十八万人。尔后,这里的重兵集结一般在二十万人以上,甚至有些方镇的兵力还时有所增,西北地区遂成为唐朝军事斗争的重心。

如此庞大的武装在长安附近集结,客观上形成了对中央的军事压力和威胁。因此,唐廷一方面通过化大为小,削弱藩镇的力量来加强对这一地区的控制;另一方面又扶植神策军势力以控制西北藩镇。唐神策军凡十三镇,其势力遍及京西的凤翔、秦、陇、原、泾、渭,京北的邠、宁、丹、延、鄜、坊、庆、灵、盐、夏、绥、银、宥等地区。它们皆"取中尉处分",与所在节度使"相视如平交"。"建国威,捍非常,实天子之爪牙也。"(〔清〕王夫之:《读通鉴论》卷二五《宪宗》)神策军与西北藩镇的矛盾一直很深。

西北藩镇的节度使几乎都是武人,并且多为出自禁军的"债帅"。所谓"自大历以来,节度使多出禁军"(《资治通鉴》卷二四三,唐文宗太和元年),主要是指这一带。故而吴廷燮才说:"并汴大镇,多畀词臣,泾、鄜边藩,或为债帅。"(《唐方镇年表·序录》)这不仅进一步巩固了宦官在京西、京北的势力,也加强了唐廷对这些方镇的控制。

西北诸镇地处边徼贫瘠之地,人口稀少,军旅众多,饷费浩大。各镇"除所在营田税亩自供之外,仰给于度支者尚八九万人"(《陆贽集》卷一八《请减京东水运收脚价于缘边州镇储蓄军粮事宜状》)。结果唐政府"以编户倾家破产之资,兼有司榷盐税酒之利,总其所入,半以事边"(《陆贽集》卷一九《论缘边守备事宜状》)。边疆型藩镇仰给度支的情况,一方面固然加强了其对中央的依赖,另一方面则由于供馈不足、衣粮欠缺以及"债帅"的暴敛而频频引起边军动乱。在边疆型藩镇四十二起动乱中,这类兵变达二十九起,约占全部动乱的百分之七十。

五、东南型藩镇的特点

最后谈东南型藩镇。安史之乱以前,东南诸道即为唐王朝的重要财赋之地。战后,"两河宿兵,户赋不入,军国费用,取资江淮"(《全唐文》卷六三,宪宗《上尊号赦文》),东南诸道的赋税收入成为唐廷赖以生存的根基,所谓"唐立国于西北而植根本于东南",屡经大难"而唐终不倾者,东南为之根本也"(〔清〕王夫之:《读通鉴论》卷二六《宣宗》)。因此,如何控制东南藩镇,是唐后期政治中的一个重大课题。

限制东南诸道的兵力,始终是唐中央的一个基本方针。安史之乱前,这一带既鲜设折冲府,亦少甲兵。战争期间,陆续设置了防御、团练、节度诸使,但除寿春、鄂岳北部一线因近中原,兵力稍众外,一般兵力很少,而且旨在防御"盗贼"(即便在与安史势力艰苦鏖战之秋,这里的兵力也受到严格限制。有的节度使"饬偏师,利五刃,水陆战备,以时增修",被指为"过防骇众";而"减兵归农"者则受到褒奖。故永王璘之乱、刘展之乱及袁晁起义,唐廷都是靠从中原战场抽调兵力才得以平定的。安史之乱后,东南诸道一般先后易节度使为观察使。元和中,朝廷以这里"是税赋之地,与关右诸镇及河南、河北有重兵处,体例不同",而大量裁罢其军额,其中有江陵永平军、润州镇海军、宣州采石军、越州义胜军、洪州南昌军、福州静海军等。因此东南镇一般兵力寡弱，故吴廷燮说："并、汴大镇，皆诩十万；洪、福、潭、越，不过万人。"（《唐方镇年表·旧序》）

东南型藩镇的藩帅一般很少武夫，多为"儒帅"，淮南等大镇更是宰相回翔之地。其平均任期一般不超过三年，尤其是宪宗即位初年，图谋经营两河之际，东南型九镇藩帅皆曾一易或数易。这样就有效地限制了藩帅在本镇培植盘根错节的势力，保证了唐朝中央对东南型藩帅的牢牢控制。广德、乾符间，东南型藩镇动乱仅十二起，约占这时期全部藩镇动乱的百分之七，其中仅李锜一起为短命的反叛。故史称"天下方镇，东南最宁"（《全唐文》卷四一七，常衮《代杜相公让河南等道副元帅第二表》）。

对东南型藩镇兵力的限制还大大降低了这里的军费开支。"赋出于天下，江南居十九"，除了江南地区本身的富庶外，主要原因就是这里养兵少，军费低，因而上缴数量大。其实，当时东南地区真正经济发达的只是扬、楚、润、常、苏、杭、越、明等包括太湖流域附近地区的长江三角洲一带，至于江西、福建、荆南等地，经济开发水平并不高。

> **启示104** 唐代藩镇割据具有区域性和制约性的特点。

六、唐代藩镇形势申述

综上所述，我们可对唐代藩镇形势作如下申述：

第一，唐代藩镇割据主要表现在河朔，而河朔割据又集中在三镇。此外绝大多数藩镇,虽然也有重兵驻扎,也不是唐廷的赋税之地(东南型除外),也有频繁的动乱,但它们都是唐王朝控制下的地方政权,不是割据性质的藩镇。其节度使的调任和派遣基本都由中央决定,其动乱只是内部兵乱,不是割据叛乱。这些说明了藩镇割据的区域性。

第二,中原、边疆、东南型藩镇虽然不属于割据性质,但是由于它们各自不同的地理特点及其与唐朝政治、财政、军事的关系,因而深刻影响着整个藩镇割据形势的发展。具体说就是,东南型藩镇从财力上支撑朝廷,边疆型(西北)藩镇从武力上拱卫了关中,中原型藩镇从军事上镇遏叛镇。河朔割据形势的变化,不光取决于河朔本身的势力消长,更大程度上取决于上面三类藩镇的动向。这一点,可以称之为藩镇割据的制约性。

第三,各类藩镇之间的总体关系,在代宗时业已形成,至元和时除淮西、淄青相继肢解外,基本格局并无变化,长庆后又故态复萌,最后黄巢起义打破了这种格局:举足轻重的中原型藩镇大部分被野心勃勃的朱温吞并;李克用据有河东及西北边镇之一部而与之抗衡;西北边镇之另一部则为李茂贞等所据,动辄举兵犯阙;东南型藩镇也不再供给唐朝财源;"国命所能制者,河西、山南、剑南、岭南西道数十州"(《旧唐书》卷一九下《僖宗纪》)——主要是西南边镇。唐朝的灭亡只待时日了。

五代的历史仍然明显地受到唐代藩镇格局的影响:北方相继递嬗的五个小朝廷的激烈争夺和南方若干小王国的相对安定,实际上多多少少反映着唐代北部藩镇(河朔、中原、西北边疆型)重兵驻扎、动乱频仍和南部藩镇(东南型)驻兵寡弱、相对安定的差异。

七、如何认识藩镇动乱

通过对藩镇类型的分析，我们考察了藩镇割据的区域性与制约性，以及河朔割据的游离性与依附性特点。其实，纵观唐代后期的藩镇史，可以发现，表现得最突出、最普遍而又最引人注目的并不是那些因为割据而反抗中央政府的斗争，而是频繁、激烈的藩镇动乱。那么，应当怎样看待这些动乱呢？一般的看法总是把它同割据与叛乱纠缠在一起，不加分别或者分辨不清。因此，对它们作定量、定性的分析，弄清其特点和原因，便成为藩镇问题研究中的又一关键。

唐代藩镇动乱就其表现形式来说，一般可分为以下四种情形：第一，兵士哗变，其表现多为广大士兵因反抗暴虐或谋求赏赐而发生变乱；第二，将校作乱，其表现为少数觊觎帅位的将校杀帅谋位而利诱其众；第三，反叛中央，其表现为与中央武装对抗；第四，藩帅杀其部下，主要表现是藩帅为除去威胁自己的骄兵悍将而发生动乱。这些不同形式的动乱究竟哪个占主要位置呢？

先看河朔型藩镇的动乱。广德、乾符间，河朔型藩镇动乱凡六十五起，其中与中央发生武装冲突或带有扩张性的仅十三起，占百分之二十。其余百分之八十的动乱不仅发生在藩镇内部，而且都是在自身矛盾斗争中得到平息，表现出藩镇动乱的封闭性。而这些动乱又以"士卒得以陵偏裨，偏裨得以陵将帅"的兵乱为主要特征，表现出藩镇动乱的凌上性。

考察藩镇动乱的全局，就更能证明这些特点。广德、乾符间，全部藩镇动乱一百七十一起，与中央发生外部冲突的不过二十二起，仅占百分之十三左右；而兵变中，节帅杀部下的事件仅有十四起，占百分之七。就是说，有百分之八十七的藩镇动乱表现出封闭性，百分之八十的藩镇动乱表现出以下替上的凌上性。魏博牙军、宣武悍卒、徐州骄兵等等，无一不是以在内部逐杀斗争中"变易主帅，有同儿戏"而著迹于史的。所以清人赵翼感慨地说："秦汉六朝以来，有叛将，无叛兵。至唐中叶以后，则方镇兵变，比比而是"，"逐帅杀帅，视为常事"（〔清〕赵翼：《廿二史劄记》卷二〇《方镇骄兵》）。可见封闭性与凌上性是唐代藩镇动乱的普遍特征。

启示105 唐代藩镇动乱在形式上表现出封闭性与凌上性，而在内容上则具有反暴性和嗜利性。

唐代藩镇动乱在形式上表现出封闭性与凌上性，而在内容上则具有反暴性和嗜利性。所谓反暴性，是指这些动乱具有反抗节度使苛虐残暴的色彩，或下级将士争取生存的反压迫性质，这类例子不胜枚举。如河朔型的横海军，"节度使程怀直，不恤士卒"，为部下所逐。中原型的武宁军，"节度使康季荣，不恤士卒，士卒噪而逐之"。边疆型的振武军，"节度使李进贤，不恤士卒"，判官严澈"以刻薄得幸于进贤"，亦为军士所逐。大中时，南方藩镇"数有不宁"，也是因为藩帅"停废将士，减削衣粮"。

　　还有许多动乱则属于骄兵"杀其将帅以利劫"的事件。如武宁潘帅被逐,朝廷派"曾任徐州,有政声"的田牟去镇守,"于是安帖"。田牟是怎样镇徐州、使军情安帖的呢? 史称:"田牟镇徐日,每与骄卒杂坐,酒酣抚背,时把板为之唱歌。其徒日费万计。每有宾宴,必先厌食饫酒,祁寒暑雨,卮酒盈前。然犹喧噪邀求,动谋逐帅。"(《旧唐书》卷一九上《懿宗纪》)河朔魏博牙军更是"皆丰给厚赐,不胜骄宠","优奖小不如意,则举族被害"(《旧唐书》卷一八一《罗威传》)。东南藩镇也有"指漕货激众谋乱"的事件。总之,这些动乱的主体是被称为"嗜利者"的骄兵,他们"利在此而此为主矣,利在彼而彼为主矣"(〔清〕王夫之:《读通鉴论》卷二四《德宗》)。动乱的原因则是所谓"杀帅长,大钞劫,狃于利而然也"(《新唐书》卷二一四《刘玄佐传》)。因此,可以称之为藩镇动乱的嗜利性。其实,藩镇动乱的反暴性与嗜利性往往是孪生的,前述百分之八十以上的内部动乱,基本上都是反暴性与嗜利性相结合的产物。

> **启示106**　绝大多数的唐代藩镇动乱是发生在藩镇内部的以骄兵为主体,以反抗节度使为主要形式,以邀求赏赐、瓜分本镇赋税为指归的变乱。它们同与中央政府分庭抗礼的藩镇割据和叛乱是有重大区别的。

　　藩镇动乱的这些特点说明了什么呢? 封闭性,说明问题的症结主要在于藩镇内部而不是外部。凌上性,说明动乱的根源主要来自下层而不是上层。反暴性,说明某些兵士哗变具有一定程度的正义性，因而具有发展成起义的潜在可能，如咸通九年（868）的庞勋起义，乾符二年（875）的王郢起义等。而嗜利性则尤其具有左右局势的力量，它使得：第一，许多兵变往往被一些上层将校和野心家所利用，所谓"凡据军府、结众心以擅命者，皆用此术而蛊众以逞志"，从而增加了藩镇动乱的复杂色彩；第二，有些兵变即使发展成声势颇大的起义，也易于被收买而中途夭折。总而言之，绝大多数的唐代藩镇动乱是发生在藩镇内部的以骄兵为主体，以反抗节度使为主要形式，以邀求赏赐、瓜分本镇赋税为指归的变乱。它们同与中央政府分庭抗礼的藩镇割据和叛乱是有重大区别的。

通过以上对唐代藩镇类型的研究及其动乱特点的考察，我认为，唐代藩镇割据具有区域性与制约性相统一的特点，不能简单地把藩镇与中央的关系一概视为割据；而河朔区域的割据又具有游离性与依附性并存的特点，不能把割据绝对化。当然，唐代藩镇权力相对来说比较大，不像宋代那样中央对地方统治得很死。宋人和明人都有不少讨论唐宋时中央与地方关系得失的言论，值得我们重视并加以研究，而廓清唐代藩镇问题的一些迷雾，正是这种研究的第一步。

（参见《资治通鉴》卷二二二至卷二五一）

第十节 "萧曹避席"：大政治家李德裕

梁启超说中国古代有六大政治家，其中五位举世公认，他们是管仲、商鞅、诸葛亮、王安石、张居正，此外还有一位不太为公众知晓的人物——唐代的李德裕（787—850）。这个名单，凸显了梁任公这位博学的政治家和历史学家对于历史的理解和对李德裕的推重。《旧唐书》中也称扬李德裕"论政事，则萧、曹避席"。这就是成语"萧曹避席"的出典。

李德裕，字文饶，赵郡赞皇（今河北石家庄赞皇县）人，"幼有壮志，苦心力学，尤精《西汉书》《左氏春秋》"。他的主攻方向是经史之学，尤其喜欢读史。早年他以门荫入仕，在藩镇幕府中崭露头角；德宗末年，他入朝为监察御史。在幕府中历练后，再入朝为官，是唐中后期许多政治家的通常路径。

李德裕的主要活动是在"元和中兴"之后。从穆宗长庆初年召为翰林学士，跻身长安政坛的中心舞台，历敬宗、文宗朝，出将入相；在浙西观察使和西川节度使任上，多有政绩；至武宗会昌时（841—846）独秉国钧，应对回鹘的乱亡，摧抑泽潞藩镇割据，充分施展了他的政治才华。李德裕在中唐政治舞台上活跃了二十余年。但是，宣宗即位之后七天他就被撤除宰相职位，并连遭贬黜，最后死在崖州（今海南）司户任上。

李德裕在中晚唐政坛上的大起大落，折射出的是那个时代政治气候的波诡云谲；探讨李德裕的政治作为和身世沉浮，也是分析中晚唐历史走向的一条线索。

一、所谓"牛李党争"

在中晚唐政治中，牛李党争被视作与藩镇割据、宦官专权同样重大的历史事件。在牛李党争中，李德裕是所谓李党的头号人物，讨论李德裕，离不开这个话题。

《资治通鉴》等传世文献在描述牛李党争的起因时，都提到以下两件事情。第一件事是唐宪宗元和初年的对策案，第二件事是唐穆宗长庆元年（821）的科举案。

元和三年（808）四月，策试贤良方正直言极谏举人。"策试"是唐朝选拔人才的一个科目，采取自我申报和选拔推荐相结合的方式。被推举的考生，有现任低级官员，也有科举及第还没有做官的所谓"前进士"，特殊情况下，甚至还有白丁布衣。对策的内容是就当前的施政得失，提出建设性意见。如果判入高等，就可以破格提拔。

这一年的考生中有伊阙尉牛僧孺、陆浑尉皇甫湜、前进士李宗闵，他们在指陈时政之失时，无所避忌。主考官户部侍郎杨於陵、吏部员外郎韦贯之，署之为上第。据说宪宗皇帝也很欣赏他们，下诏优先选拔。当朝宰相李吉甫却来找皇帝诉苦，说他们对时政的批评不可接受,"泣诉于上",流着眼泪向皇上诉说自己的委屈,而且举报说:翰林学士裴垍、王涯"覆策"(覆核考卷)时有舞弊行为,考生皇甫湜是王涯的外甥,王涯不事先提出回避,裴垍也没有提出异议。这就涉及到故意作弊了。

于是,此案引起了一系列的人事变动,罢黜裴垍、王涯翰林学士之职,改裴垍为户部侍郎,王涯贬为虢州司户,考官韦贯之贬为巴州刺史,杨於陵也因为对舞弊负有连带责任,外放为岭南节度使。考生牛僧孺等人被黜,只能到藩镇幕府去谋职。对于这件事,几个月前刚被提拔为翰林学士的白居易曾提出反对意见,但没有被皇帝采纳。

过了十三年,即穆宗长庆元年四月,又发生了一次科场舞弊案。李德裕时为翰林学士,其同僚还有翰林学士元稹、李绅。

这一年主持贡举的首席主考官是礼部侍郎钱徽,同为考官的还有右补阙杨汝士。放榜录取的进士及第名单中,除了郑覃的弟弟郑朗、裴度的儿子裴譔外,中书舍人李宗闵的女婿苏巢、主考官之一杨汝士的弟弟杨殷士,也赫然在目。相反,西川节度使段文昌、翰林学士李绅给考官递送了纸条子,但没有被关照。于是,段文昌向皇上控告说:今年礼部考试非常不公平,所录取的进士皆权势者的子弟,没有真本事,是靠走后门得到的。

穆宗震怒,问诸位翰林学士是否有此事。李德裕(恨李宗闵曾经攻击其父李吉甫)、元稹(与李宗闵在官场竞争中产生了矛盾)、李绅(自己关照的人选没有被录取)都回答说:"诚如文昌言。"皇上乃命中书舍人王起等覆试。结果下诏撤销郑朗及李宗闵女婿苏巢等十名考生的录取资格,严厉处分涉弊的当事人钱徽、李宗闵、杨汝士,他们都被贬黜到地方担任刺史、县令。史称"自是德裕、宗闵各分朋党,更相倾轧,垂四十年"(《资治通鉴》卷二四一,唐穆宗长庆元年)。

> **启示107** 穆宗时,李逢吉排挤李德裕,引牛僧孺入相,这可以算是牛李党争的开始;文宗时期,党争呈胶着状态,多数情况下是牛党占优;武宗时期,是李党垄断;宣宗初年则以李党的彻底崩溃而结束。

从唐穆宗长庆元年(821)后推四十年,是唐懿宗咸通元年(860)。其实,唐宣宗即位后,李德裕就已经失势。若从大中元年(847)往上推四十年,就是元和三年(808),但此时牛李都未能成党争之势。这样看来,说牛李党争四十年,未免夸大了。牛李两党的恩怨,《旧唐书》《新唐书》中都提到穆宗时李逢吉排挤李德裕,引牛僧孺入相之事,这可以算是党争的开始;文宗时期,党争呈胶着状态,多数情况下是牛党占优;武宗时期,是李党垄断;宣宗初年则以李党的彻底崩溃而结束。

史家之所以夸大牛李党争,原因有二:一是唐朝末年,僖宗、昭宗时期,朝廷党争以及南衙北司的冲突(如崔胤与宦官之间)确实严重;二是宋朝的党争几乎招致亡国的风险。文宗朝牛李之间有矛盾,但是远远没有严峻到"去河北贼易,去朝廷朋党难"的程度。

党争的胜负,以谁在朝廷中枢任相为标准。文宗时,李德裕从太和七年(833)二月到次年八月执掌朝政。其余时间主要是任浙西观察使和西川节度使。在这两个岗位上，李德裕恰恰显示了其政治才华。

二、主政浙西：改善民生

长庆二年（822），李德裕从中书舍人兼翰林学士的重要岗位去职，出任浙西观察使，时年36岁。在皇帝身边执掌纶诰，固然风光，但毕竟只是参与策划，与之相比，主政一方的藩镇大臣，有时反而可以做几件实事。史称"德裕壮年得位，锐于布政，凡旧俗之害民者，悉革其弊"（《旧唐书》卷一七四《李德裕传》）。

> **启示108** 李德裕在浙西观察使任上，首先是稳定地方财政，其次是移风易俗。

首先是稳定地方财政。李德裕"自检约（严格财政纪律），以留州财赡兵，虽俭而均，故士无怨"（《新唐书》卷一八〇《李德裕传》）。同时，他反对朝廷无故索取地方特产。两年之后，"赋物储牣（府库充足）"。

其次是移风易俗。唐代的浙西观察使，治所在润州（今江苏镇江），巡属之地包括江苏南部和浙江北部，即我们今天讲的长三角地区。当时的南方，巫术盛行，父母患病，子女弃之不养。李德裕选择那些明晓事理的长者加以培训，谕以孝慈大伦、患难相收不可弃之义。培训完毕，就让他们回去给乡民们做思想工作，这大概是早期的"乡约"。"违约者显置以法"，不遵守这些约束的，依法加以处置。几年下来，"恶俗大变"，"弊风顿革"。他还在所辖四郡之内，废除淫祠一千多所；又废罢私邑山房一千四百六十舍，以清寇盗。人乐其政，朝廷对他进行了表彰。

宝历二年（826），亳州言出圣水，传说饮之者可以治病。李德裕上奏说：这都是妖僧诳惑，狡计骗钱。数月以来，江南之人奔走塞路。每二三十家，派一人取水。拟取之时，疾者断食荤血，既饮之后，又二七日蔬食，患重病之人，以此治病。"圣水"斗价三贯，而取者益之他水，沿路转卖，多数老年病人饮水后，病情加重。"昨点两浙、福建百姓渡江者，日三五十人。臣于蒜山渡已加捉搦。若不绝其根本，终无益黎氓。昔吴时有圣水，宋、齐有圣火，事皆妖妄，古人所非。乞下本道观察使令狐楚，速令填塞，以绝妖源。"（《旧唐书》卷一七四《李德裕传》）令狐楚是牛党的代表人物，又是邻道同级别官员，李德裕只能请求朝廷下旨禁止，最后获得了皇帝的同意。

三、主政西川：巩固边防

文宗太和三年（829），李德裕被召为兵部侍郎，裴度推荐其入相，却被李宗闵排挤，出为郑滑节度使。太和四年十月，又改西川节度使。

西川的首府在今四川成都，前两任节度使杜元颖、郭钊都因为不能阻遏吐蕃和南诏的联合侵扰而去职。唐朝后期，南诏政权是西南地区的边患，历任节度使都莫之奈何。李德裕在西川任上，通过三件事，稳定了西南边陲。

当时的形势是，成都南边的姚州（治今云南姚安）、协州（治今云南彝良）等地被南诏占领，西边的维州（治今四川理县)、松州(治今四川松潘)等地被吐蕃占据,今清溪古镇下大渡河(古称沫水)以外,完全失陷。

以前的节度使,如德宗时的韦皋"倾内资结蛮好,示以战阵文法"。李德裕认为这是在"启戎资盗,其策非是,养成痈疽,弟未决耳(只是没有溃烂而已)"。到杜元颖主政时,吐蕃见有机可乘,"遇隙而发,故长驱深入,蹂剔千里,荡无孑遗"(《新唐书》卷一八〇《李德裕传》)。至今疮痍未复,必须痛下决心整顿边备。

李德裕做的第一件事是修建"筹边楼",即建造一个谋划军事行动的地方,以搜集情报,做到知己知彼。楼里悬挂着巨大的地图,其与南诏相接的南道,"山川险要与蛮(南诏)相入者图之左";其与吐蕃相接的西道,则"图之右"。李德裕访问老于军旅、习熟边事者,即便是走卒蛮夷,也虚心访问,向他们了解西南地区的山川地理、城邑道路,包括"其部落众寡,馈饷远迩,曲折咸具",并且召集熟悉边事的人员,"与之指画商订,凡虏之情伪尽知之"。

第二件事是训练士卒,加强军备。李德裕的部署重点包括以下几个方面,首先是挑选那些熟悉边境的士兵,黎、雅等地的少数民族士兵约万人,成都地区的州兵约两万人,精加训练,裁汰不任事的老兵,提出边兵不宜多,"须力可临制"。

同时,他建议酌留此前调防入川的外地驻军——郑滑五百人、陈许千人以镇蜀。又请从外镇调来一些强劲的弓弩手充当教练,提升蜀兵的武器装备水平和战斗能力。

此外,他还建立一支"特种部队",属于民兵性质的子弟兵,号称"雄边子弟"。大体每两百人中选取一人,农战相间,免除其徭役,组成精兵五个番号,骑士六个番号,总共十一个分队。

第三件事是构筑坚固的防御工事,改善粮饷供给系统。如建筑杖义城,以控制大渡河、青溪关之险阻;建筑御侮城,以控扼荥经河口(在今四川雅安荥经县),与杖义城成犄角之势;建筑柔远城,以控扼西山(今四川岷山山脉)诸部落;修复邛崃关,并把嶲州(今四川凉山自治区西昌市)治所移至台登县(今四川冕宁县南),以夺取敌方险要之地。

此外,还改造旧的粮食转运系统。旧制,岁末运内地粮食到黎州(治今四川汉源县)、嶲州,起自嘉陵江、湄江,入阳山江(大渡河支流),航运到大渡河,再分饷诸戍。常常以盛夏至,地苦瘴毒,辇运丁夫多死亡。李德裕命转邛州(治今四川邛崃)、雅州(治今四川雅安)之粟,并"先夏而至,以佐阳山(大渡河)之运,馈者不涉炎月,远民乃安"(《新唐书》卷一八〇《李德裕传》)。

李德裕的工作很快震慑了南诏和吐蕃。南诏请归还所俘掠的四千名工匠,吐蕃维州守将悉怛谋以城投降。维州距离成都四百里,因山为固,派兵驻守,足以成为控扼吐蕃侵扰的险要据点。李德裕接受了悉怛谋的来降,并且立即发兵屯守,且上表请求出师攻打吐蕃。

这时候,牛僧孺在朝廷任相,"居中沮其功,命返悉怛谋于虏,以信所盟",李德裕终身以为恨。其后,监军使王践言入朝,盛言悉怛谋死,拒远人向化意。文宗亦后悔,于是在太和七年（833）二月，以兵部尚书召李德裕入朝，拜同中书门下平章事。①

诚如史家所言，"德裕所历征镇，以政绩闻。其在蜀也，西拒吐蕃，南平蛮、蜒。数年之内，夜犬不惊；疮痍之民，粗以完复"（《旧唐书》卷一七四《李德裕传》）。

当然，李德裕在成都也注重社会治理。比如，蜀人多卖女做奴婢，李德裕规定：卖为小妾的女孩子年过十三岁，劳作三年之后，或者不满十三岁，劳作五年之后，必须放还归其父母，目的是让女孩能及时婚嫁。他还取缔非法的"浮屠私庐"数千，把土地归还给农户耕种，又禁止"畜妻子自如"的假和尚。于是，"蜀风大变"。

四、会昌首相：摧抑藩镇

李德裕在浙西、西川任上的政绩引起了朝廷的注意，从太和七年二月到次年九月，李德裕做了一年多时间的宰相，后被李宗闵取代。李宗闵从兴元节度使入为中书侍郎、平章事，同时出李德裕为兴元节度使，未及赴任，再改检校尚书左仆射、润州刺史、镇海军节度、苏常杭润观察等使。其间，还因漳王问题被贬黜。李训事件之后，文宗又任命李德裕为浙西节度使。这已经是他十年之间第三次出任浙西节度使了。

开成二年（837）五月，李德裕调任淮南节度使，取代前任牛

---

① 司马光在维州问题上站在牛僧孺一边，认为"德裕所言者利也，僧孺所言者义也，匹夫徇利而忘义犹耻之，况天子乎！"（《资治通鉴》卷二四七，唐武宗会昌三年三月之"臣光曰"）

僧孺。他在这里一干就是三年,直到开成五年,唐武宗李炎即位之后,调其入朝廷为相,从此开始了他会昌年间(841—846)独秉国钧的宰相生涯。

> **启示109** 李德裕的会昌之政,除了处理朝政事务之外,主要是处理好两大棘手问题:一是回鹘问题,二是泽潞藩镇叛乱问题。

会昌之政,李德裕除了对朝政的治理外,主要是要处理好两大棘手问题:一是黠戛斯破回鹘后,北疆出现的复杂局面;二是邻近河朔三镇的泽潞节度使叛乱,并引发河东兵变的局势。

先说回鹘问题。

回鹘即回纥,曾是铁勒诸部的一支,长期臣属于突厥汗国。唐天宝初年,突厥汗国灭亡,回纥统一了铁勒诸部,建立起强大的回纥汗国。肃宗和代宗时期,回纥帮助唐朝平定了安史之乱,唐朝先后嫁了三位公主与之和亲,最后一任和亲的公主是穆宗之妹太和公主。几十年以来,双方虽有摩擦,但总体上相安无事。

变化发生在840年,回鹘汗国因遭遇天灾人祸而瓦解,后又被黠戛斯击溃,其部落除部分西迁之外,相当大的一部分在乌介可汗的率领下从漠北南下,使得唐朝天德军(治今内蒙古巴彦淖尔)、振武军(治今内蒙古呼和浩特和林格尔县)等边塞地区承受巨大压力。回鹘不仅向唐朝提出粮食援助的要求,而且兵锋直接向南,要借用天德军城和振武军城。这已经威胁到河东等地的安全了。

李德裕沉着冷静,指挥若定。先是接济以粮食,稳定回鹘残部。然后派人接回太和公主（后封安定长公主）。最后命幽州节度使张仲武、河东节度使刘沔出击围堵南下的回鹘，麟州（治今陕西榆林神木县）刺史骁将石雄等击破回鹘残部。对于武宗想乘机让黠戛斯夺取安西、北庭的想法，李德裕及时加以阻止，因为当时的国力实在不足以守住西域那块地方。

再说泽潞藩镇叛乱问题。

会昌三年（843），昭义节度使（又称泽潞节度使）刘从谏病重，密谋效法河北诸镇，以其侄刘稹为牙内都知兵马使，从子刘匡周为中军兵马使，其余重要军职也都安排给心腹，企图用武力对抗唐朝中央。刘从谏死后，刘稹秘不发丧，逼迫监军崔士康奏请朝廷任命自己为节度留后。

皇帝召开大臣会议，研究对策。李德裕建议严惩不贷，因为昭义镇不同于河北诸镇，其位置邻近都城。李德裕受命全权处理此事，他采取的措施是，一方面严词拒绝刘稹的奏请，另一方面稳住与昭义镇相邻的成德、魏博二镇，令其不得与刘稹相勾结。及至刘稹公开反抗，朝廷下令削夺其官爵，并命令周边的河中、河东、河阳三镇出兵攻打泽潞，同时让成德和魏博二镇与之配合。

就在这个节骨眼上，河东节度使在横水（今山西绛县横水镇）的戍卒一千五百人在杨弁的率领下发动兵变，甚至打回太原，占领了节度使衙门，节度使李石和监军都被赶跑了。杨弁还派人与泽潞刘稹联络，大有两镇联合叛乱之势。朝廷许多官员都惊慌失措，有的主张绥靖了事。

李德裕下令坚决打击昭义镇，不允许刘稹以所谓的投降敷衍朝廷, 同时调兵严打太原戍卒杨弁。最后不仅拔掉了泽潞割据的毒瘤, 而且平定了太原戍卒的兵变。"自开成五年冬回纥至天德, 至会昌四年八月平泽潞, 首尾五年, 其筹度机宜, 选用将帅, 军中书诏, 奏请云合, 起草指踪, 皆独决于德裕, 诸相无预焉。"(《旧唐书》卷一七四《李德裕传》)

五、"一代名相": 历史的评价

为了纪念李德裕这位石家庄人, 前些年, 该市上演了一个剧目《一代名相》。综合对李德裕事迹的讨论, 这台戏剧的剧名, 李德裕当之无愧。

李德裕诗书传家, 祖父、父亲及他本人, 都有著述行于当时。他们也都是有所作为的政治家。祖父李栖筠进士及第, 对杨绾改革进士科的建议, 持支持态度。李栖筠不仅是作文高手, 也有军事才能, 处事干练, 为人方正。父亲李吉甫, 元和时两度入相, 支持宪宗打击割据的藩镇。"吉甫当国, 经综政事, 众职咸治。"(《新唐书》卷一四六《李吉甫传》)李德裕为人自谨, 生活简朴, 所居之处, 有院号"起草", 亭曰"精思", 每计大事, 则处其中, 虽左右侍御不得接近。他不喜饮酒, 后房无声色之娱。

史家对李德裕的评论, 首先是赞扬他的读书精神: "德裕性孤峭, 明辩有风采, 善为文章。虽至大位, 犹不去书。其谋议援古为质, 衮衮可喜。"其次是赞扬他的志趣: "常以经纶天下自为。"最后是赞扬他的功业: "武宗知而能任之, 言从计行, 是时王室几中兴。"(《新唐书》卷一八〇《李德裕传》)

"王室几中兴", 这在当时是非同寻常的评价。如果只是对一些具体事情修修补补，不可能提高到这样的高度上来。

安史之乱对于唐朝政治和社会的打击是十分沉重的。肃宗致力于稳住阵脚，平定叛乱；代宗则是收拾残局，逐渐恢复元气；德宗企图一飞冲天，结果却重重地摔在地上；宪宗平藩，号称"元和中兴"，却被穆宗糟蹋，几乎前功尽弃。而李德裕就是在这个时候走上政治舞台的。

中晚唐时期，皇帝荒政是常见之事，李德裕几乎对每一个皇帝都有进谏，言辞犀利。无论是在朝还是在藩，对看不惯的政事，他总是直陈利弊得失。

穆宗对驸马等皇亲国戚管束不严。这些人通过宦官与权臣宰辅拜谒往来，违背朝廷政治规矩，要么泄露禁中机密，要么请托走后门。李德裕上奏，指出皇亲国戚交通中外，实乃大弊。伏乞宣示宰臣，其驸马诸亲，今后有公事，请到中书门下办公之地见宰相，不得私下往来。这个意见被皇帝采纳。

敬宗初即位，诏浙西造金银器妆具凡二十件进贡内廷。李德裕写了一篇很长的奏章，细细算了算本道的财政收支账目。不久，又诏进特种优质缭绫（即整幅带有各种图案的盘条纹上等丝绸）一千匹，李德裕又上奏章。奏章送上之后，"优诏报之。其缭绫罢进"（《旧唐书》卷一七四《李德裕传》）。敬宗游幸无度，饮酒纵猎，身边都是一些小人。他十天半个月才上朝一次，大臣们根本没有机会跟皇帝进言议政。朝廷上下对此毫无办法。李德裕虽身居藩镇，却心急如焚，他特地遣使献《丹扆箴》六首，进行讽谏。但敬宗置若罔闻，最终死于非命。

文宗时，李德裕也刚正敢言；即使在武宗朝获得重用，也绝不媚上固宠。对于武宗要处死杨於陵（牛党骨干）等宰相，李德裕冒死阻止。对于武宗数出畋游，暮夜乃还，李德裕上言劝谏："人君动法于日，故出而视朝，入而燕息。……愿节田游，承天意。"武宗信道教，宠任方士赵归真。李德裕谏言：此人曾在敬宗时以诡妄出入禁中，大臣皆不愿陛下与之来往。武帝辩称，我与赵归真是老相识了，知道他没有大的过失，"与语养生术尔"。最终，武宗因食用道士炼成的所谓仙丹而亡。

> **启示110** 君有过则谏之的风骨，在中晚唐时代是极其可贵的，这也是李德裕超过唐代历史上许多政治家的一个原因。更主要的是李德裕在行事上，能苟利国家生死以，不因祸福避趋之。他的政治措施有两点特别值得肯定：一是务实但不苟且，二是深远但不空疏。

这种君有过则谏之的风骨，在中晚唐时代是极其可贵的，符合孟子、荀子等倡导的儒家政治操守，这也是李德裕超过唐代历史上许多政治家的一个原因。更主要的是李德裕在行事上，能苟利国家生死以，不因祸福避趋之。无论是浙地的"恶俗大变"，还是"蜀风大变"，都说明李德裕在地方治理上有淳风化俗之功。他的政治措施有两点特别值得肯定：一是务实但不苟且，二是深远但不空疏。

先说务实。对于吐蕃悉怛谋以维州归降之事，他十分务实，因为维州控扼西山八国（岷山山脉八个羌族部落），形势险要，关系到剑南西川的边防安全。但是，对于通过黠戛斯夺取安西、北庭的计划,他却保持着清醒的头脑。

再说深远。李德裕在会昌平叛战争中采取了许多重要的改革措施,包括改革出界粮制度,解决监军、监使在前线干扰战场指挥的问题等等。

什么是"出界粮"问题呢? 按照规矩,征调藩镇出兵平叛,只要出了自己的辖境,朝廷就要供给钱粮。于是诸道出兵后,只要攻下叛镇的一县一屯,就不再卖力,而是坐享朝廷供给的开支,战争拖的时间越长对自己越有利。李德裕奏请皇帝下诏,各藩镇要直接攻取州城,不要攻打县城。

此外,过去将帅出征屡败,主要原因有二:一是军令不统一。二是监军拥兵自重,妨碍战时指挥;特别是战争稍有失利,监军便领亲兵率先逃遁,严重扰乱军心。李德裕约定,监军不得干预军政,每兵千人听监使取十人自卫,有功随例沾赏。这个约定得到了宦官枢密使的认可和皇帝的同意。从抵御回鹘至平定泽潞,都遵守了这一规定,从而改变了战场上政出多门的情况。"号令既简,将帅得以施其谋略,故所向有功。"(《资治通鉴》卷二四八,唐武宗会昌四年)

李德裕是中晚唐衰颓风气中的一股清流! 只可惜他解决中央和地方问题中的一些深远措施,没有在宣宗继位之后延续下来。史家"王室几中兴"的评论,既是对李德裕的肯定,也是对号称"小太宗"的宣宗的批评!

(参见《资治通鉴》卷二三八至二四八)

第十一节　日落长安：唐宣宗时期的政治

　　唐宪宗（778—820）平定河朔方镇后，穆宗初年又发生了河朔三镇叛乱的事件。从此，唐代藩镇割据的局面基本定型。唐穆宗之后，朝廷之所以不能完全解决藩镇动乱，其原因与唐朝国家实力的孱弱有着密切关系。并非缺乏想有作为的皇帝和官员，只是唐代后期出现了改革的困境。

　　所谓改革的困境，是说改革总是失败，走进了死胡同。各种矛盾积重难返，政治上宦官专权，朋党恶斗；社会上赋役繁重，编户逃亡；经济陷入困境，中央财政收入不断萎缩。只有号称"小太宗"的唐宣宗统治时期，史称有"贞观遗风"。

一、宣宗即位

　　唐武宗（814—846）有好几个儿子，但是谁能继承皇位，这时已由宦官决定。武宗没立太子，他病重时已口不能言，"诸宦官密于禁中定策"，迎立武宗的叔父、唐宪宗的儿子光王怡继位，是为宣宗（810—859），更名为忱，次年改年号"大中"。

在唐穆宗（795—824）的三个儿子——敬宗、文宗、武宗兄弟接连称帝之后，皇帝宝座又回到了穆宗的异母弟这里。宣宗的母亲姓郑，本是穆宗生母郭妃的侍婢，更早的身份则是浙西节度使李锜的侍妾，大约在平定李锜后被收入后宫。假如不是主母从娘家带来的丫鬟，那么主母和侍妾的关系往往不大好处理。有可能是侍妾得到宪宗的宠爱，令郭妃不快，而郑氏又不会讨好主母，于是难免与郭妃产生矛盾。宣宗知道自己的生母跟郭妃关系不好，所以他即位后，对郭妃这位太皇太后颇有不敬。《资治通鉴》中说郭妃曾想自杀，令宣宗很不愉快，最后郭妃死得不明不白。从这件事可以看出宣宗的心胸比较狭隘。

宣宗在位十三年，他是很想好好治理天下，并有所作为的。可是，"大中之治"的成就十分有限，几乎没有触及任何现实政治问题。宣宗即位后，首先是报复。他把会昌名相李德裕贬到地方，李德裕最终死在了海南崖州。宣宗本来没有自己的班底，他想起自己的父亲宪宗死的时候，有一个长胡子老人攀着灵驾不肯离去。后来得知此人是令狐楚，令狐楚被认为是牛党的人物，他有一个儿子叫令狐绹。于是，宣宗下令将令狐绹调到中央，先当翰林学士，然后当了宰相。

经过文宗、武宗时期对宦官的打击，宦官们更加注意一致对外了，宣宗也没法利用他们之间的矛盾对其进行分化。宣宗曾经跟大臣商量对付宦官之策，大臣说要逐渐培养宦官中的反对派，分化他们。宣宗摆手说不行，宦官在官位还小（六、七品）的时候，尚能听话，等官做大了，他们就连成一片了。于是，宣宗只能在不冲击宦官重大利益的前提下，在政治上做些工作。

二、宣宗家教

《资治通鉴》记载大中朝的政治，特别关注两件事，一件事是他的家教，另一件事是他的用人。

贞观年间，唐太宗对山东士大夫很不满。他觉得山东高门崔、卢、李、郑，家道衰落，也没有什么大官，就靠父祖的官荫，抬高自己的门第。他要求当朝高官贵戚的孩子婚嫁时，要找开国元勋的子女，可是实际上房玄龄、魏徵、李勣这些朝贵，都让自己的孩子跟士族通婚。唐太宗为此很生气，说士族家庭不讲礼法，搞买卖婚姻，收取高额陪门财（即陪嫁的财物）。

> **启示111** 礼法最重要的内涵就是家庭规范，讲求孝悌和睦，尤其是孩子应该怎样待人接物。

什么是礼法？礼法最重要的内涵就是家庭规范，讲求孝悌和睦，尤其是孩子应该怎样待人接物。比如《颜氏家训》中所讲的"士大夫风操"，表现在饮食起居等生活的各个方面。就此而言，士族人家显然比那些暴富的新贵以及北朝勋贵要强。从唐初到宣宗时代，经过了二百多年，到公元9世纪后期，事情就显得更清楚了。士族还是有礼法的，宣宗改变了太宗的做法，极力想把女儿嫁给士族家庭。虽然他号称"小太宗"，但在这一点上跟贞观年间的唐太宗是不一样的。他把大女儿万寿公主嫁给了荥阳郑氏的郑颢，他告诫女儿说，你要守妇道，不能因为自己是皇家公主，就轻视夫家。有一次，驸马的弟弟得了重病，宣宗派宦官中使去看望，到了之后发现公主居然在慈恩寺看戏。宣宗很生气，说难怪士大夫家不愿意娶公主为妻，我现在才知道原因所在。他把公主叫来，当面训斥了一顿，说你丈夫的弟弟生病，你不仅不去探视，反而还去看戏，这成何体统！公主连忙请罪，表示再也不敢这样做了。

这件事其实很有意思。在中国古代，男女授受不亲，叔嫂不通问。按儒家礼法，小叔子生病，嫂子不应该忙里忙外的，说明宣宗这位皇帝可能不太懂儒家的这些规矩。当然，如果小叔子年纪很小，长嫂比母，则是应该加以关心、请医问药的。

二女儿永福公主，已经选定了士族于琮为驸马。于家也是高门，公主很高兴，对这门婚事也很满意。然而，一次公主与父皇等家人一起吃饭的时候，因为一点小事，公主突然发怒，还把筷子给折断了。这显然是没有家教的行为。于是宣宗大怒，说你这个性情，怎么能嫁到士大夫家里做媳妇，士大夫家的媳妇能像你这样任性吗？当即传旨让性情温和的四妹广德公主嫁给于琮。

宣宗对家教问题如此看重，反映了什么呢？它反映了经过二百多年，士大夫的这些规范已经被社会广泛接受，即使是皇家，也要用士大夫的礼仪规矩来教育孩子。反倒是士大夫之家，不想娶公主。

当初，皇上令宰相白敏中为万寿公主寻觅佳婿，白敏中推荐了郑颢。郑颢当时已经跟范阳卢氏家族定了婚，为此被迫放弃。但他娶皇家的万寿公主，真是一万个不愿意。

郑颢不愿意娶公主，更痛恨白敏中从中做媒，于是经常向皇帝岳父说白敏中的坏话。白敏中心里很清楚，后来，他要到地方去担任藩镇节度使，临行前忧心忡忡地对皇上说，郑颢不愿意娶公主，恨我入骨髓，我在朝中时他没有办法对付我，现在我到地方去，郑颢一定会想方设法造谣中伤我，我会死无葬身之地呀。皇上说，这个我早知道了，你怎么现在才说呢。于是命侍从拿来一个小木盒子，对白敏中说，你拿回去看吧，里面都是郑颢说你坏话的书信。我若相信，难道会任用你到今天吗？白敏中回去一看，果然都是郑颢给皇上打的小报告。他把这个木盒子放在佛像前，焚香事之。

宣宗皇帝管理家人很严格，自己也懂得反省。唐朝的野史中讲了这么一个故事：浙江的官员送给宣宗几名歌舞演员，其中有一位绝色佳丽，被宣宗收入后宫，很受宠幸。有一天早晨，宣宗忽然觉得自己这样做不对，将来会成为昏君，会跟唐玄宗宠幸杨贵妃的下场一样。于是他对这个姑娘说，我不能留你。侍从建议将她放出宫去。宣宗不同意，说放出宫去我还是会想她。最后赐给她一杯毒酒，将其毒死了。宣宗能够意识到自己的错误，是值得肯定的，但他的做法太自私，白白让一个姑娘送了性命。司马光在《通鉴考异》里说，这件事有点儿不靠谱，所以没有采信。

三、宣宗用人

宣宗在用人方面，很有特色。他有些随兴所至，不过史家却不吝赞扬之辞。

举例来说，有一次宣宗外出打猎，碰到一个樵夫，就问你是哪儿的人呀？回答说是泾阳人。县令是谁呀？回答说是李行言。你觉得县令这人怎么样？回答说李县令办事果断，他抓捕了几个强盗，由于强盗跟军家（指宦官领导的神策军）有关系，军家便强行索要，李县令不但不给，还把这些强盗绳之以法。宣宗记住了李行言这个名字，并写在寝殿的柱子上。不久，李行言被破格提拔为海州（治今江苏连云港）刺史。刺史赴任，照例要向皇上谢恩，皇上赐他金紫之服时问道，你知道为什么赏赐你这个吗？李行言回答说不知道。皇上就把当年樵夫夸他秉公执法的事情说了出来。皇上用人，察访民情，这没有错。可是，选人用人应该有制度保障，如何选拔人才，如何让人才脱颖而出，应该有个规矩。偶然碰到一个人说他好，就把他记下来然后破格提拔，这不是一个皇帝或者大政治家做事的风格。

类似的事情还有一例，就是醴泉县令李君奭被破格提拔为怀州（治今河南沁阳）刺史。有一次，宣宗出去打猎，看见十几个人在一个佛祠祭祀，于是上前询问，得知这些人都是醴泉县的百姓，他们的县令李君奭政绩卓著，现在任职期满，要去担任新的职务。这些百姓准备向上级申请，请求让李县令留任。他们之所以在这里祈祷，是想让神灵保佑他们的愿望能够实现。宣宗记住了这件事，不久就任命李君奭为怀州刺史。当李君奭前来谢恩的时候，皇上说出了事情的原委，百官这才知道，原来是醴泉县的百姓觉得他不错。一般来说，唐代县令任期结束后，要等待若干年才能获得新的任命，这叫做"待选"。现在皇上亲自任命李君奭为怀州刺史，连宰相都不知道是什么原因，这种做法其实是不太合乎规范的。史家一方面赞扬宣宗对选人用人很上心，另一方面也体现了他的选人方式不太合乎规范，因此无法制度化。

启示112 宣宗注意管好自己身边的人。他对身边一些贪腐不法之徒，处理起来毫不手软。

宣宗在用人问题上，还有一点值得一提，就是他注意管好自己身边的人。他对身边一些贪腐不法之徒，处理起来毫不手软。

罗程是宫廷乐师中一流的琵琶手，武宗朝就已经很知名了。唐朝的皇帝大多喜好音乐，大概是因为他们做皇子的时候，娱乐休闲离不开音乐，在一起奏乐成为他们日常生活中的一部分。宣宗懂音乐，罗程由于琵琶弹得好而颇受宠。后来，罗程恃宠而骄，做事横暴，被京兆尹关在监狱里。罗程的那些同事就为他求情。

在一次宫廷音乐会上，乐工们设了一个空位子，把罗程的琵琶放在座位上，然后一字排开，拜倒在皇帝脚下，哭泣着说，罗程辜负了陛下之恩，犯了罪确实该死，但是他的琵琶才艺是天下一绝呀，如果他死了，就不能再来侍奉您了。宣宗回答，你们可惜的是罗程的才艺，我可惜的是高祖、太宗的法制。最后罗程被依法处死。

宣宗临朝理政，神情威严，群臣不敢仰视。一旦处理完政事，他就说现在可以说说闲话了，于是一脸轻松，和大臣聊起民间的一些琐事。闲聊了一刻钟，他又一本正经地说，你们要好好工作，不要辜负了我对你们的期望，如果你们出事了，以后彼此就见不到了。意思是你们犯了错误或者违法，我就会将你们革职，依法处置。宰相令狐绹说他秉政十几年，虽受皇上宠任，但是每次临朝,都汗湿衣背。

宣宗处理朝政很严肃,公事公办,我们从中能看出什么呢?那就是皇帝并非不想努力,宣宗的努力,也不是没有成效。但是,他没有进行任何深入的改革。当时民不聊生,贫富分化十分严重,如果不从这些社会问题入手,不在制度层面有所创新,而只是努力处理好日常的一些工作,唐朝衰颓的局面是无法挽回的。

宣宗是吃了道士的丹药,发病而死。他有很多个儿子,最不喜欢的是长子李温,于是让他居住在十六王宅,其他儿子则住在宫中。他喜欢的是第三个儿子,由于非嫡非长,所以没建东宫。宣宗弥留之际,由宦官们做主,迎立在十六王宅的长子继位,这就是唐懿宗。

宣宗以后,唐朝还存在了四十多年,历四帝。其中懿宗是一个十足的败家子,懿宗的儿子僖宗是个道地的小顽童,僖宗的弟弟昭宗是个不折不扣的窝囊废。昭宗被杀后,朱全忠立的哀帝就是个小傀儡。所以,日落长安,号称"小太宗"的唐宣宗驾崩后,唐朝便走向了覆亡。

(参见《资治通鉴》卷二四八至卷二四九)

后梁纪·后唐纪·后晋纪·后汉纪·后周纪

（《资治通鉴》卷二六六至卷二九四）

五代时期画家董源绘《夏山图》（局部），现藏于上海博物馆。

第一节　从起义到称帝：
　　　　草莽英雄朱温的一生

　　五代后梁的开国皇帝朱温（852—912），亲手埋葬了有290年历史的唐王朝。作为一个起义者，他与刘邦、朱元璋是一样的，但刘家的汉朝、朱姓的明朝，都是可以与大唐相颉颃的存在了几百年的王朝，而朱温缔造的梁朝（史称"后梁"）太短命了，只存在了短短的16年。尽管如此，后梁仍是五代王朝中，享祚最长的一个。

一、朱温的人生轨迹：从起义到归降

　　朱温是宋州砀山（今属安徽）人，在家排行老三，在随黄巢起义之前，他不过是一个市井泼皮。贫穷是那个时代草根阶层的特征。幼年的朱温随寡母王氏在萧县（今属安徽）一个刘姓大户人家当佣工。他长大后也不好好生活，难免做一些偷鸡摸狗、打家劫舍的勾当。被史家重点记载的故事有两条：一条是，朱温随母亲当佣工时，颇有异象，这是最老套的帝王故事。另外

一条是朱温的人生梦想。他读《后汉纪》，看到刘秀年轻时的梦想是：仕宦当做执金吾，娶妻当娶阴丽华。朱温掩卷而叹，吾志亦当如此。朱温心中也有一个"阴丽华"，她就是前宋州刺史的千金张氏。黄巢起义，天下大乱，张氏母女逃离家乡，朱温参加了黄巢的队伍，担任同州防御使（相当于唐朝的节度使）。张氏被朱温的部下掠来，朱温见到昔日的梦中女神，赶忙下堂迎接，正式娶为夫人。

朱温打仗勇猛，战绩卓著。在黄巢的队伍中，他从士兵、队长做到了将军、同州防御使。朱温又善于权变，当他发现黄巢逐渐显出颓势之时，便及时接受了唐朝的招降。从乾符四年（877）参加黄巢起义，到中和二年（882）九月投降唐朝，次年任宣武节度使，朱温年仅31岁，唐僖宗赐名全忠（后文称他为朱全忠，即源于此）。后来的六年，朱全忠在平定黄巢的大齐政权、削平陈州割据军阀的过程中，屡立战功。888年，唐昭宗即位之时，年仅36岁的朱温已经是中原地区最有势力的新军阀了。从25岁出来混江湖，有五年时间跟从黄巢起义，降唐后有六年时间用于平叛，朱全忠完成了人生的巨大转变，真可谓"乱世出英雄"啊！

在与唐将李克用等人联合剿灭黄巢势力的过程中，朱、李双方发生了龃龉，进而产生了军事冲突。从此，双方的矛盾与朱温的霸业成败相始终。

二、朱温的精明：朝廷政变时的政治算计

888年，唐僖宗驾崩，宦官杨复恭做主，拥立其弟唐昭宗继

位。昭宗即位之初，颇思振作，但是，很快就被现实碰得头破血流，开始变得心情暴躁，动辄杀害身边的侍从，引起了宦官的不满。这时候的朱温，无暇顾及朝廷政事，只是忙着在山东抢夺地盘。

光化三年（900）十一月，中尉刘季述、王仲先等废除昭宗，立太子李裕为帝。事变发生后，宦官主动与朱全忠联络，"季述遣养子希度诣全忠（朱温），许以唐社稷输之；又遣供奉官李奉本以太上皇诰示全忠"（《资治通鉴》卷二六二，唐昭宗光化三年）。宦官传达了两个信息：第一，只要朱全忠支持他们，将来会帮助朱全忠获得唐家社稷。第二，太上皇（昭宗）是出于自愿而退位的，有太上皇诰可以证明。

朱全忠不为宦官的空头承诺所诱惑，他处事十分谨慎，毕竟在江湖上混了二十多年，大约也接受了当年处理与李克用关系的教训。他从前线返回，专门召僚佐商讨对策。有人说，朝廷的事，我们地方藩镇鞭长莫及，还是不要管为好。

唯独天平节度副使李振认为："王室有难，此霸者之资也。如今您（指朱全忠）于唐朝，犹如当年的齐桓、晋文于周王室，国家安危之所系。刘季述算什么，居然敢囚禁废天子，您不加以讨伐，何以复令诸侯！且幼主位定，则天下之权尽归宦官矣，是以太阿之柄授人也。"朱全忠大悟，当即扣押刘季述派来的使者，同时派李振去京师打探情况。李振回来后，朱全忠又派帐下亲信蒋玄晖去京师找宰相崔胤谋划；此外，他还召回宣武镇进奏官程岩，让他到大梁。因为程岩某种程度上介入了刘季述废除皇帝的行动。

"太子即位累旬,藩镇笺表多不至。"两中尉发动的这场政变,没有得到地方军阀的认可。原因在于,宦官如今已不复当年的势力,神策军力量的衰落是一方面,更重要的是皇权的衰落,导致依附于皇权的藩镇权力也急剧衰落,现在宦官竟然想削弱本来就很孱弱的皇权来实现自己的权力欲望,自然是南辕北辙了。

> **启示114** 宦官废立皇帝既不能成功,也不符合朱全忠的政治利益。而朱全忠在事变中反复权衡,说明他绝非鲁莽之辈。

天复元年(901)正月初一,宰相崔胤策动神策军中下层军官诛杀王仲先、刘季述等,昭宗复辟。事实证明,李振的分析是正确的。宦官废立皇帝既不能成功,也不符合朱全忠的政治利益。而朱全忠在事变中反复权衡,说明他绝非鲁莽之辈。

朱全忠的政治精明在利用崔胤的问题上,表现得淋漓尽致。

三、朱温与崔胤:利用与被利用

崔胤(853—904)出身于清河崔氏,父、祖均担任过朝廷要职,崔胤本人在昭宗景福二年(893)入相。昭宗初即位,颇思重振朝纲,先是罢免权宦杨复恭的职权,进而委托宰相杜让能筹划如何铲除凤翔节度使李茂贞(856—924)。这种做法,很快招致李茂贞的反抗。崔胤就是在朝廷与京西地区节度使交恶的背景下,出任宰相之职的。当时,宰相内斗,分为两派,杜让能、韦绍度是一派,崔昭纬、崔胤是另一派。崔胤就是崔昭纬一手提携上来的。

崔胤及其同僚所面对的, 不仅是京畿附近的藩镇跋扈, 还有与外藩勾结的宦官势力。朝廷上宰相与宦官之间的矛盾, 即所谓南衙北司之争, 加剧了唐末政治的混乱。如今站在宦官背后的不是别人, 正是京西北地区的节度使。崔胤认为, 能够与宦官及其背后靠山凤翔节度使李茂贞相抗衡的藩镇势力, 只有宣武节度使朱全忠。

　　在李茂贞的军事进攻下, 昭宗很快认输, 不仅贬黜了杜让能、韦绍度, 另一位宰相崔昭纬也被罢免。乾宁三年 (896) 六月, 又因为河中节度使继任人选的纷争, 昭宗与华州刺史韩建 (855—912) 等发生冲突, 继而被韩建劫持到华州, 崔胤也因此被罢免相职。崔胤暗中派人向朱全忠求助。朱全忠恰好也要在朝廷内寻找自己的代理人, 于是他利用这个机会, 上书朝廷, 要求留用崔胤为相。昭宗被迫召回已经外放广州、此时行至湖南地界的崔胤, 让其再度担任相职。

　　现在崔胤终于抱上了朱全忠的"大腿", 而朱全忠则利用崔胤干预朝政, 只是他目前的主要精力仍然放在山东地区的军事斗争上, 朝廷的旗号暂时就让崔胤替自己扛着。昭宗在华州被劫持长达两年之久, 直到乾宁五年八月才回京。崔胤则拉大旗作虎皮, 在朝廷里排除异己, 宰相徐彦若、王抟均遭贬黜。弹劾王抟的时候, 崔胤还是利用了朱全忠的威权, 他让朱全忠出面上奏章, 说王抟与宦官勾结, 将危害社稷, 力劝昭宗诛杀宦官宋道弼、景务修等。

　　901年, 昭宗复辟后, 崔胤的地位更加显赫。"进位司空, 复知政事, 兼领度支、盐铁、三司等使。"(《旧唐书》卷一七七《崔胤传》）既有盛名（司空），又有实权（三司使）。崔胤与昭宗密谋尽除宦官，由此引起了宦官们的恐惧。但是，昭宗内心并不认可崔胤的忠诚，仍然有所戒惧①。这时候，朱全忠已经从东方腾出手来，兵马向西，攻陷河中、晋绛，进至同华。神策中尉韩全诲等正是利用昭宗的忌惮心理，说崔胤与朱全忠关系密切，担心他会引汴军进逼京师，于是免除了崔胤的相职，罢其所兼三司使，并挟持昭宗出奔凤翔李茂贞。

朝廷对于汴师西进的这种反应令人费解。难道解除了崔胤的职位，就可以阻止汴师吗？崔胤的不满直接表现在他联络朱全忠到岐山迎驾（夺回天子），其本人不仅没有陪驾西行，反而将朱全忠的军队引入长安，还怂恿朱全忠上书皇帝，说即将奔赴在，迎驾回宫。昭宗非常愤怒，下诏斥责崔胤"曾无报国之心，但作危邦之计，四居极位，一无可称。……致兹播越，职尔之由（这次皇帝出奔，都是崔胤的罪责）。岂有权重位崇，恩深奖厚，曾无惕厉，转恣睢盱，显构外兵，将图不轨"，批评崔胤引汴师入京的动机。

崔胤"寓居华州，为全忠画图王之策"。902年，朱全忠自岐下还军河中，崔胤迎谒于渭桥，哭诉自己的委屈，捧卮敬酒，持板为全忠唱歌，还自撰歌辞，赞美朱全忠功高盖世。从当年四月到次年正月，就这样僵持了九个月的时间，李茂贞因势力稍弱，最终杀了韩全诲等宦官，与朱全忠讲和，决定对昭宗放手。昭宗

---

① 《资治通鉴》卷二六四，唐昭宗天复三年二月，昭宗对韩偓说："崔胤虽尽忠，然比卿颇用机数。"虽然这是事后之言，但在出行之前，已有疑忌之心。

急忙让崔胤赴行在讨论对策，凡四次降诏，三次赐朱书御札，崔胤都称病不赴。

昭宗离开凤翔是在天复三年（903）正月二十二日，他来到朱全忠的军营，朱全忠素服（脱去公服）待罪。皇上命客省使宣旨免罪，撤去正衙三卫的兵仗，仅留下传报平安的人，让他们穿着公服入见。朱全忠拜见皇上，顿首流涕。昭宗命韩偓将其扶起，也流下了眼泪，并对朱全忠说："宗庙社稷，赖卿再安；朕与宗族，赖卿再生。"亲解玉带赐之。稍事休息，即启程还京。朱全忠单骑前导十余里，皇上辞之，全忠乃令其侄大将朱友伦将兵扈从，自留部分后队，焚撤诸寨。胡三省在此注云："此皆朱全忠缪为恭敬也！"所有的恭顺都是在作秀。这天晚上，车驾宿岐山。三天后到了兴平（今属陕西咸阳），崔胤率百官迎谒，复以崔胤为司空、门下侍郎、同平章事，领三司如故。二十七日，昭宗入长安。崔胤利用朱全忠获得了权势，朱全忠则利用崔胤成功地控制了朝廷。

这一次，崔胤一不做二不休，干脆与朱全忠联合奏请罢去左右神策、内诸司等使及诸道监军、副监、小使、宦官三百余人，同日斩之于内侍省；此外，诸道监军，也随处斩首以闻。

现在，朱全忠成了最有权势的人，各方势力都要求助于他。崔胤要搞掉同僚韩偓，就请朱全忠出面，昭宗不得已贬黜了韩偓。昭宗想让平原公主（何皇后之女）回来——几天前公主被李茂贞胁迫嫁给了他的儿子，就请朱全忠给李茂贞写信，"茂贞不敢违，遽归之"。朱全忠的党羽布满京城，侄子朱友伦率领步骑万人留守京师，充任最有权势的左军宿卫都指挥使。

崔胤自以为成了最有权势的宰相，他担心朱全忠的篡位会殃及于己，于是又阴谋建立了一支独立的中央禁军。这种算计哪里逃得过朱全忠的眼睛。朱全忠将计就计，让自家军队应募入伍，又向皇帝奏请诛杀崔胤，罪名是"专权乱国，离间君臣"。昭宗哪敢说半个"不"字！史称"胤长于阴计，巧于附丽，外示凝重而心险躁"（《旧唐书》卷一七七《崔胤传》）。崔胤就这样聪明反被聪明误，丢掉了性命。

四、朱温的治国：开始了五代的重建

《资治通鉴》说，朱全忠最"怕"两个人，一个是他的发妻张氏，一个是幕僚长敬翔。可惜张氏在他做皇帝之前就已经去世了，敬翔则成为他奠定江山的张良和萧何。

敬翔是陕西大荔人，是武则天时期参与神龙政变，逼迫武则天退位的"五王"之一敬晖的后代。其父、祖、曾祖三代，都担任过州刺史之类的职务。敬翔本人"好读书，尤长刀笔，应用敏捷"。僖宗乾符年间，考进士不第，卷入到战乱之中，后来在朱全忠的麾下就职。《资治通鉴》记述唐昭宣帝禅让事，有一段关于敬翔的评论："翔为人沈（同"沉"）深，有智略，在幕府三十余年，军谋、民政，帝一以委之。翔尽心勤劳，昼夜不寐，自言惟马上乃得休息。帝性暴戾难近，人莫能测，惟翔能识其意趣。或有所不可，翔未尝显言，但微示持疑；帝意已悟，多为之改易。禅代之际，翔谋居多。"这段话有两层意思，一是敬翔勤勉，二是他懂朱全忠。这里举一个例子。朱珍与李唐宾都是朱全忠手下的大将，勇冠三军，朱全忠十分欣赏他们。但是，对于手下大

将，朱全忠通常会质押其家属。而朱珍却把家属接到了军中，这引起了朱全忠的怀疑，就派李唐宾去牵制朱珍。有一次，因部下之事二人发生了争执，朱珍大怒，拔剑站起来，李唐宾也站起来甩开衣服上前跟他对峙，朱珍一气之下杀了李唐宾，并派人告诉朱全忠说李唐宾谋叛。使者凌晨来到汴梁，敬翔担心朱全忠得知此事会作出不理性的决断，便把使者藏起来，自己从容地去见朱全忠，报告事情。他知道，朱全忠听到消息即使会发怒，也要等到次日的早晨才能处置，经过一夜的思量，朱全忠一定会变理性的。在这种情况下，自己的意见才能被接受。于是，敬翔策划，假装把李唐宾的家属都抓捕起来，等于是听信了朱珍的上奏。等朱全忠前往朱珍军前，朱珍到三十里外迎接，朱全忠便命武士将其拿下，处以死刑。这件事表明，敬翔是非常了解朱全忠的，他知道朱全忠乍看是一个粗人，其实很理性。知道了这个事例，我们就会明白上文中的那句话："帝性暴戾难近，人莫能测，惟翔能识其意趣。或有所不可，翔未尝显言，但微示持疑；帝意已悟，多为之改易。"因此，敬翔从朱全忠身边的文书侍从，逐步成为首席顾问，这不仅是敬翔的造化，更是朱全忠用人识人才能的体现。朱全忠称帝后，敬翔主管崇政院的工作，内容是"以备顾问，参谋议，于禁中承上旨，宣于宰相而行之。宰相非进对时有所奏请及已受旨应复请者，皆具记事因崇政院以闻，得旨则复宣于宰相"（《资治通鉴》卷二六六，后梁太祖开平元年）。

朱全忠登基后，国家的治理也进入有序阶段。

左金吾大将军寇彦卿（862—918）是朱全忠的老部下，父辈就在宣武军任牙将，他本人也立有大功。有一次入朝，行至天津桥,有民不避道,被寇彦卿的随从举起投诸栅栏之外而死。寇彦卿向朱全忠自首。由于寇彦卿有才干、有功劳,且久在左右听命,于是命其以私财赔偿死者家属以赎罪。御史司宪崔沂不同意,弹劾说:"彦卿杀人阙下,请论如法。"

> **启示115** 其时功臣骄横,朱全忠对寇彦卿事件的严肃处理,使当时的法治环境得到改善。

朱全忠命寇彦卿自己说该当何罪,彦卿回答:"令从者举置栏外,不意误死。"朱全忠拟以过失罪论处。崔沂上奏说:"在法,以势力使令为首,下手为从,不得归罪从者;不斗而故殴伤人,加伤罪一等,不得为过失。"意思是,有权势者使手下人施暴,有权势者是首犯,手下人属于从犯,并非斗殴中失手伤害他人,因此不属于过失罪。崔沂的分析得到了朱全忠的认可,责授彦卿游击将军、左卫中郎将。寇彦卿扬言:"有得崔沂首者,赏钱万缗。"崔沂诉于朱全忠。朱全忠使人对寇将军说:"崔沂有毫发伤,我当族汝!"史称,其时功臣骄横,此事的严肃处理,使当时的法治环境得到改善。

张全义早年参加黄巢起义,后来归降,在朱全忠的后梁政权担任河南尹,在他的治理下,洛阳地区的农业逐步得到恢复和发展。五代时期社会与经济的重建从后梁朱全忠时代开始。

五、朱温之死及其留下的思考

朱全忠最后不是死在疆场上,而是被自己的亲生儿子所杀害。类似的问题，在其他草莽英雄的家庭里多有，令人深思。

912年，在当了五年皇帝之后，朱全忠（称帝后改名朱晃）临终前，对近臣说："我经营天下三十年（从882年投降唐朝算起），不意太原余孽（指李克用之子李存勖）更昌炽如此！吾观其志不小，天复夺我年，我死，诸儿非彼敌也，吾无葬地矣！"说着说着就动了感情，"因哽咽，绝而复苏"。朱全忠不看好自己的儿子们："诸儿非彼敌也。"话已经说得十分清楚了。

朱全忠有三个亲生儿子，还有养子。长子朱友裕（？—904）在他称帝之前就亡故了；次子朱友珪（884—913），母亲为亳州营娟；三子朱友贞（888—923），是嫡妻张氏所生；另有一个养子朱友文（？—912），原名康勤。朱全忠的不满，首先是对两个亲生儿子的。从后来的事变看，友珪凶狠残暴，友贞缺乏政治头脑，两个人都不是理想的接班人选。于是，朱全忠看上了养子朱友文，"帝特爱之，常留守东都，兼建昌宫使"。建昌宫是朱全忠特设的一个机构，掌管后梁核心四镇（宣武、宣义、天平、护国）的征赋，实际上是让朱友文掌管国家财政。朱全忠征战时，友文负责前线的物资供给。次子郓王友珪为左右控鹤都指挥使，三子均王友贞为东都马步都指挥使，二人都是军事职务，只有友文是管理财赋的文职，"虽未以友文为太子，帝意常属之"。五代十国养子之风盛行，以养子为皇嗣者不乏其人。旧史说朱温是因为与友文的妻子王氏有染，且对其十分宠爱，才要传位给养子友文的，这完全不可信。

后梁乾化二年（912）六月初一，朱温命敬翔拟旨，命友珪为莱州刺史，即刻赴任。"已宣旨，未行敕。"内廷已经出旨，但是宰相府还没有下敕,友珪害怕中途被赐死,于是联手自己的老部下禁军统军韩勍,先以牙兵五百人伏于禁中,夜半斩关而入,砍断万春门的门闩,奔向朱全忠的寝殿。朱全忠从床上坐起,惊问是谁。在发现是次子朱友珪后,大怒道:"我早怀疑你这贼人,只恨没有杀了你。你如此悖逆,老天爷会放过你吗?"朱友珪的马夫冯廷谔提刀砍过去,朱全忠奋起下床,绕着大殿内的柱子躲避,冯廷谔挥刀三次,都劈到了柱子上。最终,朱全忠因力乏,倒于床榻之上,冯廷谔对准其腹部猛刺一刀,刀刃穿透后背,朱全忠当场毙命。

> **启示116** 后梁为什么不能长治久安?这与家天下的痼疾有关。子嗣或接班人能力低下,就无法巩固政权,更谈不上从打天下到治天下的战略转型了。

朱全忠的被杀,给了后梁政权以致命打击,梁末帝虽然定乱而自律,但却不是李存勖的对手,十年后而亡。著名史学家吕思勉说:"在唐五代之际,梁太祖确是能定乱和恤民的。……惜乎天不假年,梁太祖篡位后仅六年而遇弑。"他肯定了晚期的唐政权是没有希望的,后梁的建立是一个进步。可是后梁为什么不能长治久安呢?这与家天下的痼疾有关。子嗣或接班人能力低下,就无法巩固政权,更谈不上从打天下到治天下的战略转型了。

(参见《资治通鉴》卷二五三至卷二六八)

第二节　方向的抉择：
后唐庄宗的戏剧人生

　　后唐庄宗李存勖（885—926），是一个戏剧性的人物。他出身高贵——沙陀贵族的后代，晋王李克用的嫡长子。就才华而论，他本可以提前终结那个混乱的时代，可是，他却在成功后志得意满，措置失宜，最终葬送了自己的性命。

　　沙陀贵族李克用（856—908），本姓朱邪，唐末代北节度使李国昌之子，在追剿黄巢的过程中，与后梁太祖朱温结下了深仇大恨，两个人斗了一辈子。908年，即朱温登基的次年，李克用去世，临终前，他给了李存勖三支箭，要儿子为他报仇。

一、李克用的三支箭

　　第一支箭指向幽州（今北京）刘仁恭。刘仁恭本来是幽州军将，与节度使李匡筹发生冲突，逃亡到河东，河东节度使李克用待之甚厚。刘仁恭成功地说服李克用攻下幽州，李克用则于895年上表朝廷，推荐刘仁恭为卢龙节度使（治幽州，今北京）。李克用以为从此将刘仁恭的地盘纳入了自己的势力范围。不料，在接下来的日子里，李克用对外用兵时多次想征调卢龙的兵力，刘仁恭都推三阻四，甚至引诱河东的将士逃亡到幽州。李克用对此特别恼火，亲自率领大军攻打刘仁恭，却反被刘仁恭击败，士卒死伤过半。刘仁恭还在朱李争斗中选择了朱温这一边，他把抓获的河东将士交给朱温，从此摆脱了李克用的控制。因此，不消灭幽州刘仁恭，李克用死不瞑目。

第二支箭指向契丹。契丹部落首领耶律阿保机曾经打败幽州刘仁恭，并活捉其养子、大将赵霸。河东李克用很想与契丹结盟。905年，他邀请阿保机前来云州（治今山西大同）会盟，二人结为兄弟，约定共同对付汴州朱温和幽州刘仁恭。双方各有馈赠，尽欢而散。但是，阿保机攻打幽州只是为了掳掠财富和百姓，并不是为河东李克用解恨。相反，阿保机与在中原称霸的朱温打得火热。906年底，朱温派人与阿保机修好，送去衣物珍宝。当然，这并不能完全看作是阿保机爽约，也许契丹人是两面下注，也许是契丹人的远交近攻策略。还有资料说，阿保机事后听说李克用的部下要谋害他，因为他们认为契丹人将是难搞定的对手。如果这条意见成立，那么，契丹人也可能认为沙陀李克用是自己的对手。总之，李克用对阿保机的背叛恨得咬牙切齿。

第三支箭当然是指向宿敌梁王、宣武节度使朱温了。李克用与朱温结下梁子要追溯到他们并肩作战追剿黄巢的时候。当时，李克用追击黄巢，从河南周口打到山东菏泽，有时一天一夜奔袭三百里。回军途中，路过朱温的地盘汴州。朱温在上源驿设宴招待他。李克用大约是喝多了，借着酒劲，奚落朱温。朱温当年可是黄巢手下的爱将啊，只因提早背叛黄巢，投降唐朝，就因祸得福，成为封疆大吏，占了中原这么大的地盘。相信李克用的话一定很难听，让朱温当场下不来台。散席之后，朱温让人放了一把火，李克用差点儿死于非命。从此李克用便与朱温结下了深仇大恨，临终前，他把报仇雪恨的火种传给了李存勖。

李克用的这三支箭，不仅仅是私家仇恨，实际上是李存勖继承父亲的遗志，划定了三个作战方向。

二、英雄李亚子

李克用与朱温结怨的时候，李存勖还没有出生。李存勖的母亲曹夫人贤淑，颇得正室刘夫人和李克用本人的宠爱，她为李克用生了四个儿子一个女儿。存勖年最长，小名亚子（据说李存勖十一岁时，与李克用一起见到唐昭宗，昭宗称赞李存勖有奇表之相，"可亚其父"，故名）。他作战勇敢，富于谋略。李克用去世之时，李存勖已经二十四岁。事实证明，他有能力完成父亲交给他的嘱托。

李克用生前将李亚子托付给弟弟李克宁和监军张承业。李克宁担任蕃汉内外都知兵马使，张承业是唐朝派来的监军，同时掌管河东的"国库"。可是，这两个人是有矛盾的。李克宁受到蛊惑，有兄终弟及的野心，最后被李存勖所杀。欧阳修评价李克宁，一方面是"为人仁孝，居诸兄弟中最贤，事太祖（李克用）小心不懈"，另一方面又说他"仁而无断，惑于群言，遂至于祸"（《新五代史》卷一四《唐太祖家人传》）。

李存勖巩固了自己的权力之后，便开始按照"三支箭"的目标行动。

幽州刘仁恭、刘守光父子是因为反目而被李存勖灭亡的。刘守光因与其父刘仁恭的爱妾罗氏私通，被仁恭揍了一顿，从此二人断绝了父子关系。刘仁恭自己到大安山享受生活，不料宣武镇派军来攻打幽州，被刘守光率军击退。刘守光自任卢龙节度使，将父亲刘仁恭囚禁了起来，他甚至自我膨胀，称起了燕国皇帝。这还是李克用在世时发生的事情。这样过了六年，到913年，李存勖攻破幽州城，刘守光与其父亲刘仁恭一起被捉拿。刘仁恭最终被刺破心脏，以祭奠李克用的亡灵。

攻取幽州之后，李存勖便重点攻打魏博和冀南之地。后梁在太祖朱温驾崩后日益走向衰败。后梁末帝完全没有治国才能，国政把持在外戚手上，老臣敬翔、李振都被排斥，这样就给了李存勖机会。915年，李存勖利用后梁处置魏博事务失宜之机，接受了魏州将领的来降，并自任节度使。916年，他击败后梁将领刘郭，乘机攻占了冀南，把势力范围推进到黄河北岸，与后梁军队形成夹河对峙的局面。随后双方围绕着黄河沿岸的重要渡口，如杨刘镇（魏州通向郓州的重要渡口）、胡柳陂（今山东鄄城西北，直对濮州麻家渡渡口）、德胜城（魏州通向汴州的重要渡口，在今河南清丰西南），展开了激烈的战争。有时候两军在一日内甚至大小百余战。其中关键的一役是镇州（今河北正定）争夺战，李存勖获胜，并先后兼任魏博、成德节度使。923年，李存勖在魏州被推举为帝，是为唐庄宗。同年十月，李存勖从杨刘渡口过河，李嗣源（李克用养子）作为先头部队攻入汴州，后梁末帝朱友贞自杀，后梁灭亡，李克用的第二支箭"射中"了目标。

第三支箭要对付契丹，情况比较复杂。李存勖与后梁争夺河北三镇，双方拉锯期间，正是耶律阿保机统一契丹八部、称帝建国（916年建契丹国，918年建都临潢府）并且巩固新生政权之际，一时无暇南顾。但即便如此，契丹也不停止南下掳掠。917年，契丹进逼幽州，形势危急，李存勖当时身边只有一万马匹，但他仍然派大将李存审、李嗣源率军迎战。最终大败契丹军队，俘斩数以万计，解了幽州之急。

921年，李存勖军围攻承德叛将之际，又有义武军叛将勾结耶律阿保机，引契丹南下，围困定州城。922年，李存勖在对抗后梁军队的同时，率领五千骑兵打退了契丹的进攻，并擒获契丹王子一人。李存勖乘胜追击，契丹退至望都（今河北定州附近），再次被李存勖打得大败而逃。时值正月，天寒地冻，大雪纷飞，人马无食，侵扰的契丹军队死伤大半，李存勖遏制住了契丹南向的势头。

> **启示117** 就后唐庄宗来说，沉迷于演剧，管不住妻子，忌惮功臣宿将，是混乱局面产生的直接原因。

三、优伶"李天下"

唐庄宗灭亡后梁之后，把首都迁到了洛阳。他只当了三年的皇帝，便在自己一手酿成的内乱中凄然死去，年仅42岁。在内乱中改朝换代是五代王朝递嬗的共同特点，像后梁这样父子兄弟相残的固然不多见，可是不能安抚好功臣、权臣或有实力的藩镇，从而激起内乱，则是共同的特征。就后唐庄宗来说，沉迷于演剧，管不住妻子，忌惮功臣宿将，是混乱局面产生的直接原因。

史称"帝幼善音律，故伶人多有宠，常侍左右"。有时候他自己还粉墨登场，伶名"李天下"，与优伶共演戏于庭中，以取悦受宠的刘夫人。据说，在一次排演中，他连声自称李天下，被另外一个伶人打了一巴掌，庄宗没有反应过来，其他演员也懵了。这位叫敬新磨的伶人喝道：治理天下的只有一个天子，你怎么自称李天下。你呼叫谁呀？庄宗听后开怀大笑，厚加赏赐。

有伶人周匝在战争中成为俘虏，庄宗思念不已。他攻入汴州之日，周匝谒见于马前，庄宗大喜。寒暄过后，伶人一把鼻涕一把泪地说："臣所以得生全者，全赖梁教坊使陈俊（皇家剧院院长）、内园栽接使储德源（皇家园林园长）之力也！"他请求皇帝为这两位恩人分别安排州刺史的职务以报恩。庄宗居然答应了。只因大臣郭崇韬苦谏："陛下所与共取天下者，皆英豪忠勇之士。今大功始就，封赏未及一人，而先以伶人为刺史，恐失天下心。"这才没有施行。过了一年，伶人周匝再次为两位恩人求情，庄宗最终任命这两位出任刺史，并转而对郭崇韬说："我已经答应周匝了，不可食言，否则我将无法见他们三人。我知道你的意见没有错，但还是看在我的面子上屈意行之吧。"任命消息一出，一片哗然，"时亲军有从帝百战未得刺史者，莫不愤叹"。

伶人之外，宫中数以千计的宦官也窃威弄权。唐末被清除的宦官势力，在后唐庄宗时竟死灰复燃。有一次，伶人、宦官为庄宗征掠青年女子三千多人。滑州留后李绍钦走伶人景进的门路，送钱给宫中，因而得到了节度使的职位。庄宗宠信的刘夫人当了皇后，更是聚敛钱财，不遗余力，在后宫为所欲为。

庄宗有一宠姬，为他生下一子，刘皇后很嫉妒。归德节度使、同平章事李绍荣，因救驾有功，受到庄宗的宠遇。庄宗有时会与太后、皇后同至其家串门。一次，恰逢李绍荣丧妻，庄宗、刘皇后和李绍荣在禁中闲聊，庄宗关切地问绍荣："汝复娶乎? 为汝求婚。"刘皇后听后便指着在场的那位宠姬说："大家 (指皇帝) 同情绍荣，何不以此美姬赐之!"庄宗当时难言不可，似许未许之际，刘皇后在旁催促绍荣拜谢皇恩。李节度使拜下起身之时，该宠姬已经被肩舆抬出皇宫了。庄宗吃了个闷亏，"为之托疾不食者累日"，托言身体不舒服，连着好几天都没有吃饭。

伶人整天在皇帝身边，出入宫掖，趾高气扬，群臣愤嫉，却无可奈何。有些人竞相走伶人的门路以求恩泽和富贵，四方藩镇也以货赂巴结他们。庄宗还利用伶人刺探外间的信息，以掌握舆情。有一个叫景进的伶人，就喜欢向皇上报告各种闾阎细故，"上亦欲知外间事，遂委进以耳目"。这样一来，伶人就被赋予了政治权力。特别是景进，可以单独向庄宗报告情况，议论群臣的是非，干预朝廷的政事。将相大臣，无不忌惮之。巴结得上的，逢迎讨好；巴结不上或者不屑于巴结的，皆不自安。比如蕃汉内外马步副总管李嗣源，是李克用的养子，功劳卓著，就请求解甲归田。庄宗虽然疑忌功臣李嗣源，但未敢贸然批准。

事情的导火索是郭崇韬之死。郭崇韬在李克用时期就是大将，李存勖称帝后，郭崇韬任宰相、枢密使，位高权重。925年，郭崇韬奉命与魏王李继岌讨伐前蜀政权，李继岌是庄宗与刘皇后所生的长子。战争进行得非常顺利，仅用了70天，就迫使前蜀主王衍投降。可是，立了大功的郭崇韬，却因为得罪了刘皇后，遭到宦官李从袭等人的构陷。在郭崇韬镇守成都期间，刘皇后秘密前往成都，伙同李继岌残忍地杀害了六十二岁的郭崇韬，一同罹难的还有他的五个儿子。给郭崇韬的莫须有的罪名是：截留蜀地财货，蓄意谋反。

唐庄宗对此事不仅不追究，还扩大审查范围，节度使朱友谦等人被处死。这下激起了广大将士和朝臣的危机感。李嗣源在平定邺都皇甫晖兵乱之时，在女婿石敬瑭等人的策动下，被将士拥戴，黄袍加身，杀向首都洛阳；而在皇宫中，郭崇韬的本家、伶人出身的禁军将领郭从谦发动兵变，史称兴教门（皇宫之门的名称）之变。庄宗在混乱中被乱箭射中，又误食宦官所进乳酪，当场毙命。唐明宗李嗣源（867—933）即位，后唐历史进入了比较开明的一段时期。

> **启示118** 李存勖自幼随父亲李克用征战天下，他勇猛顽强，智勇双全。可是在灭掉后梁之后，他志得意满，迷失了人生的方向。这是他失败的主要根源，也是许多英雄豪杰能打天下而不能治天下的缘由。

李存勖的一生波澜壮阔，自幼随父亲李克用征战天下，在完成父亲遗愿的过程中，他勇猛顽强，智勇双全。可是在灭掉后梁之后，他志得意满，迷失了人生的方向。这是他失败的主要根源，也是许多英雄豪杰能打天下而不能治天下的缘由。

（参见《资治通鉴》卷二六七至卷二七五）

第三节 "燕云十六州"的心结：
后晋高祖石敬瑭再认识

石敬瑭（892—942）建立的后晋王朝（936—947）存在了不过十一年，而他本人在位也不过六年，却因为割让"燕云十六州"一事，挨了一世的骂名。如何评价石敬瑭，其实牵涉到历史学的一些基本问题，即如何理解五代历史的脉络，如何理解政治人物的行为动机。这些都值得加以探讨。

一、石敬瑭其人

史书上都说石敬瑭是沙陀人。但是，他究竟是出身汉族，还是胡族（沙陀），薛居正的《旧五代史》与欧阳修的《新五代史》就有不同的看法。

石敬瑭的父亲名字叫臬捩（niè liè）鸡，欧阳修不无揶揄地说，他的那个石姓，"不知得其姓之始也"。薛居正则直接说石敬瑭乃太原人士，还把他的老祖宗追溯到春秋时期卫国著名大夫石碏、汉景帝时的丞相石奋。汉末乱离，其子孙后代流落到西北边地，最后在甘州（今甘肃张掖）定居下来。

有两点可以帮助我们判断石敬瑭这个人。其一，他生于太原，从小使枪弄棒，好读兵书，最崇拜的人是李牧和周亚夫。李牧是战国时期赵国名将，周亚夫是汉景帝时期平定"七国之乱"的统帅。其二，他的顶头上司李嗣源（名字叫邈佶烈，失其姓氏）任代州（山西大同）刺史时，很欣赏石敬瑭，还把自己的女儿嫁给了他。而李嗣源的上司晋王李存勖则把石敬瑭提拔到自己身边；后来，李嗣源（李克用的养子，在辈分上是李存勖之兄）又请求将石敬瑭调回自己军中，并获得了同意。从此，石敬瑭成了李嗣源的心腹大将，统领禁军精锐骑兵。李存勖是后唐的庄宗，李嗣源是后唐的明宗，他们都是沙陀人，也都做了后唐的皇帝。

从这两点上看，石敬瑭是一个生长于胡地戎墟的猛将，血统已经不重要，他羡慕的是华夏英雄，而欣赏他的则是胡族领袖。

还有一个角度观察石敬瑭，那就是后来成为后汉高祖的刘知远（895—948）。

刘知远从小沉毅寡言，这一点与石敬瑭类似。刘知远比石敬瑭小三岁，也在李嗣源麾下效力。与石敬瑭一样，刘知远出生的时候，太原的"天"名义上是大唐的，实际上是河东节度使、被封为晋王的沙陀人李克用的。等到他们上战场的时候，中原已经易主，朱温建立了后梁，李克用的继承人李存勖则尊奉大唐正朔，割据河东。双方战争不断，"大小百余战，互有胜负"。919年，"左射军使（左射军是精锐的禁军）石敬瑭与梁人战于河壖（即河边之地），梁人击敬瑭，断其马甲，横冲兵马使刘知远以所乘马授之，自乘断甲者徐行为殿；梁人疑有伏，不敢迫，俱得免，敬瑭以是亲爱之"（《资治通鉴》卷二七一，后梁均王贞明五年）。这是石敬瑭和刘知远二人的事迹第一次出现在《资治通鉴》里。类似这种关键时刻，刘知远不止一次地在战场上冒死救了石敬瑭的命，从此二人的关系亲密起来。由此可见，石敬瑭是一个让上级欣赏，让下级追随的将军。

> **启示119** 石敬瑭生活简朴，在地方执政时，与幕府宾客论民间利害及刑政得失，头脑十分清醒，办事力求公允，且提倡孝治为先。

在治民理政上，石敬瑭也有可圈可点之处。史称，石敬瑭生活简朴，在地方执政时，与幕府宾客论民间利害及刑政得失，头脑十分清醒，办事力求公允。石敬瑭在河东任上，有店妇与军士争讼，店妇控诉说，她在门前晒的粟，被军士的马所食。军士坚决否认，却无以自明。石敬瑭对官吏说："两讼未分，何以为断？可杀马刳肠而视其粟，有则军士诛，无则妇人死。"遂杀马，只见马肠无粟，妇人因诬告陷害军士而被处死。从此境内肃然，没有人再敢诬告欺骗。

不久，石敬瑭从河东移镇常山，他提倡孝治为先，对于民间父母在而兄弟分家索财者，必处以极刑。又"勤于吏事，廷无滞讼"。常山郡九门县有兄弟二人，因为卖地发生了纠纷。哥哥想要地，却压低地价，有外人愿意出原价购买，弟弟便将地卖给了这个人。但买卖契约要兄长签字,兄长故意不签,弟弟便向九门县令投诉。县令认为兄弟二人均为不义,于是送往府衙。石敬瑭说:我为自己新来此地,却不能以礼义教化百姓而深感惭愧。但就事理来说,"兄利良田,弟求善价,顺之则是,沮之则非,其兄不义之甚也",判决重笞其兄,"市田以高价者取之"(《旧五代史》卷七五《晋书·高祖纪一》)。石敬瑭对此事处理得公平合理,赢得了大家的赞赏。

史书中的这些事例,虽有溢美之词,但不会无中生有,这说明石敬瑭处事是颇有章法的。

二、石敬瑭与对手李从珂

李嗣源登上后唐的皇帝宝座,是在公元926年的春夏之交。作为女婿的石敬瑭,不仅劝进最力,而且还是打头阵带兵进入洛阳的。事后,授石敬瑭为陕州(今河南三门峡)保义军节度使,赐号"竭忠建策兴复功臣"。后来,又派石敬瑭出镇河东,任节度使。前者是论功行赏,后者是安排亲信。

石敬瑭的对手是后来成为后唐末帝的李从珂(885—937)。李从珂本姓王,小字二十三,镇州平山(今河北平山)人,后唐明宗李嗣源出兵时,行军至平山,虏获了十余岁的王从珂,养以为子。从珂自幼随义父嗣源征战,在后唐灭后梁之战中屡立战功。926年,在魏州军乱事件中,他率部下声援向洛阳进军的李嗣源,虽然不像石敬瑭那样打先锋、立头功,但也使李嗣源军声大震,震慑了首都地区的力量。931年,李嗣源任命李从珂为左卫大将军出任西京留守,次年升任凤翔节度使(治今陕西宝鸡）。就在同一年，石敬瑭被任命为河东节度使（治今山西太原）。显然，对于李、石二人的安排，李嗣源有着两重考虑：一是重用，二是平衡。①

《资治通鉴》记载了李从珂与石敬瑭之间的矛盾："帝与石敬瑭皆以勇力善斗，事明宗为左右；然心竞，素不相悦。"在李嗣源身边有两员猛将，一是他的女婿石敬瑭，一是他的养子李从珂。李从珂年长石敬瑭七岁，二人心中是暗暗地较劲，互比短长（所谓"心竞"是也）。《旧五代史·晋书·高祖纪一》在夸奖石敬瑭的时候，说他"灭梁室，成庄宗一统，集明宗大勋，帝与唐末帝功居最"。那么，二人之间的关系为什么处理不好？史书中说，李从珂"尝与石敬瑭因击球同入于赵襄子之庙，见其塑像，屹然起立，帝秘之，私心自负"。又说，后唐庄宗李存勖不止一次夸赞李从珂说，"阿三不惟与我同齿，敢战亦相类"（《旧五代史》卷四六《唐书·末帝纪上》）。这里透露的信息是，李、石二人在政治上都有一定的抱负，李从珂更多地得到了庄宗的赞赏（石敬瑭在庄宗时仕途不畅，在明宗时才赶上李从珂）②。

李嗣源去世前一年，即公元932年，对李从珂和石敬瑭做了安排：任命李从珂为凤翔节度使，石敬瑭为河东节度使。次年十一月底，李嗣源病逝，继位的后唐闵帝李从厚（914—934）及其执政团队，却对手握重兵的这两位前辈不放心。

---

① 有观点认为，石敬瑭从六军诸卫副使出任河东节度使是避祸，考虑到五代时期多数情况下以重臣出任河东节度使一职，似有未谛。

② 《旧五代史·晋书·高祖纪一》说石敬瑭，"庄宗朝官未显者，以帝不好矜伐故也，唯明宗心知之"。

根据《资治通鉴》的记载，朝廷首先是对石敬瑭不放心。辅政的大臣朱弘昭、冯赟自感威望不足，忌惮李从珂、石敬瑭自少年时就追随明宗征伐，"有功名，得众心"（《资治通鉴》卷二七八，后唐潞王清泰元年）。闵帝刚即位，就撤了李从珂长子李重吉控鹤都指挥使的职务，又把其在洛阳有影响的女儿惠明女尼召入禁中控制起来。这样一下子就使气氛变得很紧张，可见朱、冯二人缺乏谋略。对于石敬瑭同样如此，"朱弘昭、冯赟不欲石敬瑭久在太原"，二月己卯（初九）[1]，召回知天雄军府（治魏州，今河北大名）的孟汉琼，以成德节度使（治镇州，今河北正定）范延光为天雄节度使；改凤翔节度使李从珂为河东节度使，兼北都留守；又让河东节度使石敬瑭出任成德节度使，接替范延光空出来的职位。这些调动都不是朝廷下发的正规诏制，"但各遣使臣持宣监送赴镇"（《资治通鉴》卷二七九，后唐潞王清泰元年）。所谓"宣"，乃是中书省（一说枢密院）发出的文书。为什么用这种不太正规的形式发出调令呢？也许与闵帝本人还想留有余地有关。其实，这种事一旦做出决定，就是没有余地的。

　　石敬瑭与李从珂都是被疑忌的对象。疑忌李从珂，于是解除了其长子的禁军职位；疑忌石敬瑭，则是不愿意他久居河东，改由李从珂接任河东节度使。照理而论，河东节度使的地位较之凤翔更为重要，因为太原是后唐的龙兴之地，兵马也更强

---

① 《旧五代史》卷四五《唐书·闵帝纪》记载，同月乙亥（初五）还安排了其他节度使的变动。

大。问题是从凤翔到河东上任必须经过洛阳，或有不测，这才是李从珂担心的。

　　现在李从珂与石敬瑭站在了同一个战壕里。石敬瑭没有公开的行动，而是顺从地去成德就任了^①。李从珂却高调发布文书，拒绝调离凤翔，还打出了要清君侧的口号，这等于是引火烧身。朝廷立即派兵去围剿，李从珂长子李重吉也在亳州被杀。可是，前线将士反而拥立李从珂，回师向阙。闵帝带领数十骑出奔，正好遇见了石敬瑭。石敬瑭问闵帝的侍从，天子出奔，国宝、法器何在，这下便与闵帝的随从发生了冲突。石敬瑭杀尽闵帝的护卫，将从洛阳逃出的闵帝扣留在卫州（今河南卫辉），自己赶紧奔赴洛阳。李从珂即位后，派人鸩杀了在卫州官舍的闵帝李从厚。

　　由此可见，石敬瑭是李从珂取代闵帝的帮凶^②，因为在反抗闵帝移藩这件事上，他们是一个战壕里的战友。问题是，这件事很快就过去了，李从珂与石敬瑭“心竞”的矛盾并未解决。接下来，身为皇帝的李从珂在处理与石敬瑭的关系时，犯了两个错误：第一是麻痹，第二叫猜忌。

　　处理完皇帝的丧事，石敬瑭何去何从，他本人也没有底，不敢遽然回镇。这个时候，李从珂只要丢掉幻想，果断作出决定，剥夺石敬瑭的兵权，或者继续让他移镇成德节度使，石敬

---

① 《旧五代史》卷七五《晋书·高祖纪一》："三月，移镇常山。"这是石敬瑭服从了闵帝移镇的安排。

② 《旧五代史》卷七五《晋书·高祖纪一》说闵帝被杀后，石敬瑭有愧疚感，这恰恰说明了他做帮凶的事实。

瑭还没有还手之力。就在大多数凤翔的部下劝李从珂留住石敬瑭的时候，李从珂却大大咧咧地说："石郎不惟密亲，兼自少与吾同艰难；今我为天子，非石郎尚谁托哉！"（《资治通鉴》卷二七九，后唐潞王清泰元年）李从珂改变了闵帝让石敬瑭调离河东出任成德节度使的决定，而让他继续回太原担任河东节度使。石敬瑭大喜过望，立刻离开洛阳赴任。这叫麻痹。

然而，实际上李从珂并不放心石敬瑭，石敬瑭也知道李从珂不会善罢甘休。石敬瑭的儿子和身为太后的岳母都在宫中，身为公主的妻子（太后的女儿）也往来两地，不断为石敬瑭传送信息。可以说，李从珂在明处，石敬瑭在暗处。当李从珂猜忌之心越来越强，要收拾石敬瑭的时候，石敬瑭早就在做兵马粮草的准备了。清泰三年（936）五月初三，朝廷下旨调石敬瑭为天平军节度使（治郓州，今山东东平），石敬瑭拒绝移镇，朝廷发动50万大军围剿河东，把太原城围得水泄不通。

三、为什么要割让"燕云十六州"

石敬瑭最后能战胜李从珂，是因为有契丹的支援。契丹之所以支援石敬瑭，是因为后者答应割让"燕云十六州"。石敬瑭被后世唾骂的，也是割让"燕云十六州"及甘当"儿皇帝"一事。

当时的契丹主为耶律阿保机之子耶律德光。后唐末帝李从珂、卢龙节度使赵德钧、河东节度使石敬瑭都在联络契丹，希望契丹在后唐内部的权力斗争中，能够站在自己一方。假如卢龙、河东和后唐朝廷能团结一致，契丹在与中原王朝的军事斗争中未必有得手的机会。既然后唐的政治和军事力量发生了分裂，而且都要引契丹为援，契丹方面就要看哪一方出的价码高，再决定支持谁。

研究一下后唐末期的政区地理，可以发现石敬瑭玩了一出借花献佛的把戏。

所谓"燕云十六州"，包括云州（治今山西大同）、应州（治今山西应县）、寰州（治今山西朔州东）、朔州（治今山西朔州）、蔚州（治今河北蔚县）、幽州（治今北京城区）、涿州（治今河北涿州）、蓟州（治今天津蓟州区）、檀州（治今北京密云）、顺州（治今北京顺义）、瀛州（治今河北河间）、莫州（治今河北任丘）、新州（治今河北涿鹿）、妫州（治今河北怀来）、儒州（治今北京延庆）、武州（治今河北宣化）。

但就实际控制权而论，石敬瑭掌控的不过蔚州而已。幽、涿、蓟、檀、顺、瀛、莫七州，归卢龙节度使赵德钧掌控，赵德钧也有自己的政治谋划，"欲倚契丹取中国"。《资治通鉴》还记载赵德钧"厚以金帛赂契丹主，云：'若立己为帝，请即以见兵南平洛阳，与契丹为兄弟之国；仍许石氏常镇河东。'"

新州威塞军节度使所领新、妫、儒、武四州，自从单独设镇后，就由后唐中央掌控，石敬瑭割让之时，后唐末帝还调任晋州节度使翟璋为新州节度使。

至于雁门关以北的云、应、寰、朔、蔚五州，其中云州隶属于云州节度使（治今山西大同），应、寰二州隶属于彰国军节度使（治今山西应县），朔州隶属于振武军节度使（治今山西朔州）；只有蔚州是直属于河东节度使的。

石敬瑭当时的头衔是"河东节度使，兼大同、振武、彰国、威塞等军蕃汉马步总管"，实际有权力控制的只是河东节度使管控下的州郡，至于云州节度使、彰国军节度使、振武军节度使等所属的蕃汉兵马，只是在战争状态下，受石敬瑭节制而已。它们与河东节度使之间，并不存在直接的隶属关系。

由此可见，石敬瑭其实是给了契丹一个承诺：如果你扶植我统治中原，我将割让以上地区（多数不在石敬瑭的掌控之下）给你。（参见李小霞《利益权衡下的政治取舍：从燕云诸州的实际控制权看石晋割地的政治考量》，收入《宋史研究论丛》第22辑，2018年。以及罗亮《以谁为父：后晋与契丹关系新解》，载《史学月刊》2017年第3期）

四、分析与评价

五代时期的中国，处在分裂的状态，从今天中国的版图而论，北方地区，除了中原政权后唐（皇室是沙陀人），还有它不能完全控制的军阀，其中最大的是幽州的赵德钧、河东的石敬瑭。此外，就是辽河地区对中原虎视眈眈的契丹政权。现在的问题是，末帝李从珂派大军征讨石敬瑭，而卢龙节度使赵德钧的使节已经到达契丹的大帐，亦欲倚仗契丹以取中原。在这种情况下，石敬瑭做出了对自己最有利的选择。

割让"燕云十六州"，是石敬瑭为一己之私而不顾国家（即后唐）和百姓利益而采取的举措，因此受到了后人的批评甚至责骂，这是毋庸置疑的。刘知远当时就反对说："称臣可矣，以父事之太过。厚以金帛赂之，自足致其兵，不必许以土田，恐异日大为中国之患，悔之无及。"但石敬瑭没有采纳。

今天，我们从学术的角度来分析，后人对石敬瑭的行为做出激烈批评，大概有以下原因。

> **启示120** 如今我们再来看"燕云十六州"这一问题，还应站在历史发展（如民族融合）以及中国是统一的多民族国家这个角度来探讨。无论是宋还是契丹（辽）都属于中国，只是当时的中国处于几个政权对峙的状态。

首先，全盘接受了宋人的批评立场。宋朝人对"华夷"问题特别敏感，"爱宋朝意识"异常鲜明，收复"燕云"是一代又一代宋朝人的梦想。这种梦想其实与魏晋南北朝时期的南朝人想收复江北、淮北是一样的。如今我们再来看这个问题，还应站在历史发展（如民族融合）以及中国是统一的多民族国家这个角度来探讨。无论是宋还是契丹（辽）都属于中国，只是当时的中国处于几个政权对峙的状态。辽道宗曾说："吾修文物，彬彬不异中华。"此外，当时的南方政权，如吴越、南唐等，也纷纷采取"远交"契丹的策略，以为外援，从而缓解中原王朝对自己的压力。

其次，从尊严与屈辱来判断政治人物的一些行为。实际上，政治人物面对严酷的现实，低头或者扬头，都是随时应变的把戏。在对付契丹上，石敬瑭有着自己的盘算，南唐时不时地派人向契丹"言晋密事"，契丹"小不如意，辄来责让，帝常卑辞谢之"。可以说，石敬瑭较为成功地处理了与契丹的关系，史称"终帝之世，与契丹无隙。然所输金帛不过数县租赋，往往托以民困，不能满数。其后契丹主屡止帝上表称臣，但令为书称'儿皇帝'，如家人礼"（《资治通鉴》卷二八一，后晋高祖天福三年）。至于"儿皇帝"的称谓，有学者指出这是辈分问题，与年龄无关。耶律阿保机与李克用视同兄弟，石敬瑭的岳父是李克用的养子，与耶律德光同辈，那么作为子婿的石敬瑭以家人事之，此乃儿皇帝之意也。（此论参见罗亮《以谁为父：后晋与契丹关系新解》中的论述，载《史学月刊》2017年第3期）

我们无法证实，契丹放弃让石敬瑭称臣，究竟有多少可信度。但是，有一点可以证明，石敬瑭的继承人就是因为称孙而不称臣激怒契丹的。这也至少说明，在内战的背景下，石敬瑭在处理同契丹的关系时比他的后辈更为成功。

（参见《资治通鉴》卷二七一至卷二八一）

第四节　两次"黄袍加身"：
从郭威到赵匡胤

五代的历史扑朔迷离，政权走马灯般地变换，但也有一个线索可寻，那就是后梁太祖朱温是黄巢起义中的变节者，其后的后唐、后晋、后汉与后周则一脉相承，都是从李克用的河东政权发迹而来。其中，后唐、后晋、后汉的建立者不仅是从河东入统大位，而且他们均为沙陀出身，只有创建后周的郭威和宋太祖赵匡胤，是用戏剧化的"黄袍加身"的方式实现了改朝换代。

一、郭雀儿的军旅生涯

郭威（904—954）于唐天祐元年（904）七月二十八日生于河北邢台隆尧县（时属邢州），当时唐朝政权已行将就木。郭威的父亲郭简担任顺州（治今北京市顺义区）刺史，名义上是唐朝的官员，实际上隶属于河东节度使李克用。当时李氏政权割据河东，称晋王，与宣武节度使梁王朱温为敌。

郭威3岁那年，举家迁往太原。不久，朱温称帝，唐亡。大约在此前不久①，郭简被朱温支持的幽州节度使刘仁恭所杀。郭威从此成了孤儿，后来他的母亲也病逝了，他只好依养于韩氏家族的姨妈家中，这个时候郭威还不到7岁。寄人篱下的少年生活，使郭威比一般的孩子更善于察言观色，更机智。

18岁的郭威已经长成身材魁伟的青年，最初在潞州节度使李继韬的手下当兵，以"负气用刚，好斗多力"而被赏识（参见《旧五代史》卷一一〇《周书·太祖纪一》）。他曾经在上党闹市区碰到一个屠夫，此人是当地一霸。郭威要求按照自己的方式切肉，从而与屠夫发生了争执，屠夫当即露出肚子，说你敢刺我吗？郭威毫不含糊，一剑刺去，屠夫当场毙命。郭威被负责治安的人捆绑送官，李继韬因爱惜其才，释放了郭威。

924年，后唐庄宗李存勖灭后梁，郭威成了庄宗亲军"从马直"中的一员。

郭威勇猛异常，但并不是个粗人，他取字文仲，从这点可以看出他是有一定文化背景的。《旧五代史》这样记载道："帝性聪敏，喜笔札，及从军旅，多阅簿书，军志戎政，深穷繁肯，人皆服其敏。"郭威的好友李琼，自幼好学，涉猎史传。有一次，郭威在李琼那里看到一本《阃外春秋》②，当即向他求教。李琼说："此《阃外春秋》，所谓以正守国，以奇用兵，较存亡治乱，记贤愚成败，皆在此也。"（《宋史》卷二六一《李琼传》）这部兵法

---

① 907年，刘仁恭被儿子刘守光囚禁于幽州山中；同年，朱温称帝，则刘仁恭攻杀郭简，当在此前不久。

②《阃外春秋》的作者为唐人李筌（生活于8世纪中后期），该书已散佚，现有敦煌残卷。

学兼领导学著作,令郭威着迷,他不仅在李琼的辅导下,深领其意,而且随身携带,闲暇把玩。与郭威同年入唐庄宗麾下的李琼,十分看好郭威的发展潜力。

926年,后唐庄宗在内乱中驾崩,明宗李嗣源继位。庄宗的嫔御被遣送还家。其中有一位柴氏女子,在被父母接回家的路上遇到大雨大风天气,不得不在黄河边的一家旅店里躲避。恰好郭威路过这家客店,此时他的职位只是马步军使,大约相当于百夫长级别的基层军官,甚至衣不蔽体,人称郭雀儿。然而柴氏女子却对他一见钟情,当即要求嫁给郭威。柴氏为邢州龙岗人(今河北邢台的邢台县),可以说与郭威是老乡,柴氏"世家豪右",为当地有势力的人家。柴氏女子把随身带的财物一半分给了父母,一半作为自己的嫁妆,这样就使郭威的经济状况有了很大好转。①

在后唐的军队中,明宗的女婿石敬瑭很欣赏郭威。石敬瑭担任禁军副统帅时,特地把郭威调到自己麾下,原因是郭威"长于书计",令其掌管军籍,"前后将臣,无不倚爱"。郭威的妻子柴氏支持夫君,"使事汉高祖"。大约郭威的顶头上司就是一直追随石敬瑭的后汉高祖刘知远。后唐重臣杨光远与刘知远同为沙陀出身,且为石敬瑭所倚重。有一次,郭威应当跟从杨光远出征,但他坚决不同意,主动要求留在刘知远身边。人问其故,郭威说:"杨公有奸诈之才,无英雄之气,得我何用? 能用我者其

---

① 《旧五代史·周书·太祖纪一》:"初,圣穆皇后嫔于帝,帝方匮乏,而后多资从。"文下注引《东都事略》云:"柴后资周太祖以金帛,使事汉高祖(指刘知远)。"

刘公乎！"(《资治通鉴》卷二八一，后晋高祖天福二年）郭威认准了刘知远，"汉祖累镇藩阃，皆从之。及镇并门，尤深待遇，出入帷幄，受腹心之寄，帝（郭威）亦悉心竭力，知无不为"。

郭威一路追随刘知远。后晋出帝石重贵时期，时任河东节度使的刘知远被疏远，因而颇感忧虑，郭威鼓舞他说："河东山川险固，风俗尚武，土多战马，静则勤稼穑，动则习军旅，此霸王之资也，何忧乎！"(《资治通鉴》卷二八四，后晋齐王开运元年）几年后，契丹灭后晋，刘知远建立后汉政权，郭威成为开国功臣。一年之后（948），刘知远驾崩，郭威升任枢密使，与史弘肇等同为顾命托孤大臣。

此后直到950年底的两年多时间里，郭威多次独统大军进出开封，用一种特殊的方式掌控了后汉的禁军，"天子，兵强马壮者当为之！"最后郭威黄袍加身，也是势所必然。

二、郭威的黄袍加身

后汉隐帝乾祐元年（948）三月，河中节度使（治今山西运城）李守贞、永兴军节度使（治今陕西西安）赵思绾、凤翔节度使（治今陕西宝鸡）王景崇相继反叛，朝廷先前派去镇压的将领不孚众望。八月，"以郭威为西面军前招慰安抚使，诸军皆受威节度"。郭威当时的职务是枢密使、同平章事，由于平叛之故，得以掌控大军出征。

从948年出征到949年班师回朝，郭威用一年的时间平定了"三叛"，进一步树立了自己崇高的威望。皇帝欲特别封赏郭威，郭威辞曰："运筹建画，出于庙堂；发兵馈粮，资于藩镇；暴露战斗，在于将士；而功独归臣，臣何以堪之！"（《资治通鉴》卷二八八，后汉隐帝乾祐二年）这番话讲得非常得体。郭威要求把功劳分给大家，不仅对朝廷高官加以赏赐，而且各地藩镇包括南方归附的割据政权领导者也都加官进爵。一时间，郭威成了给大家"发喜糖"的人。

> **启示121** 郭威厚赏有功的将士，关爱受伤的战士；他温和待人，体察人情，无论君子还是小人，他都一视同仁，即使是忤逆自己的人，他也不介意。郭威从《阃外春秋》中所学的领导方略，都用在了实践上。

郭威在前线军中，"居常接宾客，与大将宴语，即褒衣博带；或遇巡城垒，对阵敌，幅巾短后，与众无殊。临矢石，冒锋刃，必以身先，与士伍分甘共苦"。这段话的意思是说，郭威平时很儒雅，很平易近人；在战场上，他又身先士卒，与士兵同甘共苦。"稍立功效者，厚其赐与；微有伤痍者，亲为循抚。士无贤不肖，有所陈启，温颜以接，俾尽其情，人之过忤，未尝介意，故君子小人皆思效用。"（《旧五代史》卷一一〇《周书·太祖纪一》）他厚赏有功的将士，关爱受伤的战士；他温和待人，体察人情，无论君子还是小人，他都一视同仁，即使是忤逆自己的人，他也不介意。郭威从《阃外春秋》中所学的领导方略，都用在了实践上。

乾祐二年（949）十月，契丹南下，甚至到了邺都之北境。于是，朝廷再次"遣枢密使郭威督诸将御之，以宣徽使王峻监

其军"。十一月,契丹兵退,"郭威军至邺都,令王峻分军趣镇、
定。戊午,威至邢州"。郭威奏请朝廷欲勒兵北临契丹之境,被
朝廷制止。班师不久,郭威被任命为邺都留守,仍兼任枢密使。
次年(950)五月,郭威离开开封,河北诸州军政一切事务均由其
节度。郭威真正是兵权在握了。

就在这个当口,后汉首都开封发生了血案,隐帝刘承祐不
能忍受托孤大臣的钳制,不仅诛杀了史弘肇、杨邠等元老,以及
郭威、柴荣在京的家属,而且下密旨要诛杀在前线带兵的枢密
使郭威。这时距离郭威受命为邺都留守不过半年时间。事发次
日,即乾祐三年(950)十一月十四日,郭威就接到了报告。他在
众将士面前宣告这一消息,于是群情激昂,可见郭威是很善于鼓
动人心的。在众将士的支持下,郭威的大军打出"清君侧"的旗
号,回师京城。七天后,军队到达开封,隐帝为人所杀。郭威掌
控了整个局面。

但是,郭威并没有马上接受禅让,而是在充分尊重李太后
懿旨的基础上,迎奉刘知远的养子、武宁节度使刘赟继承皇
位。刘赟实际上是刘知远之弟河东节度使刘崇之子,父子一南
一北,占据雄藩。立刘赟为帝,暂时麻痹了手握重兵的刘崇。郭
威派冯道去接刘赟来开封,顺便也就剥夺了刘赟武宁节度使的
职权。

十二月初一,郭威接镇州、刑州奏报:契丹数万骑南下,攻
内丘(今河北邢台内丘县),五日不克,死伤甚众。有戍兵五百
叛应契丹,引契丹入城,屠之,又陷饶阳(今河北衡水饶阳县)。
郭威再次从开封出发,率领大军北击契丹。十九日,郭威大军过

了黄河,居住在澶州(今河南濮阳)馆驿。次日凌晨,队伍将要出发之际,士兵哗变,说我们已经与刘氏结仇,必须你郭威出来称帝,我们家族的性命才能安全。"或裂黄旗以被威体,共扶抱之,呼万岁震地,因拥威南行。威乃上太后笺,请奉汉宗庙,事太后为母。"(《资治通鉴》卷二八九,后汉隐帝乾祐三年)这个场面,是否是郭威或其亲信导演的,并不重要。重要的是,在五代的历史背景下,以后汉三四年的建国史,后汉隐帝之后又缺乏有能力的合法继承人,像郭威这样威望卓著、能力超群且善于笼络人心的重臣出来收拾局面,显然是为朝野各方所接受的。951年初,郭威称帝;刚走到宋州的刘赟被杀。

郭威当了三年皇帝,他统治期间,轻徭薄赋,改革弊政,整顿吏治,在五代历史上算是开明的君主。

三、过渡时期的柴荣

后周世宗柴荣(921—959)是郭威的养子,也是郭威发妻柴氏的内侄。郭威有一后三妃。柴氏在郭威发达之前就去世了,后来被追封为圣穆皇后。淑妃杨氏也是在郭威称帝之前去世的,只有贵妃张氏看到了郭威的成功。郭威的几个儿女究竟是哪位夫人所生,史载不详,但在张氏与两个儿子都被后汉隐帝刘承祐残忍杀害之后,郭威没有了亲生儿子。因此,他称帝后乃以内侄及养子柴荣为太子。

柴荣比郭威小17岁,史称他"年未童冠,因侍圣穆皇后,在太祖左右"(《旧五代史》卷一一四《周书·世宗纪一》)。郭威与柴氏结婚之时,是在926年,当时柴荣只有5岁。估计是在几年后，柴家就把柴荣送到了姑姑家鞠养。"时太祖无子，家道沦落，然以帝谨厚，故以庶事委之。帝悉心经度，资用获济，太祖甚怜之，乃养为己子。"按照《本纪》的说法，柴荣最初只是帮助郭威打理家事、经商理财，后来才成为了郭威的养子。

刘知远称帝后，郭威以佐命之功而为枢密副使，柴荣开始在军中任职，为左监门卫将军，这是一个虚衔，实际只是郭威帐下的一个军官。有一次，柴荣在京郊巡游，要拜访当地的县令，县令正在赌博的兴头上，竟然懒得见他。乾祐二年（949），郭威出镇邺都，柴荣升为天雄军牙内都指挥使，统领郭威的牙兵。次年，郭威入平内难，以柴荣留守邺都。尽管柴荣在地方上有一定的名声，但在郭威称帝之前，他并没有独当一面的文武政绩。王夫之《读通鉴论》曾分析柴荣的处境说："自朱、李以来，位将相而狂争者，非一人也。郭氏之兴，（柴）荣无尺寸之功，环四方而篡立者，皆履虎咥人之武人，荣虽贤，不知其贤也，孤雏视之而已。"（〔清〕王夫之：《读通鉴论》卷三〇《五代下》）

后周广顺三年（953）正月，柴荣从外地入京，任开封府尹，封晋王。显德元年（954）正月，又兼总内外兵马。过了十几天，郭威驾崩，柴荣登基，是为后周世宗。就在这个当口，割据河东的北汉刘崇（895—954）率兵来犯，柴荣决意亲征，冯道力主不可。《资治通鉴》记录了当时的场面："世宗闻北汉主入寇，欲自将兵御之，群臣皆曰：'刘崇自平阳遁走以来，势蹙气沮，必不敢自来。陛下新即位，山陵有日，人心易摇，不宜轻动，宜命将御之。'帝曰：'崇幸我大丧，轻朕年少新立，有吞天下之心，此必自来，朕不可不往。'冯道固争之，帝曰：'昔唐太宗定天下，未尝不自行,朕何敢偷安!'道曰:'未审陛下能为唐太宗否?'帝曰:'以吾兵力之强,破刘崇如山压卵耳!'道曰:'未审陛下能为山否?'帝不悦。惟王溥劝行,帝从之。"(《资治通鉴》卷二九一,后周世宗显德元年)

群臣反对的理由是周太祖新丧,人心易摇,不宜轻举妄动。其中反对态度最为坚决的是冯道,他认为柴荣能力不够,并连连发问:唐太宗亲征,陛下您能和唐太宗比吗?泰山压卵,陛下您以为自己是山吗?然而,柴荣力排众议,调兵遣将,亲上前线,在高平地区大败北汉。在潞州休整期间,柴荣还整顿军纪,诛杀了临阵逃脱的禁军将领樊爱能、何徽。高平之战,让群臣对柴荣刮目相看。入伍不过六年的青年军官赵匡胤(927—976),就是在这次战斗中崭露头角的。

四、赵匡胤的蹿升

宋太祖赵匡胤出生在一个军人家庭,父祖辈都是基层官员。但是,赵匡胤并不满足于安逸平庸的生活,婚后不久,他就悄悄地离开了父母妻子,浪迹天涯。先是往西到了陕西、甘肃,然后又决定找父亲的朋友而从河南到了湖北,在襄阳的一座寺庙里,有老僧点拨他说,机会在北方,往南边走都是一些割据一隅的小政权,它们只是在夹缝中苟安。赵匡胤听后猛地一惊,当即打算北行。后汉乾祐元年(948)三月,22岁的赵匡胤应募加入了后汉枢密使郭威的军队。

郭威此时正手握大权,率领后汉大军讨伐以河中节度使李守贞为首的"三叛"。赵匡胤作战勇敢,很快得到了同样在郭威帐下任军职的柴荣的器重,并一直追随柴荣左右。

> **启示122** 赵匡胤因为作战勇敢、为人忠诚而得到了柴荣的赏识。

柴荣赏识赵匡胤有这样几个原因。

首先是作战勇敢。如前所述,在郭威称帝时期,柴荣始终没有机会表现自己,也不敢发展自己的班底。954年,柴荣初登大宝,北汉刘崇便大举入侵,包括冯道这样的朝臣,都不相信他有能力应战。在战争过程中,樊爱能、何徽临阵逃脱,禁军不听指挥,而赵匡胤作为世宗的亲兵(在开封府时为马直军使,即骑兵指挥官)却骁勇异常,使战斗反败为胜,自然会脱颖而出。柴荣提拔赵匡胤为殿前都虞候。后来,在周世宗攻打南唐的战争中,赵匡胤勇猛顽强,屡立战功。

显德三年(956)春,涡口(今安徽怀远西)之战,赵匡胤击败南唐大将皇甫晖、姚凤所率的十几万大军,并追击到滁州城下。皇甫晖提出布阵决战,赵匡胤笑而许之。皇甫晖组织队伍出战,赵匡胤搂着坐骑的颈脖,一马当先,大呼一声,直接冲入南唐军阵内,挥剑击中皇甫晖的头部,生擒之,并擒姚凤,遂克滁州。(参见《资治通鉴》卷二九二,后周世宗显德三年)回师后,赵匡胤被提拔为殿前都指挥使。

赵匡胤的忠诚也得到了柴荣的赞赏。攻下滁州之后,身为马军副都指挥使的赵弘殷来到滁州城下,赵弘殷就是赵匡胤的父亲。时在半夜,赵匡胤对父亲说,父子虽至亲,但半夜不得打开城门,这是军规。因此,直到天亮才让父亲进城。

历史上留下了赵匡胤喜爱读书的故事。据说在讨平淮南期间，有人向柴荣揭发赵匡胤私吞战利品，捞了几车的财宝。柴荣派人察看，原来是数千卷图书。柴荣问道："带兵打仗，你要这么多书做什么？"赵匡胤回答说："我是想多读些书，增长自己的见识。以便为国家效劳。"

柴荣需要组建自己的班底，像赵匡胤这样忠诚能干的老部下，自然是最好的人选和重点培养对象。高平之战后，柴荣将整顿禁军的重任交给了年仅27岁的赵匡胤。于是组建了新的禁军殿前司，以赵匡胤为殿前都虞候；淮南之战后，又升他为殿前都指挥使。

柴荣在随郭威北守邺都期间，其家眷都被隐帝刘承祐杀害。在他即位之时，儿子柴宗训（953—973）刚刚出生四个月。显德六年（959）六月，柴荣病死于北伐途中，时年38岁。年仅6岁的太子柴宗训继位。临死前，柴荣换掉了殿前司的一把手张永德——此人是后周太祖郭威的女婿、柴荣的妹婿，而让赵匡胤出任殿前都点检。他觉得赵匡胤比自己的妹婿更可靠。

半年后，殿前都点检赵匡胤在带兵出征抵御契丹的途中，于陈桥驿（今河南新乡封丘县东南）发动兵变，将士们强迫赵匡胤穿上黄袍，就跟郭威十年前在澶州的事情一模一样，只是陈桥驿距离开封比澶州距离开封要近很多。郭威登基时，年且六十开外，而赵匡胤此时只有三十多岁。

（参见《资治通鉴》卷二八一至卷二九四）

后 记

再过几个月，即11月17日，就是北宋著名史学家司马光（1019—1086）诞辰一千周年纪念日。拙作《资治通鉴启示录》的出版，权当我这个习史四十年（从1979年读研究生算起）的后辈，对于这位先贤的纪念。

《资治通鉴启示录》这部书是我在清华大学讲授《资治通鉴导读》课程的心得，主要是在厘清历史事实与历史脉络的基础上，对重要历史人物和历史事件加以分析评论。本书的写作，得到了中华书局领导的关照，编辑吴麒麟、李静、贾雪飞、孙文颖、刘彤、彭玉珊的协助，以及清华大学可爱的同学们和教务处、文科处、历史系领导的支持。诸生管俊玮、张明、孟献志、吴姚函、陈昱良等，在文献核对和文稿写作中给予了无私的帮助。社会各界读者也用不同方式表达了对我的鼓励。

谨此，我对以上所有人的宝贵支持和帮助表示真挚的感谢！

书中有错误不当之处，敬请读者诸君不吝赐正！

张国刚

2019年7月17日于清华园